发展经济学

DEVELOPMENT ECONOMICS

张培刚　张建华　主编

北京大学出版社
PEKING UNIVERSITY PRESS

图书在版编目(CIP)数据

发展经济学/张培刚,张建华主编.—北京:北京大学出版社,2009.4
(21世纪经济与管理规划教材·经济学系列)
ISBN 978-7-301-14517-3

Ⅰ.发… Ⅱ.①张…②张… Ⅲ.发展经济学-高等学校-教材 Ⅳ.F061.3

中国版本图书馆CIP数据核字(2009)第005972号

书　　　名:	发展经济学
著作责任者:	张培刚　张建华　主编
策 划 编 辑:	张静波
责 任 编 辑:	贾米娜
标 准 书 号:	ISBN 978-7-301-14517-3/F·2046
出 版 发 行:	北京大学出版社
地　　　址:	北京市海淀区成府路205号　100871
网　　　址:	http://www.pup.cn
电　　　话:	邮购部 62752015　发行部 62750672　编辑部 62752926
	出版部 62754962
电 子 邮 箱:	em@pup.pku.edu.cn
印 　刷 　者:	北京宏伟双华印刷有限公司
经 　销 　者:	新华书店
	730毫米×980毫米　16开本　28.25印张　505千字
	2009年4月第1版　2022年7月第17次印刷
印　　　数:	55001—59000册
定　　　价:	69.00元

未经许可,不得以任何方式复制或抄袭本书之部分或全部内容。
版权所有,侵权必究
举报电话:010-62752024　电子邮箱:fd@pup.pku.edu.cn

序 言

发展经济学是经济学的一门分支学科,主要研究发展中国家从不发达到发达状态转型的原理和政策。中国是一个典型的发展中国家,在制定经济发展政策时,需要经济发展原理的指导。自1978年改革开放以来,中国引进了西方学者的发展理论和政策,为经济改革和发展提供了重要启蒙。20世纪80年代以来,发展经济学本身也取得了许多新的进展;同时,中国又经历了新的转型阶段。所有这些,都需要反映在新的知识体系中。因此,开设这门课程作为经济学专业、管理学专业的核心课程,对于当代大学生和研究生学会运用发展经济学原理,直接在中国经济转型发展的实践中更好地发挥作用,具有特别重要的意义。此外,此课程也适合于其他人文社会科学专业的学生,能够帮助他们全面地了解包括中国在内的发展中国家经济发展的基本规律,更好地理解和思考当代社会经济的演进和发展过程。

迄今为止,在西方影响较大的发展理论主要包括:结构主义的经济发展理论、新古典主义的经济发展理论、激进的和新马克思主义的经济发展理论,以及新近盛行的新制度主义发展理论,等等。其实,在东方,也有我们自己的理论,如农业国工业化理论。然而,从现有国内外已出版的各种发展经济学教科书来看,一般都倾向于较多地采用西方发达国家学者的研究成果,而相对忽略发展中国家(包括中国)本国学者的研究成果。例如,现有的比较流行的教材包括两种情况:第一是引进译著或影印外文原版教材,这些教材有利于学生了解国外的发展经济学原貌;第二是对国外现有成果重新进行梳理和表述。这样的教材,学生读起来感觉理论性强,并且比较系统。但这两类教材的共同不足之处在于:缺乏我们自身研究的参与,知识体系有些脱离中国实际背景,让读者感到理论和政策都与现实有较大的距离。

为了克服上述缺点,许多学者在编写发展经济学教材时也在试图加以改进。例如,近些年来,我们欣喜地看到出现了一些将西方发展理论与中国问题尝试进行有机结合的教材。这种努力无疑是值得肯定和提倡的。

自20世纪80年代后期以来,我和各地学者如上海的杨建文、北京的胡鞍钢等相继倡导建立新型发展经济学,试图根据发展中国家在经济发展过程中的内在发展规律和战后经验教训,兼收并蓄东方和西方经济发展学说之所长,以一种综合而又开阔的视野,开创一个发展中国家发展经济学学科体系。我们先后出版了《新发展经济学》(河南人民出版社1992年初版、1999年修订版)、《发展经济学教程》(经济科学出版社2001年初版、2007年修订版),以及《发展经济学研究丛书》的其他著作。本书在前期研究的基础上,力求立足于发展中国家(包括中国)的实际,并系统综合参考有关的经济发展理论,试图向广大读者提供一个比较简明而相对完整的关于发展中国家的经济发展原理体系与政策框架。

本书共设有四篇十五章。全书的基本特点在于:

第一,体系规范,简明扼要,重点突出基本理论和政策。第一篇为"基本概念与一般原理",包括:发展中国家的基本特征、发展目标、增长原理、发展的经验和教训、发展的限制因素和发动因素、公平与发展的关系、贫困与收入分配等。第二篇为"制度因素与政府作用",主要包括:制度、市场与政府的作用。第三篇为"发展要素与国际条件",包括:资源与环境、资本形成、人力资本、技术进步、对外贸易、利用外资。第四篇为"结构转换与城乡发展",包括:产业结构的变动、农业与乡村发展、城市化与乡-城人口流动、区域经济发展。在每一章中,我们试图首先提出问题、阐述问题的重要性,然后介绍解决问题的原理和政策,并将相关理论和实践的演进以专栏方式引入本书。在行文风格上尽可能考虑读者的需要,表述力求简洁、明了、通俗,着重介绍确定的理论和观点,适当介绍不同观点的争鸣。

第二,跟踪前沿,资料新颖,力求反映最新研究进展。我们收集了截止到2008年上半年大量的中外参考资料,这些资料包括各类发展经济学教材、专著和论文,也包括一些国际机构的出版物和统计数据。我们特别关注发展理论的现代进展,例如,发展目标和度量指标、信息化与工业化的关系问题、规模报酬递增问题、技术进步机制、经济全球化、乡村发展的微观机制等。同时,我们也关注中国工业化、城市化的新发展,如科学发展观、建设资源节约型与环境友好型社会等。其中,也简要体现了我们研究团队近期承担国家重要课题的研究成果,如贫困测度、新型工业化与工业结构优化升级等。事实上,透过这些丰富研究成果的展示,我们也可感受到发展经济学正在呈现出强大的生命力。

第三,本书注重发展原理与政策分析相结合,密切联系实际,并作适当的引导。众所周知,发展经济学是一门应用性很强的学科,它的生命力在于其理论能否有效地指导发展政策的制定。因此,本书特别强调一般原理与政策之间的一致性和协调性。此外,我们几乎在每一个主要的发展问题上,都要结合发展中国家或中国的发展实践,进行分析,并提出适当的对策建议。为了照顾不同层次读者的需要,我们特地在每章设置了本章小结、复习思考题和进一步阅读引导,以便帮助读者更好地理解和深入学习。

当然，本书所做的工作不少是尝试性的。无论编写此书的指导思想，还是内容取舍或体例安排，仍然有待于广大读者来评判和检验。由于发展经济学作为一门学科仍在不断发展之中，我们的不足和缺点在所难免，诚盼读者的评说和匡正。

本书的编写大纲由我和张建华共同商定。初稿撰写包括姚遂（第四章和第十四章）、费剑平（第六章和第八章）、钟春平（第十一章）、李博（第十二章的专栏、附录）、张建华（其余章节）。最后由我和张建华修订统稿。

值得一提的是，本书的写作也受益于国家社会科学基金的资助。就在开始启动本书的写作计划后不久，由我和张建华共同主持的重大项目"基于新型工业化道路的工业结构优化升级研究"（项目编号：06&ZD035）中标立项。一年多来，课题研究也为本书提供了新的素材，可以说本书也是该项目的中期成果之一。此外，经济发展研究中心的多位同事徐长生、张卫东、方齐云、汪小勤、宋德勇、张玉英和邱惠芳等参与了《新发展经济学》或《发展经济学教程》的编写，也为本书奠定了较好的前期研究基础。

在本书申报普通高等学校"十一五"国家级规划教材和出版过程中，北京大学出版社经济与管理图书事业部负责人林君秀、编辑张静波和贾米娜给予了大力支持，本单位的谭慧同志付出了大量的辛勤劳动，博士生许娜和程文也在校稿中付出了劳动。在此一并表示衷心的感谢。

张培刚

华中科技大学经济发展研究中心
2008年9月8日

目 录

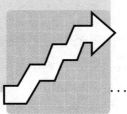

第一篇 基本概念与一般原理

第一章 导论:经济发展概览 (3)
引言 (3)
第一节 发展中国家:差异性与共同特征 (5)
第二节 发展的目标:以人为本的发展与可持续发展 (9)
第三节 发展水平的度量 (14)
第四节 发展经济学的产生与演进 (18)
第五节 发展经济学的任务、性质与研究方法 (27)
本章小结 (30)
关键概念 (31)
思考题 (31)
进一步阅读导引 (31)

第二章 经济增长:理论与经验模式 (33)
引言 (33)
第一节 经济增长的理论及其发展 (34)
第二节 发达国家经济增长的经验总结 (43)
第三节 经济落后的历史分析:劣势抑或优势 (48)
第四节 经济发展的限制因素与发动因素 (52)
本章小结 (58)
关键概念 (59)
思考题 (59)

进一步阅读导引……(59)

第三章　公平与发展……(61)
　　引言……(61)
　　第一节　公平发展目标与不平等现象……(63)
　　第二节　收入分配问题……(65)
　　第三节　贫困问题……(75)
　　第四节　增长与公平并重的战略……(86)
　　本章小结……(93)
　　关键概念……(94)
　　思考题……(94)
　　进一步阅读导引……(94)

第二篇　制度因素与政府作用

第四章　制度与经济发展……(99)
　　引言……(99)
　　第一节　什么是制度……(101)
　　第二节　制度的需求与供给……(105)
　　第三节　制度变迁理论……(107)
　　第四节　发展中国家经济发展中的制度问题……(118)
　　本章小结……(122)
　　关键概念……(122)
　　思考题……(123)
　　进一步阅读导引……(123)

第五章　市场与政府作用……(125)
　　引言……(125)
　　第一节　对发展计划和市场作用的认识……(126)
　　第二节　政府与市场之间的关系……(133)
　　第三节　发展中国家的政府职能……(138)
　　第四节　政府干预行为与寻租问题……(141)
　　第五节　提升政府能力的战略与途径……(146)
　　本章小结……(150)
　　关键概念……(151)

思考题 ·· (151)
进一步阅读导引 ·· (152)

第三篇 发展要素与国际条件

第六章 资源与环境 ·· (155)
引言 ·· (155)
第一节 自然资源的开发与利用 ·· (156)
第二节 环境退化与环境保护 ·· (161)
第三节 可持续发展战略 ··· (164)
第四节 资源节约型和环境友好型社会建设与经济增长
方式的转变 ·· (169)
本章小结 ·· (174)
关键概念 ·· (175)
思考题 ·· (175)
进一步阅读导引 ·· (175)

第七章 资本形成 ·· (177)
引言 ·· (177)
第一节 资本形成在经济发展中的作用 ······································ (179)
第二节 储蓄与资本形成的方式 ·· (184)
第三节 发展中国家的信贷与金融深化 ······································ (195)
第四节 资本形成的效率 ··· (199)
本章小结 ·· (201)
关键概念 ·· (201)
思考题 ·· (202)
进一步阅读导引 ·· (202)

第八章 人力资本的开发与利用 ·· (203)
引言 ·· (203)
第一节 人力资本的含义与作用 ·· (204)
第二节 人口增长与经济发展 ·· (206)
第三节 营养和健康与人力资本的形成 ······································ (213)
第四节 教育与人力资本的形成 ·· (217)
第五节 人力资本形成的战略选择 ··· (226)

本章小结 …………………………………………………… (231)
　　关键概念 …………………………………………………… (232)
　　思考题 ……………………………………………………… (232)
　　进一步阅读导引 …………………………………………… (233)

第九章　技术进步 ………………………………………………… (234)
　　引言 ………………………………………………………… (234)
　　第一节　技术进步的含义与类型 ………………………… (235)
　　第二节　技术进步的实证测度 …………………………… (238)
　　第三节　技术进步原理：创新与扩散 …………………… (243)
　　第四节　技术转移与技术引进 …………………………… (248)
　　第五节　技术选择 ………………………………………… (251)
　　本章小结 …………………………………………………… (256)
　　关键概念 …………………………………………………… (256)
　　思考题 ……………………………………………………… (257)
　　进一步阅读导引 …………………………………………… (257)

第十章　对外贸易 ………………………………………………… (259)
　　引言 ………………………………………………………… (259)
　　第一节　对外贸易与经济发展的关系 …………………… (260)
　　第二节　关于发展中国家贸易的理论 …………………… (265)
　　第三节　发展中国家的贸易战略与政策 ………………… (273)
　　第四节　经济全球化条件下发展中国家的经济贸易发展 … (279)
　　本章小结 …………………………………………………… (289)
　　关键概念 …………………………………………………… (290)
　　思考题 ……………………………………………………… (290)
　　进一步阅读导引 …………………………………………… (290)

第十一章　外部资源利用 ………………………………………… (292)
　　引言 ………………………………………………………… (292)
　　第一节　发展中国家为何需要外部资源 ………………… (293)
　　第二节　外国直接投资的目的、类型及其影响 ………… (300)
　　第三节　发展中国家利用外资的经验教训 ……………… (305)
　　第四节　发展中国家利用外部资源的策略 ……………… (313)
　　本章小结 …………………………………………………… (318)
　　关键概念 …………………………………………………… (318)

思考题 ………………………………………………………… (318)
进一步阅读导引 ……………………………………………… (318)

第四篇　结构转换与城乡发展

第十二章　工业化与结构变动 …………………………………… (323)
引言 ………………………………………………………… (323)
第一节　工业化问题：理论与经验模式 ……………………… (324)
第二节　工业化进程中的结构变化 …………………………… (328)
第三节　产业结构演变的动因、形态与机制 ………………… (336)
第四节　工业化战略与基础设施投资 ………………………… (342)
第五节　第三产业的发展与知识经济的兴起 ………………… (347)
本章小结 …………………………………………………… (352)
关键概念 …………………………………………………… (353)
思考题 ……………………………………………………… (353)
进一步阅读导引 …………………………………………… (354)

第十三章　传统农业的改造与乡村转型发展 …………………… (355)
引言 ………………………………………………………… (355)
第一节　农业在工业化进程中的地位与作用 ………………… (356)
第二节　传统农业的改造与农业现代化 ……………………… (363)
第三节　农业发展与乡村社会转型 …………………………… (367)
本章小结 …………………………………………………… (375)
关键概念 …………………………………………………… (376)
思考题 ……………………………………………………… (377)
进一步阅读导引 …………………………………………… (377)

第十四章　乡-城人口流动与城市化 …………………………… (379)
引言 ………………………………………………………… (379)
第一节　城市发展的动因与城市化 …………………………… (380)
第二节　乡-城人口流动 ……………………………………… (385)
第三节　发展中国家的城市化实践与问题 …………………… (398)
第四节　城市化的反思与展望 ………………………………… (401)
本章小结 …………………………………………………… (403)
关键概念 …………………………………………………… (404)

思考题 …………………………………………………………（404）
　　进一步阅读导引 …………………………………………………（404）
第十五章　区域经济发展 …………………………………………（406）
　　引言 ………………………………………………………………（406）
　　第一节　地理集聚：区位因素与区位理论 ………………………（408）
　　第二节　传统区域经济发展理论 …………………………………（411）
　　第三节　新型区域发展理论 ………………………………………（417）
　　第四节　多元经济与大国区域经济发展 …………………………（427）
　　本章小结 …………………………………………………………（434）
　　关键概念 …………………………………………………………（435）
　　思考题 ……………………………………………………………（435）
　　进一步阅读导引 …………………………………………………（436）

附录　《世界发展报告》与《人类发展报告》 ……………………（437）

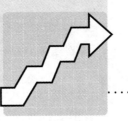

第一篇

基本概念与一般原理

第一章 导论:经济发展概览

本章概要

发展经济学是第二次世界大战之后产生的一门以研究发展中国家和地区经济发展问题为主要内容的经济学分支学科,也被称为发展中国家经济学。本章主要介绍发展中国家的特征、发展目标的含义、发展水平的测度,同时简要说明发展经济学的产生和发展历程,以及发展经济学的研究内容和方法论特征。

学习目标

1. 理解经济发展的基本问题;
2. 理解广义与狭义的发展经济学的含义;
3. 了解发展中国家的特征;
4. 理解发展目标的含义、经济发展的实质;
5. 掌握发展水平的度量方法;
6. 了解发展经济学的发展简史和研究方法。

引 言

什么因素导致一些国家富裕而另外一些国家贫穷?自从亚当·斯密(Adam Smith)以来,经济学家一直在探寻这一问题。两百多年过去了,有的国家经济迅速发展、社会进步和谐,成为发达者;而有的则仍然十分落后。最近几十年世界经济社会更是发生了翻天覆地的巨大变化。第二次世界大战结束之后,世界政治经济格局发生了重大变革,殖民体系开始土崩瓦解,占世界人口3/4以上的亚非拉广大地区的原殖民地或半殖民地国家纷纷脱离殖民统治,成为政治独立的民族国家或经济体,并开始进入现代经济发展的行列。然而,几十年过去了,只有少数国家和地区取得令人满意的发展,极少数经济体跨入发达者之列,仍然有许多国家和地区,特别是非洲地区的国家发展十分缓慢。因此,经济发展需要回答两个基本问题:一是经济落后国家为什么长期贫困落后?落后的根源和障碍是什么？二是应该采用怎样的发展战略和政策以促进一个国家或地区实现更快、更有效的经济增长和发展,尽快实现工业化和现代化？

事实上,探讨上述经济发展问题一直是经济学家们的重要使命之一。在历史上探讨过经济发展问题的学者很多,包括古典经济学家亚当·斯密、托马斯·马尔萨斯(Tomas Malthus)、大卫·李嘉图(David Ricardo)、新古典经济学家阿弗雷德·马歇尔(Alfred Marshall)、德国历史学派的经济学家罗雪尔(W. G. Roscher)、加斯塔夫·冯·施穆勒(Gustav Von Schmoler)和弗里德里希·李斯特(Friedrich List),此外还有卡尔·马克思(Karl Marx)、保罗·M. 斯威齐(Paul M. Sweezy)、莫里斯·多布(Maurice Dobb)以及创新理论奠基人约瑟夫·A. 熊彼特(Joseph A. Schumpeter)。在当代,还有新增长经济学家保罗·罗默(Paul Romer)与小罗伯特·卢卡斯(Robert Lucas, Jr.)等。这些学者探讨经济发展问题实际上都是以相对发达的国家为背景和对象进行研究的。从某种意义上讲,现代经济学的历史就是研究经济发展的历史。因此,有人建议凡是研究一个国家或地区的经济发展问题,都是发展经济学的研究范畴。

上述广义的发展经济学是在没有任何先例的条件下,研究农业国家如何成为工业化国家,或经济落后的国家如何成为经济发达的国家。然而,我们更为关注的是,在世界上已经有了一批为数虽少但经济实力强大的发达的工业化国家的条件下,当代那些大多数的经济落后的发展中国家如何实现工业化和现代化,或如何实现经济起飞和经济发展的问题。对于后者,就是我们通常所论及作为一门独立学科分支的(狭义的)发展经济学。[①] 它源于第二次世界大战结束之前的数年,兴起于大战结束之后,特别是20世纪50—60年代。它的主要研究对象是经济落后的发展中国家。发展中国家经济发展的目标是赶上发达国家,而发达国家的一个显著标志是高度工业化和现代化,因此,发展经济学就是研究发展中国家如何实现工业化和现代化,或如何实现经济起飞和经济发展,以及如何解决其中所面临的问题及其解决途径的一门学科。由于发展经济学立足于经济较为落后的发展中国家,从发展中国家的角度来探讨与经济发展有关的各种问题,因此有人也将发展经济学称为发展中国家经济学(Economics of Developing Countries)。[②]

[①] 关于广义发展经济学与狭义发展经济学的划分和首次提出及其论点,参阅张培刚:《发展经济学往何处去——建立新型发展经济学刍议》,载《经济研究》,1989年第6期。

[②] 例如,以"发展中国家经济学"命名的发展经济学教科书有 H. Myint, 1964 和 E. W. Nafziger, 1990。

发展经济学是一门研究经济落后国家或农业国家实现工业化、现代化,实现经济起飞和经济发展的学问。发展经济学的任务是研究经济落后的农业国家或发展中国家,如何才能实现工业化和现代化、实现经济起飞和经济发展。那么,什么是发展中国家?有何特点?什么是经济增长和经济发展?发展究竟为了什么?如何度量一国经济发展水平?怎样正确理解发展的目标?这些问题构成了我们首先必须予以关注的重要议题。此外,本章也将简要介绍发展经济学的产生和发展历程,以及研究内容和方法论特征。

第一节 发展中国家:差异性与共同特征

一、发展中国家及相关概念

发展中国家(Developing Countries)是指第二次世界大战之后,摆脱了帝国主义和殖民主义统治,纷纷在政治上走向独立、在经济上各自选择不同道路和方式谋求发展的新兴民族国家。它们主要集中在亚洲、非洲、拉丁美洲地区,也包括部分东南欧国家。

发展中国家这一名称,是20世纪60年代以后在国际上流行起来的,它也经历了一个历史的变化。在很长一段历史时期,广大亚、非、拉国家都曾遭受过帝国主义和殖民主义的统治与掠夺,被西方殖民者称为"野蛮民族"(Uncivilized Nations)和"落后国家"(Backward Countries)。殖民体系瓦解之后,"欠发达国家"(Less-Developed Countries)开始成为发展文献中常用的术语,并缩写为LDCs。显然,这一术语含有比较的意思,即有些国家是比较发达的,有些国家是比较不发达的。第二次世界大战后,伴随着殖民体系的瓦解,世界政治格局出现了一次大变革,形成了两个强大而又相互对抗的政治联盟——以美国为首的北大西洋公约组织和以苏联为首的华沙条约组织。北大西洋公约组织成员国(西方国家)被称为第一世界,华沙条约组织成员国(东方国家)被称为第二世界,其余不属于这两个组织的国家统称为第三世界(The Third World)。由于第三世界绝大多数国家是贫穷落后国家,因此,直到华沙条约组织解体以前,西方学者和国际机构也常常使用"第三世界"这一术语作为发展中国家的一个代名词。20世纪60年代以后,大多数民族独立国家开始意识到,只要坚持不懈地努力,实现经济起飞和经济发展,彻底摆脱不发达状态就是完全可能的。因此,在1964年联合国第一届贸易和发展会议前后,在广大发展中国家的共同努力下,发展中国家这一概念成为联合国组织文件和发展文献中的一个正式术语。

此外,20世纪70年代末有人提出,在国际关系中存在两条中心裂缝,一条在东西之间,将世界分成两大政治集团;另一条在南北之间,将世界分成穷国和富国,在这里,北方是指富有的工业发达国家,南方则代表发展中国家。

二、发展中国家的分类

为数众多的发展中国家,比起发达的工业化国家,呈现出更大的多样性,在历史传统、国土大小、人口规模、自然资源禀赋、社会经济制度、政治经济结构和社会发展水平等诸方面,存在着鲜明的差异。

从地理分布看,发展中国家由六部分组成:

(1) 东亚和太平洋。包括中国和泰国在内的亚洲东部、东南部和太平洋东部沿岸的所有低、中收入国家。

(2) 欧洲和中亚。包括塞浦路斯、希腊、匈牙利、波兰、罗马尼亚、前南斯拉夫等欧洲国家,以及中亚国家和阿富汗。

(3) 拉丁美洲和加勒比地区。

(4) 中东和北非。

(5) 南亚。包括孟加拉国、不丹、缅甸、印度、尼泊尔、巴基斯坦和斯里兰卡。

(6) 撒哈拉以南非洲,南非除外。

目前流行的做法是将发展中国家按照收入水平进行分类,但也同时考虑其他一些因素。主要的分类有以下四种:

第一种分类是根据联合国分类系统作出的。它把第三世界划分成三个组:最不发达的44个赤贫国家(联合国称之为第四世界),88个非石油出口的发展中国家,以及20世纪70年代国民收入显著增长的13个盛产石油的石油输出国组织(OPEC)成员国。

第二种分类是由经济合作与发展组织(OECD)所设计的分类体系。它将发展中国家(包括那些不属于联合国系统的国家和地区)划分为四类:① 61个低收入国家(1993年人均收入低于650美元的国家,其中包括29个最不发达国家);② 73个中等收入国家;③ 11个新兴工业化国家;④ 13个石油输出国组织成员国。

第三种分类是由国际复兴与开发银行即世界银行所作出的。《2008年世界发展报告》将222个国家和地区根据人均收入水平划分为4种类型:低收入国(地区)(2005年人均国民收入905美元及以下)、中等收入国(地区)(906—3 595美元)、中上等收入国(地区)(3 596—11 115美元)和高收入国(地区)

(11 116 美元及以上)。① 前 3 类国家(地区)包括了发展中国家的大多数。最后一类高收入国家或地区中有 5 个属于发展中国家或地区,包括中国香港地区、以色列、科威特、新加坡和阿拉伯联合酋长国。

第四种也是最新的一种分类,则是由联合国开发计划署(UNDP)作出的。其划分标准是"人类发展"指标,包括人均实际收入以及诸如出生时预期寿命和受教育程度等非经济变量。根据人类发展的状况,所有国家被划分成三个等级——"高发展程度"(53 个国家,包括一些发展中国家在内)、"中等发展程度"(65 个国家)和"低发展程度"。

三、发展中国家的共同特征

尽管发展中国家及其分类表现为多种多样,但它们中的绝大多数都在不同程度上面临着共同的问题,具有共同的社会经济特征。

第一,生活水平低下。一般来说,发展中国家绝大多数人口的一般生活水平都非常低下,这不仅表现在人均收入低和贫困现象严重,而且还表现为大多数人住房短缺、卫生保健水平差、受教育程度有限或根本没有受过教育、婴儿死亡率高、预期寿命和预期工作年限低,等等。总之,在许多发展中国家人民生活极其艰难,短期内也难以改善。

第二,生产率水平低下。引起发展中国家生产率低下的原因,可归结为如下几点:① 物质资本积累与人力资本投入不足;② 缺乏合格的管理人才;③ 缺乏适宜的社会经济体制和管理制度;④ 劳动者缺乏进取心和创新精神。此外,低下的生活水平与低下的生产率之间相互作用、不断强化,从而使发展中国家经济长期陷于不发达状态而难以自拔。

第三,人口增长率高和赡养负担沉重。发展中国家的出生率通常很高,处于 30‰至 40‰的水平,而发达国家还不及这个数字的一半。在许多发展中国家,15 岁以下的儿童几乎占到人口总量的 40%,发达国家的这一比例不到 21%;与之相反的是,65 岁以上老年人口占全部人口的比重在发达国家超过 10%,而在发展中国家则要低一半,但总赡养负担(Dependency Burden)(包括抚养儿童和赡养老人)在发展中国家大约为总人口的 45%,而在发达国家仅占总人口的 1/3。

第四,城乡发展极不平衡,失业和就业不足问题日益严重。主要表现为:① 人口的城乡分布极不均衡,城市化比率低。在发展中国家,生活在城市的总

---

① 这一分类标准的数值因年份而调整。有关数据可在世界银行网站查询,http://www.worldbank.org。

人口占全国总人口的比例约为30%—40%，而发达国家的这一比例通常在60%以上，例如美国高达74%。② 城市人口由于使用相对技术，他们的产出在总产出中占有很大份额，因而城乡经济严重分化，呈现二元状态。③ 城市地区公开失业水平高。据估计，发展中国家城市劳动力中，公开失业率约为10%—15%，其中15—24岁青少年高达30%左右。④ 就业不足(Under-Employment)或隐蔽性失业现象日益剧增。在农村，剩余劳动力相当普遍；在城市，这种现象也相当普遍。

第五，严重依赖农业生产和初级产品出口。发展中国家的绝大多数人口生活在农村地区，很多劳动力从事农业生产。由于农业部门规模巨大、生产效率低下，整个经济呈现出二元经济结构，处于贫困落后状态。在对外经济贸易方面，由于制造业不发达，大多数发展中国家在发展初期主要依赖初级产品(如农产品和矿产品)出口创汇，常常处于不利地位。

第六，市场不发育与市场体系极不健全。在许多发展中国家，与市场相关的许多法律制度的基础不是根本不存在，就是极其薄弱。这些基础包括：一个能够保证契约实施和财产权利得以实现的法律体系；一种稳定的、值得依赖的货币；一个能够降低交通和通信成本，从而有利于地区间贸易的基础设施结构；一个完善的银行和信贷分配体系以及完全的市场信息。

第七，在国际关系中处于受支配、依附和脆弱的地位。由于发达国家占有控制国际贸易格局的支配地位，拥有决定以什么条件向发展中国家转移技术、进行外援和私人资本投资的专断权力，与发展中国家之间的关系显然是不平等的。在相互交往中，发达国家习惯于以主人或强者的身份自居。即使发达国家打算以平等的身份对待发展中国家，但由于种种原因和经济上优劣之势甚为明显，发展中国家总是难免吃亏时多、获利时少。

专栏 1-1

中国是不是发展中国家

中国自1978年以来经济保持了长时间的快速增长，总量规模迅速扩大，2007年已成为继美国、日本和德国后的第四大经济体，第二大对外贸易国(占世界出口总额的7%—8%，1978年不足1%)，外汇储备世界第一。从中国经济本身来看，近几年来确实出现了一些值得关注的具有转折意义的重要变化。从

2003年开始,中国经济的增长率已经连续4年达到10%以上。2006年,经济总量超过21万亿人民币;人均收入在超过1 000美元后不久,又达到人均国民总收入2 010美元,按购买力平价计算为7 740美元;财政收入新增部分超过7 000亿人民币,接近于10年全年的财政收入。但在总量规模变化的同时,结构性的变化和矛盾也更为显著。根据世界银行的报告,中国2006年人口规模13.12亿,人口年均(2000—2006年)增长率0.6%,儿童(0—14岁)占总人口的21%,出生时预期寿命男性为70岁、女性为74岁,成人识字率为91%,人均二氧化碳排放量3.2吨,农业占年GDP的12%,农业人口占总人口的60.5%,农业劳动力占总就业的44.1%,政府公共支出占农业增加值的11.3%,人均耕地0.1公顷,农业年淡水用量占总量的68%。国际贫困线以下人口的比例为9.9%(1天1美元)和34.9%(1天2美元)。城乡差距和地区差距有扩大趋势。

资料来源:世界银行、《2008年世界发展报告》、《中国统计年鉴2007》。

第二节 发展的目标:以人为本的发展与可持续发展

一、经济增长与经济发展

经济增长与经济发展是两个常用的词。很多情况下人们不加区别将两者混为一谈。

经济增长是指社会财富总量的增加,一般用实际的国民生产总值或国内生产总值的增长率来表示。经济发展的概念,既有量的内容,也有质的规定。20世纪五六十年代,许多发展中国家仅仅注意到发展的数量问题,即经济总量的扩大和人均收入的提高,采取的发展战略重点在于数量的扩张(GNP的快速增长),而忽视了对社会全体成员的基本需要的满足,忽视了增长成果的公平分配,忽视了政治变革、社会变革与社会进步,从而导致两极分化愈演愈烈,人力资源严重浪费,自然资源大量毁坏。在发达国家的工业化进程中,人们不必过分区分增长与发展的差异,原因在于这些国家在经济增长的背后,隐含着一种与社会经济结构相适应的内在而又灵活的反应机制。[1] 然而,发展中国家则有所不同,由于社会经济结构和体制的僵化和刚性,故在制定经济发展战略时,不仅要关注数量的增长,更要追求质的变革。

---

[1] 参见张建华:《创新、激励与经济发展》,华中理工大学出版社2000年版,第9页。

经济发展不仅包括经济增长,还包括经济结构的变化。这些变化包括:

第一,投入结构的变化。从简单劳动转到复杂劳动,从手工操作转到机械化操作,从传统的生产方法转到现代的生产方法,从劳动密集型技术转到资本密集型技术和知识密集型技术,生产组织和管理形式从传统的小生产转到现代的大公司。

第二,产出结构的变化。主要表现为产业结构的变化。在国民经济中,第一产业的劳动力和产值比重趋于下降,第二产业比重趋于上升,第三产业比重逐渐扩大,最终成为经济中最大的部门。每个部门内部的结构也相应发生变化,逐渐趋向平衡。在产业结构的转换过程中,农村人口向城市迁移,城市化和工业化同步进行。

第三,产品构成的变化和质量的改进。产品和服务构成适应消费者需求的变化,质量不断提高,品种更加多样化。

第四,居民生活水平的提高。具体表现在:人均收入持续增加,一般居民营养状况、居住条件、医疗卫生条件和受教育程度明显改善,文化生活更加丰富多彩,人均预期寿命延长,婴儿死亡率下降,物质和文化环境比以前更加舒适。

第五,分配状况的改善。收入和财产的不平等程度趋于下降,贫困人口趋于减少。

此外,经济发展离不开社会变迁。例如,人口结构、社会分层结构、社会制度和文化等必然伴随着经济的发展而变化调整。从这个意义上讲,经济发展本身也包含了社会进步、社会转型和社会变迁。

由上可见,经济发展比经济增长包含的内容要丰富和复杂得多。当然,没有经济增长就不会有经济发展,就此而言,经济增长是经济发展的必要条件。但是,经济增长不一定会带来经济发展。也就是说,经济增长不是经济发展的充分条件。在经济增长过程中,如果生产方式和生产技术仍然以传统为主;如果产业结构没有什么变化,仍然以传统农业为主,二元结构鲜明,城市化和工业化严重不平衡;如果生产出来的产品相当一部分是假冒伪劣产品,以损害消费者的利益为代价;如果生产的产品大量积压,缺乏需求;如果一国政府把收入增长的大部分用于建造豪华的宫殿,维持庞大的军队和官僚机构,致使普通居民的收入和生活水平长期得不到提高;如果人类居住的生活环境遭到破坏,污染严重,导致生活质量下降和健康受损;如果收入和财富分配越来越不均,贫困人口不但没有减少,反而还在增加,那么,这种经济增长就不会带来真正的经济发展。

专栏 1-2

佩鲁的新发展观

法国学者佩鲁认为,发展指一个国家的人民的观念和社会习俗的变革,这一变革使得该国人民有能力去持续地、累积地增加该国的实际总产值。1982年他出版了《新发展观》一书,进一步阐述道:发展首先在于人自身的发展。从经济角度看,发展分为三个层次:一是国民经济的各个部分紧密联系,组成一个有机整体;二是部门结构和整个经济结构不断调整;三是各种形式的人力资源都会得到有效的使用,其素质得到不断提高。发展政策的基本内容在于:第一,调动和激励所有发展的活力,这些活力正是人的活力的一部分,可归结为人的本能的活动、人的素质和推动社会进步与实行制度创新的能力;第二,组织和形成一个传播有益的经济影响的环境,既包括物质的传播,也包括信息的传播。

资料来源:〔法〕弗朗索瓦·佩鲁,《新发展观》,张宁等译,华夏出版社1987年版,序言。

二、以人为本的发展

不同的国家由于处于不同的社会经济背景和经济发展水平,因而并不遵循相同的价值准则。例如,有些国家偏重于经济效益和个人作用,有些国家则更强调民族独立和社会公正。但是,在探讨和确定发展的最基本的价值判断准则时,应该排除各种异化现象,回到人自身的发展上。简言之,就是追求以人为本的发展,基本内容包括:在不同层次上满足人的基本需要和发展人的能力。

经济学家丹尼斯·古雷特(Dennis Goulet)认为,发展至少有三个基本内容:生存、自尊和自由。[1] 所谓生存,就是提供基本生活需要,包括食物、住所、健康和保护,以维持人的生存。当这些基本需要中的任何一项得不到满足或严重匮乏时,就意味着存在"绝对不发达"的状况。没有在社会水平和个人水平上持续不断的经济进步,人力资源及其潜能就很难得以发挥。因此,要满足人的基本需要,就必须提高人均收入、根除绝对贫困、增加就业机会、减少收入分配不平

---

[1] Denis Goulet, *The Cruel Choice: A New Concept in the Theory of Development* (New York: Atheneum, 1971), p.23.

等。所谓自尊,是指人要被当做一个人来看待,要让人能够感受到自身价值的自尊感,而不是为了他人的目的被作为工具来使用。自尊的性质和形式可能会因不同的社会和文化背景而发生变化。目前,人们常常把国家的繁荣和物质财富的丰富作为实现自尊的基本形式及一般价值尺度。所谓自由,就是把人从异化的物质生活条件以及种种惯例和教条主义的信仰的社会奴役下解放出来。自由还意味着社会及其成员选择范围的扩大,或者限制范围的缩小。阿瑟·刘易斯(Arthur Lewis)在强调经济增长与从奴役下取得自由之间的关系时断定:"经济增长的好处并不在于财富造成的幸福的增长,而在于它扩大了人类选择的范围。"[①]财富可以使人获得他在贫困时不能获得的对自然界和周围环境更大的控制能力,可以使人获取更多的闲暇,得到更多的物质产品和服务。此外,自由还包括思想表达自由以及参与社会活动和公共事务的政治自由。

1998年诺贝尔奖得主阿马蒂亚·森(Amartya Sen)指出,发展的目的不仅在于增加人的商品消费数量,更重要的还在于使人们获得能力。根据这一思想,联合国开发计划署提出了人类发展(Human Development)的概念,进一步拓展了发展目标的内涵,指出发展是一个不断扩大人们选择的过程。从1990年起,联合国开发计划署每年一度发行《人类发展报告》,对世界各国的人类发展状况进行比较和评估。

《人类发展报告》定义的人类发展与古雷特教授关于发展的三个核心含义相类似,两者都是强调以人为中心的发展。人类发展包括两个方面:人的能力的形成和人的能力的运用。人的各种能力包括:拥有足够的收入来购买各种商品和服务的能力、延长寿命的能力、享受健康身体的能力、获得更多知识的能力以及参与社会公共事务的能力,等等。能力的运用对于人的发展也相当重要,如将人的能力运用到工作中,或者创造闲暇,或者去从事政治和文化等方面的活动。如果发展不能使人的能力得到运用,许多人力资源的潜力将难以发挥。当然,人的各种能力的提高需要有社会总产品的增加,需要有经济的增长。只有经济持续增长,才有可能不断增加生产性就业和收入水平,改善民众的物质生活条件,提高健康水平和文化素养,等等。没有经济增长,这些能力的扩大是相当有限的。但是,有了经济增长,不等于会自动导致人的发展。

三、可持续发展

第二次世界大战结束后至20世纪60年代,世界上许多发达国家都忙于战后的重建、恢复和发展,不少发展中国家启动了工业化进程。然而,与工业化相

---

① 〔英〕阿瑟·刘易斯:《经济增长理论》,周师铭等译,商务印书馆1991年版,附录。

伴而来的一系列问题开始凸现出来：人口爆炸、不可再生资源耗竭、生态环境恶化，等等。尤其在发展中国家，由于技术水平低、资金匮乏、人口压力等原因，生态环境难以改善，出现了"贫穷→人口增长→环境退化→贫穷"的恶性循环。1972年，联合国在瑞典首都斯德哥尔摩举行人类环境会议，与会的发达国家和发展中国家达成一种共识：要在不妨碍发展的条件下保护环境。保护和改善环境已成为人类一个迫切的目标，也是关系到人类千秋万代的长远问题。自20世纪80年代以来，人类认真总结了自己的发展历程，重新审视自己的经济活动与发展行为，提出了一种新的发展思想和发展模式——可持续发展（Sustainable Development）。

按照1987年世界环境与发展委员会（WCED）在一份纲领性文件《我们共同的未来》中的定义，所谓可持续发展就是"既满足当代人的需要，又不对后代人满足其需要的能力构成危害的发展"①。

这一概念的核心思想是：健康的经济发展，应建立在可持续生存能力、社会公正和人民积极参与自身发展决策的基础之上；可持续发展所追求的目标是，既使人类的各种需要得到满足，个人得到充分发展，又要保护资源和生态环境，不对后代人的生存和发展构成威胁。衡量可持续发展主要有经济、环境和社会三方面的指标，缺一不可。

可持续发展并不否定经济增长，尤其是发展中国家的经济增长。毕竟经济增长是促进经济发展，促使社会物质财富日趋丰富、人类文化和技能日益提高，从而扩大个人和社会的选择范围的原动力；但是，传统的增长方式需要改善。可持续发展反对以追求最大利润或利益为取向、以贫富悬殊和掠夺性资源开发为代价的经济增长。它应以无损于生存环境为前提，以可持续性为特征，以改善人民的生活水平为目的。

可持续发展与以人为本的发展和经济发展的目的基本上是一致的，它们都强调生活质量的改善和社会的进步。对发展中国家来说，实现经济发展是十分关键的，因为贫困与不发达正是造成资源与环境恶化的根本原因之一。只有消除贫困，才能形成保护和建设环境的能力。世界各国所处的发展阶段不同，发展的具体目标也各不相同，但发展的内涵均应包括改善人类生活质量，保障人的基本需要，并创造一个自由平等的、和谐的社会。总之，体现以人为本和追求可持续性应该是发展的永恒主题。可喜的是，中国提出的科学发展观正好体现了这一思想。

---

① WCED, *Our Common Future*, Oxford University Press, 1987.

科学发展观

科学发展观就是坚持以人为本,树立全面、协调、可持续的发展观,促进经济社会和人的全面发展。坚持以人为本,就是要以实现人的全面发展为目标,从人民群众的根本利益出发谋发展、促发展,不断满足人民群众日益增长的物质文化需要,切实保障人民群众的经济、政治、文化权益,让发展成果惠及全体人民。全面发展,就是要以经济建设为中心,全面推进经济建设、政治建设、文化建设和社会建设,实现经济发展和社会全面进步。协调发展,就是要统筹城乡发展、统筹区域发展、统筹经济社会发展、统筹人与自然和谐发展、统筹国内发展和对外开放,推进生产力和生产关系、经济基础和上层建筑相协调,推进经济建设、政治建设、文化建设、社会建设的各个环节、各个方面相协调。可持续发展,就是要促进人与自然的和谐,实现经济发展和人口、资源、环境相协调,坚持走生产发展、生活富裕、生态良好的文明发展道路,保证一代接一代地永续发展。科学发展观的第一要义是发展,核心是以人为本,基本要求是全面协调可持续发展。这三个方面相互联系、有机统一,其实质是实现经济社会又快又好地发展。

资料来源:http://theory.people.com.cn/GB/40557/55596/index.html。

第三节 发展水平的度量

一、国民收入核算体系

自从 S. 库兹涅茨(S. Kuznets)等人建立了国民收入核算体系以来,联合国有关机构、世界银行及世界上众多国家,都先后采用了国民生产总值(GNP)或人均 GNP 作为衡量一国经济发展程度的指标。采取 GNP 或人均 GNP 作为衡量发展水平的指标简单明了,通用性强,易于收集和整理比较(例如,使用实际 GNP 的增长率表示经济增长率),因而国际组织经常将此作为划分国家类别的基本依据。

但是这种方法在经济分析中,特别是在国际比较中,仍然存在着许多缺陷:第一,它不能及时反映所生产的产品和劳务的类型,或从使用这些产品和劳务中得到福利的情况。因为在发展中国家,许多产品和服务并没有进入市场交换,而是直接由家庭成员自给自足。第二,由于统计技术上的困难,地下经济(Underground Economy)无法计算在内。① 由于地下经济都是秘密进行的,交易收入不公开,因而无法统计在 GNP 中。按一些学者的估计,美国地下经济占 GNP 的比重达 3%—20%;发展中国家更为严重,如印度估计为 30%,缅甸则达到 50% 之多。第三,没有反映由于环境污染、都市化和人口增长所付出的社会代价。尽管环境资源难以纳入国民收入核算体系,但是资源耗竭和环境恶化对生产率和经济增长的不利影响是显而易见的。据《1992 年世界发展报告》反映,土壤侵蚀可能引起的经济损失每年达到 GNP 的 0.5%—1.5%;热带森林每年以 9% 的速度递减。第四,国际比较时汇率不能反映国家间真实收入差别。

由于汇率把各国的国民产品换算成同一货币,并不能真实反映它们之间的实际收入水平,国际上有些机构和学者就运用购买力平价(Purchasing Power Parities,PPP)作为货币换算因子,以此来估算和比较各国的收入水平,从而在一定程度上克服了国民生产总值指标比较上的困难,使国民生产总值指标的应用范围有了一定的扩大。

用国民收入核算体系来衡量经济发展,其最大问题还在于它难以反映经济发展的全貌,不能说明经济发展的动态内容。例如,经济结构的变化与调整、收入分配的改善与贫困人口的减少、就业水平的上升与实际生活质量的提高等。尽管如此,到目前为止,经济学中还没有发现比 GNP 或 GDP 更好的作为一国国民产品的综合指标。因此,这一指标仍然被广泛使用。不过,我们必须明了,要全面反映经济发展状况,仅用这一个指标是远远不够的。许多学者一直在设法建立其他的综合指标体系,来替代或补充传统的度量指标。这些指标大致可分为两类:一类是采用生活质量衡量发展;另一类是采用社会、经济和政治因素相互作用的标准来衡量发展。

二、社会经济综合发展指标体系

1. 联合国社会发展研究所的 16 项指标体系

这项研究涉及选择最适当的发展指标,以及对这些不同发展水平指标间的相互关系的分析。最初,他们考察了 73 项指标,最后从中选择了 16 项主要指

---

① 从事地下经济活动的目的是逃税,如走私等,但有些地下经济是为了逃避国家有关法律的制裁,如贩毒、生产盗版或假冒伪劣产品等。

标,分为以下两类:① 社会指标(7 项),出生时的预期寿命,2 万人以上地区人口占总人口的百分比,人均每日消费的动物蛋白质,中小学注册人数总和,职业教育入学比例,每间居室平均居住人数,每千人中读报人数;② 经济指标(9 项),从事经济活动人口中使用电、水、煤等的百分比,每个男性农业工人的农业产量,农业中成年劳动力的百分比,人均消费电力的千瓦数,人均消费钢的公斤数,能源消费(折合人均消费煤的公斤数),制造业在国内生产总值中的百分比,人均对外贸易额,工薪收入者在整个从事经济活动人口中的百分比。

指标的选择是根据它是否和社会发展指数联系密切。这种发展指数与各种单个的社会和经济指标的关系,要比与人均国民生产总值等指标的关系更为密切。

这个体系的特点是以福利为中心,重点考察卫生、营养和教育状况,反映了基本需求战略的基本要求;其缺点是大多采用人均指标,未能反映社会与经济结构变动的因素。

2. 阿德尔曼和莫里斯的 40 变量体系

20 世纪 60 年代末,美国经济学家 I. 阿德尔曼(I. Adelman)和 C. T. 莫里斯(C. T. Morris)提出的发展指数,是根据经济、政治和社会因素之间相互作用的方式来衡量发展的。这项研究根据 40 个变量,对 74 个国家进行了分组,用因素分析法考察了社会和政治变量与经济发展水平间的相互依赖关系,发现了某些关键性因素与经济发展水平间的许多相关关系。这 40 个变量的指标包括四类:① 总体经济特征(3 个),传统农业部门的大小,二元结构的程度,城市化的程度;② 总体社会文化特征(9 个),基本社会组织的特点,当地中产阶级的地位,社会流动性的程度,识字率,大众传播媒介的水平,文化和种族的同质程度,社会紧张程度,自然人口生育率,观念的现代化程度;③ 政治指标(12 个),国家一体化程度与民族意识,政治权力集中程度,民主制度的力量,政治上的反对派与出版自由度,政党竞争程度,政党制度的基础,工人运动的实力,传统的上层人物的政治力量,武装力量的政治力量,政府机关的效率,领导层对经济发展(改革)的支持程度,政治稳定程度;④ 经济指标(16 个),人均国民生产总值,人均国民生产总值增长率,自然资源蕴藏量的大小,总投资率,工农业现代化水平,1950 年以来工业化程度的变化,农业组织的特点,农业技术现代化水平,1950 年以来物质资本的增加程度,税收体制的实际水平,1950 年以来税收体制的改进程度,财政体制的实际水平,人力资源的提高程度,对外贸易的结构,农业劳动生产率的改善程度,有形的经常资本充足程度。

这一体系的特点是:较系统全面地考虑到了经济与社会政治的变动,强调了人力资本的作用。缺陷是:有些因素的政治性质和社会标准难以准确地加以测算,增加了经济发展度量的难度,不符合实用性原则。

3. 世界银行设计的世界发展指标体系

从1978年起,世界银行每年发行一期《世界发展报告》。在那里,世界银行也设计了一套反映一国社会和经济发展主要特征的世界发展指标体系。每年发生一些变化。2007年世界银行发展指标分五类表。

表1——主要发展指标:人口和人口年龄构成、人均国民生产总值及其年均增长率、出生时的预期寿命、成人识字率、人均二氧化碳排放量;

表2——贫困:国家贫困线、国际贫困线;

表3——千年发展目标,即消除贫困,改善生活:收入或消费的比例(最低20%)、5岁以下儿童营养不良状况、初等教育完成率、初等中等教育中男女比例、5岁以下儿童死亡率、母亲健康状况、艾滋病率;

表4——经济活动:国内生产总值及其年均增长率、生产的年均增长率(包括农业、工业、制造业、服务业等的增长)支出比、政府最终消费支出比、资本形成总额占GDP比、贸易差额占GDP比、GDP隐含平减指数年均增长率;

表5——贸易、援助与金融:商品进口出口比、制成品出口比、高技术出口比、经常账户余额、外商直接投资、官方发展援助、外债、银行提供的国内信贷比、净移民数。

三、物质生活质量指数

物质生活质量指数(Physical Quality of Life Index,PQLI)是由莫里斯等人于20世纪70年代初开创的。他们用预期寿命、婴儿死亡率和识字率三项指标组成一套简便的综合指数,每项指数都用百分制表示每个国家的成绩,"1分"表示"最坏",而"100分"则表示"最佳"。预期寿命的上限100分定为77岁,下限1分定为28岁。各国的预期寿命都在这上下限之间,从1到100评分。例如,预期寿命上限77岁和下限28岁之间的中点为52岁,就近52岁定为50分。与此类似,婴儿死亡率上限为9‰,下限为279‰;识字率用1至100的百分比来衡量,可直接用百分制划等级。一旦一个国家的预期寿命、婴儿死亡率和识字率按百分制打出分来,用同样的权数平均,就可计算出这个国家的PQLI了。这种指标体系的主要优点是所需资料容易找到,计算简便易行。但PQLI所衡量的"生活质量"的范围过于狭窄,没有考虑到社会和心理上的许多因素,诸如安全感、公正、人权等。

四、人类发展指数

最有影响的发展度量指数是人类发展指数(Human Development Index),它是由联合国发展计划署(UNDP)在1990年首次发表的《人类发展报告》中提出来的。其后发表的人类发展报告对这一指标进行了一些修正。这个指数也是由三个指标构成的,即寿命、教育程度与生活水准。寿命以出生时的寿命预期来衡量;教育程度以成人识字率与初、中、高各级学校入学率两个指标加权平均获得(其中给予成人识字率 2/3 权数,入学率 1/3 的权数);生活水准以调整的人均 GNP 来表示(即人均 GNP 按照购买力平价和收入边际效用递减原则来调整)。这三个指标是按 0 到 1 分级的,0 为最坏,1 为最好。在算出每个指标的等级后,对它们进行简单的平均,便得到一个综合的人类发展指数。然后按指数的高低对世界上的 100 多个国家进行排序。人类发展指数分为三组:低人类发展指数(0—0.50)、中等人类发展指数(0.51—0.79)、高人类发展指数(0.8—1)。

《2001 年人类发展报告》对 1999 年 162 个国家(或地区)的人类发展指数的排序如下:高人类发展指数的国家(或地区)有 48 个,平均的人类发展指数是 0.904,挪威最高,为 0.939,澳大利亚、加拿大和瑞典并列第二,为 0.936。中等人类发展指数的国家有 78 个,平均的人类发展指数是 0.662;低人类发展指数的国家有 36 个,平均的人类发展指数为 0.416。从国家(或地区)数目来看,大多数的人类发展指数处于中等水平。作为一个整体,发展中国家(或地区)的人类发展指数平均为 0.647,世界平均为 0.716。

1999 年中国的人类发展指数为 0.718,属于中等人类发展指数国家(或地区)行列,排在 174 个国家(或地区)的第 87 位,比中等人类发展指数的平均数(0.740)要低,与世界平均的人类发展指数 0.716 差不多,但比发展中国家平均的人类发展指数 0.647 要高。分项来看,中国的寿命预期指数为 0.75,教育指数为 0.80,GDP 指数[①]为 0.60,与中等人类发展指数相当(分别是 0.74、0.81、0.66)。

这里需要指出,最初人类发展指数只是用来度量相对的人类发展水平,而不是绝对的人类发展水平。后来联合国发展计划署对人类发展指数进行了修正,使之能反映一国长期人类发展的进步状态。

第四节　发展经济学的产生与演进

一、发展经济学的起源及其在西方的兴起

作为一门独立的学科分支,发展经济学兴起于第二次世界大战结束以后,

---

① 这里人均 GDP 是按照购买力平价估算的。前已指出,发展中国家按购买力平价估算的 GDP 比按汇率计算的要高得多。据《2001 年人类发展报告》,中国 1999 年调整过的按购买力平价估算的人均 GDP 是 3 617 美元,而中等人类发展指数国家的人均 GDP 是 5 310 美元,发展中国家人均 3 530 美元,全世界平均 6 980 美元。

特别是20世纪50年代和60年代;但它创立的渊源,或者说思想观点的酝酿,则可以追溯到第二次世界大战结束以前的30年代末、40年代初,甚至更早一些。例如,早在20世纪30年代到40年代前后,中国经济学家就对此进行了大量的理论研究和统计分析,对中国乡村经济发展和工业化问题进行了广泛而深入的探讨,其中作出重大贡献的学者有方显廷、刘大钧、张培刚、何启良、胡礼桓、陈炽、王学文、吴景超、谷春帆、伍启元,等等。① 总之,到20世纪40年代中国发展经济学说已基本成熟,并初步形成了较为独特的体系。只是中国大多数发展经济学理论成果未能及时地在海外传播,因而外国学者知之甚少。

从国际领域看,对发展经济学的奠基产生过重要影响的研究主要包括:1938年威廉·吕彼克(Wilhelm Ropke)发表法文论文《农业国家的工业化:一个科学的问题》(《国际经济评论》7月号);1943年保罗·罗森斯坦-罗丹(P. N. Rosenstein-Rodan)在英国的《经济学杂志》(6—9月合刊)上发表《东欧和东南欧工业化问题》;1944年尤金·斯塔利(Eugene Staley)出版《世界经济发展》,探讨了工业化问题,并认为"工业化"所注重的不是农业及其他"初级"生产的增加,而是制造业及"次级"生产的增加②;1945年K.曼德尔鲍姆(K. Mandelbaum)出版《落后地区的工业化》,提出了人口过多而又落后的东欧和东南欧地区工业化的数量模式;张培刚在1949年出版的《农业与工业化》(Agriculture and Industrialization)(哈佛大学1946—1947年度最佳博士论文奖和"威尔士奖",作为《哈佛经济丛书》第85卷出版),第一次系统地探讨了农业国家的工业化问题。③

此外,印度和拉美学者对摆脱殖民统治后的落后经济如何迅速发展,也提出了相当有见地的理论观点,这些都为发展经济学学科的形成奠定了基础。

第二次世界大战结束以后,民族独立运动席卷全球,一大批亚非拉国家先后摆脱殖民主义的统治,赢得了政治独立。这些国家只有尽快地发展经济,才能改变自己落后的地位,进而才能巩固政治上的独立。但是对于这些国家来说,适宜的经济发展理论仍是相当缺乏的,一个完整的学科体系也难以在这些国家形成和兴起;而在世界的另一端,发达国家迫于经济上和政治上的需要,开始重新考虑它们与世界上较为贫穷国家之间的关系,因为发展中国家经济发展

---

① 关于中国发展学说的系统研究,详见李向民:《大梦初觉——中国的经济发展学说》,江苏人民出版社1994年版;又见叶世昌:《中国发展经济学的形成》,载《复旦学报(社会科学版)》,2000年第4期。关于中国20世纪30—40年代工业化的讨论,可参阅罗荣渠:《从西化到现代化》,北京大学出版社1990年版。

② 参见 E. Staley, World Economic Development, Montreal: International Labour Office, 1944, p.5。

③ 这部论著奠定了发展中国家经济发展的理论基础,因此张培刚教授被国际经济学界誉为"发展经济学创始人之一"。20世纪五六十年代,南美、北美、西欧和亚洲一些国家的大学,把《农业与工业化》列为基本教材或主要教学参考书。

状况的好坏,直接影响着发达国家的经济与贸易。在政治上,意识形态的分歧和对立,迫使西方资本主义集团和东方共产主义国家,为争取第三世界的大多数国家而进行经济上的竞争。总之,由于国家之间经济联系的增强以及出于本国自身发展的需要,发达国家尤其是西方资本主义发达国家的经济学家,感到有必要对发展中国家的经济发展问题进行研究。正是在以上历史背景下,一个以发展中国家经济发展为研究主题的经济学分支学科呼之欲出。就是在这段时期,刚刚成立不久的联合国和世界银行等国际机构组织,也表现出对发展中国家的极大兴趣,出版了大量的世界经济统计资料;组织了包括不同应用经济学分支领域的专家,到发展中国家进行实地考察,并担任政府顾问和咨询工作;同时,它们就发展问题举办了一些专题讨论,定期和不定期地出版统计公报和各种发展文献。同样也是在这段时期,许多欧美国家的国内问题专家改弦更张,以发展经济学家的名义出现,发展经济学开始成为热点学科并进入了大学经济系的课程表。从此,各种各样的发展模式和理论观点相继被提出,发展经济学也就作为现代经济学的一个新的分支,在西方逐步形成和发展起来。

二、20 世纪 50、60 年代的发展经济学

20 世纪的 50 年代和 60 年代是发展经济学的繁荣与大发展时期。在这一时期,许多国家的专家学者,根据现代经济学的体系与发达国家经济发展的经历,构造了各种理论模式来解释发展中国家经济贫困落后的原因,并筹划经济发展的战略。在这段时期影响较大的发展经济学家及理论主要有:W. 阿瑟·刘易斯(W. A. Lewis)的二元经济模型、保罗·罗森斯坦-罗丹的"大推进"理论和平衡增长理论、R. 纳克斯(R. Nurkse)的贫困恶性循环理论、W. W. 罗斯托(W. W. Rostow)的经济成长阶段理论,以及以 R. 普雷维什(R. Prebisch)为代表的拉美结构主义发展理论。

在这一时期,发展经济学家普遍认为:以市场价格机制运作为理论核心的西方正统经济学(新古典主义经济学)并不适用于发展中国家。因为发展中国家的国内市场体系尚不完善,价格运作机制严重扭曲,社会经济结构缺乏弹性,人们作为生产者或消费者的经济行为均不符合"经济人"逻辑。因此,发展中国家的经济发展不能指望市场价格机制对其进行自动调节,而需要借助于国家干预或计划来进行经济结构的重大改进和经济关系的重大调整。这一调整的实质就是实现工业化,即从以农业占统治地位的经济转向以工业和服务业为主的经济结构。而在工业化过程中,资本稀缺是制约发展中国家经济增长的主要因素,资本积累是加速发展的关键。当然,这一共识的形成受到了当时三个重要的理论和经济实践背景因素的影响:一是哈罗德-多马经济增长模型;二是西方盛行的凯恩斯国家干预主义;三是苏联推行的高度集中的计划经济和政府主导的工业化模式。总之,此时期发展经济学的理论观点比较明确,即强调资本积累、工业化和发展计划对经济发展的重要性和必要性。这些观点后来分别被叫做"唯资本化论"、"唯工业化论"和"唯计划化论"。在对外经济关系问题上,早期发展经济学一般不支持比较成本理论和自由贸易政策,而是主张贸易保护,强调国家对外贸易保护的政策。

综上所述,20世纪50、60年代的发展经济学的主要特点是:① 反对单一的新古典主义传统,倡导双元经济学并存,即经济学至少可以划分为发达国家经济学(以新古典主义或新古典综合理论为基础)和发展中国家经济学。② 注重结构主义分析,主张工业化、计划化和(物质)资本积累。③ 强调内向发展战略,主张采取进口替代工业化、实行贸易保护政策。④ 试图建立对所有发展中国家都适用的宏大发展理论体系。

早期正统发展经济学为什么会从兴至衰

早期正统发展经济学从兴至衰,我们可以从如下几方面加以检讨:

(1) 早期关于经济发展的目标过于简单狭窄。GDP或人均GDP成为早期正统理论的追求目标,事实上经济发展的目标应该是多维的,除了收入水平增长以外,还应增加消灭贫困、实现收入的公平分配和减少失业等内容。由于目标认识的差异导致战略制定的差异。例如,伴随增长的再分配计划、满足人类基本需要战略等不可能在早期受到应有的重视。

(2) 早期发展经济学家缺乏对市场机制在经济发展中作用的客观认识。过分强调的是市场解决发展问题的局限性和政府解决发展问题的有效性,过分强调进口替代工业化,提倡内向型发展战略。经济发展的实践表明:市场机制不仅在发达国家是有效率的,而且在发展中国家也是同样有效率的。政府对经济的过度干预和无所不包的计划是导致资源配置无效率和经济增长缓慢的根本原因。如果不发挥市场价格机制(包括国内和国际)的作用,而夸大价格扭曲和市场失效,则必将出现"政策引致的扭曲"和"非市场失效"。

(3) 对农业和农村发展存在偏见,把(片面的)工业化看成是发展的唯一手段。事实上,对于发展中国家而言,消除贫困是首要目标,而农村则是贫困人口最集中的地方。发展农村经济、提高农民的收入水平,是消除贫困的重要途径,因此,农业与农村发展不仅能为加速工业化提供劳动和资本,从而具有工具价值,而且本身也是发展目标。此外,发展农业和农村也是改进结构、完成发展结构转型的必要路径。

总之,正统发展理论衰败的原因,在于未能把握发展的关键机制——让市场机制起作用,并制定与之相适宜的发展战略和政策。

资料来源:张建华,《论发展经济学的革命与再革命》,载《理论月刊》,2008 年第 7 期。

三、20 世纪 70 年代至 80 年代初期的发展经济学

在早期发展经济学理论的影响下,绝大多数发展中国家采取依靠计划化、国有化和奉行进口替代战略等,推行国家主导的发展政策,来加速资本积累和工业化的发展道路。然而,不幸的是,许多发展中国家的实践结果不但未达到预期的经济目标,还在经济运行中遭遇着种种困难。与此形成鲜明对照的是,那些对外经济比较开放、注意发挥市场作用、实行出口导向政策的发展中国家(例如东南亚地区),却在经济上取得了较快的进步。面对这种情况,从 20 世纪 60 年代后期尤其是 70 年代以后,发展经济学家大都不再像前一段时期那样意气风发,而是以一种平静的态度反思早期的发展理论,并在许多方面作出了重大修正和转变。20 世纪 60 年代末期以后,新古典主义复兴在发展经济学中逐渐形成主流,到 70 年代末 80 年代初,新古典经济学的理论几乎渗透到了所有的发展研究领域,新古典主义思想已经完全贯彻到了"正统"发展经济学之中,成为发展经济学的基本特征。比较有代表性的学者包括美国的 T. 舒尔茨(T. Schultze)、G. 哈伯勒(G. Haberler)、A. C. 哈伯格(A. C. Harberger)、G. M. 迈耶(G. M. Meier)、缅甸的明特(Myint)。

新古典主义认为,价格是经济发展的核心问题,但发展中国家的价格扭曲现象,成为经济发展的最大制约。价格扭曲的关键,是政府政策的误导和政策体系的冲突,因而又提出与其矫正价格不如矫正政策的主张。新古典主义经济发展理论的政策主张,有三个基本观点:一是主张保护个人利益,强调私有化的重要性;二是反对国家干预,主张自由竞争、自由放任;三是主张经济自由化,包括贸易自由化和金融自由化。这些观点和主张被世界银行的一位经济学家约翰·威廉姆森(John Williamson)概括为华盛顿共识(Washington Consensus)。

毫无疑问,华盛顿共识为发展经济学带来的理论贡献是巨大的,几乎所有经济学家已经达成共识:只有市场经济才能发展经济。沿着这条道路发展经济

也是发展中国家应该努力的目标。这是发展经济学的重大进展,也是研究经济发展问题的出发点。但问题是:市场经济不可能自动在落后贫穷的国家产生,在市场化进程中存在许多不确定性和困惑,例如,如何在制度改革中促进市场化?如何建立健全市场制度?如何在开放条件下保证经济金融稳定安全?……因此,在华盛顿共识指导下的发展经济学重新遭遇一系列困惑。发展中国家的市场不发育与市场体制的不健全,并不因为新古典主义政策的实施而得以自动消除,经济自由化尤其是金融自由化的过度推崇和出口导向的过分渲染,再加上金融体制的不发育、各种结构二元问题的长期存在,使得新古典主义的发展政策甚至在一些曾经取得相当成功的国家和地区也遭遇了失败。

华盛顿共识与后华盛顿共识

华盛顿共识得名于位于美国首都华盛顿的三大机构——国际货币基金组织、世界银行和美国财政部,在20世纪80年代形成了一系列的政策主张。约翰·威廉姆森最早提出这一概念,并列出十条政策清单。世界上大多数人心目中的华盛顿共识是指以私有化、自由化和宏观稳定为主要内容的发展战略,以及基于对自由市场的坚定信念并且旨在削弱甚至最小化政府角色的一系列政策。

华盛顿共识的推行相继在东欧和拉美国家遇到挫折。例如,在东欧,各国经济改革的起点是它们面临的财政金融危机。自由派的主张不是经济增长优先,而是稳定市场优先。稳定的办法不是加强而是废除政府管制。他们以为放开汇率和价格的管制后,市场价格升高会刺激厂商增加生产,从而使物价回落。放开汇率和价格的结果,都立即导致本国货币的大幅贬值,引发恶性通货膨胀,进一步造成银行危机、企业破产、失业人口剧增、资金外逃。政府为稳定货币、提高利率,进一步加深经济萧条。政府面临经济恶化造成的财政危机,不得不拍卖国有资产,加速私有化,结果不但没有创造就业,反而导致失业工人急剧增加,人才、资金大量外流。在拉美,以自由化为中心的发展战略不但未能解决债务和金融危机,反而引发和加剧了金融动荡;20世纪90年代后期东南亚引发了波及许多发展中经济体的金融风暴。此外,按照华盛顿共识,向许多极度贫穷国家提出的迈向市场化的结构改革主张,并没有使这些国家的发展问题得到改观。

后华盛顿共识是批判和反思华盛顿共识的结果。这一概念由 J. E. 斯蒂格利茨(J. E. Stigilize)于 1998 年提出。他指出：仅仅局限在华盛顿的框架内是不会出现成功的发展战略的；一刀切的政策注定要失败；各个国家可以自己实验，自己判断，去探索最适合自己的发展战略。他呼吁扩充发展的目标：要追求包括健康和教育获得改进以及生活水平得以实质提高的发展，要追求可持续的发展，要追求平等的发展，要追求民主的发展，并从 11 个方面提出了使市场更好地发挥作用的措施。

资料来源：根据黄平，《中国与全球化：华盛顿共识还是北京共识》(社会科学文献出版社 2005 年版)一书的有关内容撰写。

究其原因,新古典主义框架下的发展经济学存在天生的弱点。因为在它的分析视野里,不存在时间变量,历史不起作用；制度、政治、法律、文化等因素被视为经济运行的既定因素或外生变量,价格机制和市场是所有经济活动的核心。事实上,经济不发达与上述这些变量是紧密关联的。据此,人们逐渐认识到,在既定的制度结构和制度安排的基础上,新古典主义的"矫正价格"和"矫正政策"主张根本不可能使整个经济最终摆脱困境。因此,发展理论期待着一种新理论的创新。

四、20 世纪 80 年代中期以后的发展经济学

新古典主义复兴之后,发展经济学的生存受到了严重威胁,许多人对发展经济学能否成为一门独立的学科产生了怀疑,并作出了发展经济学已经"衰落"、"走下坡路"、"进入收益递减阶段",甚至即将"死亡"的悲观诊断。

20 世纪 80 年代中期以后,尽管新古典主义思想在发展经济学领域继续发挥着重大的影响,但是,随着越来越多的来自发展中国家的经济学家的加入,发展经济理论的研究一方面呈现多元化的趋势,另一方面不同发展学说又趋于融合。现在,发展经济学作为一门经济学学科,不仅存在,而且还相当活跃。发展研究出现了若干明显的新趋向,大致可以归纳如下：

第一,经济学主流理论和方法有了重大进展,这些进展也开始体现在发展经济学研究范围和分析深度上。在理论研究上,以结构研究为主转向以组织和政策研究为主,从一般研究转向不同类型的研究,不同学派之间出现了交融发展的趋势。例如,在各种学派交融的综合发展之中,新古典政治经济学派开始显示出强劲的解释力,于是制度分析、交易成本分析、公共选择分析、寻租分析和新古典分析相结合,从而使人们更深入地认识到不发达社会经济结构呈僵化和刚性的实质和原因。再如,新增长理论骤然兴起,并表现出与发展研究相融合的趋势。信息经济学、博弈论也被运用于发展研究。

第二,对发展的含义有了更为深入的认识。诺贝尔奖获得者、印度经济学家阿马蒂亚·森在80年代初提出了一种评价发展的新方法,根据他的思想,联合国开发计划署提出了人类发展(Human Development)的概念,认为发展的核心问题就是以人为本的发展,发展的进程应该为人们创造一种有益的环境,使他们能够独立地和集体地去发挥他们的全部潜力,不断扩大他们的选择范围;发展还应该考虑后代的可持续性。从1990年起,《世界人类发展报告》每年发行一期。由于环境问题变得日益严重,开始直接影响和制约发展中国家的长期经济增长,故从90年代开始,西方出版的发展经济学教科书无一例外地增加了新的一章,专门论述环境与可持续发展问题。

第三,从全球角度考虑发展问题。随着国际货币基金组织、世界银行和联合国有关机构等国际性组织对发展中国家的影响日益增加,以及发展中国家与发达国家相互依存关系的日益增强,发展问题实际上已超出了发展中国家自身的范围。例如,以因特网技术为代表的信息技术革命、跨国公司在全球的扩张、金融风暴在地区间的扩散,等等。要解决这些问题就要求发展经济学必须成为一门研究全球性共同问题的经济学。

第四,对发展经济学进行革新,建立符合发展中国家实际情况和要求的新型发展经济学。张培刚教授早在1988年的一次学术会议上,就针对西方某些学者对发展经济学前途的悲观论调,提出建立新型发展经济学的设想并予以探索。① 新发展经济学的特点包括:其一,把发展中大国作为重点研究对象,兼顾中小型发展中国家的研究。这些国家不仅包括实行了资本主义市场体制的发展中国家,而且也包括实行社会主义制度的、正在实行体制转轨的发展中国家。其二,从社会经济发展的历史角度探根索源。不是就经济谈经济,而是联系历史、社会、政治、文化、教育等方面,综合地探讨发展中国家的经济起飞和经济发展。其三,从发展中国家的本国国情出发,制定发展战略。其四,注意研究计划与市场两者之间关系在不同类型发展中国家的新发展。②

值得一提的是,进入20世纪90年代以来,除中国外,许多其他的原来实行社会主义计划经济体制的国家,如苏联、东欧诸国、越南、古巴等,相继选择了实行市场经济体制的改革道路。目前,从计划经济向市场经济转型的问题,可以

---

① 参阅张培刚:《发展经济学往何处去——建立新型发展经济学刍议》,载《经济研究》,1989年第6期。

② 见张培刚:《新发展经济学》,河南人民出版社1992年初版、1999年修订版。

说为发展经济学提供了广阔的研究领域,并已成为新发展经济学的重要内容之一。可喜的是,我国已有一大批中青年学者开始致力于转型发展问题的研究,例如,提出研究过渡经济学或双重转型问题(即由计划经济向市场经济转型和由传统经济向现代经济转型),或倡导立足于国际学术规范的中国本土化问题的研究。毫无疑问,以上所有这些努力将极其有利于新型发展经济学的繁荣和发展。

在新型发展经济学理论探索中,非经济因素的分析重新受到重视,特别是关于制度因素的分析逐渐成为发展研究领域的关注热点。正是在新古典主义框架下的发展经济学遭遇困惑之际,以 R. 科斯(R. Coase)为代表的新制度经济学开始崛起并被广泛引入发展研究领域。它既继承了古典经济学中对制度研究的关注,又吸收和发展了现代经济理论中惯用的基本分析方法。80 年代中期以来,在发展经济学中运用新制度经济学来进行制度研究的文献已逐渐增多。到了 90 年代,更是发生了重大转变,许多经济学家都对经济发展中的制度问题予以高度重视,这就为发展经济学提供了新的研究视角。新制度经济学家把制度作为经济活动中一个重要的内生变量,并运用新古典主义供求分析法,探讨发展中国家在经济发展过程中所面临的制度障碍,以及克服制度障碍可供选择的各种方案和思路,从而逐渐形成了发展经济学的新制度主义理论。

总体来说,新制度主义发展理论,可以看做是新古典主义发展理论在某种意义上的延伸和发展,但它更是新古典主义复兴思潮的再革命,因为它重新强调经济发展绝不可能是纯粹的经济现象,相反,经济发展受到政治、法律、制度等因素的深刻的、具有决定意义的影响。

然而,新制度主义发展理论本身的发展并不能完全代表发展经济学学科的发展方向。这是因为,尽管制度分析至关重要,但制度的建立、调整和变迁本身并不是经济发展的目的,而仅是手段,因为结构的不均衡和结构的调整、转换,仍然是发展中国家经济社会变革所面临的主要问题,换言之,工业化是经济发展中具有根本性和决定性的基本内容,发展中国家可视为"处于工业化过程中的农业国家",发展中国家的经济发展过程可以具体而明确地称为"农业国的工业化",这就必然构成发展经济学研究的主题。① 此外,伴随着农业国工业化、信息化和全球化的新发展,发展中国家面临新型工业化道路的选择。

---

① 参阅张培刚:《新发展经济学》,河南人民出版社 1992 年初版、1999 年修订版,第一篇;又见张培刚:《农业与工业化》(中下合卷),华中科技大学出版社 2002 年版。

第五节 发展经济学的任务、性质与研究方法

一、发展经济学的研究任务和特点

作为发展中国家的经济学,发展经济学的研究主要是关注发展中国家的发展过程及其出现的问题。这包括两方面的内容:一是发展中国家的经济相对于发达国家而言,为什么落后?其原因与障碍是什么?二是发展中国家如何加快经济发展步伐,实现经济起飞,追赶发达国家?换言之,发展中国家应如何根据自身的特点,采取适宜的发展战略和政策,以实现工业化和现代化?简言之,发展经济学主要应当研究发展中国家的经济如何才能从落后形态过渡到现代化形态的发展过程,其影响因素如何,以及为此而应该采取的战略与政策。

与西方国家的一般经济学有所不同,发展经济学的研究则有如下几方面的特点:

第一,更注重长期的动态的经济发展过程。一般而言,发达国家经济学以较成熟的市场经济为背景,关注的多半是市场机制的作用、充分就业、通货膨胀和经济周期之类的问题,属于中、短期经济分析;而一个发展中国家的经济从传统走向现代,主要涉及一些长期经济问题的分析,例如,经济行为方式的转变、投入要素的开发与积累,以及经济结构的转换与调整等,这些问题也正好构成了本书的主要内容。

第二,更注重国际经济的比较研究。这是因为,在世界经济的近现代历史上,无论是先前跨入工业化、现代化行列的西欧北美诸国,还是后来奋起直追、取得巨大经济成就的日本和东亚国家(地区),它们在工业化战略、市场发展、政府作用以及对外经济贸易策略选择等方面,积累了相当丰富的历史经验和教训。因此,一方面,要从国际经济的视野分析发达国家的经济发展战略;另一方面,由于发展中国家与发达国家之间存在着极其密切而又复杂的关系,因此在开放经济条件下探讨发展中国家的经济问题,也就必须从国际经济的角度去分析。

第三,更注重研究发展中国家经济的一般规律和具体国家的特殊性。毫无疑问,发展中国家往往具有一些共性,如前面我们所分析的,生活水平低、人口众多、二元经济结构以及市场不发育等。但是,如果仅仅根据这些共性而忽视各个国家的具体国情,那么所提出的政策主张就难以获得预期的效果,有时往往行不通。因此,发展经济学不能像一般理论经济学那样假设所研究的社会是一个典型的、有效率的经济制度,而是研究各国自己的特点,如收入高低、结构

水平、发展阶段、资源条件以及社会制度状况等,各国的特点不同,在发展中遇到的问题也不一样,所需要采取的发展战略与政策也必须有所区别。例如,不同的国家就有不同的问题和对策,大国(中国、印度、印度尼西亚、巴西)的问题就和小国(如人口只有200多万的哥斯达黎加)不同,岛国(如斯里兰卡)又和内陆国(如尼泊尔)不同。

二、发展经济学的性质

从某种意义上讲,发展经济学已不是一种纯粹的经济学。分析许多发展问题,尽管需要借助一般的经济概念和原理,但传统的西方经济学的许多主要概念和原理对于理解和解决发展中国家的问题,并不十分中肯和适用。传统的西方经济学分为两部分:微观理论和宏观理论。微观理论主要关注的是,在市场机制作用下,如何使用稀缺的生产资源以最佳的方式生产各种商品,以及如何把商品分配给社会各成员消费的问题。宏观理论则考察在市场调节条件下所产生的经济增长、通货膨胀、失业以及政府如何作用等问题。在对这些问题的讨论中,文化价值、社会政治、历史背景和其他管理制度,都是作为既定的分析前提,并被假定为不会阻碍经济的增长。

与此不同,发展经济学家不能把这些"非经济因素"视为既定的前提,而必须把它们作为一项有待研究的重要内容来加以考察。这是由不发达经济问题的性质所决定的。因为在发展中国家,市场缺乏或高度分割,人们的经济活动不一定按经济原则行事。用于指导资源合理配置的市场机制或者不存在,或者不能发挥其适当的作用。因此,如果不把经济变量与社会文化制度的现实情况圆满地结合起来,人们就不可能指望市场机制优化配置资源或政府宏观政策促进资源合理利用。可见,发展经济学的视野超越了西方传统经济学,特别注重考虑社会经济发展所必不可少的社会结构、文化价值、政治体制、历史背景以及各种相关社会制度的变革。同时,它还注重政府和经济计划在消除贫困、失业和不公平等问题上的作用。

发展经济学正发展成为一个真正的跨学科的交叉领域,它已成为处理发展中国家复杂的社会经济问题的一个科学范式。由于经济社会的欠发达涉及政治、社会、管理、技术以及文化等方面因素的作用和影响,发展研究已从纯经济理论范式中走出来,逐渐向一个超专业化学科(Hyperspecialized Subject)方向发展。一方面,它的研究视角扩展到许多非经济领域;另一方面,正在朝着更加精细的科学专业化方向努力。① 总之,发展经济学从大一统的宏大经济理论范式中走出,分化出若干个专业化的关于发展问题的子分支,并在此基础上发展成为一个跨经济分析与非经济分析的边缘性的综合学科。

三、发展经济学的研究方法

发展经济学的研究方法应以唯物论和辩证法为指导,综合吸收各学派和各领域的特长,做到理论分析、历史分析和经验的或统计的分析相结合。

第一,一国经济发展是一个长期演变的动态过程,在这一过程中,经济系统的各要素和结构总在不断组合和协调之中。发展经济学应侧重于动态的和非均衡的分析。

第二,发展经济学应侧重于结构分析,其中包括产业结构、经济区位结构、人口结构、现代与传统并存的二元结构等问题。

第三,发展经济学应侧重于历史的和制度的分析方法。

第四,发展经济学还应较多地运用经验、比较和模型分析方法。主要有:① 经验分析方法。选择若干发展中国家,获取有关发展的详细实际资料,通过案例研究,具体分析这些国家的社会经济条件,对其发展进程进行实证性分析,总结发展的经验,提出有关的政策建议。② 比较分析方法。在获得详尽统计资料和实证分析的基础上,进行比较研究,既包括经济发展状况的比较,又包括经济发展因素的比较。通过比较,总结经验教训,找出经济发展的规律。具体包括三种不同的比较:一是同期的不同发展中国家的社会经济条件和经济发展状况的比较;二是发展中国家和发达国家的相同发展历史阶段的比较;三是同一发展中国家不同历史时期的比较。通过比较,可以揭示经济发展的共同性的趋势,也有利于探索不同国家在不同条件下所采取的不同发展道路和发展战略。③ 模型分析方法。通过对经济发展各因素之间的联系和各变量之间的关系,以及总体变化趋势的研究,建立起描述这些关系和趋势的相应模型,以便揭示经济发展的规律和机制。如钱纳里就曾运用宏观经济模型,构造了一个两缺口模型,论证了发展中国家利用外资与国内经济平衡及经济发展之间的数量关系。这些模型包括总量模型、结构模型和单项模型。有些模型是适合于众多发展中国家的一般模型,而有些模型则是只适合于特定国家的具体模型。

第五,发展经济学应重视发展战略和政策研究。由于发展经济学是一门应用性很强的经济学科,其研究目的是指导发展中国家的发展实践,因此,根据各

---

① Theofanides, S., "The Metamorphosis of Development Economics", *World Development*, Vol. 16, No. 12, pp. 1455—1463, 1988.

国具体国情,制定相适宜的发展战略和政策是发展经济学家的基本任务;与此同时,为了检验发展战略和政策的实效,发展经济学家还必须注意研究发展目标、政策规范和标准。

本章小结

发展经济学是一门研究落后国家或农业国家实现工业化和现代化、实现经济起飞和经济发展的学问。发展经济学有广义与狭义之分。我们所关注的是狭义的发展经济学,即发展中国家的经济学。

发展中国家是与发达国家相对应的一个概念。与发达国家相比,发展中国家具有多方面基本的社会经济特征。

由于发展中国家社会经济结构和体制上的障碍,制定经济发展战略时,不仅要关注数量增长,而且还要追求经济结构的变化。从更深层次看,发展中国家经济发展的根本目标应该是追求以人为本的发展和可持续发展。

衡量发展水平的指标体系有多种,主要包括:① 国民收入核算体系;② 社会经济综合发展指标体系;③ 物质生活质量指数;④ 人类发展指数。

发展经济学起源于发展中国家,中国学者对此作出了杰出的贡献。第二次世界大战以后,发展经济学在西方逐渐形成和发展起来。20 世纪 50、60 年代是发展经济学繁荣与大发展时期,各种宏大理论相继出现;70 年代至 80 年代初出现了研究的转向,激进主义和新古典主义开始盛行;80 年代中期以后,发展研究出现了多元化趋势,新制度主义发展经济学理论出现,强调经济发展绝不可能是纯粹的经济现象,相反,经济发展受到政治、法律、制度等因素的深刻的、具有决定意义的影响。

新制度主义发展理论本身的发展并不能完全代表发展经济学学科的发展方向。制度的建立、调整和变迁本身并不是经济发展的目的,而仅是手段,因为结构的不均衡和结构的调整和转换,仍然是发展中国家经济社会变革所面临的主要问题。

发展经济学主要研究发展中国家经济从落后形态过渡到现代化形态的发展过程与影响因素,以及为此应该采取的战略与政策。它主要涉及一些长期经济问题,如经济行为方式的转变、投入要素的开发与积累,以及经济结构的转换与调整。

从学科性质上讲,发展经济学正发展成为一个真正进入跨学科交叉领域,成为处理发展中国家复杂的社会经济现象的一个科学范式。

在研究方法方面,发展经济学应以唯物论和辩证法为指导,综合吸收各学派和各领域的特长,侧重于动态的和非均衡分析、结构分析、历史和制度分析、经验比较和模型分析,以及发展战略和政策分析。

关键概念

广义发展经济学　狭义发展经济学　发展中国家　经济发展　经济增长　人类发展　以人为本发展　可持续发展

思考题

（1）发展中国家有哪些基本特征？根据近来的发展变化,谈论中国还是不是一个发展中国家？依据何在？

（2）什么叫经济发展？它与人类发展有何关系？

（3）什么是以人为本的发展？其本质含义是什么？

（4）什么叫可持续发展？它的基本思想是什么？可持续发展与以人为本的发展之间有何关系？

（5）衡量经济发展水平有哪几种指标？结合中国现状,谈谈你对衡量指标的看法。

（6）试析发展经济学的演进和理论特征。

（7）发展经济学产生的历史背景是什么？如何评价中国经济学家对发展经济学作出的贡献？

（8）发展经济学的基本任务和特点如何？

（9）发展经济学是一门怎样的学科？研究方法主要有何特点？

（10）联系中国实际,谈谈学习发展经济学的重要性。

（11）结合华盛顿共识与后华盛顿共识的更替,谈谈发展理论的新进展。

进一步阅读导引

关于发展经济学的研究对象,可进一步参阅 Amartya Sen, *Development as Freedom*, New York：Knopf, 1999；Barbara Ingham, "The Meaning of Development：Interactions Between 'New' and 'Old' Ideas", *World Development* 21, 1993, pp. 1803—1821;《新帕尔格雷夫经济学大辞典》(第一卷), 经济科学出版社1996年版,"发展经济学"词条。

关于发展中国家的特征，可参阅〔美〕吉利斯·帕金斯等：《发展经济学》，黄卫平等译，中国人民大学出版社1998年版，第三章。

关于发展目标与发展测度，可参阅《世界发展报告》；〔美〕杰拉尔德·迈耶、约瑟夫·斯蒂格利茨：《发展经济学前沿：未来展望》，本书翻译组译，中国财政经济出版社2003年版；〔美〕迈克尔·P.托达罗、斯蒂芬·C.史密斯：《发展经济学》（第9版），余向华等译，机械工业出版社2009年版，第一章、第二章。

关于发展经济学的产生与发展，可进一步参阅李向民：《大梦初觉——中国的经济发展学说》，江苏人民出版社1994年版；张培刚：《发展经济学教程》，经济科学出版社2001年初版、2007年修订版；张培刚：《新发展经济学》，河南人民出版社1999年版；谭崇台：《发展经济学的新发展》，武汉大学出版社1999年版；〔美〕P. Bardhan、C. Udry：《发展微观经济学》，陶然等译，北京大学出版社2002年版；Dilip Mookherjee, "Is There Too Little Theory in Development Economics?", Pranab Bardhan, "Theory or Empirics in Development Economics"; Kaushik Basu, "The New Empirical Development Economics: Remarks on Its Philosophical Foundations"; Abhijit Banerjee, "New Development Economics and the Challenge to Theory"; Ravi Kanbur, "Goldilocks Development Economics: Not Too Theoretical, Not Too Empirical, But Watch Out for the Bears"; Erik Thorbecke, "The Evolution of the Development Doctrine, 1950—2005", UNU World Institute for Development Economics Research, Research Paper No. 2006/155。

第二章　经济增长：理论与经验模式

本章概要

经济增长虽不是发展的全部，但毕竟是发展的核心内容。关于增长的理论分析和经验分析对于发展具有极其重要的意义。本章将主要介绍现代经济增长的几种模型，以及发达国家和发展中国增长过程的代表性经验分析。

学习目标

1. 了解并理解几种现代经济增长模型；
2. 理解现代经济增长的定义和特征；
3. 理解和掌握经济成长阶段论和经济起飞理论；
4. 理解后发劣势与后发优势论；
5. 理解发展中国家发展的限制因素和发动因素。

引　言

现代经济的发展，迄今为止仅有两百多年的历史。世界各地的经济发展并不是在同一时期开始的，而且发展的结果也存在很大的差异。那么，为什么不同国家会出现发展差距？先发展与后发展的社会经济之间究竟有何不同？经济增长可以长期持续吗？如果可以，是什么因素决定长期增长率？哪一种经济增长最快？政府可以使用什么政策来改善人民的生活水平？是什么因素阻碍着落后国家进入现代经济发展的行列？发展中国家主要靠什么发动（或启动）工业化，使其步入现代经济的发展进程？要回答这些问题，我们必须找到恰当的分析工具。

经济增长理论就是运用生产函数探讨一国经济增长率以及总产出的水平是由什么决定的。从一些国家的发展实践来看，许多因素看上去都很重要。例如，产出高的国家一般倾向于有更大的资本存量——更多的道路、设备、厂房等物质资本，也可能明显受工人人数和他们劳动生产率的影响，当然自然资源（如水、石油、矿藏和土地等)也很重要。如果比其他国家更快开发或采用新技术,增长会更快一些。此外,一国的政府政策、历史、文化、政治体制和地理状况同样有着重要的作用。迄今为止,许多增长理论通过模型构造试图给出增长的答案。其中,重要的增长模型主要围绕技术进步展开。将技术进步视为经济增长因素的经济增长模型主要有两类:内生技术进步的增长模型和外生技术进步的增长模型。理解这些模型的基本思想,对于我们掌握经济增长和发展的奥秘应该是大有裨益的。

此外,许多经济学家通过观察发达国家成功发展的历史进程,总结了发展的经验模式。例如,罗斯托总结了人类社会呈阶段发展,库兹涅茨概括了现代资本主义的发展模式。发展中国家的发展,远比发达国家要复杂得多,困难也大得多。例如,经济落后对于一国的经济发展究竟是劣势还是优势? 这一点众说纷纭。另外,究竟哪些因素从根本上阻碍经济发展,又有哪些因素在本质上促进经济发展,对于发展中国家寻找发展途径是必须要弄清楚的。

因此,本章将围绕增长和发展,简要介绍有关理论模型和经验研究成果。

第一节 经济增长的理论及其发展

经济增长模型是当代产生的,经历了三次大的发展:第一次是哈罗德-多马模型的产生和发展,主要强调资本在增长中的作用;第二次是新古典增长模型的产生和发展,发现资本和劳动等传统生产要素之外的因素对增长具有十分重要的作用,特别强调技术进步的作用,但将技术进步因素视为经济系统外生给定的,因此,新古典增长理论也被称为外生技术进步的增长模型;第三次是近期的新增长理论的产生和发展,将技术进步因素视为内生变量,在经济系统内部讨论技术进步的来源与演进,以及技术进步与其他经济变量之间的相互关系,因此,新增长理论也被称为内生技术进步的经济增长模型。

一、哈罗德-多马经济增长模型

英国经济学家哈罗德(Harrod)在《动态经济学导论》(1948)一书中,将凯恩斯的静态均衡分析动态化,建立了一个动态经济增长模型。美国经济学家多马(Domar)在"资本扩张、增长率和就业"(1946)和"扩张与就业"两文中,独立地提出了同一个类型的增长模型。因此,人们将二者合称为哈罗德-多马模型(简称 H-D 模型)。

H-D 模型根据凯恩斯收入决定论的静态均衡条件,即储蓄等于投资($S=I$)推导出来的,或者说是以 $S=I$ 为假定条件的。其基本公式为:

$$g = s/v \tag{2.1}$$

g 表示经济增长率,若以 Y 表示总产出(GDP),Δy 表示总产出增量,则 $g = \Delta Y/Y$。

s 表示储蓄率,若以 S 表示储蓄,则 $S = S/Y$。

v 表示增量的资本-产出比(Incremental Capital-Output Ratio, ICOR),即 $v = \Delta K/\Delta Y$,ΔK 表示资本增量即投资,$\Delta K = I$。可见,v 为生产的一种技术系数,即平均每单位总产出增量所需要的资本增量,v 值愈大,则表明资本的产出率愈低,或投资的效率愈低。

由 $g = s/v$ 推得:

$$\frac{\Delta Y}{Y} = \frac{S}{Y} \bigg/ \frac{\Delta K}{\Delta Y} = \frac{S}{Y} \cdot \frac{\Delta Y}{\Delta K} = \frac{\Delta Y}{Y} \cdot \frac{S}{\Delta K} = \frac{\Delta Y}{Y} \cdot \frac{S}{I}$$

上式两边约掉 $\Delta Y/Y$,得 $S/I = 1$,即 $S = I$。

将上述推导过程倒过来,即由 $S = I$,可得 $g = s/v$。这表明 H-D 模型实际上是 $S = I$ 这一凯恩斯静态宏观均衡条件的动态(增长率)表述。

H-D 模型的含义是十分明了的。它假定资本-产出比 v 在短期内是一定的,这意味着生产的技术水平是一定的,资本与劳动这两大生产要素在生产中是不能相互替代的,即资本-劳动比 K/L 是固定的。因此,经济增长率 g 就唯一地与储蓄率 s 成正比,资本积累就成为经济增长的唯一源泉。

H-D 模型本来是论述发达国家的经济增长的,但它同样适用于发展中国家。而且,发展中国家的收入水平低,资本稀缺,因此要加速经济增长,就必须提高储蓄率或投资率,即加快资本形成。

H-D 模型由于其简单明了,曾经颇为流行,成为第二次世界大战后很多国家制定经济发展政策的一个重要理论依据。但是,由于它只强调资本形成的作用,而忽视了劳动投入、技术进步乃至制度因素对经济增长的重要性,因而受到了批评,并为 R. 索洛(R. Solow)等人提出的新古典增长模型所取代。

实际上,如果将 H-D 模型关于资本-产出比 v 在短期内不变的假定加以改变,它与新古典增长模型乃至罗默等人提出的"新增长理论"是可以相容的。我们知道,根据 H-D 模型,若储蓄率 s 或投资率一定,则要提高经济增长率 g,只有降低资本-产出比 v。以我国为例,近些年我国的储蓄率或投资率近 40%,年实际经济增长率为 8% 左右,这表明我国的资本-产出比高达 5 左右,也就是说要增加 1 单位产出,平均需要增加 5 单位资本,这说明我国的投资效率非常低。如果能将资本-产出比 v 降低到 4 左右,则我国的年经济增长率可以上升到 10%。而要降低资本-产出比,只有促进技术进步,增加劳动投入和人力资本投资,这与新古典增长模型和新增长理论的结论是一致的。总之,我们认为,只要将资本-产出比不变的假定加以修正,对决定它的因素予以明了,H-D 模型由于其简洁明了性,对发展中国家仍有一定的现实指导意义。

二、新古典经济增长模型

20 世纪 50 年代后期,索洛等人在修正哈罗德-多马模型的基础上,提出了著名的新古典增长模型即第二代增长理论。根据柯布-道格拉斯总量生产函数(Cobb-Douglas Function),

$$Y = AK^{\alpha}L^{\beta} \qquad (2.2)$$

其中,Y 为总产出即 GDP,K 为资本存量,L 为劳动总投入量,A 为全要素生产率,α 和 β 分别为资本和劳动的产出弹性系数即资本和劳动对产出的贡献率。索洛模型假定规模报酬不变(Constant Returns to Scale),即 $\alpha + \beta = 1, \beta = 1 - \alpha$。对式(2.2)两边取自然对数得:

$$\ln Y = \ln A + \alpha \ln K + \beta \ln L \qquad (2.3)$$

由式(2.3)对时间 t 求导数,由于某变量自然对数的变化率等于其增长率,即 $\mathrm{d}\ln X_t / \mathrm{d}t = \Delta X_t / X_t$,则式(2.3)变为:

$$\frac{\Delta Y}{Y} = \alpha \frac{\Delta K}{K} + \beta \frac{\Delta L}{L} + \frac{\Delta A}{A} \qquad (2.4)$$

式(2.4)中,$\Delta Y/Y$ 为经济增长率,$\Delta K/K$ 和 $\Delta L/L$ 分别为资本存量和劳动投入的增长率,$\Delta A/A$ 为全要素生产率的变化率即广义的技术进步,又被称为索洛余项(Solow Risidual)。根据式(2.4),经济增长率由三部分构成,即资本贡献($\alpha \cdot \Delta K/K$)、劳动贡献($\beta \cdot \Delta L/L$)和生产率(广义的技术进步)贡献($\Delta A/A$)。这样,经济增长的决定因素就不仅是哈罗德-多马模型中唯一的资本因素,而是由资本、劳动和生产率(技术进步)三大要素决定,因此资本形成在经济增长中的作用就相对降低了。

为了进一步说明资本形成在经济增长中的作用,将总量生产函数 $Y = AK^{\alpha}L^{\beta}$ 转化为人均生产函数,两边同除以 L,得:

$$Y/L = AK^{\alpha}L^{\beta-1} = AK^{\alpha}/L^{1-\beta} = A(K/L)^{\alpha} \qquad (2.5)$$

令人均产出为 y,$y = Y/L$,人均资本为 k,$k = K/L$,则人均生产函数为:

$$y = f(k) = A \cdot k^{\alpha} \qquad (2.6)$$

索洛模型假定资本的边际生产率是递减的,则式(2.6)的几何图形如图 2-1 所示。

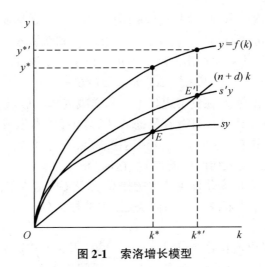

图 2-1 索洛增长模型

又根据索洛模型,资本积累的条件为:

$$\Delta k = sy - (n+d)k \tag{2.7}$$

其中,Δk 为人均资本的增量,s 为储蓄率,sy 为人均储蓄量,n 为人口增长率(%),d 为折旧率(%),$(n+d)k$ 为人口增长和机器设备折旧所需要的人均资本量,即保持现有人均资本量不变所需的投资量,称为持平投资(Break-even Investment)。根据式(2.7):

(1) 当 $sy > (n+d)k$ 时,$\Delta k > 0$,即人均资本量 k 增加,图 2-1 中是在 k^* 点和 E 点的左边;

(2) 当 $sy < (n+d)k$ 时,$\Delta k < 0$,即人均资本量 k 减少,图 2-1 中是在 k^* 点和 E 点的右边;

(3) 当 $sy = (n+d)k$ 时,$\Delta k = 0$,即人均资本量 k 不变,表示为 k^*,此时人均产出 y 亦不变,表示为 y^*。

因此,只有当人均资本量 k 低于 k^* 时,资本积累即 k 的增加才会使人均产出 y 增加,一旦达到 k^* 点,人均产出就停止增长,为 y^*,E 点为稳态均衡点或平衡增长点。在图 2-1 中,如果储蓄率提高到 s',即资本积累加快,则 k^* 将增加到 $k^{*'}$,y^* 会增加到 $y^{*'}$,这表明稳态的人均资本和人均产出的绝对水平将提高,这被称为资本形成(储蓄率提高)对经济有水平效应(Level Effect)。但是,在 $k^{*'}$ 点,人均资本又停止增长,人均产出也不再增长,为 $y^{*'}$,这被称为资本形成(储蓄率提高)对经济无增长效应(Growth Effect)。图 2-1 中,E 点、E' 点等稳态或平衡增长点均在 $(n+d)k$ 线上,所以 $(n+d)k$ 线被称为平衡增长途径(Balanced Growth Path)。在 (k^*, y^*) 和 $(k^{*'}, y^{*'})$ 等稳态点上,即在 E 点和 E' 点所在的平衡增长路径上,人均资本和人均产出都不再增长,此时人均储蓄只够人口增长和折旧所需,不能再增加,即 $sy=(n+d)k$,总产出和总资本均按人口自然增长率增长,或者说总资本和总产出的增长均被人口增长抵消,即:

$$\Delta Y/Y = \Delta K/K = \Delta L/L = n \tag{2.8}$$

总之,根据索洛模型,在资本边际生产率递减规律的假定下,资本形成对经济增长的作用是有限度的,只有在稳态点 k^* 之前,资本形成才促进经济增长(但资本边际生产率是递减的),一旦到达稳态点,人均资本将停止增长,从而无法再促进经济增长(使人均产出增加)。这时,根据 $y = A \cdot k^\alpha$,人均产出(y)的增长唯一地取决于 A 的变化即生产率的提高或广义技术进步。但是,索洛模型假定 A 为外生变量,并未说明 A 如何决定,故被称为外生增长理论(Exogenous Growth Theory)。

索洛模型会得出增长趋同(Convergence)论,因为人均资本和人均产出较低的国家,资本边际生产率较高,只要资本在国际间自由流动,资本将从先进国家流向后进国家,后进国家终将赶上先进国家。所以,发展中国家是有希望赶上发达国家的。

20 世纪 60 年代,在索洛模型的基础上,西方经济学家通过大量计量经济学的验证,即进行增长核算(Growth Accounting),证实了资本对经济增长的贡献逐渐减小,而技术进步的相对贡献越来越大,并且成为推动现代经济增长主要力量的结论。如索洛对 1909—1949 年间美国经济增长的估算结果为:GDP 年均增长率为 2.9%,其中 0.32 个百分点归因于资本积累的贡献,1.09 个百分点来自劳动投入增加的贡献,剩下的 1.49 个百分点则归因于技术进步(生产率提高);人均 GDP 年均增长 1.81%,其中 1.49 个百分点来源于技术进步。20 世纪六七十年代,舒尔茨、贝克尔进一步提出了人力资本理论,论证了教育、营养、卫生等支出即人力资本投资对经济增长的关键作用。

三、新增长模型

20 世纪 80 年代,罗默、卢卡斯等人又提出了第三代增长理论,即新增长模型,又称内生增长理论(Endogenous Growth Theory)。新增长模型的创新之处在于设法处理递增规模收益,保证人均收入长期增长,但要使规模收益递增得以成立,关键是要论证可积累要素的边际收益至少是常数(即非递减)。循此标准,早期新经济增长模型从修正新古典增长模型的中性技术进步总生产函数入手,提出了两种论证思路:其一,在生产函数中排除诸如劳动、自然资源等稀缺要素投入,如内贝罗的 AK 模型、卢卡斯的人力资本模型、巴罗等的政府支出增长模型等。其二,为推得可积累要素的规模收益递增或不变,在生产函数中引入某种外部性,如阿罗的干中学模型、罗默的知识资本外溢模型、斯多克的新产品引进模型、阿温·扬的发明模型等。

由于新增长模型都比较复杂,这里只介绍比较简单的 AK 模型。

在 AK 模型中,生产函数为:

$$Y = AK \tag{2.9}$$

其中,A 表示影响技术的任何要素,K 为资本存量。

假定储蓄率是参数 s,又假定没有人口增长和资本折旧,则所有的储蓄都转化为资本存量的增量,于是有:

$$\Delta K = sY = sAK$$

或

$$\frac{\Delta K}{K} = sA$$

这样,储蓄率就影响到了资本增长率。进一步地,既然产量与资本成比例,产量增长率

$$\frac{\Delta Y}{Y} = sA$$

在这种情况下,储蓄率 s 越高,产量的增长率也将越高。

式(2.9)对应的人均资本为:

$$y = f(k) = Ak \tag{2.10}$$

由索罗-斯旺新古典经济增长模型的基本方程式可得:

$$\frac{\dot{k}}{k} = sA - n \tag{2.11}$$

式(2.11)中,$\dot{k} = \frac{\partial k}{\partial t}$,$\dot{k}/k$ 为人均资本增长率。

式(2.11)表明,在长期,即使不出现外生的技术变化,人均资本的增长也能够出现。由于参数 s、A 和 n 不依赖于 k,故当 $sA > n$ 时,人均资本增长率为正值,且这一数值也不依赖于 k,换句话说,k 总是以稳态的增长率增长。由 $y = Ak$ 和 $c = (1-s)y$ 可知,人均收入和人均消费也以与人均资本相同的增长速率增长,它们的增长率也都依赖于储蓄率和人口增长率。

从式(2.11)还可看出,即使是新增长理论,也再三强调储蓄与人力资本投资对发展中国家经济迅速增长的重要性,这也导致了若干对增长内涵的新认识,而这些新认识都是与传统理论直接相悖的。首先,并没有一种力量能够导致所有封闭经济增长率的均衡。国家的增长率保持不变,而不同国家的差别则取决于它们各自的储蓄率和技术水平。此外,在相同的储蓄率下,并不存在着一种趋势——资本匮乏国家的人均收入水平能够赶上富裕国家。这些事实的

一系列结果是,在一国中,由于暂时或持久的衰退导致本国与更富裕国家间收入差距的增大。

然而,内生增长模型最有意义的方面可能还在于它有助于解释国际资本流动如何加剧了第一世界与第三世界拥有财富的悬殊状况。具有较低资本-劳动比率的发展中国家经济,其投资所能提供的较高潜在回报率,受到了低水平互补性投资的严重侵蚀,这类投资包括在人力资本(教育)、基础设施或研究与开发(R&D)等方面的投资。因此,穷国的收益要低于这些可供选择的任意一种资本支出所能带来的广泛的社会收益。由于个人得到的并非是他们投资外部化产生的正收益,因此,自由市场所导致的积累低于互补性资本的最佳水平。

正像互补性投资能够为私人带来收益一样,它也能为社会带来收益,政府可以促进资源的有效配置。它们可以通过提供公共产品(基础设施)或鼓励在知识密集型产业投资来积累人力资本,从而增加单位生产的回报。与索罗模型不同,新增长理论模型将技术变革解释为公共与私人在人力资本和知识密集型产业投资的内生结果。内生增长模型主张通过在人力资本形成方面的直接投资与间接投资和鼓励外国私人资本在诸如计算机软件与电信等知识密集型产业方面投资的公共政策的积极作用来推动经济发展。

尽管新增长理论为人们理解工业化国家和发展中国家的实际增长过程提供了一个较好的范式,但就理论的完美性来看,由于其采用新古典范式的方法论及概念,如总资本存量、总生产函数和具有无限期限的消费者效用函数,使其无法摆脱新古典范式的窠臼。

首先,它缺乏对经济结构方面的考察,如很少提及制度结构内生改变对经济绩效的影响,因此招致诺斯、奥尔森等制度学派的攻击。再如,对不同经济部门的产出和就业结构的转变、组织结构的不同形式的分析未深入下去。

其次,在分析中,假定萨伊定律总是成立,储蓄的形成和投资的实现存在一致性,缺乏对投资方程式的分析,使其不自觉地排除了经济波动,假定经济总是运行于一条劳动力充分就业和资本充分利用的增长路径上。

再次,过分强调效用函数中的产品消费,忽视了闲暇享受,同时也过分强调生产函数中的资本(物质资本和人力资本),而降低甚至忽略了简单劳动和自然资源的重要性,使其产生了如何测度和加总人力资本,以及如何运用数据检验支持总生产函数形式(总生产函数的不同设定方式是各种新增长模型至关重要的前提)和效用函数形式的困难。

最后,其思想来源都可从以往的经济学说中找到,如斯密(1776)的劳动分工中的"干中学"、马歇尔(1798)的外部经济、舒尔茨(1960)的人力资本理论等,只是新增长理论运用数学外衣"装饰"旧思想,因此其被称为"新瓶装旧酒"。

新增长理论提出的政策建议是具有积极意义的,该理论认为政府对长期增长率的影响具有好或坏的巨大潜力,因此为政府介入经济增长提供了理论支持。该理论还指出长期经济增长最要紧,政府政策的重心不是凯恩斯学派的反周期政策,而是要提高经济增长趋势线的斜率,从某种意义上恢复了供给学派的某些主张。例如,政府应增加教育投入,提高一国的人力资本水平,用税收政策刺激物质资本的投资,鼓励和支持研究与开发,建立有效的知识产权制度,提倡有利于新思想形成并在世界范围内传递的贸易政策。对发展中国家的启发是,如何从制度层面形成研究与开发的激励机制、人才引进机制、技术和知识的有效扩散机制,以此实现低经济增长水平基础上的赶超(Catch-up)和蛙跳(Leap-frogging)。总之,世界经济一体化趋势、知识经济的到来和新经济的出现,更多地支持了新经济增长理论,也预示了其广阔的发展前景。

专栏 2-1

罗默的知识驱动模型

罗默的知识驱动模型讨论了中间产品品种增加型的内生增长问题。该模型假定经济中存在三个部门:研究部门、中间产品生产部门、消费品生产部门。研究部门生产新型中间产品的设计,并对新设计拥有永久的垄断权利。研究部门处于可竞争市场,它采用平均成本定价原则,产品售价刚好等于垄断租金流的现值减去生产成本,研究部门的垄断利润为零。中间产品和最终产品市场则是完全竞争市场,而且中间产品和消费品的生产技术相同,因此两个部门可以看做是同一个部门。因而这个模型实际上是一个两部门模型。

为了体现中间产品数量和种类的增加对最终产品的产出的影响,该模型采用了一种特殊形式的生产函数:D-S 生产函数来表示。

最终产品的生产函数为:

$$Y_i = A \cdot L_i^{1-\alpha} \sum_{j=1}^{N} X_{ij}^{\alpha}, \quad 0 < \alpha < 1 \tag{1}$$

其中,Y_i 为第 i 种最终产品生产者的产量,A 为技术因子,L_i 为生产所用的劳动投入量，X_{ij}为厂商I所用的第j种中间产品的数量。

由于假定中间产品和消费品的生产技术相同，所以中间产品和消费品的总产出就可以表示为：

$$Y = C + K = C + \sum_{j=1}^{N} X_j = A \cdot (L - L_N)^{1-\alpha} \cdot \sum_{j=1}^{N} X_j^{\alpha} \quad (2)$$

其中，X_j为第j种中间产品的产量，N为中间产品的种类数，L_N为投入研究部门的劳动量，L为劳动力总规模。

研究部门生产新产品设计需要劳动(L_N)和知识存量(K)两种投入，其生产函数为：

$$\dot{N} = B \cdot L_N \cdot K \quad (B\text{为技术参数}) \quad (3)$$

假定知识存量与经济系统在研究开发中积累的经验成正比，用中间产品的种类数N来表示，即$K = N$。另假设知识具有正的外部性，研究部门可以无偿使用所有的现有知识，所以它们只需要劳动投入。这意味着研究部门开发新的中间产品只需花费相对固定的工资成本，这是经济得以实现持续增长的充分条件。

该模型认为，在平衡增长路径上存在着两个均衡：生产者均衡和消费者均衡。

生产者均衡的条件是：

$$r_t = \alpha(B \cdot L - g) \quad (4)$$

这意味着利率r是增长率g的递减函数。对此，我们可作如下理解：利率上升将导致对资本品需求的减少，从而降低技术专利的价值，引起一部分劳动从研究部门流向制造部门，从而导致技术创新减少，最终导致增长率降低。

在平衡增长路径上，消费增长率等于产业增长率。由消费者效用最大化可解得消费者均衡的条件是：

$$r_u = \rho + \sigma \cdot g \quad (\rho\text{为贴现率}) \quad (5)$$

在此方程中，利率是增长率的增函数。这是因为消费增长越快，则现期消费相对于未来消费而言价值越大，消费者愿意在更高的利率水平上借债。

将(4)、(5)式联立求解，可得经济的均衡增长率

$$g^* = (\alpha BL - \rho)/(\sigma + \alpha) \quad (6)$$

这表明，经济均衡增长率与研究部门的技术参数B、生产部门的总资本收益率α、消费者的偏好ρ和σ，以及经济规模L有关。经济规模越大的国家(劳动力越多)增长越快。

罗默1990年的模型又假定 L 代表有效劳动,即 $L = H \cdot L_0$,其中 L_0 代表劳动量,H 代表人力资本系数。这表明,一国的人力资本存量而非人口规模是反映经济规模的合适变量,人力资本量较多的国家将增长得更快。

资料来源:P. Romer, Increasing Returns and Long-Run Growth, *Journal of Political Economy*, Vol. 94, No. 5, 1986, 1002—1037; P. Romer, Endogeuous Technological Change, *Journal of Political Economy*, Vol. 98, S71—S101, 1990。

第二节 发达国家经济增长的经验总结

一、现代经济增长的性质与特征

（一）现代经济增长的定义

自工业革命以来,世界经济出现了两百多年的快速增长。其中一部分国家进入了发达行列。库兹涅茨把发达国家经济增长现象定义为现代经济增长。所谓现代经济增长,就是它给本国居民提供日益多样化商品的能力日益提升,这种不断提升的能力,是建立在先进技术及所需要的制度和意识形态的相应的调整的基础之上的。这一定义包括三个主要含义:① 国民产出量的持续上升是经济增长的表现形式,而提供极其丰富商品的能力是经济成熟的标志。② 不断提高的技术为经济的持续增长提供了基础或先决条件——一个必要但非充分的条件。③ 为了实现新技术所固有的增长潜力,必须进行制度、观念和意识形态的调整。没有社会创新所伴随的技术创新,就像没有电的灯泡一样——尽管存在着潜力,但如无补充的投入,那就什么也不会发生。

现代经济增长不仅包括经济增长的内容和表现形式,而且还包括了经济增长的源泉和必要条件。

（二）现代经济增长的特征

通过对当代几乎所有发达国家增长历史的考察,库兹涅茨把现代经济增长概括为以下六个基本特征:

特征一:人均产出和人口增长率都高,且人均产出增长率更高。自从1770年以来,所有当代发达国家过去两百多年的年人均产出增长率平均为2%,人口增长率为1%,因而,国民生产总值增长率达3%。这种增长率意味着人均产出约35年翻一番、人口约70年翻一番、国民生产总值约24年翻一番,远远快于18世纪末叶工业革命以前的整个时期。

特征二:全要素生产率高且增长快。全部要素生产率(即全部投入的单位产出量,参见本书第十二章第三节),特别是劳动生产率大大高于工业革命以前的时期,并且生产率增长速度是工业革命以前的许多倍。据估计,生产率增长率,可以解释任何发达国家历史上人均产量增长的50%—75%。换句话说,所测算的人均国民生产总值在历史上增长的大部分原因,可由包括改善现有物质和人力资源的技术进步来说明。

特征三:经济结构变革迅速。经济结构变革的内容主要包括:农业活动逐渐向非农业活动转移,之后工业逐渐向服务业转移;生产单位在大小或平均规模方面发生了有意义的变化,由小的家庭和个体企业转变为全国性的或多国公司形式的巨大的公司组织;劳动力在空间位置和职业状况方面,相应地由农村、农业及其有关的非农业活动向城市的制造业和服务业转移。

特征四:社会、政治和意识形态的迅速变革。伴随经济增长而来的是社会与政治结构以及意识形态的变化。经济增长使僵化的、专制的社会政治结构变得较为灵活、富有弹性,变得更加民主,民众参政议政意识更强;使传统的、保守的、静止的、散漫的思想观念,转变为现代的、高进取心的、讲究效率的、快节奏的、勇于变革的、善于协作的、目光远大的思想观念。

特征五:国际经济扩张迅速。为了获取原材料、廉价劳动力以及推销工业品的有利市场,发达的工业国家向世界其他地区不断地扩张。发达的现代技术,尤其是运输和通信手段的现代化,使得这种扩张成为可能。从19世纪到20世纪初,世界领土已被资本主义列强瓜分完毕,殖民地和附属国为发达国家的扩张,提供了廉价的原料和日益增长的制造业所必需的出口市场。

特征六:经济增长在世界扩展进程中不平衡。尽管过去两个多世纪以来,世界产出有了巨大的增加,但现代经济增长在很大程度上只局限于北半球不到世界人口1/3的范围内。这部分人口享有全球收入的75%。经济增长不能扩散到世界大多数地区,归纳起来有两大原因:从国内来说,大多数落后国家僵化的社会政治结构和传统保守的思想观念阻碍了经济增长潜力的实现。从国际上来说,发达国家和欠发达国家之间不平等的国际经济政治关系导致了富国对穷国的掠夺和剥削,从某种意义上说,富国的经济增长是靠牺牲穷国的增长来取得的。

(三) 现代经济增长特征之间的关系

在以上所概括的关于现代经济增长的六大特征中,特征一、特征二涉及的是总体经济变量,特征三、特征四是关于结构变化的变量,特征五、特征六说明经济增长的国际因素。

这六个特征彼此紧密联系,且相互促进。人均产量的高增长率(特征一)产生于劳动生产力水平的迅速提高(特征二)。高人均收入又导致高水平的人均消费,从而刺激了生产结构的改变;同时,为了获得高生产率和适应生产结构的变化,生产规模、组织形式和企业经营方式必须发生相应变动(特征三)。当然,高人均收入也会改善劳动生产率。生产结构的变化,又迫使劳动力的配置和结构以及各职业集团的地位关系,也相应迅速改变,这也意味着社会的其他方面,包括家庭规模、城市化以及决定自尊和尊严的物质因素的改变(特征四)。最后,现代经济增长的内在推动力,同运输和交通方面的技术革命相结合,从而使那些最早发展起来的国家在国际上的扩展成为不可避免的事(特征五)。但是,由于落后国家和殖民地的文化传统、制度结构和意识形态等原因,它们并没有从发达国家的国际经济扩张中得到什么好处,反而遭受帝国主义和宗主国的大量剥削(特征六)。

所有这些相互联系的增长特征,都有一个共同因素和纽带,这就是"对技术创新的大规模应用"。于是经济增长存在一种内在的自我成长趋势:经济增长→基础研究增强→技术发明与创新→经济增长。换言之,经济的迅速增长使得基础科学研究成为可能,而基础科学研究又反过来导致技术的发明与创新,而技术的发明与创新则推动了经济更进一步的增长。

二、经济增长的阶段与经济起飞论

(一) 经济增长的阶段性

美国经济史学家罗斯托根据现代西方经济史,把所有国家从不发达到发达的过渡概括为六个阶段的经济增长。①

1. 传统社会阶段

这一阶段的主要特点是:没有现代的科学和技术;资源大多配置在农业,而不是在工业;存在一种僵硬的社会结构,阻碍着经济变革。因此,社会生产率低下,人均收入低微,仅够维持生存。

2. 为起飞创造前提阶段

这个阶段包括处于转变过程中的所有社会。起飞前提阶段最初出现在西欧17世纪末、18世纪初。这个时期是现代科学思想开始转变为新的生产力的时期。在这一阶段,近代科学知识开始在工业生产和农业革命中发挥作用;金融机构(如银行)正在出现,它动员资本并为新的投资提供资金;商业随着交通运输业的改进而正在扩张。这一时期,在经济上,必须重视农业革命的重要性:既要提供更多的粮食来养活过渡阶段势必迅速增长的城市人口,还要为工业的发展提供广大的市场,更要把一大部分剩余收入用于积累。所以,农业产量的

---

① 1960年罗斯托提出了前五个经济增长阶段,到1971年特别增加了第六个阶段。

增长率可能决定着向现代化过渡的程度。在政治上,必须有相应的变革。比如,建立一个中央集权的民族国家,担负起重大的技术性任务,发展统一市场,维持一种财政制度使得资源得以充分利用等。此外,还要把起飞阶段所必需的大笔社会经营资本积累起来。总的来说,在这一时期,发展的障碍正在被克服,但人均实际收入增长缓慢。历史上,英国是第一个为起飞阶段创造充分前提条件的国家。今天大多数贫穷国家正处在这个发展阶段。

3. 起飞阶段

起飞是传统社会进入现代社会的分水岭,是社会变化的质的飞跃。在这个阶段中,一些阻碍和抵制持续增长的旧势力最终被克服,有利于经济增长的力量继续扩展,最终支配整个社会,增长已成为正常状态。

起飞阶段的主要特征为新工业扩张迅速,利润中的大部分被再投资于新的工厂;而这些新工业又促进了城市地区和其他现代工业企业的进一步扩张。现代部门的整个扩张过程导致一部分人的收入大幅度增加,他们具有很高的储蓄率,并且把储蓄交给从事现代部门活动的人使用。新的企业家阶层在扩大,他们把扩大的投资引导到私人部门。新技术不仅在工业中扩散,而且也在农业中扩散。农业生产率革命性的变化是起飞成功的必要条件,因为社会的现代化大大增加了对农产品的需求。一二十年后,社会基本经济结构和政治结构发生了根本性的转变,使之适应于维持一个稳定的经济增长率。

罗斯托对一些国家起飞时间的确定为:英国在18世纪末,法国和美国在19世纪中叶,德国在1850年至1875年之间,日本在19世纪最后25年,加拿大在19世纪末20世纪初。

4. 走向成熟阶段

起飞之后再经过五六十年的稳定增长,就可以进入一个新的阶段,即走向成熟阶段。这个阶段的主要特征是吸收和使用现代技术成果的能力大大增强。大约10%—20%的国民收入用于投资,使得产出持续地超过人口的增长。随着技术的改进,新工业加速扩张,老工业衰落,经济结构不断发生变化,对外贸易越来越频繁。整个社会服从于现代高效率生产的要求,新的思想和体制代替旧的思想和体制,以支持经济的持续增长。

德国、英国、法国和美国大约在19世纪末之后经过了这一阶段。

5. 大众高消费阶段

这个阶段的主要特点为:人均收入上升到远远超过基本需要。城市人口和白领阶层所占的比例大;社会不再把现代技术的进一步扩展作为压倒一切的首要目标,而是把日益增加的资源用于社会福利和社会安全。福利国家的出现就是超越技术成熟阶段而进入大众高消费时代的一个表现。此外,越来越多的资源被引导到耐用消费品的生产和大众服务的提供上。在这一阶段,耐用消费品产业和服务业成为经济中的主导部门,小汽车在社会生活中得到了普及。美国到20世纪50年代完成了这一阶段。由于战后经济的快速增长,西欧和日本到50年代已进入这个阶段。

6. 追求生活质量阶段

这一阶段的特点是追求闲暇和娱乐,而不是把收入增长看得最重要。

根据罗斯托理论,经济增长是一个直线型的概念,所有国家都遵循同样的发展道路,没有不同的选择模式。这就意味着发达国家的昨天就是后进国家的今天,发达国家的今天就是后进国家的明天。因此,发展中国家应该走先进国家曾经走过的道路,采取它们的政策和战略。但是,由于各国的历史、文化、制度和经济发展水平等千差万别,其发展道路不可能是同一模式,因此,他的理论遭到了许多批评。尽管如此,罗斯托关于经济增长阶段的划分和经济起飞概念的提出,却引起了人们的浓厚兴趣,对研究发展中国家的经济发展仍有很大的启迪作用。

(二) 经济起飞

对于发展中国家而言,实现经济起飞是它们从传统社会进入现代社会的决定性阶段。所谓起飞,是指工业化初期的较短时期(20—30年)内实现基本经济结构和生产方法的剧烈转变,在此剧变之后,经济将步入自我持续增长状态。因此,一个国家能否实现工业化,关键在于能否实现起飞。起飞又包含双重含义,既有经济起飞,又有社会起飞。社会起飞是经济起飞的前提。

要实现起飞,必须具备如下几方面的条件:

(1) 科学思想条件。自然科学的进步,打破了资源瓶颈对经济增长的束缚,克服了要素生产率递减规律对经济增长的限制,从而开辟了持续增长的可能性。更重要的是,自然科学改造了人们的传统思想,调动了人们的主动性和创造性,进一步推动了科学技术的发展并扩大了持续增长的可能性。正是在这种意义上,罗斯托把牛顿科学思想看做是历史的分水岭,把它作为划分传统社会和现代社会的时间界限。

(2) 社会条件。起飞有赖于一大批富有创新、冒险和进取精神的企业家和全社会的创业精神。起飞前夕的社会,应该创造一些有利于企业家成长的社会环境。首先是社会信念体系,如废除那些约束企业家精神的宗教观念和封建制度。其次,树立以追求物质财富为荣的社会风气,鼓励更多的人从事商业活动。

(3) 政治条件。第一,有一个统一的国家,以利于举国上下一致为共同目标而努力。否则,在四分五裂的状态下,起飞是不可能的。第二,有一个致力于经济和社会现代化的政治目标。第三,有一个强有力的中央政府,发挥领导核

心作用。

(4) 经济条件。第一,工业是经济增长的主体,但工业增长必须要有农业作为基础,同时需要有较完善的基础设施可供使用。第二,要有较高的资本积累率。经济起飞需要大量的资本投入,因此必须扩大储蓄,提高资本投资率,使其在国民收入中所占的比重超过10%。第三,要建立能带动整个经济增长的主导部门。罗斯托认为,在起飞阶段,各个部门所处的地位和所起的作用是不一样的,其中有一个或几个部门的增长决定着其他部门的增长,在所有部门中处于支配地位,它通过联系效应带动其他部门和整个经济的增长。在历史上,纺织、食品、铁路、汽车、军事工业等都曾经做过主导部门。主导部门的建立,是由经济增长的内在必然性促成的。因为经济增长始于技术上的进步,而技术进步又只能率先出现在某一个或某几个部门,然后扩散到其他部门。

第三节 经济落后的历史分析:劣势抑或优势

一、发展中国家经济落后的性质与特征

发展中国家与工业化国家相比,其经济落后是不言而喻的。发展中国家所处的环境和条件,与发达国家在历史上经济落后时所处的环境和条件相比,所存在的差异表现在以下五个方面:

差异之一:发展中国家是在更低的人均收入水平上起步的。当今大多数发展中国家的人均收入水平,与西方工业化国家在工业革命前的人均收入水平相比,无论绝对水平还是相对地位,都存在差距,而且这种差距还具有不断扩大的趋势。

差异之二:许多发展中国家,尚未经历过作为工业化基础的任何重大程度的农业改进。未能经历过农业革命,使发展中国家现在的加速发展问题,比当今发达国家在其进入自己的工业革命时,更为困难。

差异之三:不发达地区的人口问题,更为严重。在西方国家工业化之前和过程之中,人口增长虽然比现在要快得多,但每年的人口自然增长率也从未超过2%。与之相比,当今大多数发展中国家的人口,在过去几十年中,一直以2.5%左右的年增长率增长;除了少数几个发展中国家之外,其他大多数发展中国家的人口增长率并没有显著下降,因此人口压力颇为巨大。

差异之四:社会文化和政治制度有所不同。当今发达国家在工业革命以前和工业化过程中,基本上是统一的民族国家,政治上实行民主选举制度,国家当权者多多少少能够根据民意制定促进经济发展的政策;经济上实行私有财产制

度和市场制度,促进了企业和个人的自由竞争和优胜劣汰;意识形态上以个人主义、理性主义、功利主义为基础,崇尚创新和变革,以追求物质利益为目的。那些限制个人奋斗、自由竞争的思想观念,在这些国家中没有存在的余地,至少不占主流地位。这种制度是经济起飞和经济发展的必要前提,它保护了个人和企业的创造性和进取精神,保证了资源的有效配置,特别是保证了国家政权的稳定性、目标的一致性和政策的连续性。与之相比,当今发展中国家则大多是一个混杂的群体,存在着各种各样的政治制度,而且它们中的大部分是几十年前才获得政治独立的,政权基础不甚稳固,缺乏民主传统,官僚主义和腐败现象盛行,办事效率低下。不少国家政权更迭频繁,而且往往控制在军人手里,这些当政者以维护专制统治为目的,并不是真正地把经济发展作为首要目标。他们在经济上倾向于压制私人企业的活动和自由竞争,强调国家计划。在思想观念上,发展中国家的民众尊崇传统习惯和价值观,安于现状,缺乏创新和变革的动力,且对别人的创新加以压制。

差异之五:国际经济环境亦有所不同。先进国家在工业化初期就处于世界领先地位,它们在世界其他落后地区扩张领土,掠夺自然资源,开展不平等的国际贸易,剥削落后地区的经济财富。可以说,如果不扩张领土和掠夺其他国家的资源,西方国家的工业化必定不会进行得那么顺利,经济增长也不会如此迅速。但是,当今欠发达国家所处的国际环境则截然不同,发达国家共同控制和影响着发展中国家的国际贸易关系的条件,并以机会主义的方式,改变它们的技术以及经济、社会、政治、文化的价值准则和制度。这种支配和依附关系,已大大地阻碍了发展中国家的经济起飞和社会进步。

二、经济落后劣势论

这些特征对当代发展中国家是有利还是不利呢?从历史上考察,我们发现,它既有不利的一面,也有有利的一面。有些国家善于利用有利条件并克服不利因素而赶上了先进国家,而大多数国家却因未能做到这一点而仍然贫穷落后,与先进国家的差距反而扩大了。

发达工业社会的存在,给落后的发展中国家的发展前景带来了若干重大的不利影响。这主要表现在以下几个方面:

(1)欠发达国家能从富国获得先进医疗技术从而有可能迅速地降低死亡率,因此欠发达国家面临更为严峻的人口问题。

(2)富国的现代技术是在劳力稀缺的条件下演进的,因而相对节约劳力。但是将劳力节约技术转移到欠发达国家会使后者的劳力利用不足的情况更加严重。

（3）在先进国家通行的组织和制度知识,可能不适合于欠发达国家的需要。例如,采用工会组织,可能与劳力剩余的现实状况不相适合。或者说,在先进工业福利国家发展起来的对社会福利服务的公共开支,对欠发达国家而言,可能还不成熟。也可以说,大规模的工商企业在欠发达经济和条件下,可能是不足取的。将不合适的制度转移到欠发达国家,反而可能会阻碍它们的发展。

（4）先进经济的技术进步,由于促成了用合成纤维代替天然产品、减少每单位产出的工业投入以及需求转向较高级产品,使依靠出口初级产品的欠发达国家的贸易前景受到损害。

（5）一度成为劳力剩余国家的一个出路的土地丰富或资本丰富的国家,不再接受移民了;随着人口加速增长和劳力利用不足的加剧,发展压力变得更大了,同时,资本和有技能的人员这种稀缺资源外流到富国去,离开了贫穷的外围国家。

三、后发优势论

俄裔美国经济学家亚历山大·格申克龙(Alexander Gerschenkrow)对经济落后有了一种全新的认识,概括为以下六个命题:

（1）一国经济越落后,它的工业化就越发可以用不连续的方式开始,作为一种突然的巨大变化,使制造业产出以比较高的增长速度进行;

（2）一国经济越落后,它的工业化就越发明显地强调工厂和企业两者的庞大规模;

（3）一国经济越落后,就越发强调资本品,而不强调消费品;

（4）一国经济越落后,对人口的消费水平的压力就越大;

（5）一国经济越落后,旨在增加资本供给的制度因素所起的作用就越大,这种资本供给是向各种新生工业提供的,也是为了向它们提供相对集中且信息比较通畅的企业经营指导;

（6）一国经济越落后,它的农业就越不可能起积极的作用,去为日益增长的工业提供扩大的工业品市场的便利,而这种市场又是以农业劳动生产率的提高为基础的。

在格申克龙的分析中,实质上隐含着落后经济既有不利的一面也有有利的一面的观点,即所谓的落后优势(The Advantage of Backwardness),或后发展优势(Late-development Advantage),表现为落后国家或后发展经济可以借鉴先进国的经验,采取赶超工业化发展战略,借用先进国家的技术和巨额资本,从而实现经济跳跃式的快速发展。

后发优势具体表现在如下几方面:

（1）技术引进和技术模仿优势。后发展的落后国家通过技术学习，从先发展的国家那里引进各种先进技术，并经过模仿、消化吸收和改进提高而带来多种利益和好处。这样，发展中国家就能在更高的技术层次上开始工业化进程。由于有很多现成的科技知识可以利用（科技知识在很大程度上具有公共产品性质），作为后来者，发展中国家不需要花费巨资来从事研究和开发。当然，发展中国家要引进并消化这些先进技术，也需要花费成本，但与科学基础研究和技术发明所花费的成本相比，则要少得多。因此，发展中国家可以把节约下来的大量资源用于其他经济活动，以促进经济更快地发展。

（2）制度学习和制度模仿优势。后发展的落后国家通过制度学习，从先发展的发达国家那里仿效和借鉴各种先进制度并经本土化改造，从而极大地促进本国经济发展和工业化进程。制度创新是推动经济增长的源泉。经过几十年的实践证明，计划经济制度在配置资源方面并没有市场制度那样有效，结果，这些国家纷纷放弃了高度集权的计划制度，转而采用了市场制度。由此，经济恢复了活力，经济增长加快了。从计划制度到市场制度的转变就是发展的后来者向先进的市场经济国家学习的结果。当然，制度学习过程并不是一个简单的制度模仿过程，还应有一个本土化的创新过程。

（3）结构转换优势。体现在国内和国际两个方面：在国内方面，发展中国家无论是产业结构，还是地区经济结构，都存在着典型的二元经济特征，即先进部门或地区与传统落后部门或地区并存。这些国家的经济增长，一般在很大程度上是由结构转变（资源从低效率部分向高生产率部分配置）推动的，这是落后国家的一个特有优势。在国际方面，发达国家随着工业化的纵深发展，经济的比较利益将从一个或几个产业向另一个或几个产业转移；国际资本向外扩张、实现产业链的国际延伸，对于发展中国家来说是一个绝好的发展机遇，因此，在开放的国际经济条件下，发展中国家也将具有参与国际分工合作、承接发达国家产业转移的后发优势。在这方面，"亚洲四小龙"和东盟国家都有着成功的经历。

（4）社会意识优势。后起的发展中国家，因受自身相对落后的经济限制，以及先进国家经验的影响和启迪，其实现赶超工业化的强烈的社会意识受到激发，而且一国落后程度越高，这种意识及其功效也就越显著。

世界银行在1991年的《世界发展报告》中验证了这种后发优势。该报告指出："现代化趋势是后来居上。英国从1780年起，用了58年时间使人均产出增长一倍。美国从1839年起，只用了47年时间；日本从19世纪80年代起才进入这一增长过程，把人均产出增长一倍的时间缩短为34年。对于第二次世界大战后才进入现代化的晚近国家，人均产出增长一倍的时间又进一步缩短了。例如,土耳其用了 20 年(1957—1977 年),巴西用了 18 年(1961—1979 年),韩国用了 11 年(1966—1977 年),中国用了 10 年(1978—1988 年)。"①由此可见,后起的国家在经济上明显地具有赶超性质,在进入工业化以后,生活质量发生重大变化所需的时间在近几个世纪里正在呈稳步缩短的态势,并且这种追赶的进程越来越快。

然而,从历史来看,一国工业化要形成一种势头乃至最终完成,却要经历一个漫长的过程(参见表 2-1)。

表 2-1　主要先进国家工业化的基本历程

国别	工业化起步时期	工业化基本完成时间
英国	18 世纪 70 年代	19 世纪 70 年代
法国	18 世纪末	19 世纪末 20 世纪初
美国	19 世纪初	19 世纪末 20 世纪初
德国	18 世纪末 19 世纪初	19 世纪末 20 世纪初
日本	19 世纪 70 年代	20 世纪 60—70 年代
俄国	19 世纪 60 年代	20 世纪 60 年代

因此,后发优势都还只是潜在的,而要把这些潜在的优势转化为实际的优势,还需要具备一些条件。首先,要有一个稳定的政权结构;其次,要有一个稳定的制度环境和开明的政策环境;再次,必须有一个正确并适时灵活的发展战略,这就要求政府发挥积极的推动作用;最后,还必须有一个适宜的有利于增进本国利益的国际政治经济环境。

除此之外,我们还必须明了,后发优势中的技术学习与制度学习,存在一种边际报酬递减的倾向。因为无论学习来的技术还是制度都是外生的,在一般情况下,外生的技术进步在初始阶段效果明显,但如果不注意把外生的技术进步转化为内生的创新能力,后发利益最终将递减到零。因此,发展中国家尽快从外生学习转换到内生创新技术和制度上,才是它们最终真正消除与发达国家的差距,成功实现工业化的关键所在。

第四节　经济发展的限制因素与发动因素

一、限制因素与发动因素

所谓经济发展的限制因素,就是那些从根本上阻碍或制约发展中国家工业

---

① 世界银行:《1991 年世界发展报告》,中国财政经济出版社 1991 年版,第 12—13 页。

化的发动和经济发展演进过程的因素。不发达国家经济发展的障碍因素很多，例如营养不良、政治不稳定、主权不独立、政府不支持经济发展，等等。但限制因素首先是指那些长期制约工业化和经济发展的方向、速度、格局的最本原的因素。其次，不要把经济落后的表现与限制因素混为一谈。例如，贫困、收入分配不均等、收入水平低下、营养不良，以及贫困恶性循环、低水平均衡陷阱、累积因果循环、市场不发育和不完善等，都只是不发达的表现。最后，一些暂时的、局部的不利因素也不是真正的限制因素。例如，战争、自然灾害、政府更替、民族矛盾激化、农业歉收、通货膨胀、经济周期波动等因素均会减缓或干扰经济发展的进程和速度，但不可能成为长期的决定因素。因此，经济发展或工业化的阻碍因素应具备的特征是：长期制约或影响工业化过程的最本原的因素，它们对工业化的发动和演进具有阻碍作用，并规范和决定工业化的形式、速度和方向。根据这几个方面的特征，经济发展的限制因素可归纳为资源、地理环境、人口、制度、文化传统以及国际经济政治秩序等。前两者是自然方面的制约因素，后面的则是社会方面的限制因素。

那些对工业化的发动起着根本性决定作用的因素，我们可称之为工业化的发动因素。具体而言，发动因素就是那些能够直接推动经济长期持续增长、促进社会生产力发生变革、促进社会经济结构发生转变的根本性的决定力量。工业化的发动因素，与工业化的发动主体不同。任何社会生产活动的发动主体是人，或是个人，或是群体，或是政府；而工业化的发动因素，则涉及工业化进程中的客观内在动因。真正的工业化的发动因素，应该能有效地促进社会经济的发展，并形成一种良性的内在的社会经济机制，从而能真正地促进传统生产方式和生产方法的变革，促进产业结构的转换，带动技术进步，提高劳动生产率，推动工业化进程。可以说，一国工业化进程的深度，在很大程度上取决于该国所拥有的工业化发动因素的形成及其强弱程度。根据现有的理论进展和经验分析，我们认为：推动发展中国家工业化的发动因素，主要可归纳为三个方面：技术进步、制度创新、企业家及其创新精神。

二、资源与环境：自然方面的限制因素

所谓资源，主要指自然资源，包括土地、矿藏、森林、水等天然禀赋。自然资源的特点是：第一，资源储备总量的有限性。一国的资源储量是由自然界长期形成的，在相当长一段时期内总量是给定的。随着人们活动的复杂化和人类消费需求的扩张，资源相对稀缺性问题变得越来越突出。第二，资源使用后具有不可再生性，即资源不可循环使用。当然，资源也是一个动态和演进的概念，它的内容应随着生产技术的发展而有所不同，例如现代科技的发展使原来工业生产的废弃物转化为宝贝(新的工业制品原料)。在生产技术一定的条件下,有些地区的一些资源应该看做是有限制的,从而这种资源就成为工业进化和经济发展的限制因素。一国拥有的资源数量、质量和种类,就成为决定其工业发展速度、形式的主要限制因素。在今天的不发达国家,许多现代工业之所以没有建立起来,一个重要原因就是缺乏自身拥有的资源,而国外资源又无力获得。因此,资源不足就成为工业化的一大限制。许多发展中国家的工业化,往往是从出口初级产品尤其是资源或资源密集型产品开始的,这些出口可以说是积累资本的重要手段。比如,石油输出国依靠丰富的石油出口,积累了巨额资金,大大加快了其工业化进程;相反,资源贫乏的国家是无法得到这种发展优势的。

地理环境制约是指一国所处的地理位置、气候和水文条件等对工业化的影响与制约。首先,地理位置的优劣,决定了一国开展对外贸易和对外交往的难易程度,而国际贸易在促进各国工业化过程中起了不可估量的作用。现代工业经济的兴起,须以国际贸易的扩大为前提条件,而参加国际贸易的难易在很大程度上又取决于地理位置的优劣。由于近代运输以海洋船运为主,运输成本在国际贸易的商品价格构成中占了很大的比例,而地理位置的优劣又决定了运输成本的高低和进入国际市场的难易程度,故临海国家就享有从事海外贸易的优势。从这个意义上说,地理位置决定了经济发展。当然,我们不能把这种决定绝对化,因为世界上也有一些沿海国家或岛国依然没有发展起来,其不发达的原因要从其他方面去寻找。

其次,气候、土壤等也是影响经济发展的基本制约因素。由于太热或太冷的气候都不利于人们工作和生活,所以在工作效率、工作积极性以及劳动对身体健康的影响程度等方面,热带和寒带的劳动者是不能同温带的劳动者相比的。在其他条件相同的情况下,经过一段时间的积累,温带和热带的经济发展水平也会出现差别,结果造成温带发达,热带和寒带比较不发达的格局。更重要的是,气候、土壤和水文等对农业生产有直接的重大影响,如果把农业革命视为工业革命的基础和前提的话,那么在气候恶劣、土质贫乏的地方,其农业革命难以发生,工业革命也就更不待言了。

三、人口、文化传统:社会方面的限制因素

人口问题可以从数量、增量、职业构成及构成的变化等各方面来分析。人口数量成为工业化的重要限制因素可以从如下几个方面来理解:第一,从资源拥有量(在预期技术水平不变的条件下)和经济发展水平看,大多数发展中国家的人口不仅相对过剩,而且是绝对过剩,因此从根本上制约了人均生活水平的提高。第二,随着工业化的推行,死亡率剧减,人口锐增,这将极大地制约工业

化进程。例如,近几十年发展中国家的发展经验证明:人口增长吞食了大部分新增的国民收入,减少了储蓄和投资,加重了社会负担,并使生产要素的组合比例失调,从而降低了整体经济效率。第三,在人口众多的条件下,发展中国家的经济发展面临着巨大的就业压力和由工业化带来的劳动力转移压力。

一个国家的文化传统和社会价值观念,如果与现代社会的工业化所需要的工业文明相差甚远时,就构成了经济发展深层的阻碍因素。例如,在类似中国和印度这样历史悠久的发展中大国,几千年的封建历史使它们形成了与传统农业社会形态相适应的传统文化和价值观念,由此演化成为一种历史包袱。传统文化及其历史包袱对工业化产生的阻碍作用,主要表现为:① 工业化是以商品经济的发展和市场的形成为前提条件的,但传统文化所体现的农业文明却是"重农轻商"或"重农抑商"的农本主义思想。② 传统文化有一种内在的保守主义倾向,使人处于一种消极被动的状态,不能孕育出民主政治制度和先进的科学技术,也不能为工业化和现代化的兴起提供必要条件。③ 工业化和现代化要求科学技术不断进步,但在东方传统文化中,虽然重视教育,但根本排斥了科学和技术。生产技术被统治阶级视为"奇技淫巧",致使科学技术的发展得不到鼓励,而科学技术的落后必然导致经济发展的落后。④ 工业化和现代化要求人际关系也发生根本的变化,传统宗法社会形成的宗族关系必须由社会化大生产需要的复杂分工、协作及法制所规定的权利义务所代替。但在很长一段时间内,由几千年习惯形成的传统宗族关系却一直顽固地存在着,对现代经济中的制度和组织产生了种种不利影响和抗拒作用,使工业化和现代化所要求的现代制度与组织难以建立和不易健全。

四、企业家创新管理才能

企业家往往与隐藏在背后的一种"企业创建精神"(Enterprising Spirit)联系在一起。这种精神被解释为一种由取得、竞争及经济合理性(Economic Rationality)诸原则所支配的精神状态。企业家是那些有判断能力、有信心和有冒险精神的企业领导者,他们的作用在于消除不确定性,即消除那些完全不能预计和估算的风险,在于对付市场失灵。在发达国家的工业化和现代化进程中,企业家的地位和作用得到了充分的体现,企业家及其精神无可置疑地扮演着一个发动因素。

企业家及其创业精神在发展中国家的工业化进程中,同样具有其他因素所不可替代的作用。这是因为:第一,企业家的某些素质,如首创精神、精明、富有远见,却不一定为政府官员所具备。第二,工业化中充满着大量的不确定性,这就特别需要敢冒风险、有判断力和充满信心的企业家。因为潜在的收益和机遇

正是蕴藏在这些不确定性之中,如果仅靠政府的计划安排及其"大推进",不仅许多机会将稍纵即逝,而且集中计划的失败会在更大程度上延误工业化进程。第三,市场形成越不完全,就越需要企业家的创新精神;市场失灵在发展中国家更普遍,因而要求更多的企业家精神。企业家应当是在市场中充分发挥功能的主体,在这些领域,政府应当让位于企业及企业家,而政府可以把注意力转移到其他需要的地方,从事市场力所不及的一些工作,例如对人的投资、为企业发展提供良好的市场环境和组织基础,以及提供稳定的宏观经济基础,等等。总之,企业家及其阶层的形成,对发展中国家加速工业化的进程是必不可少的。

五、技术变迁或技术创新

工业化的进行,必须选择和不断创造出可行的生产要素组合方式,从人与物的关系上说,这种要素结合方式就是技术,而能增进利益的要素组合方式的变动就是技术变迁(Technological Change)或技术创新(Technological Innovation)。技术变迁可以说是一种广义的技术创新。对于发展中国家,广义的技术创新正是工业化的一个重要的发动因素。

技术创新或技术变迁对于发展中国家工业化进程的推动作用,还表现在如下几方面:

第一,随着农业技术创新的不断实现,传统农业部门会发生根本性的变化,从而使农业的土地生产率和劳动效率不断提高,农业剩余产品不断增加。发展中国家工业化的速度,大多是以农产品增长率为条件的,因此农业的发展必然会推动工业化的进程,推动农业剩余劳动力向非农业部门转移。

第二,技术创新是现代工业形成和发展的最基本条件。新产品与新工艺的不断涌现,促使发展中国家工业部门生产率的提高和产业结构的转变。工业生产率的提高,又进而推动了工业化的进程和城市化的发展。

第三,技术创新是现代企业成长与发展的基石。企业中的技术创新,能够不断提高产品的性能和质量,降低制造过程中的物质消耗,使企业产品具有较强的竞争能力。企业只有实施独立自主创新、合作创新、委托创新、引进创新等策略,并以质优价廉的畅销产品保证社会和市场的需要,才能在保证社会效益的前提下不断提高自身的经济效益。

第四,技术创新可以调整和优化产业结构,促进第三产业的发展,推进城市化进程,创造更多的就业机会,吸纳更多的剩余劳动力,进而更快地加快工业化的步伐。

总之,技术创新或技术变迁将有利于发展中国家主导产业的形成,有利于打破传统经济条件下的产业关联,有利于推动整个经济结构的转变和社会生力水平的全面提高。

六、制度因素:既是限制因素又是发动因素

生产要素的组合及其在宏观上的经济资源配置,不仅是一种技术关系(或人与物之间的关系),而且还取决于一定的社会关系(或人与人之间的关系);而一定的社会关系又取决于或直接表现为一定的制度安排。制度因素对经济发展既有促进作用,也有阻碍作用。制度因素对工业化进程的阻碍,可能来自国内的制度安排、制度结构和制度环境,也可能来自国际的制度因素——国际惯例、国际协定以及国际政治经济秩序等。从国内来看,企业产权制度、市场制度以及宏观经济和政治管理体制等,对经济发展的制约作用最为明显;从国际来看,发达国家与发展中国家之间不平等的经济关系,是由一系列不合理的国际政治经济制度的交织作用形成的。

在一国工业化的进程中,各种制度因素都会或直接或间接地对经济发展产生作用。从微观层次来看,只有在一定的制度条件下,反映某一技术关系的生产要素组合才能实现;从宏观层次来看,各种制度安排之间的相互依存性,在很大程度上决定了各种生产要素组合(技术关系)之间的相互作用;从经济发展史来看,制度的调整和变动决定着经济结构和经济发展的长期走势。最易改变且对社会和经济发展产生直接影响的,则是涉及经济运行各种操作规则的制度安排,例如市场制度、企业制度、信用制度等。至于宪法秩序和规范性行为准则,却为一般的制度安排提供了制度环境,尤其是宪法秩序,既可能为新制度安排的创新形成需求诱导,又可能提供新制度供给;它的变迁或创新,则会从根本上改变社会经济发展和工业化的进程。制度创新从根本上保证了社会和经济的制度环境,从而发挥着其内在地推动工业化进程的作用。因为任何一项制度安排都界定了人们选择和获取信息和资源的空间范围,规定了社会交易的基本规则,同时更为重要的是决定了经济行为主体的动力来源;而制度的创新则意味着将提供更有效率的经济组织,也将调动工业化过程中经济行为主体的主动性和创造性,特别是如果在一定的社会环境和适宜的政治经济制度下,一个以创新为己任的企业家阶层必将形成。与此同时,制度的创新又将有利于推动思维方式的变革、价值观念的更新,以及社会经济生活诸方面的基础性调整和整体性变革。因而,从某种意义上讲,制度创新就成为农业国工业化更为重要的一个发动和推动因素。

李约瑟之谜和韦伯命题

英国著名科学史专家李约瑟在其巨著《中国科学技术史》中曾提到,"可以毫不费力地证明,中国(古代)的这些发明和发现远远超过同时代的欧洲,特别是15世纪之前更是如此"。可是,众所周知,中国自16世纪以来的经济发展情况却相当不尽如人意,特别是相对于美国和欧洲的大部分国家来说,更是相当落后。李约瑟就此提出了他的困惑——虽然中国的科技有史以来一向领先于全世界,但是后来的科学革命和工业革命并不是在中国发动的。为什么资本主义和现代科学起源于西欧而不是中国或其他文明?这就是李约瑟之谜。

德国社会学家、宗教社会学的创始人之一马克斯·韦伯在其主要的著作《新教伦理与资本主义精神》中提出了著名的韦伯命题,即新教伦理是如何促成现代资本主义精神的,与此同时他还提出了关于"儒家伦理阻碍东方资本主义发展"的命题。在20世纪70年代末以后,因为日本的经济崛起以及随后的"亚洲四小龙"的经济腾飞,该命题由于存在严重的"缺陷"和"脱节"而受到质疑。

资料来源:林毅夫,《李约瑟之谜、韦伯疑问和中国的奇迹——自宋以来的长期经济发展》,载《北京大学学报(哲学社会科学版)》,2007年第4期。

本章小结

经济增长模型是当代产生的,经历了三次大的发展。第一次是哈罗德-多马模型的产生和发展,第二次是新古典增长模型的产生和发展,第三次是近期的新增长理论的产生和发展。

库兹涅茨把发达国家增长历史概括为现代经济增长,并总结了六个基本特征:人均产出增长率高,全要素生产率高且增长快,经济结构变革迅速,社会、政治和意识形态变革迅速,国际经济扩张迅速,经济增长在世界的不平衡扩展。

相对于发达国家而言,发展中国家所处的国际环境和经济条件极为落后。经济的落后对于发展中国家既会产生不利影响,又可引发后发优势,尤其在技术模仿、制度学习、结构转换等方面,具有后来居上的潜力。

发达国家的经济增长经历了一个从传统社会到现代社会的演进过程。对于发展中国家而言,实现经济起飞是它们完成这一转变的决定性阶段。实现经济起飞,必须具备政治、社会、文化和经济等方面的前提条件。

从根本上阻碍或制约发展中国家工业化的发动和演进的因素,可以分为两类:一是自然方面的限制因素,包括资源因素和地理环境因素;二是社会方面的限制因素,包括人口因素、文化传统因素和制度因素。

发动发展中国家工业化的因素,则主要包括:企业家创新管理才能、技术变迁或技术创新、制度变迁或制度创新。

关键概念

哈罗德-多马模型　新古典增长模型　内生与外生　后发劣势　后发优势　现代经济增长　经济起飞　经济成长阶段　李约瑟之谜　韦伯命题

思考题

（1）简述哈罗德-多马模型和新古典增长模型,并结合发展中国家的实际进行评述。

（2）比较并简评索罗增长模型和新增长模型的基本思想。

（3）如何理解技术进步因素在经济增长中的作用? 结合发展中国家工业化进程予以说明。

（4）现代经济增长的主要特征是什么?

（5）起飞理论对发展中国家有何启示?

（6）如何从历史角度看待当代发展中国家经济落后的性质和特征?

（7）什么是后发优势? 有哪些表现? 后发优势是否一定能成为现实?

（8）什么叫经济发展的发动因素? 有哪些发动因素? 它们的作用如何?

（9）经济发展的限制因素有哪些? 如何理解? 结合中国现实进行阐释。

（10）如何理解制度既是发展的限制因素也是发展的发动因素?

（11）如何理解企业家在经济发展中扮演着十分重要的角色?

进一步阅读导引

关于经济增长理论,可参阅 Nicholas Stern,"The Determinants of Growth",

Economic Journal, Vol. 1, 1991, pp. 122—134; Pranab Bardham, "The Contributions of Endogenous Growth Theory to the Analysis of Development Problems: An Assessment", in *Handbook of Development Economics*, ed. J. Behrman and T. N. Srinivasan, Amsterdam: Elsevier, 1995; Robert Barro and X. Sala-i-Martin, *Economic Growth*, 2nd ed. Cambridge, Mass: MIT Press, 2003。

关于现代经济增长的阶段性,可参阅〔美〕西蒙·库兹涅茨:《现代经济增长》,戴睿、易诚译,北京经济学院出版社1989年版;〔美〕威廉·A.刘易斯:《经济增长理论》,梁小民译,上海人民出版社1994年版;W. W. Rostow, *The Process of Economic Growth*, Clarendon Press, Oxford, 1953; *The Stages of Economic Growth*, Cambridge University Press, 1960。

关于经济落后问题,可参阅 A. Gerschenkron, *Economic Backwardness in Historical Perspective: A Book of Essays*, Cambridge, MA: Belknap Press of Harvard University Press, 1962。

关于经济发展的限制因素与发动因素,可参阅张培刚:《农业与工业化》,华中工学院出版社1984年初版、2002年再版,第三章;张培刚:《新发展经济学》,河南人民出版社1999年版;〔美〕吉利斯·帕金斯等:《发展经济学》,黄卫平等译,中国人民大学出版社1998年版,第二章;林毅夫:《李约瑟之谜:工业革命为什么没有发源于中国》,载《价格与市场》,1995年第4期;《李约瑟之谜、韦伯疑问和中国的奇迹——自宋以来的长期经济发展》,载《北京大学学报(哲学社会科学版)》,2007年第4期;皮建才:《李约瑟之谜的解释:我们到底站在哪里?——与文贯中、张宇燕、艾德荣等商榷》,中国制度经济学年会论文集,2006年;文贯中:《李约瑟之谜与经济地理学的启示:答皮文的评论》,载《经济学(季刊)》,2006年第6卷第1期;杨春学:《近代资本主义精神与新教伦理的关系》,载《经济研究》,1994年第5期;杜维明:《新加坡的挑战——新儒家伦理与企业精神》,三联书店1989年版。

第三章 公平与发展

本章概要

在发展中国家的经济发展中,我们不仅要关注总体经济和收入水平的增长,还要关注收入和财富如何在社会群体中的分配问题。只有使社会中所有人员都能受益的增长才会受到欢迎。那些分配不平等的增长不应该仅仅从总量经济变化角度进行讨论,还应该从平等的角度进行评估。发展中国家实现公平发展的基本要求是:消除贫困、改善收入分配。

学习目标

1. 理解公平发展的概念与内涵;
2. 了解发展中国家的收入分配不平等和贫困现象;
3. 掌握收入分配的测度方法与改善收入分配的机制;
4. 掌握贫困的测度方法与消除贫困的途径;
5. 掌握发展中国家实现公平发展的战略。

引 言

发展中国家与发达国家的经济差距可以用人均 GNP 或 GDP 近似地表示出来,但人均 GNP 或 GDP 远远无法描述一国居民的实际福利状况,因为国民收入在居民之间的分配并不是均等的。一部分人的实际收入可以数倍甚至数十倍于平均收入水平,同时也有一部分人挣扎在生存线上。发达国家和发展中国家的现实都证明,收入分配不平等和贫困问题不能通过经济增长完全得到解决,必须给予特别的关注,并为此制定专门的政策和战略。

许多国家的发展经验表明,实施成功的经济发展战略和政策能够给穷人和富人都带来好处,因此可以减少贫困。但是在全球化情况下,能否让更快的经济增长出现在人口众多的穷国?事实上在过去几十年中,国际与国内不平等的演化呈现明显的上升趋势。伴随着不平等加剧,经济增长的结果,一是减少甚至剥夺了穷人本来应该从经济增长中获得的财富绝对份额，二是削弱了其相对份额。因此，社会经济能否实现更为公平的发展备受人们的关注，也直接影响了许多国家发展战略和政策的制定。

众所周知，最近30年来中国经济实现了持续快速的增长，但与此同时也产生了许多的不平等和不公平现象，突出表现为城乡之间在收入分配、财产分布和基础教育、公共卫生等基础公共服务方面的巨大差异，这些显著差异使城乡居民之间形成了在收入分配、财富分配和享有基本公共服务等方面迥异的国民待遇。中国有句俗话：不患寡但患不均。的确，对于许多人而言，追求公平本身就是一项重要的发展目标。世界银行《2006年世界发展报告》特别指出，广泛分享经济和政治机会对经济增长和发展也具有至关重要的作用。可见，追求公平发展已经形成广泛的共识。

问题是：什么是公平？公平能否以及如何作为福利函数的组成部分？追求公平的发展必须懂得什么原理？实现公平发展要解决哪些基本问题？

长期以来，以实现公平发展为己任的许多国际组织和各国政府特别关注收入分配和贫困问题。例如，1968—1981年任世界银行行长的麦克纳马拉为减少发展中国家的收入分配不均和贫困作出了不懈努力。在1971年对董事会的演讲中，他指出，虽然20世纪60年代第三世界经济增长率达到5%，但是国民生产总值的增加在国家、地区和社会经济阶层之间分配得极不平等。同年，在第三届联合国贸易和发展会议的致辞中，他引用巴西、墨西哥和印度的统计数字，将其作为说明发展中国家中存在的收入与财富严重分配不公的例子，同时呼吁为减轻严重的机会不均采取行动。1973年，他主张应把占40%的底层人民作为发展政策的主要关注对象，以求到20世纪末根除绝对贫穷。又如，1996年在罗马由联合国粮农组织(FAO)召开的世界粮食高峰会上，186个国家已经承诺要运用政治意志和共同的国家意志来保证所有人的食品安全，要不懈努力地消除所有国家中的饥饿。最"直接"的目标就是在2015年前将现有的营养不良的人口减少一半。2000年11月的联合国大会上，192个国家一致同意千年发展目标(MDGs)的全球倡议，即承诺要在2015年前将全球极端贫困的人口减少一半。

当然，在实际发展过程中，发展中国家的贫困现象还相当严重，收入分配状况堪忧，总体发展离公平发展目标尚有很大差距。那么，如何正确认识发展中国家不平等现象的现状和形成差距的根源？如何缩小这种差距？本章将对这些问题进行讨论。

第一节 公平发展目标与不平等现象

一、公平的内涵

什么是公平？由于不同国家和文化传统的影响,它有着不同的内涵。经济学家将公平与分配相联系,律师联系法律问题,哲学家则从思想的高度来定义这个概念。实际上,西方政治哲学的基础,都对公平社会的性质有所表述,各种宗教信仰也都将公平作为其核心理念。近年来,社会选择理论和福利经济学也逐渐将群体选择与社会优化结合起来。在大多数人的日常理解中,公平有时说的是平均或均等(Equity,Equality),例如收入差距问题;有时指的是公道、公正(Fairness),例如腐败问题、国有资产流失问题。因此,公平涉及三个方面:机会均等、过程公平、结果均等。

机会均等的实质就是:竞赛应该从同一条起跑线开始。一个人生活的结果(包括生活的很多方面)应该主要反映他本人的努力和天赋,而不是他的背景。先天的境况——性别、种族、出生地、家庭背景以及他所在的社会集团,不应该成为他在经济、社会和政治方面是否成功的决定因素。教育和医疗卫生服务的均等化程度是影响人们之间机会均等程度的两个主要因素。两个天赋完全相同的人仅仅因为出生于不同家庭,能够获得的教育和医疗卫生服务就可能有极大的差异,以至于其中一个从一开始就注定不可能同另一个拥有同样健康的身体、享受良好的教育,从而不管他如何努力,注定不可能获得同样的生活质量。可见机会不均等会带来社会差异的形成和扩大。

过程公平的核心就是对一切合法经济活动的参与者的财产和其他权利的有效保护。形形色色的不公平竞争,是市场交易的一方对另一方财产权利的侵犯。从某种意义上说,追求过程公平的实质就是追求效率。

结果均等通常指的是收入和财富的均等化分配。为了保证结果均等,常常采用收入和财富再分配等公共政策手段。

人们对机会均等、过程公平和结果均等的追求是有内在矛盾的。因为机会均等、过程公平在一般情况下都会产生结果的不均等。要保证结果的均等,往往必须使机会不均等或过程不公平。在这种情况下,人们普遍的态度似乎是坚守机会均等、过程公平的原则,只要机会均等、过程公平,人们经常倾向于认同或接受一定程度的结果不均等。即使要挑战结果分配的某一种状态,也要以机会不均等和过程不公平来论证这种挑战的合理性和正当性。当然,由于任何社会都存在机会不均等和过程不公平的现象,因此对结果分配状态的挑战也就永远是正确的。

世界银行关于公平强调两点：其一是机会均等，其二是避免结果均等方面的极端贫困。

二、不平等现象与公平作为目的

收入、健康和教育的结果不平等是长期存在于许多发展中国家的严重事实。这些结果的不均等源自机会的不平等。机会不平等往往伴随着影响力、权力和社会地位的巨大差异，因此，机会不平等趋向于持续存在下去。不公平的存在导致资源利用效率低下，并降低了体制的有效性，从而对长期发展是有害的。

追求结果一定程度的均等是发展的目标所在。因为保持一定程度的结果均等本身体现了一种社会价值观：把发展结果均等程度维持在社会可以认同的限度之内。所谓社会价值观，是一个社会中的各阶层、各利益集团博弈的结果，而各阶层各自的价值观差异很大。世界银行《2006年世界发展报告》引用了一次覆盖69个国家"世界价值观调查"的结果。调查者对"我们需要更大的收入差距来作为个人努力的激励"的观点表态，收入越高者对此观点的认同程度越高。可见，一个国家结果均等到何种程度最佳，没有客观标准，而只能是特定时期该国人民通过某种程序进行一种集体选择。尽管如此，结果均等方面还是有一个社会共识——避免极端贫困。

结果均等不可避免地会影响机会均等。即使政府在教育和医疗卫生等方面采取均等化政策，收入和财富的分配差异越大，机会不均等程度一般来说也会越大，起码是政府为降低机会不均等程度需要付出的代价会越大。结果不均等可以转化为机会不均等，从而对效率和经济增长产生进一步的负面影响。产生这种效应的传导机制有两个：一是通过市场（包括资本市场、劳动市场、土地市场）失灵导致资源不能按效率配置；二是通过制度扭曲，即收入和财富不均导致人们在经济和政治上不平等，从而使经济制度和政治体制偏向于强化既得利益集团，这样的扭曲必然会损害配置效率和经济增长。因此，要追求效率和机会均等，就不能对市场竞争所产生的任何分配格局都无条件接受。当市场竞争导致的结果分配格局过度不均等时，就必须采取公共政策进行干预。

三、促进公平的机制

应该使用哪种制度和机制来促进公平呢？无论是机会均等、过程公平还是结果均等，毫无疑问都是不能单独指望市场机制的。市场机制只能保证在机会分配既定、过程足够公平的情况下使经济活动实现最有效率的状态。换言之，机会均等和过程公平是市场机制有效发挥作用的基本前提。促进公平本身就是政府的责任,只能由政府在维护市场机制的同时,通过健全的公共治理和公共政策来实现。

1. 保证机会均等的要义在于投资于人的能力建设——教育、公共卫生和医疗服务、社会保障

在一个结果分配不均等的社会,除了私人慈善活动,只有政府可以通过公共政策尤其是财政政策在全体公民中对教育和医疗卫生服务实行均等分配,保证每个公民所能获得的服务尽可能与其个人和家庭的收入、财富脱钩,从而使每个人充分发挥其潜在的能力。社会保障的意义在于给每个人都提供一种安全网,使之在遭受较大风险冲击或面对其威胁的情况下仍然能有机会参与经济活动。保障机会均等的重要措施包括:保证每个公民都能平等地获得司法服务,获得利用土地和基础设施的机会;对资本市场和劳动力市场适当干预,弥补其失灵,以便尽可能地提供平等机会。

2. 过程公平的核心在于权利保护

保护公民个人或集体拥有合法财产权或其他权利,是过程公平的基本要求。这就需要通过政府公共治理尤其是建设以法治为基础的市场经济体制来实现。

3. 通过一定的公共治理机制和公共政策消除极端贫困

世界银行认为:政策的目标是促进机会均等、消除极端贫困,但不在于实现结果完全均等。结果当然很重要,但之所以关注结果,是因为结果对绝对贫困有影响,同时也在决定机会的分配方面有作用。在机会均等、过程公平的情况下,激励机制的有效性要求收入分配拉开差距。为了控制收入分配的不均等程度,唯一的办法是把绩效高的人的一部分收入再分配给绩效低的人,但这样会弱化激励机制。因此,公共政策设计的关键在于平衡好公平和效率之间的关系。

第二节 收入分配问题

收入分配高度不平等是许多发展中国家共有的特征。由于发展中国家人均收入低,收入分配的不平等直接导致了严重的贫困问题,降低了国民的健康水平,造成了人力资源的浪费。在经济增长的过程中,收入分配不平等程度往往还会进一步提高,这意味着从经济增长中获益的只是少数人,多数人为此付出了代价。

"平等"是一个复杂的概念,其中包含着价值判断。有人认为,收入差距恰恰是平等竞争的结果,因而是公平的。然而无可否认,较大的收入差距维持一

段时间以后,就会导致一部分人生来就得不到平等竞争的机会,这无论如何是不公平的。因此,个人收入及财富的差距还是能够在某种程度上说明问题的,特别是同一国家之内的收入差距。

一、收入分配的类型

1. 短期分配和长期分配

考察收入分配状况,应该区分不同的时间跨度。从现期消费或收入流,到财富或资产存量,再到生命周期中的总收入,其时间跨度依次延长。仅靠短期收入差距难以对收入分配的不平等程度作出准确判断。如果一个经济具有高度的灵活性,低收入者有很多机会改变自己的处境,那么即使在短期内表现出较大的收入差距,其长期收入分配也有可能是比较平等的;相反,如果一个经济的灵活性很弱,那么长期收入分配不平等程度就比短期内看上去要高。

由于个人一生中的收入水平与年龄有很强的相关关系,发展中国家的收入分配状况又常常因自然、市场、政府等难以预料的变化而发生剧烈波动,所以考察发展中国家的收入分配,较为理想的方式是采用较长时期内的平均收入,最好是累积的终生收入。但由于数据收集上存在极大困难,一般的做法往往以近期特定时间中(通常是一年)的收入估计值为依据。

2. 功能分配和规模分配

收入分配的概念有两种:一是收入的功能分配(Functional Distribution of Income),二是收入的规模分配(Size Distribution of Income)。收入的功能分配也称收入的要素分配,它所涉及的是各种生产要素与其所得收入的关系,是从收入来源的角度研究收入分配,要回答的问题是资本或劳动等生产要素得到的收入份额是多少。收入的规模分配也称收入的个人分配或收入的家庭分配,所涉及的是个人或家庭与其所得收入总额的关系,是从收入所得者的规模与所得收入的规模关系的角度研究收入分配,要回答的问题是某个或各个阶层的人口或家庭得到的收入份额是多少。

功能分配和规模分配是相互联系、相互影响的。在短期内,由于个人和家庭的收入来源于生产要素的报酬,规模分配由功能分配和生产要素的分布情况所决定;而在长期内,规模分配会影响对产品的需求,进而影响对生产要素的需求,引起各种生产要素相对价格的变化,从而改变功能分配。在各种生产要素中,土地、资本的分布通常较为集中,劳动的分布较为广泛,因此,当功能分配朝着有利于劳动的方向变动时,规模分配状况会得到改善。收入的功能分配决定着收入的规模分配(如图3-1所示)。

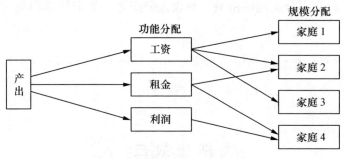

图 3-1 功能分配和规模分配

传统经济学理论主要关注的是收入的功能分配,即国民生产总值的总量如何在劳动、资本和土地等要素之间分配,而不太关注收入的大小(规模)分配,即谁得到多少收入的问题。这种方法被运用到发展中国家的经济分析时,就会大打折扣。这是因为:第一,功能分配没有考虑决定要素价格的非市场力量,而欠发达经济中非市场力量是相当强大的;第二,我们需要了解收入为什么以及怎样向某些人群聚集,因为个人收入不仅包括来自个人劳动所得的收入,而且对于上层收入人群而言,还包括来自财产(如实物资本、金融资本)的收入。因此,讨论经济发展中的收入分配问题时,分析的重点是收入的规模分配。

二、衡量收入分配不平等的原则

用一个单一的指标来说明收入分配的不平等程度是十分困难的。事实上,选定某种指标,就是用数学方法表述了衡量收入分配不平等的原则,也就等于对收入分配不平等进行了重新定义。被普遍接受的衡量收入分配不平等的原则有以下几方面:

(1) 匿名原则。不关心每个具体的人的收入,只关心一个经济体的整体收入分配状况。如果有任意两个人的收入对换,不影响全社会的不平等程度。

(2) 人口原则。人口总数与不平等程度无关,有关的是得到不同收入水平的人口的比例是多少。如果人口规模扩大或缩小,而各个收入水平的人口也成比例地扩大或缩小,则对收入分配不平等程度不产生影响。

(3) 相对收入原则。如果一个国家所有人的收入一夜之间增加了一倍,我们认为收入分配的不平等程度没有发生改变。也就是说,收入分配不平等程度与收入水平无关,只有收入份额才有意义。

(4) 累退原则。若甲的收入不高于乙,发生一种收入变动使甲的一部分收入转移给乙,则称之为累退的收入转移。累退的收入转移使收入分配状况恶

化。如果一种收入分配能够由另一种收入分配通过累退转移得到,则前者比后者更不平等。

隧 道 效 应

当你开车通过一个同方向行驶的双车道的隧道时,可以设想一下遇到严重交通阻塞时的情形。如果你在左车道,显然感觉不太好。过了一会儿,你发现右车道的汽车开始移动。你会感觉更好还是更糟?这就取决于右车道的车会移动多久。最开始你可能会想,前面的交通堵塞已经结束,快轮到自己了。一旦这样想,即使还没有移动,心情也会好起来。然而,如果右车道的车流一直在动,而左边似乎没有任何移动的迹象,那么你很快变得沮丧起来,甚至可能想方设法强行插入右车道。如果有很多人都这么做,情况可能会变得更糟。

赫希曼使用这个例子讨论了经济发展过程中人们对于收入不平等的忍耐问题。一些国家的经济发展表明,在经济发展早期阶段收入分配的不平等会有所增加。人们对此的反应是不同的,不仅在不同国家不同,就是在同一国家的不同时期也不同。有时,人们接受增长过程中不平等的上升,但有些情况下,人们会以政治或社会运动的方式强烈抗议不平等的增长。这种情况类似于隧道中发生的故事。赫希曼等人把由于其他人经济地位改善而导致的个人效应的增加(以及对更高的不平等的更大程度的容忍)称为隧道效应。

隧道效应包含一个很重要的启示:如果在经济发展过程中,经济增长和收入分配的平等被认为是两个主要的发展目标,发展战略的设定就必须考虑该国的社会和政治背景。如果给定该国的社会结构的隧道效应很微弱,那么,先增长后分配的战略就不太可能获得成功。即使在开始阶段隧道效应很强,如果政府政策制定者对于随时间变化而不断减少的隧道效应不敏感的话,也有可能阻碍经济发展的过程。

资料来源:〔美〕德布拉吉·瑞,《发展经济学》,陶然等译,北京大学出版社2002年版,第184—186页。

三、收入分配差别与洛伦兹曲线

收入分配差别,也称为收入差别,是任何一个现实的社会经济中都存在的现象。它是指收入分配的相对差别,即是以收入比重(百分比)或相对份额表示的收入差别,而不是以货币单位或其他实物指标表示的绝对收入差别。相对收入差别与绝对收入差别之间存在一定的关系。在总收入水平一定时,相对的和绝对的收入差别的变化方向是一致的;在总收入水平变动时,两者的变动方向可能不一致。比如,相对收入差别缩小时,绝对收入差别可能扩大。所以经济发展中的收入分配的相对差别与绝对差别的变动,彼此并无必然联系。但是,经济发展中的收入分配的相对差别的变动,一般是在绝对收入水平不断提高中发生的。这就意味着,即使收入分配的相对差别扩大,通常也不会降低最贫穷阶层的绝对收入水平,当然此时穷人收入提高的可能性非常微小。

分析相对收入分配差别的方法和指标较多,这些方法通常要把总人口或总家户按居民人均收入的高低分组或分层,如最高收入组(或最富裕阶层)、最低收入组(或最贫穷阶层),等等,并相应地计算各人口组或家户组的收入份额。设 P、Y 分别代表总人口和总收入,若分为 n 组,则有:

$$P = (P_1, P_2, P_3, \cdots, P_n)$$

$$Y = (Y_1, Y_2, Y_3, \cdots, Y_n)$$

$$p_i = \frac{P_i}{U_p}, \quad U_p = \sum_{i=1}^{n} P_i \quad (i = 1, 2, \cdots, n)$$

$$y_i = \frac{Y_i}{U_Y}, \quad U_Y = \sum_{i=1}^{n} Y_i \quad (i = 1, 2, \cdots, n)$$

$$p_1 + p_2 + \cdots + p_n = \sum_{i=1}^{n} p_i = 100\%$$

$$y_1 + y_2 + \cdots + y_n = \sum_{i=1}^{n} y_i = 100\%$$

人口组划分可以是等分的,也可以是不等分的。为了方便起见,通常人们都采用等分法。测度收入分配差别的方法有许多,洛伦兹曲线(Lorenz Curve)是最常用、最直观的表示收入差别的方法,如图3-2所示。图中纵轴表示累积收入百分比 $yy_j = \sum_{i=1}^{j} y_i, (j = 1, \cdots, n)$,横轴代表累积人口百分比 $pp_j = \sum_{i=1}^{j} P_i$,$(j = 1, 2, \cdots, n)$,45°线为平均分配线,右下角90°线为完全不平等分配线,洛伦兹曲线处于45°和90°线之间,如图中曲线 a、b、c。根据某国某年的收入分配分组资料,将一定人口比例所对应的收入比例在图上描出,就可得到该国该年收入分配的洛伦兹曲线。从曲线上可以读出每个人口组的收入份额,从曲线的弯曲程度可以观察到各个阶层的收入差别情况,从不同曲线对比中可以比较不同社会经济的收入差别的变化情况。

洛伦兹曲线为社会的不平等程度提供了一种图形化的表示方法,但这种方法的不足之处在于难以准确确定收入差别的大小,例如 a 与 b 之间哪一条代表了更不平等。

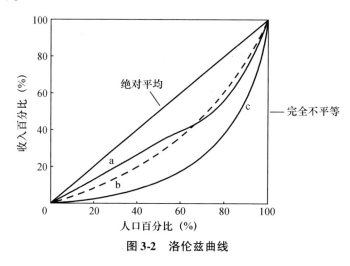

图 3-2　洛伦兹曲线

四、收入分配不平等的指标度量方法

(一) 基尼系数

如果用一个数字来表示不平等程度,人们常常使用基尼系数(Gini Coefficient)。基尼系数可以通过计算洛伦兹曲线与对角线之间的面积除以对角线与 $90°$ 线所围的面积而得到。基尼系数越大,表示收入分配的差别越大,反之则越小。在理论上基尼系数的最低值为 0(绝对平均),最高值为 1(绝对不平等)。基尼系数是直接利用收入接受者(人口或家户)的相对比重与其所得收入的相对比重来计算的。一般情况是,分配高度不平等国家的基尼系数通常在 0.5 至 0.7 之间,收入相对较为平等国家的基尼系数则在 0.2 至 0.35 之间。

这一方法的不足在于:第一,不能反映个别阶层的收入分配变动情况;第二,对低收入阶层的收入比重的变化不敏感,比如当从较高收入阶层转移 1% 的收入给较低收入阶层时,较低收入阶层的收入份额变动率一般较大,但这一变化在基尼系数中变化很小;第三,在国际比较中存在不可比因素,必须注意消除这些因素。

(二) 收入范围系数

计算公式:

$$R = \frac{1}{\mu}(y_m - y_1)$$

其中,μ 代表全社会平均收入,y_m 代表全社会最高收入,y_1 代表全社会最低收入。这个指标反映出了最高收入和最低收入之间的相对差距,但比较粗略,只反映出了全社会中最穷的人和最富的人的情况。

(三) 平均绝对差

计算公式:

$$M = \frac{1}{\mu n}\sum_{j=1}^{m} n_j |y_j - \mu|$$

其中,n 代表总人口,μ 代表全社会平均收入,全社会共分 m 个收入组,y_j 代表第 j 个收入组的平均收入,n_j 代表第 j 个收入组的人数。

这个指标表示全社会每个人的收入与平均收入的差距的总水平,但是当收入分配发生累退变化时,在这个指标里反映不出来。

(四) 变异系数

计算公式:

$$C = \frac{1}{\mu n}\sqrt{\sum_{j=1}^{m} n_j (y_j - \mu)^2}$$

这个指标的含义与平均绝对差相似,但克服了平均绝对差的缺点。当收入分配发生累退变化,也就是不平等程度提高时,变异系数会增大。

(五) 库兹涅茨比率

这是库兹涅茨在研究发达国家和发展中国家收入分配状况时最先引入的一种度量方法,指的是收入最低的 20% 或 40% 人口所占有的收入占全社会总收入的份额,或收入最高的 10% 人口所占有的收入份额。或者更一般地,指全社会最富有的 $x\%$ 人口的收入份额与最穷困的 $y\%$ 人口的收入份额之间的比率,x、y 可以是 10、20、40。在缺乏足够数据的情况下,库兹涅茨比率是反映收入分配不平等程度的一个有用的工具。它只是简单地把各个阶层的收入比重与人口比重的差额的绝对值加总起来。其公式为:

$$R = \sum_{i=1}^{n} |y_i - p_i| \quad (i = 1, 2, \cdots, n)$$

其中,R 为库兹涅茨比率,y_i、p_i 分别表示各阶层的收入份额和人口份额。

还有一类方法就是直接以某些阶层的收入分配状况来反映收入不平等水平。比如,最富有的 20% 人口的收入份额,通常被称为库兹涅茨指数,这一指数的最低值为 0.2,指数越高,收入差别越大。

40% 最穷人口的收入份额,则被称为阿鲁瓦利亚指数(Ahluwalia Index)。这一指数的最高值为 0.4,指数越低,收入差别越大。

最高收入的 20% 人口的收入份额与最低收入的 20% 人口的收入份额之比,被称为收入不良指数。这一指数越高,收入差别越大。

(六)广义熵指数

用 Z_j 代表收入观察值,μ 代表平均收入,N 代表样本体积,f_j 代表人口比例,广义熵指数(Generalized Entropy,GE)的表达式为:

$$GE = \frac{1}{a(1-a)} \sum_j f_j \left[1 - \left(\frac{Z_j}{\mu}\right)^a\right]$$

在上式中,a 为一常数,代表厌恶不平等的程度。a 值越小,它所代表的厌恶程度越高。当 a 趋近于 0 时(表示其在整个分配中给予低收入的权重较大),我们得到所谓的均值对数偏差指数(Mean Logarithmic Deviation,简称 MLD 或 GE(0)),又称泰尔第二指数 T_0,也称泰尔-L 指数。

$$T_0 = \sum_j f_j \ln \frac{\mu}{Z_j}$$

当 a 趋近于 1 时(表示其在整个分配中给予不同收入的权重相同),我们得到所谓的泰尔指数(Theil Index),又叫泰尔第一指数 T_1,也称泰尔-T 指数。

$$T_1 = \sum_j f_j \frac{Z_j}{\mu} \ln \frac{Z_j}{\mu}$$

当 $a=2$ 时,一般熵指数就等价于统计中常用的变异系数平方的 1/2。显然,选用变异系数而非 T_1 或 T_0 来度量不平等意味着我们对收入差异持更加包容的态度。

除了上述的一系列指标外,还有对数方差和较为著名的阿肯森指数(Atkinson Index,AI)。后者是由阿肯森在 1970 年提出的,可以定义为:

$$AI = 1 - \prod_j \left(\frac{Z_j}{\mu}\right)^{f_j}$$

但近来人们发现,它和广义熵指数存在一一对应的单调转换关系。另外,广义熵指数中常用的是 T_0 或 T_1,而二者均能用于不平等的分解。

五、收入分配与增长的关系:库兹涅茨倒 U 形假说及其检验

库兹涅茨在 1955 年提出了一个假说:在经济增长初期(贫穷阶段),收入分配有恶化趋势,而在以后的阶段(富裕阶段)将得到改善。如果以基尼系数来衡量收入分配不平等程度,那么随着人均 GNP 的提高,收入分配显现出一条倒 U

形轨迹(如图3-3所示)。这个观察的结果,被称为倒U形库兹涅茨曲线(Kuznets Inverted U-shaped Curve),或库兹涅茨假说(Kuznets Hypothesis)。

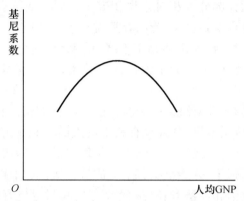

图3-3 倒U形库兹涅茨曲线

库兹涅茨不仅提出了假说,而且还使用统计资料对这一假说进行了验证。他从英、美、德等国家的历史统计资料中总结出,发达国家的收入分配不平等经历了一个先恶化而后改善的过程。倒U形曲线在英国大约经历了100年,在美国和德国大约为60—70年。他还对发展中国家战后收入分配状况作了横向比较,发现发展中国家的收入分配比发达国家更不平等。

库兹涅茨假说引起了许多发展经济学家的兴趣和重视。他们做了大量经验研究,一部分结果支持了这一假说,也有一些研究否定了这一假说。

支持库兹涅茨假说的研究包括A.莫里斯(A. Morris)、P.鲍克特(P. Paukert)、M.S.阿鲁瓦利亚(M.S. Ahluwalia)等人在20世纪70年代所做的工作。他们的基本结论是:① 发展中国家的收入分配一般比发达国家更不平等;② 在发展中国家中,最贫穷国家的收入分配比贫穷国家要平等一些;③ 收入不平等最严重的是收入水平较高的发展中国家,如拉美国家。

库兹涅茨假说在发展中国家经济发展过程中的确具有一定的合理性。主要理由有:

(1) 与经济结构的转换有关。贫穷国家的二元结构显著,因而最初的经济增长会集中在现代工业部门,那里就业量小而生产率高,从而工资高;与之相比,传统农业的收入低,在传统农业转变到现代农业以前,两个部门的收入差距将会不断扩大。而且现代工业部门内部也存在着发展的不平衡,其收入分配不均现象可能比传统的农业部门内部更严重。此外,地区之间的发展差距导致地区在收入方面的差距越来越大。在经济发展后期,随着二元经济的消失、农业现代化和落后地区的发展,整个经济的收入差距逐渐缩小。

（2）与国家的增长战略有关。在发展初期，国家往往以经济增长为主要目标，因此鼓励自由竞争和资本积累，从而少数人由于财产收入和人力资本收入变得越来越富有，而大部分人相对来说变穷了，结果，收入分配不均趋于恶化。到经济发展后期，教育得到普及，劳动者素质和生产技能差异缩小，因而工资差别相应缩小；同时，财产收入份额趋于下降，结果劳动收入相对更重要，收入分配不均趋于改善。此外，国家为了维持社会政治稳定，也不得不采取各种措施降低收入不均的程度。

（3）与社会中影响政府决策的利益集团的结构有关。在发展初期，许多国家政权掌握在富裕阶层手里，其政策有利于富人而不利于穷人，结果，使收入分配不平等状况不断恶化。经济发展到一定阶段以后，一般民众的教育水平提高了，参政议政意识增强了，并能组织起来形成抗衡集团，如成立工会和农民协会等，以争取自己的政治和经济利益，迫使政府当局制定更有利于广大中低收入阶层的政策，从而导致收入差别缩小。

然而，库兹涅茨假说及其实证分析也遭受了许多批评。一种批评意见主要是针对方法论的。因为对不发达国家经济的分析一般都缺乏时间序列资料，研究人员不得不使用横截面数据（许多不同国家在同一个时点上的情况，而不是一个国家在一段时间内的情况），去检验一个纵向现象。从横截面数据出发，对一个时间序列现象下结论是十分冒险的。而且，一些批评者注意到，一些支持假说的研究，只要简单地从统计样本中删除一两个国家，就很可能得到相反的结果。

即使运用时间序列数据，库兹涅茨假说也会被予以否定。例如，G. S. 费尔茨（G. S. Fields）通过研究亚洲七个新兴工业国和地区，对倒 U 形假说提出了怀疑。他认为，即使早期阶段也不一定伴随着收入不平等的恶化，"亚洲四小龙"在经济快速发展过程中，收入分配不但没有恶化，反而有所改善。拉尼斯、费景汉和郭婉容对中国台湾地区的收入分配问题进行了研究，发现从 20 世纪 50 年代到 70 年代，台湾地区经济从人均 GNP 500 美元（1964 年）上升到 1 000 多美元（1974 年），年增长率 6.6%，而收入不平等程度却一直下降，基尼系数从 1953 年的 0.57 下降到 1972 年的 0.29。为什么东亚一些国家和地区在经济增长中收入分配并没有遵循倒 U 形轨迹？一种可能的解释就是与它们实施的发展战略有关，即它们实行的是伴随收入再分配的经济增长（Economic Growth with Income Redistribution）战略。

中国的收入分配问题日益严重

从中国经济发展的历程来看,库兹涅茨假说似乎是存在的。从1978年改革以来,中国收入分配差别一直呈扩大趋势,这一趋势无论在农村居民阶层,还是在城市居民阶层,都很明显。从1978年到1995年,农村居民基尼系数从0.21扩大到0.34,城市居民基尼系数从0.16扩大到0.28,显然,农村居民比城市居民收入差别还要大。进入新世纪以后,中国经济发展加快,收入不平等程度也明显加深,2001年基尼系数高达0.45。

有些学者把中国的收入差别的扩大归结为三个方面的原因:经济增长与发展、经济改革或体制变迁、经济政策及其变化。后来,他们又把收入差距的扩大从理论上解释为是由经济转型引起的。经济转型包括两个方面:一是从传统计划经济体制向市场经济体制转化的过程,二是从农业经济向工业经济转变的过程。这一解释是恰当的、符合事实的。但我们不能据此认为,中国收入差距扩大是合理的,甚至是发展转型所必需的。恰恰相反,我们应该意识到收入差距扩大的危害性,它将对经济发展和工业化进程造成相当大的不利影响。在这方面,我们应该吸收东亚一些国家和地区的成功经验,采取有效措施,尽快改善收入分配状况,使经济更加健康地发展。

资料来源:赵人伟、李实,《中国居民收入差距的扩大及其原因》,载《经济研究》,1997年第9期;李实、赵人伟、张平,《中国经济转型与收入分配变动》,载《经济研究》,1998年第4期;世界银行:《2006年世界发展报告》,清华大学出版社2006年版。

第三节 贫困问题

贫困问题与收入分配不平等有一定联系,因为一个社会的贫困状况不仅取决于总产出,而且取决于总产出的分配。但是贫困与收入分配不平等是两个不同的问题。后者是一个相对性的概念,前者则既有相对性又有绝对性。目前世界上共有60多亿人口,每人每天生活费不到1美元(购买力平价,按1985年价格计算)的贫困人口约有13亿。这些贫困人口绝大部分生活在发展中国家,特

别是发展中国家的农村地区。他们享受不到现代经济发展的成果,营养不良、健康恶化、文化水平低,缺乏对未来的信心。减少贫困,是发展中国家面临的一大难题。

在一个给定的社会中,当一个或多个人没有达到依照那个社会的标准制定的合理的最低限度的某一经济福利水平时,我们说该社会存在贫困。因此,研究贫困有两个基本问题:一是贫困识别,尤其是以何种福利水平来识别;二是贫困测度,并根据测度的情况制定反贫困的对策。

一、贫困的概念与贫困的识别

1. 贫困标准

哪些人是贫困者呢?贫困可以从生活状态的各个方面表现出来,但要为它规定一个识别标准却并不容易。

通常认为,贫困意味着"基本需要"得不到满足。"基本需要"具有绝对性,不管生活在什么样的社会里,人们都需要足够的食品、衣服和住处。但什么是"足够"则具有一定的相对性。虽然人人皆有对营养和御寒的生理需要,但在不同社会中,对诸如电视、闲暇、科学教育、私人交通工具等的消费水平有着不同的最低标准。

按照"基本需要"来识别贫困,可以有两种方法:一是直接法,直接考察人们的消费组合是否满足对食品、服装、住房、交通等的基本需要;二是收入法,计算满足某种基本需要所需的最低收入水平,然后再考察人们的实际收入是否低于这个水平。按照收入法,所谓贫困是指收入不足以满足规定的最低需要。

通常采用的识别贫困的方法是收入法,因为该方法识别出的是没有能力满足基本需要的那些人,排除了特殊的生活方式对消费组合的影响。

世界上许多国家都规定了"贫困线",代表着在一定社会、一定时间可接受的最低经济享受水平。收入低于贫困线的人就被认为是穷人。贫困线可以按照不同的标准制定。可以收集最低营养水平的食谱和构成这种食谱的食物的价格,以及关于居住和穿着支出的数据,计算出满足这些最低要求的消费支出,从而得到一个特定社会的贫困线。也可以通过一个国家法定的最低工资来估计该国的贫困线。或者,可以认定一国平均收入的60%是该国的贫困线。在实际操作中,以营养为基础的贫困线比较常用。例如,美国的贫困线是最低食品支出的3倍,印度的贫困线是为了得到最低热量的必要消费的估计值。

专栏 3-3

中国的农村贫困标准和低收入标准

中国现行的政府贫困标准实际有两条:一条被称为农村贫困标准,另一条被称为农村低收入标准。国家统计局没有正式公布全国城市贫困标准。中国农村贫困标准在1985年、1990年、1994年、1997年由国家统计局农调总队根据全国农村住户调查分户资料测定,其他年份则使用农村居民消费价格指数进行更新。中国最后一次详细测定绝对贫困标准是在1997年,采用了世界银行推荐的确定贫困线的基本方法。具体步骤如下:①确定最低营养需求。最低营养需求是指维持人体生存所必需的营养需求。根据营养学家建议,我国采用每人每日2 100大卡热量作为最低营养需求。②计算食物贫困线。利用全国农村住户调查数据,根据30%最穷人口的实际消费价格和消费结构计算出能获得最低营养需求的食物支出,该食物支出为食物贫困线。③计算非食物贫困线。采用世界银行的马丁法,利用计量方法找到低非食物贫困线和高非食物贫困线。④计算贫困线。食物贫困线+低非食物贫困线=低贫困线。达到低贫困线的农户,能得到基本食物和一些最必需的非食物消费。在低贫困线上,农户食物消费支出达到85%。食物贫困线+高非食物贫困线=高贫困线。⑤确定农村贫困标准。由于在20世纪,中国农村贫困面很大,而国家扶贫资源有限,因而,根据当时的情况,确定低贫困线作为农村贫困标准,用来衡量农村贫困,反映贫困分布特征和变化。

为了更好地监测刚实现基本温饱的贫困人口的动向,并进行贫困的国际比较,1998年,国家统计局开始测算低收入标准和低收入人口比重,从2000年起向社会公布。方法是:采用1997年的食物贫困线,再利用在贫困状况下食物消费份额占总生活消费的60%的假设,计算低收入标准为880元。该标准的测定使用了世界粮农组织采用的一个通用的假设,即如果恩格尔系数(食物消费份额)在60%以上时,生活水平一般为贫困。低收入标准与当年贫困线以下的人口的消费水平比较接近。而按1993年购买力平价换算,1美元1天的标准在1998年应为每年885元人民币,这与低收入标准非常接近。因而,就标准本身而言,国家统计局的低收入标准与世界银行的1美元1天的标准是基本一致的。2005年,中国农村低收入标准是年人均纯收入683元,在此标准下的人口为 2 365 万。

世界银行的贫困估计数与国家统计局的低收入估计数的差异主要源于所使用的测量指标和方法不同:国家统计局从 1998 年开始,使用人均收入和人均消费双指标衡量一个农户是否属于贫困,而世界银行基本上用人均消费衡量贫困人口。如果采用低收入标准,并只用消费指标测算,则测得的贫困人口与世界银行测得的贫困人口并无不同。

资料来源:王萍萍等,《中国贫困标准与国际贫困标准的比较》,载《中国农村经济》,2006 年第 12 期。

2. 绝对贫困:范围和程度

所谓绝对贫困,就是那些没有能力获取满足基本需要资源的人群,凡生活在某一特定的最低的实际收入水平(最低生活水准)之下的人都计算在内。这个特定的最低生活水准,可称为"绝对贫困线",它适用于任何国家,不依该国人均国民收入水平之高低而转移。绝对贫困现象在任何国家都不可避免地存在着,只不过在发达国家,从人口百分比来衡量的绝对贫困的程度可能相对低得多。世界银行专家对这一问题进行过广泛而综合的调查研究,在 1990 年第一次发布了发展中国家的全球贫困的专题报告。为了进行跨国的比较,它以 1985 年为基准制定了两条全球的贫困线:任何年均收入低于 275 美元(以 1985 年购买力平价计算)的人被归入"极端贫困"(或赤贫),而那些年均收入低于 370 美元的人被归入"绝对贫困"(穷人)。最近,世界银行发展研究小组发展了一个基于网络的交互计算工具——PovcalNet 数据库(http://iresearch.worldbank.org/povcalnet/)。

按照国际贫困线,我们就可以估计出世界各国、各地区尤其是发展中国家的贫困范围。1985 年发展中国家有穷人 11 亿多,占其全部人口的 33%,其中,赤贫人口达 6.33 亿,占全部穷人的一半以上,占总人口的 18%。从地区分布来看,南亚的穷人最多,差不多占其人口的一半,其中印度尤为严重,不仅绝对贫困人数多(4.2 亿),而且比重高达 55%,即一半以上的印度人生活在贫困线之下;其次是撒哈拉以南非洲,将近一半人口生活在贫困线之下;再次是中东与北非,贫困人口比重为 31%;东亚绝对贫困人口 2.8 亿,其中主要在中国(2.1 亿),但这个地区的贫困人口比重只有 20%。世界范围内的不同贫困人数的估计情况可如表 3-1 所示。

表3-1 世界范围的不同贫困人数的估计①

1998年贫困人数（10亿）	1998年贫困率（%）	1987—1998年平均变化（百万/年）	贫困线（美元/天）	数据来源	购买力平价	资料来源
1.20	24.0	+1.4	1.08	HHS	WBPPP93	Chen & Ravallion (2000), Table 2
2.80	56.0	+22.9	2.15	HHS	WBPPP93	Chen & Ravallion (2000), Table 3
0.35	6.7	−3.3	1.08	NAcc	WBPPP93	Sala-i-Martin (2002), Table 1
0.97	18.6	−20.0	2.15	NAcc	WBPPP93	Sala-i-Martin (2002), Table 1
0.46	9.2	−30.8	1.08	NAcc	WBPPP93	Bhalla (2003), Table 1
0.37	7.4	−22.6	1.15	NAcc	WBPPP96	Bhalla (2003), Table 1

资料来源：Aisbett, Emma(2004), "Why Are the Critics so Convinced That Globalization Is Bad for the Poor?", NBER Working Paper W11066.

国际贫困标准

1990年,世界银行为了比较各国的贫困状况,对各国的国家贫困标准进行了研究,发现在34个有贫困标准的发展中国家和转型经济国家中,按1985年购买力平价将各国货币表示的贫困标准换算成美元表示的贫困标准,贫困标准从每年200多美元到约3500美元不等,而且贫困标准与各国居民收入水平成高度正相关。其中12个最贫困国家的国家贫困标准集中于275—370美元。世界银行在这一年即采用了370美元作为国际通用贫困标准衡量各国的贫困状况,同时为了有效地反映印度、孟加拉国、印度尼西亚、埃及、肯尼亚等国的贫困变化,将275美元(约合1天0.75美元)作为国际通用赤贫标准,用于比较各国的极端贫困状况。按1985年购买力平价计算的每年370美元的高贫困线很快被简化成"1美元1天"的贫困标准,并被各界广泛接受。

1994年,世界银行对贫困标准重新进行了研究,按1993年的购买力平价测算,10个最贫困国家的平均贫困线约为1.08美元1天。比较偶然地,按在1993年购买力平价水平上每天1.08美元的标准测算的世界贫困人口与在1985

---

① 表中1987—1998年平均变化通过1987—1998年总贫困人数的变化量除以11年计算而得。NHS指家户调查数据,NAcc指国家统计数据。WBPPP93指世界银行以1993年为基年的购买力平价,WBPPP96指世界银行以1996年为基年的购买力平价。

年购买力平均水平上的每天1美元标准测算的贫困人口基本上均为13亿人。因此,世界银行当年按此标准重新测算各国贫困状况。虽然20多年过去了,物价变动和各国消费结构发生了变动,目前,这个标准的实际数值已不是1美元1天,但仍被称作1美元1天标准。

1美元1天的贫困标准被广泛采用的原因,一是因为其简单明了,容易记忆,二是由于其测算基础是最穷国家的贫困线,1美元1天比较符合人们对贫困生活水平的大致想象。这个贫困标准在2000年时,被联合国千年发展目标采用,因而更为深入人心。但是,实际上,世界银行在其旗舰系列报告《世界发展报告》中,大多数年份都采用了多条贫困线,如1990年报告的贫困线和赤贫线,1994年以后各年度报告的各国政府贫困线以及1美元、2美元1天的贫困线,既反映了不同层次的贫困状况,又体现了国际可比性。

国际贫困线所依据的各国贫困线的基本测算方法是:确定最低食品需求并计算满足这种需求的食物支出,在此基础上测算非食品支出。但具体方法却千差万别,如确定最低食品需求时,有的按维持生存的热量摄入量计算(如东南亚、非洲、印度),有的按几种主要营养要素计算(如俄罗斯)。在计算食品支出时,按穷人的实际消费结构还是平均消费结构,穷人又是什么样的穷人,非食品消费是按一揽子货品确定还是根据效用理论直接计算支出等,各国解决这些问题的方法很不一样。1994年后,各国逐渐比较普遍地采用世界银行推荐的方法(马丁法),这种方法也是中国在1995年计算农村贫困标准时所采用的。

2004年中国按国际贫困线1天1美元标准计算的贫困发生率为9.9%,贫困缺口指数为2.1%;1天2美元标准下二者分别为34.9%和12.5%。

资料来源:王萍萍等,《中国贫困标准与国际贫困标准的比较》,载《中国农村经济》,2006年第12期。

3. 多维贫困

长期以来,由于受数据收集以及人类对贫困概念本身认识的限制,人们习惯于用收入、消费或其他货币尺度来测度贫困。事实上,贫困是一种复杂而综合的社会现象。如世界银行(2003)认为,贫困是人们想逃避的一种生存状态,贫困意味着饥饿、缺医少药、失业、无上学机会以及权利和自由的丧失。可见,贫困意味着福利的丢失。贫困是一个多维的概念,除收入外,还包括许多非货币的维度,如教育、健康、住房以及公共物品的获得等。有较高的收入并不一定可以获得良好的教育、医疗或其他公共物品。这样,如果仅从收入维度测量贫困,可能导致那些教育、健康或其他相关维度处于贫困(短缺)状态的人口得不到及时救助,并且,从长期和动态的角度看,货币贫困具有可逆性,而非货币贫困通常表现出不可逆的特征。例如,一个身患某种疾病的少年,如果不能得到及时的医疗救助,可能终生丧失劳动能力;同样,一个处于辍学边缘的儿童,如果没有及时的教育救助,也会失去在未来创造收入的能力,从而陷入长期贫困之中。因此,采用多维度的方法测度贫困,不仅可以加宽和加深人们对贫困的认识,还可以为贫困人口提供瞄准率更高、效果更好的分类救助措施。

阿马蒂亚·森认为,贫困必须被视为是对基本能力的剥夺而不仅仅是收入低下,这是判别贫困的标准。支持以能力界定贫困的理由如下:第一,贫困可能是以能力被剥夺为特点的,因为能力从本质上讲是重要的,而低收入只有手段上的意义;第二,低收入不是对能力剥夺的唯一影响;第三,收入对能力的影响因社区、家庭和个人而有所不同。森特别强调,收入的相对差距可能意味着能力的绝对剥夺,能力意味着人们享有的使他们可以过他们有理由珍视的那种生活的很大自由。自由即实质自由,它包括免受困苦——诸如饥饿、营养不良、可避免的疾病、过早死亡之类——的基本能力,以及能够识字算数、享受政治参与等的自由。财富、收入、技术进步等固然是人们追求的目标,但它们最终只属于工具性的范畴,是为人的发展和福利服务的;而以人为中心的最高价值标准就是自由,这才是发展的主题和最高目标。

无疑,"能力贫困"比"收入贫困"具有更宽泛的内涵和更高层次的视角。而随着森所强调的能力(Capability)和作用(Functioning)逐渐成为贫困问题分析中的主要范式,能力贫困概念对于世界范围内的减贫政策也具有重要意义。消除收入贫困固然重要,但这不应成为减贫的终极动机,关键是要提高人的基本能力,比如享受教育、医疗保健、社会参与以及政治权利等,而这种能力的提高一般也会扩展人的生产能力和提高收入的能力。

二、贫困测度

为了把握一个国家或地区贫困的总体水平,需要对贫困进行度量,也就是要把不同的人的贫困综合成一个指标。常用的贫困度量指标主要有:

1. 贫困广度指数

以收入或可支配收入(或消费支出)为对象,考察生活在贫困线以下的人口在总人口中所占的比重,度量贫困人口范围的大小。这一指数通常用贫困发生率(Head Count Ratio)来表示,是指一国(地区)贫困人口数 q(即收入低于贫困线的人口的数量)占总人口 n 的比率,即:

$$H = \frac{q}{n}$$

反映贫困发生的范围。

2. 贫困深度指数

建立在贫困人口收入水平相对于贫困线的距离基础上,以度量贫困人口收入水平(或消费水平)相对于贫困线的累加贫困差距,反映贫困的深度。通常使用贫困差距(或贫困缺口,Poverty Gap,PG)指数来表示,它度量了相对于贫困线而言,贫困人口平均的相对收入短缺,即:

$$PG = \sum_{i=1}^{q} (1 - y_i/z)/n$$

这样 PG 是总人口中贫困缺口的平均值(显然贫困线以上的人口的贫困缺口为0)。也可以被写为:$PG = I \cdot H$,这里 I 被称为收入缺口率。

$$I = \sum_{i=1}^{q} \frac{z - y_i}{qz}$$

其中,$z - y_i (i = 1, 2, \cdots, q)$ 表示贫困人口 i 相对于贫困线的收入短缺。

PG 也可以解释为通过向穷人进行目标转移支付来消除贫困的可能性指标。运用目标转移支付来消除贫困的最小成本,仅仅是总人口中所有贫困缺口的加总;每个贫困缺口都被填充至贫困线,成本是 $I \cdot z \cdot q$。据此可以计算出要使所有的贫困人口脱贫所需要的财力,以此衡量该地区对扶贫资金的承受能力。该指标将能够为民政等有关社会保障部门确定扶贫资金的总规模提供依据。

3. 贫困强度指数

同样建立在贫困人口的收入水平(或消费水平)相对于贫困线的基础上。在贫困广度、贫困深度指数一定的情况下,说明贫困人口群体内部收入水平的差异。使用平方贫困距指数(Squared Poverty Gap Index)F_2 来表示,即:

$$F_2 = \frac{1}{n} \sum_{i=1}^{q} \left(\frac{z - y_i}{z}\right)^2$$

4. 人类贫困指数

人类贫困指数是由联合国发展计划署(UNDP)在 1997 年发表的《人类发展报告》中首次提出的。它由寿命(Longevity)、读写能力(Literacy)和生活水平(Living Standard)三个指标构成。

$$HPI(l_1, l_2, l_3) = w_1 l_1 + w_2 l_2 + w_3 l_3$$

这里,l_1 为寿命指标,用 40 岁以前死亡人口占总人口的百分比来测定;l_2 为读写能力指标,用拥有读写能力的成人在总人口中所占的比例来计算;l_3 为生活水平指标,用可获得医疗服务和安全饮用水的居民占总人口的百分比以及 5 岁以下营养不良幼儿在所有幼儿中的比例来测算。w_1、w_2 和 w_3 分别为赋予 l_1、l_2 和

l_3 的权重系数。

人类贫困指数的优点在于,它使得人们从多维的视角去关注贫困,并制定和执行更具针对性的组合式反贫困政策。但是,构成 HPI 指数的三个指标如何汇总是个大难题,因为汇总除遗漏一些与政策相关的信息外,还要求随意选择权重,也没有考虑到三个指标间的相互作用关系。

三、贫困的原因与对策

贫困的原因——累积因果循环论

1974 年诺贝尔经济学奖获得者缪尔达尔在 20 世纪 50 年代提出了累积因果循环理论。他认为:事物的发展是一个"循环累积"的过程,首先产生"初始变化",而后产生"次级强化"运动,最后产生上升或下降的结果,反过来又影响初始变化。在动态的社会经济发展过程中,各种因素是相互联系、相互影响、互为因果的,并呈现出一种"循环累积"的变化态势。在发展中国家,人均收入水平很低,低收入导致贫困,生活水平低下,营养不良,卫生保健条件差,文化教育落后,从而人口质量下降,劳动力素质低。结果导致生产率低下,增长停滞或衰退。低产出带来低收入,进一步使贫困恶化。

他指出:在发展中国家低收入与贫困的循环累积因果关系中,包括经济、政治和制度等诸多方面的因素。应当通过权力关系、土地关系以及教育体制等方面的改革,使收入趋于平等,增加广大贫困群众的消费,从而带动投资,引诱并增加储蓄,以促进资本形成,提高产出水平和生产率,提高人均收入。这样,发展中国家将进入一个良性的累积因果循环过程中。

资料来源:G. Myrdal, *Economic Theory and Underdeveloped Regions*, London: Duckworth 1957, Preface。

联合国农业发展国际基金(The International Fund for Agricultural Development)所作的研究提出了产生贫困的 10 个因素。当然,并不是每个发展中国家都存在所有因素,每个因素在各国的严重程度也不同。这 10 个因素又可以归纳为5个方面。

(1) 政策因素。贫困在很大程度上是二元经济的产物。错误的政策进一步拉大了发展中国家农村与城市之间的差距。许多发展中国家实行了偏重城市的发展政策，阻碍了农业部门生产率的提高和收入水平的上升；不恰当地鼓励资本密集型工业发展，导致对劳动的需求减少，失业问题严重；压低农产品价格的政策和高估本币的汇率政策，导致价格体系朝着不利于农业发展的方向扭曲，使农村贫困人口增加。

(2) 环境/自然因素。有些国家的自然地理条件十分恶劣，加重了贫困。如孟加拉国常遭受热带风暴的袭击，对农业生产十分不利。对大多数发展中国家而言，人口的迅速增长也是贫困问题长期得不到解决的重要原因。在一个农业人口占多数的国家，人口增长意味着对土地的压力增加。穷困家庭倾向于生育更多的孩子，来作为社会保险的一种替代方式，但又无法为孩子提供足够的人力资本投资，结果是更深地陷入贫困之中。人口膨胀还导致对自然资源的过度消耗，给生态环境造成了巨大压力，降低了可持续增长所需的承载能力。环境恶化，最大的受害者还是那些挣扎在生存线上的贫困的人们。

(3) 文化/制度因素。这类因素包括：第一，种族问题。许多发展中国家的贫困人口具有鲜明的种族特征，例如拉丁美洲国家的贫困人口大多是土著印第安人，南非的贫困人口大多是黑人。第二，性别问题。在贫困人口中，妇女处于最底层。妇女的就业机会少于男子，平均工资较低，在家庭中的地位也比较低。妇女的贫困对下一代的负面影响是不可忽视的。

(4) 政治因素。贫困者作为社会中的弱势群体，对政府机构制定政策的影响力较弱，政治权利得不到充分保障。此外，当一国发生政治动荡甚至内战时，生产活动会受到严重破坏，加剧贫困。国内和国际组织的救援活动也会受阻。

(5) 国际因素。对于初级产品出口国，当国际市场发生不利的价格波动时，许多人的收入水平会显著下降，贫困人口会增加。主要贸易伙伴国如果对某些商品实行贸易保护，出口国的生产者的收入水平将会下降。世界金融市场上利率的变化对那些承担着大量债务的国家也有影响。

发展中国家的贫困人群的特点

（1）穷人大都分布在乡村地区。在非洲和亚洲，大约80%—90%的贫困人口分布在乡村地区；在拉美，即使城市化水平较高，也有约50%的贫困人口居住在乡村。由于贫困人口极不平衡地集中于乡村，任何旨在缓解贫困的政策都必须在很大程度上向乡村和农业部门的发展倾斜。

（2）穷人往往从事农业或在非正式部门工作。住在农村的大部分穷人主要从事农业，耕种小块土地，农闲时兼作手工业，生产率与收入水平极低。如果是无地农民，则依靠租地或出卖劳动力谋生。城市穷人由于受教育少，技能低，主要在非正式部门从事一些临时性的、又苦又累又脏的工作，没有固定的薪水和福利，报酬极低，收入无保障，生活朝不保夕。当然，穷人往往与失业者联系在一起。

（3）妇女占穷人的大部分。在发展中国家，大多数妇女受教育比男人要少，文盲率比男人高，很少在正规部门（如政府部门或大公司）就业，主要从事一些报酬低且很不稳定的非正规工作，或成为家庭妇女以照顾家庭与子女；即使少数妇女谋得正规工作，但报酬也比从事同样工作的男人要低。对于低收入和贫困家庭来说，妇女的贫困是很严重的。此外，对于那些单身妇女与子女组成的家庭来说，问题更为严重。据统计，以妇女为家长的家庭，在印度大约为20%，哥斯达黎加为17%，而且这个比例还在上升。

（4）穷人经常集中在少数民族或土著人口中。全世界大约有40%的国家有五个以上相当规模的民族，其中有一个或一个以上民族受到经济、政治和社会歧视。在70个国家中，土著人口的数量超过3亿，其贫困问题也相当严重。一般地，由于政治原因，有关少数民族和土著人口的资料难以获得。但从拉美土著人口调查来看，在墨西哥，超过80%的土著人口属于穷人，相比之下非土著人口中穷人的比例只有18%。土著人口的贫困导致他们营养不良、成为文盲、健康状况不佳和失业机会大增。

资料来源：〔美〕迈克尔·P.托达罗，《经济发展》（第6版），黄卫平等译，中国经济出版社1999年版，第159—160页。

上述分析只是把造成贫困的直接原因进行了归类。这些因素可以导致贫困，但不必然导致贫困。贫困的根本原因是什么呢？为了回答这个问题，森把贫困与权利联系在一起，显示了对贫困问题的深刻而独到的见解。

所谓权利(Entitlements)，是指人在社会中凭借其一切权利和机会所能支配的商品组合。一个人拥有多少权利，取决于他的禀赋(Endowments)和交换权利(Exchange Entitlement)。交换权利主要包括以下内容：

(1) 以贸易为基础的权利(Trade-based Entitlement)。一个人有权拥有通过自愿交易所得到的东西(在多边贸易中，存在一个由自愿参与者所构成的集合)。

(2) 以生产为基础的权利(Production-based Entitlement)。一个人有权拥有用自己的资源或在自愿的基础上使用雇用来的资源所生产出来的东西。

(3) 自己劳动的权利(Own-labour Entitlement)。一个人有权拥有自己的劳动能力，并进而有权拥有与自己的劳动能力有关的以贸易为基础的权利。

(4) 继承和转移的权利(Inheritance and Transfer Entitlement)。一个人有权拥有他人自愿赠予他的东西，但后者对这些东西的所有权必须是合法的。一个人可以运用自己的禀赋，通过各种交换权利的实现来满足自己的需要。通过自己生产或为别人劳动可获得收入；通过贸易，可用收入换来商品；此外，还可以通过社会保障体系和其他途径获得救济。贫困的产生，归根结底是由于交换权利的恶化。就业机会的变化、商品价格的变动，都会影响交换权利。政策、环境、文化、政治、国际因素等都是通过影响交换权利而对贫困产生影响的。可见，贫困虽然表现为人与物的关系，但其根源却在于人与人的关系。

在反贫困的实践中，发展中国家一般采取两种途径：一是政府将资源直接分配给贫困家庭；二是政府举办公共工程，向贫困人口提供工作机会，使他们获得收入来保障基本生活需要的满足，如中国实行以工代赈的措施就取得了较好的成效。

第四节　增长与公平并重的战略

一、经济增长与收入分配的关系

有相当多的经济理论实质上隐含着这样一种观点：收入分配的高度不均是

创造高速增长的必要条件。① 这一论点的主要依据是,富人把他们收入中的相当大的一部分用于储蓄和投资,而穷人则把他们的收入花费在消费品上,因此,一个收入分配高度不均等的经济,会比一个较均等的经济有更多的储蓄和更快的增长速度。这种观点还认为,最终当国民收入和人均收入达到足够高时,就会通过税收和补贴实施收入再分配,而在此之前,任何大规模的再分配尝试,都只会降低增长速度和推迟各个阶层从做大国民收入这个大蛋糕中分享更大一块的时刻的到来。

许多发展经济学家认为,上述观点是错误的。以下我们从四个方面来说明,发展中国家较高的收入均等程度可能更有利于经济自我持续增长。

（1）与现代发达国家的历史经验不同,当代发展中国家的富人不见得节俭或有欲望把他们的大部分储蓄投入到当地的经济发展中;相反,他们或者进行炫耀性消费,或者把资本转移到海外寻找安全的避风港。

（2）穷人由于收入低、生活水平十分低下,从而无法投资于健康、营养和教育,由此降低了他们的劳动生产率,进而直接或间接地推迟或拖延了经济增长。

（3）提高穷人的收入水平将有利于增加对生活必需品的消费需求,从而对当地生产、就业和投资产生更大的激励;而富人则倾向于把收入增加的大部分,花在进口奢侈品消费上。

（4）通过减少大量贫困人口而实现较为均等的收入分配,对发展过程中广泛参与的公众形成一种强大的物质上和心理上的激励,从而促进了经济健康发展;相反,广泛的收入不均和众多的绝对贫困人口,会对经济活动构成极大的阻碍。

总之,促进经济的迅速增长、减少贫困和收入不均不是相互冲突的目标。只要实行适当的政策,穷人便能参与到经济增长中来并对其作出贡献,而当他们能够这样做时,贫困的锐减和经济的持续增长就会相辅相成。

二、收入分配战略

一国采取什么样的收入分配战略,不仅直接决定了收入分配状况,也会对经济的长期增长产生影响。第二次世界大战后的几十年中,不同发展中国家的收入分配战略收到了不同的效果,多数发展中国家的收入分配状况并没有好转。从最初的增长导向到后来的强调增长和分配兼顾以及满足基本需要,发展

---

① 据托达罗考证,最早论述该问题的最著名的文章之一是 Walter Galenson, Harvey Leibenstein, "Investment Criteria, Productivity and Economic Development", *Quarterly Journal of Economics*, Vol. 69, No. 3, Aug 1955, pp. 343—370。

经济学家对收入分配战略的看法也经历了一个转变过程。

(一) 先增长后再分配战略

早期的经济发展理论强调增长,认为随着收入水平的提高,其他一系列问题,如就业问题、分配问题等,都能迎刃而解。因此,先增长后再分配战略是20世纪50、60年代发展经济学的主流观点,即认为经济政策的选择应该把经济增长放在首要位置,在收入分配上采取一种放任自流的态度,等到经济增长达到一定阶段后,再来着手解决收入的平等分配问题。作为一种选择模式,它在战后一些发展中国家得到过充分实践。例如,在60年代,巴西领导人便公开宣称他们选择这一发展战略。

实行这种战略的依据主要有:第一,经济增长是发展中国家摆脱贫困的唯一途径,而资本积累是制约经济增长的根本原因。由于假定储蓄是收入的递增函数,在封闭经济的条件下,其出路只能是通过将有限的国内收入集中在少数人手里,才能提高社会的储蓄倾向,加快资本的积累。收入分配不均等成了启动和加速经济增长的条件。第二,经济增长最终会导致收入分配的改善。一方面,经济增长达到一定阶段后,各种动态因素会通过纵向的"滴流效应"和横向的"扩散效应"使收入差距逐渐变小;另一方面,在经济增长之前就进行再分配是非常困难的。当经济增长到一定水平之后,政府的财力和国民的承受能力增强了,此时实行各种再分配政策就有了物质基础。第三,发达国家的经济发展历程也为这种分配战略提供了经验支持。它们在早期相当长的一段时期内,收入差距呈现出不断扩大的趋势,第二次世界大战以后,各个发达国家纷纷推行"福利国家"政策,通过再分配手段,使收入分配两极分化的态势有所缓解。

但是,发展中国家面临的国内和国际环境都已经大大不同于当年的发达国家。实践证明,发展中国家推行这种战略不仅不利于收入分配的公平,而且不利于经济的持续和稳定增长。原因有以下几点:

(1) 发展中国家的储蓄和投资活动不再是在一个封闭经济中进行,而是受到经济全球化趋势的强烈影响。首先,收入集中于少数人手里,并不必然导致高储蓄。当今一些发展中国家的高收入者往往模仿发达国家的消费习惯和生活方式,导致消费的早熟。他们成为外国商品的购买者,使国内收入转变成对外国商品的购买力。其次,高储蓄并不能保证用于生产性投资。发展中国家的政局和社会比较不稳定,高收入者为了回避风险,常常把资金存到外国银行,造成发展中国家的储蓄没能转化为生产性投资,而是大量外流到发达国家。

(2) 由于缺乏互补性生产要素的配合,发展中国家的大规模投资难以有效带动产出和就业的扩大。在发展中国家,资本并不是决定经济增长的充分条件。由于管理经验缺乏、劳动力素质差和体制的制约,对引进的先进技术的吸收和消化能力差,所以即使有高的投入,也并不一定有高的产出。

(3)巨大的收入差距和大多数人的低收入不利于经济的增长。首先,收入差别过大会引起社会的不稳定;其次,劳动者收入低,使他们得不到基本营养和教育训练,必然导致人力资本素质低,影响生产效率;最后,大多数国民长期的低收入,限制了国内需求的增长,会缩小本国产品的市场,不能形成总供给与总需求的互动,不利于国内产业的平衡发展。

(二) 先再分配后增长战略

第二次世界大战后,一些发展中国家(地区)实行了先再分配后增长战略,即在经济发展初期先解决分配问题。

收入分配的不平等主要来自资产,而不是来自工资。因为工资收入的差别毕竟有限,更重要的是,工资差别来源于不同劳动者的生产率差异,是公平的。所以减少收入分配不平等主要是减少资产分配的倾斜,其中既包括物质资产,也包括人力资本。农业社会里主要的物质资产是土地,然后是牲畜和其他形式的资产。所以土地改革是最重要的再分配方式。另一种更为复杂的方式是通过扩大教育来均衡人力资本。

韩国和中国台湾地区是实行先再分配后增长战略的典型国家和地区。20世纪50年代初,通过土地改革和没收日本殖民统治时期的企业,实现了物质资本再分配;通过普及小学和初中教育,促进了人力资本的平等分配。在此基础上,韩国和中国台湾地区又大力促进劳动密集型制造业产品的出口,成功地实现了经济起飞。

实行先再分配后增长战略的理论依据是:第一,收入均等比收入高度不均更有利于增加储蓄。只要多数民众脱离了赤贫状态,就会努力储蓄,以求将来过上更好的生活。这比财富集中在少数人手里更能促进经济增长。第二,低收入阶层收入水平的提高会增加国内市场对生活必需品的需求,促进消费品工业扩张并带动相关产业的发展,加速经济增长和工业化。第三,也是最重要的,再分配政策会使人们拥有的资源均等化,为市场竞争奠定一个公平的基础。公平包括起点公平、过程公平和结果公平,经济发展初期的再分配政策在很大程度上实现了起点公平,有利于市场经济的健康发展。

从效果上看,先再分配后增长战略既保证了收入分配平等,又较好地促进了经济增长。但是采用这种战略的发展中国家和地区却比较少,主要是第二次世界大战中被日本占领的韩国、中国台湾地区和前计划经济国家。这是因为对物质资产的全面再分配需要付出非常巨大的社会代价,只能在非常动荡的时期发生。而且,即使实行了这种战略,政府的行为也不一定就是最合理、最有效的。政府的决策、管理水平有限,还可能发生腐败现象。

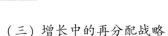

(三) 增长中的再分配战略

自 20 世纪 60 年代起,世界银行对发展中国家的贫困问题给予了越来越多的关注,增加了旨在消除贫困的项目,特别是农村发展项目的贷款,并资助了一系列有关研究。这一时期,世界银行对收入分配和贫困问题的态度,集中体现在钱纳里等人于 1974 年提出的"增长中的再分配战略"中。

增长和分配都是发展的目标,忽视其中任何一个都会给广大人民带来灾难。增长中的再分配战略试图把增长和分配目标有机地结合起来。因此,实行这种战略首先要改变以单一的经济增长率衡量发展成就的做法,制定一种既能反映经济增长又能反映分配状况的社会福利指标。钱纳里等人设计了一个复合指标,其公式为:

$$G = w_1 g_1 + w_2 g_2 + \cdots + w_n g_n$$

其中,g 为社会各阶层收入增长率,w 为权数。这个指标的含义是,将全体居民按收入分成若干组,再把各组的收入增长率加权平均,得出反映分配状况的全社会的收入增长率。例如,把全体居民分成 5 组,分别是全社会收入最低的 20%,收入次低的 20%,……收入最高的 20%,各组的收入增长率分别为 g_1, g_2,…,g_5。假如决策者不关心收入分配状况,规定权数 $w_1 = w_2 = \cdots = w_5 = 0.2$,那么 G 等于经济增长率。但在关心收入分配的前提下,应给较低收入组规定较高的权数,例如规定 $g_1 = 0.4$, $g_2 = g_3 = 0.2$, $g_4 = g_5 = 0.1$。这样,最低收入组收入增长 10% 与最高收入组收入增长 40% 对 G 值产生的影响是同等的。若收入分配状况不变,各组收入增长率相等,G 值将等于经济增长率;若分配状况改善,低收入组比高收入组增长得快,G 值将高于经济增长率;若收入分配状况恶化,G 值将低于经济增长率。可见,要提高 G 值,须在加速整体经济增长的同时,设法促进低收入阶层的收入更快增长。这就体现了对低收入阶层收入增长的重视。

如何促进低收入阶层收入增长呢?钱纳里等人认为,应通过政府干预,使资源更多地向低收入阶层流动,在经济增长过程中实现收入分配状况的逐步改善。可见,增长中的再分配战略是一种增量再分配方式,它主张在增长的增量中,额外收入应更多地分配给低收入阶层,以增加他们在国民收入中的比重。具体的政策措施包括:① 干预要素相对价格的形成,鼓励使用非熟练劳动力。② 增加政府对低收入阶层投资领域(如家庭小农场和小型零售业)的财政支出。③ 采用累进税制,缩小收入差距。④ 加强教育和培训,促进低收入阶层的人力资本积累。⑤ 增加公共消费品供给和转移支付。⑥ 利用税收、补贴和数量限制措施对商品市场实行干预,为低收入阶层提供更多帮助。

在上述这些措施中,增加贫困者收入的最直接的方式是财政转移支付。但发展中国家的财政状况普遍不佳,累进税制操作难度较大,税源有限,政府只能把很少的财力用于收入再分配。因此,最为实际可行的办法是通过财政支出影响收入分配,比如在贫困地区兴建生产性基础设施。这种公共工程既能起到促进发展的作用,又有再分配效果。

（四）满足基本需要战略

基于对20世纪60年代末70年代初发展中国家现实状况的反思,一些激进的发展经济学家认为,在收入分配不平等的情况下,市场机制并非配置资源的有效手段。发展中国家的大多数人并没有分享到50、60年代经济增长和工业化的果实。真正的发展,应首先满足人类的食物、健康、居住和教育等基本需要。整个社会必须承担对全体公民的最低福利保障的责任,还要力求达到人际关系的平等。

在1976年召开的世界就业大会上,国际劳工组织把基本需要定义为:首先,它包括一个家庭在个人消费上的基本最低要求,如充足的食物、居所、服装、家庭设施和服务。其次,它包括由社会提供并使社会受益的基本服务,如安全饮用水、环境卫生、公共交通、健康与教育设施。除此之外,还有人权、就业、人民对决策的参与等。大会还提出了一些战略措施:① 经济增长要加快。② 增加贫困者获得生产性资源的机会,为此须重视资产再分配等制度变革。③ 人民参与决策过程和妇女在发展中的地位应得到加强。④ 建立国际经济新秩序。1977—1978年,世界银行接受了满足基本需要战略并加以大力推行。

满足基本需要战略是比增长中的再分配战略更激进的一种收入分配战略。增长中的再分配是一种逐步实现的增量方式,力图通过提高低收入者的生产率和收入,使他们能在市场上购买所需的商品和服务。满足基本需要则是一种直接而且较迅速的消除贫困的方式,强调资产再分配、社会变革和资源分配渠道。而且,基本需要不仅包括物质需要,还包括非物质需要,如自立、参与、民族自决和文化特性等。

满足基本需要战略主要通过公共服务部门来实施,为此必须有足够的财政支出。但是,大多数发展中国家实行累进税制和增加公共服务投资十分困难。再加上政府发展目标的变动和社会不安定因素,无法保证满足基本需要战略的长期实施。

三、减少贫困和收入不均的政策选择

发展中国家的政府在减少贫困和收入不均问题方面,有如下几方面的政策选择:

第一,通过调整生产要素相对价格的政策,改变收入的功能分配。为此,必

须理顺扭曲的价格体系,使要素价格的信号功能和激励作用充分发挥出来,只有这样才能为有效的快速增长铺平道路。例如,在劳动相对价格下降、资本相对价格上升后,技术选择将会偏向劳动密集型,这样会更有利于扩大就业机会,从而减少贫困和收入不均等。

第二,制定一套促进财产、权力、教育机会和就业机会的分配最终发生结构性转变的长远政策。如果没有这些根本性的结构性调整和财产再分配,无论是通过公共部门干预还是对增长的再分配,广大穷人都不可能真正地改善其生活状况。当然,这些政策的制定要涉及整个社会制度、文化和政治结构的变革。

第三,制定一套改善收入的规模分配的政策。例如,对富人实行法律强制的收入所得税和财产累进税,对穷人实行直接的转移支付并增加公共消费品和服务的供应。

专栏 3-7

减贫的"增长与分配"战略

从为减贫创造有利的经济和政治条件的角度来思考和制定政策可能会更有用,也更可行。为持续的 GDP 增长创造出良好的条件便成为这一观点的核心。这样,在分配减贫与增长减贫之间就不再有两难选择,只要实现了更高的增长,更高的减贫率就可以直接或间接地通过一切有利于穷人的收入和资产的再分配政策来实现(如图 3-4 所示)。

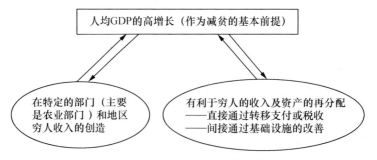

图 3-4 减贫的"增长与分配"战略

从政治的角度来看,由这一定义得出的结论就是寻找出一个"三边战略",它既可以增加总增长,又在某些部门和地区制定出有利于穷人的收入和增长目标,同时,在收入再分配上更多地支持穷人或者至少减少偏袒富人的分配制度。对已经走上一条合理增长路径的国家来说,它们需要更多地关注再分配政策;对低增长的国家而言,在不减弱进行分配改善的力度的情况下,它们需要把强调增长的政策放在优先位置。

资料来源:[德]Jan Priewe & Hausjörg Herr,《发展与减贫经济学》,刘攀译,西南财经大学出版社2006年版,第17—18页。

本章小结

公平涉及三个方面:机会均等、过程公平、结果均等。人们对机会均等、过程公平和结果均等的追求是有内在矛盾的。因为机会均等、过程公平在一般情况下都会产生结果的不均等。要保证结果的均等,往往必须使机会不均等或过程不公平。世界银行关于公平强调两点:其一是机会均等,其二是避免结果均等方面的极端贫困。

机会均等和过程公平是市场机制有效发挥作用的基本前提。促进公平本身就是政府的责任;只能由政府在维护市场机制的同时,通过健全的公共治理和公共政策来实现。

消除贫困与追求公平的收入分配,是以人为本发展的基本要求,但同时也是发展中国家面临的最紧迫的议题。库兹涅茨假说表明,在经济发展过程中,收入分配状况是先恶化而后改善。无论在理论上,还是在经验研究上,有人支持这一假说,但也有人反对这一假说。

研究贫困有两个基本问题:一是贫困识别,尤其是以何种福利水平来识别;二是贫困测度,并根据测度的情况制定反贫困的对策。

能力贫困概念对于世界范围内的减贫政策也具有重要意义。消除收入贫困固然重要,但这不应成为减贫的终极动机,关键是要提高人的基本能力,比如享受教育、医疗保健、社会参与以及政治权利等,而这种能力的提高一般也会扩展人的生产能力和提高收入的能力。

促进经济的迅速增长、减少贫困和收入不均不是相互冲突的目标。只要实行适当的政策,穷人便能参与到经济增长中来并对之作出贡献,而当他们能够这样做时,贫困的锐减和经济的持续增长就会相辅相成。

关键概念

公平　基尼系数　洛伦兹曲线　库兹涅茨比率　阿鲁瓦利亚指数　库兹涅茨假说　贫困　能力贫困　多维贫困　规模分配　功能分配　人类发展指数

思考题

(1) 如何理解公平？机会均等、过程公平和结果均等之间是什么关系？
(2) 如何理解公平作为发展目标？促进公平发展的机制是什么？
(3) 什么是绝对贫困人口？什么是相对贫困人口？两者有何关系？
(4) 什么叫收入的规模分配和收入的功能分配？
(5) 库兹涅茨倒 U 形假说的内容是什么？有人认为这一假说符合发展中国家的情况，你如何评价？
(6) 收入分配不公与经济增长之间有无必然联系？为什么？
(7) 简述贫困加权指标的含义和意义。
(8) 发展中国家如何消除贫困和收入分配不公？

进一步阅读导引

关于收入分配和贫困问题的讨论，可参阅 Gary S. Fields, *Distribution and Development: A New Look at the Developing World*, Cambridge, Mass: MIT Press, 2001; A. Sen and James E. Foster, *On Economic Inequality*, Oxford: Clarendon Press, 1997; Irma Adelman and Sherman Robinson, "Income Distribution and Development", in *Handbook of Development Economics*, Vol. 2, ed., Hollis B. Chenery and T. N. Srinivasan, Amersterdam: Elsevier, 1989, pp. 950—1008; Martin Ravallron and Shaohua Chen, "What Can New Survey Data Tell Us about Recant Changes in Distribution and Poverty?", *World Bank Economic Review*, 1997, pp. 357—382; 蔡昉:《中国收入差距和贫困研究:我们知道什么,我们还应该知道什么?》,2005年中国社会科学院人口与劳动经济研究所工作论文;李实、佐藤宏:《经济转型的代价》,中国财政经济出版社 2004 年版;姚洋:《转轨中国:审视社会公正和平等》,中国人民大学出版社 2004 年版。

关于不平等及其测度指标的讨论,参阅 Sen, A., *On Economic Inequality*,

Oxford：Clarendon Press，1973；万广华：《经济发展与收入不均等：方法与证据》，上海三联书店 2006 年版。

关于基尼系数的具体计算方法可参阅 Garvy, G. , "Inequality of Income：Causes and Measurement", in *Studies in Income and Wealth*, Vol. 15, pp. 27—30, 36—39；陈宗胜：《经济发展中的收入分配》，上海三联书店 1994 年版，第 1 章第 6 节。

关于贫困测度可参阅徐宽和 Lars Osberg：《关于森的贫困度量方法及该领域最近的研究进展》，载《经济学（季刊）》，2001 年第 1 卷第 1 期，第 151—170 页；Sen, A. , "Poverty：An Ordinal Approach to Measurement", *Econometrica*, 1976, 44, pp. 219—231；Thorbecke, E. ,《贫困分析中的概念问题和测量问题》，载《世界经济文汇》，2005 年第 3 期，第 54—64 页；张建华、陈立中：《总量贫困测度研究述评》，载《经济学（季刊）》，2006 年第 5 卷第 3 期；Foster, J. , Greer, J. and Thorbecke, E. , "A Class of Decomposable Poverty Measures", *Econometrica*, 1984, 52, pp. 761—766；World Bank, "Introduction to Poverty Analysis", World Bank, New York, 2005, http：//siteresources. wordbank. org/PGLP/resources/povertyManual. pdf。

21世纪经济与管理规划教材

经济学系列

第二篇

制度因素与政府作用

第四章 制度与经济发展

本章概要

"制度是影响经济发展的关键变量",已成为发展经济学家们的共识。本章中,我们将从"制度何以重要"这一有趣的命题入手,接触有关制度的基本概念和基本分析方法,也将探究制度变迁的机理和过程,在此基础上,我们还会讨论影响经济发展的若干主要的经济制度。

学习目标

1. 了解制度对于经济发展所具有的重要作用;
2. 理解对经济发展具有重要影响的几种基本制度;
3. 理解制度的基本概念和制度分析的基本方法;
4. 掌握制度变迁的基本理论与制度变迁的方式;
5. 了解制约发展中国家经济发展的制度因素。

引 言

第二次世界大战以后,建立在新古典经济学基础上的经济增长理论认为:一个国家的经济增长主要取决于该国投入经济活动中的各种要素的水平,也就是说,给定一国总量生产函数 $Y=f(N,K,T)$,其中 Y、N、K、T 分别代表总产出、劳动力投入、资本投入和技术进步,那么,一国的经济发展一定是三种投入要素增加的结果。

基于这一认识,20 世纪 60 年代,经济学家们通过实证(E. Denison,1962,1964,1967)分析发现,一方面技术、劳动和资本确实对经济增长都有明显的作用,而且技术进步对生产率的提高起着决定性作用;但另一方面经济增长率中经扣除以上因素的影响后,却还有一部分剩余得不到解释,这就是全要素分析中有名的"残差"问题。

对残差的解释,最初都认为体现的是技术进步对经济增长的贡献;60 年代后期随着舒尔茨提出"人力资本"的概念后,人们又将残差视为人力资本增长的结果。但无论是将之归于技术,还是归于人力资本,经济学家们都觉得还不够令人满意。为此,一些经济学家又开始反思这种完全数量化的全要素分析方法;不少人提出了对于残差,应从制度方面去寻找原因的观点。这其中,道格拉斯·诺思(Douglas North)的研究尤为深刻。

20世纪70年代,新制度经济学和新经济史学的代表人物诺思针对新古典增长模型提出了质疑:如果说具备了新古典所论及的资本和技术等条件后就一定会形成增长的话,那么怎样解释历史上一些国家(如15、16世纪的西班牙、葡萄牙)曾经具备了这些条件,但却未出现合意的增长这一事实呢?特别是,如果同意新古典的观点,那么一个必然的推论就是:如果没有技术进步,生产率就不会提高。而生产率提高又是经济增长的主要指标之一。因此,生产率不会提高就意味着经济不会增长。但从历史上来考察,1600—1850年间,世界海洋运输业并未出现任何大的技术进步,而此期间的海洋运输业的生产率却在上升,这又是为什么?这些历史反论的存在,使人们有充分的理由相信:新古典的增长源泉的分析是存在漏洞的,还有更重要的因素尚待我们去发掘和认识。

而通过制度的引入,我们可以很容易解释这些历史反论。西班牙、葡萄牙虽然曾经拥有过大量的财富和先进的技术,但其国内腐朽落后的封建制度却阻碍了财富和技术用于商业用途,因此,这些国家未能成为现代经济增长的领头羊。而1600—1850年间,虽然海洋运输业中未出现大的技术进步,但在此期间,航运制度和市场制度发生了变化,降低了海洋运输成本,最终使海洋运输的生产率得到了提高。

所以,诺思认为,人们通常论及的投资的增加、劳动投入量的扩大、技术进步等因素,并不是经济增长的原因,"它们乃是增长"①。也就是说,它们本身就是增长。而真正决定增长的是制度,一种能够提供适当个人刺激的有效制度,才是经济增长的决定因素。用诺思的话讲,就是"制度提供了一种经济的刺激结构,随着该结构的演进,它规划了经济朝着增长、停滞或衰退变化的方向"②。

而从现实来看,今天世界上国家的发展水平千差万别,但一个大致一般的

---

① 〔美〕道格拉斯·诺思等:《西方世界的兴起:新经济史》,厉以平等译,华夏出版社1989年版,第3页。

② Douglass C. North, "Institutions", *Journal of Economic Perspectives*, 5：1(Winter 1991), pp.97—112.

规律是:那些发达国家无一例外都是有着较为健全的市场机制的国家;而广大的发展中国家却多数没有建立起现代的市场机制,这不仅会让人联想到,市场机制这种制度是否是一国实现发展的必要条件?

第一节 什么是制度

一、制度的构成

俗话讲:"没有规矩,不成方圆。"制度就是这种规矩。更准确地讲,制度是能够约束人们行为的一系列规则。这种规则既包括了人类社会的经济规则,同时也包括了社会规则和政治规则。在更广泛的意义上,制度也是人们在现实中所形成的各种经济、社会、政策、组织或体制的集合体,是一切经济活动和经济关系产生和发展的框架。

制度通常可以区分为正式制度和非正式制度。正式制度是指人们有意识制造的一系列政策法规,它包括政治规则、经济规则和契约以及由各类正式规则所形成的一种等级结构。它在现实中更多地体现为一种法律秩序或由法律体系所构造和保护的秩序。而非正式制度则是人们在长期中无意识形成的,具有持久生命力的,且通过文化结构代代相传的一系列规范。非正式制度由价值观、伦理观、习俗和意识形态等组成。

正式制度和非正式制度都共同规范着人们的行为。但一般认为,正式制度只有在与非正式制度相容的情况下,才能发挥作用;否则,由于意识观念等原因而导致的人们的抵制情绪会使正式制度丧失效能。这就是制度的"相容性原理"。

二、制度的功能

一种制度一旦被制定出来以后,我们总是想利用它来更好地帮助我们的行为选择,制度的这种作用构成了制度的功能。舒尔茨(1968)认为,制度的基本功能是提供具有经济价值的服务,为此,他列举了一些具体制度的经济职能:① 用于降低交易费用的制度(如货币、期货市场)。② 用于影响生产要素的所有者之间配置风险的制度(如合约、分成制、合作社、公司、保障、公共社会安全计划)。③ 用于提供职能组织与个人收入流之间的联系的制度。④ 用于确立公共品和服务的生产与分配的框架的制度(如高速公路、飞机场、学校和农业试验站)。

诺思从制度演进的历史角度也谈到了制度的功能。诺思认为,制度提供了人类相互关联、相互影响的框架,它们确立了构成一个社会或者更确切地说一种经济秩序的合作与竞争关系;在整个历史中人类设计出制度以创造秩序和降低交易的不确定性。与经济学的标准约束一起,它们规定了选择集,决定了交易成本与生产成本,由此决定了从事经济活动的生产率与可行性。① 在这里,诺思将制度的功能视为创造秩序和降低交易的不确定性。

另外,林毅夫和 J. B. 鲁金特(J. B. Nugent)从行为目标上刻画了制度的功能。他们认为,制度的基本功能是节约和再分配。由于制度能让一个或更多的经济人在增进自身福利时而不使其他人的福利减少,或让经济人在他们的预算约束下达到更高的目标水平,此即制度的节约功能;另外,许多制度安排的主要功能或动机就是提高自身的境况而牺牲别人的利益(即再分配功能)。当把规则加诸他人之身的权力分布不均,且不同制度安排之间的竞争非常微弱时,制度的再分配功能可能会居于主导地位。②

三、影响经济发展的几种主要制度

在经济发展中,制度的重要性是毋庸置疑的。特别是制度体系中几种基本的制度安排,其完善与否更决定了一国经济发展的绩效。

1. 产权制度

所谓产权,是指人们对某项资产所形成的所有、使用、收益和让渡权的集合。它的对象是经济社会中有价值的资产,它的主体是社会中的经济主体(个人、组织、国家)。

产权制度实质上包含一组产权,其中最重要的是关于资源的控制权和资源的收益权。如果收益权与控制权相脱离,就只会有残缺产权;如果收益权与控制权被结合在一起,并落在同一主体上,那就是一个完整的产权。③

按照德姆塞茨的定义,产权的明晰,有助于人们在与他人的交往中形成理性预期——这种预期一般通过社会的法律、习俗、道德规范来表现。产权的所有者拥有对自己资源的处置权,他希望社会能阻止他人对自己行为的干涉,只要这种行为又受其产权约束条件的限制,这便是产权界定的意义所在。④ 产权制度的变迁必然会影响人们的行为方式,并通过对人们行为的影响对资源的配置、产出的构成和收入的分配等产生影响。所以,产权制度是制度集合体中最

---

① Douglass C. North, "Institutions", *Journal of Economic Perspectives*, 5:1(Winter 1991), pp. 97—112.
② Lin, Justin Yifu and Jeffery B. Nugent, "Institutions and Economic Development", *Handbook of Development Economics*, Vol. 3, 1995.
③ 肖耿:《产权与中国的经济改革》,中国社会科学出版社 1997 年版,第 5—9 页。
④ Harold Demsetz, "Toward a Theory of Property Rights", *American Economic Review*, May 1967, p.347.

基本、最重要的制度。

人类社会对产权的界定,经历了由"易"到"难"、由"简单"到"复杂"的过程:第一阶段,人类社会会对社会经济资源建立基于个人所有的排他性的产权制度;第二阶段,随着社会分工、市场经济制度的发展,经济主体间会为了交易的需要而建立可转让性的产权制度,这样,产权的交易、转让制度会逐步发展起来;第三阶段,随着人类交易行为的不断拓展,非人格化交易逐步取代了人格化交易,经济组织开始成为经济体系中的主要力量,这时候,各种与组织形式创新联系在一起的产权制度,如股份公司制度的建立和演进等,便成为这一时期的产权制度发展的新方向。

人类社会经济发展的进程表明,社会制度的演变都朝着建立与健全完整产权的方向发展。因此,对于发展中国家而言,建立和完善产权制度是促进其经济发展的前提和基础。

2. 市场制度

广义的市场制度,不仅包含各种具体的交易安排,还包含了诸如明确的产权制度、清晰的契约制度、灵活的金融制度以及充分的保险制度等一系列制度。经济学理论业已证明,一种完全的市场制度是资源得到最优配置的基本前提,从而也是经济发展的基本平台。

从经济史的角度来观察,人类经济发展的进程,正是市场制度由无到有、由弱到强、由不完善到完善的过程。今天几乎所有的发达国家都拥有极其完善的市场制度,而且第二次世界大战之后兴起的新兴工业化国家(New Industrial Countries,NICs)也都是积极构建市场制度的受益者。当然,市场制度的完善,还需要宪法秩序的保障和法律体系的支撑,因为它们从根本上规范和制约着一国经济体制的选择演化。

市场制度的内涵

市场经济作为一种资源配置方式,无论在何种社会经济制度下,都有一些共同特征,它是一种自主经济、竞争经济、法制经济和开放经济。

(1) 经济主体独立自主地分散决策。在市场经济中,经济决策是由各个独立的经济主体自主进行的,因而是分散的。企业和消费者作为市场主体,作为经济人,在独立自主决策时,企业以追求利润最大化和资产增殖最大化为目标,消费者以获取效用最大化为原则。企业的决策受市场信号引导,决定生产的方向、规模和产品结构,并适应需求变化把产品及时提供到市场上;家庭决策在商品价格变动的制约下决定消费支出的方向、数量和结构,在市场上获得所需的消费品。

(2) 契约自由和消费者主权。生产要素流动和生产规模结构由市场需求决定。契约自由表现为消费选择自由、开业自由、择业自由和交易自由。消费者选择自由体现了消费者主权,即消费优先权。消费品和要素市场需求的规模和结构,决定了生产企业的生产规模和结构。

(3) 市场价格与竞争机制调控经济运行过程。在市场经济中,市场价格的变动就是显示产品稀缺程度的信号。价格由供求关系决定,又反过来调节供求,引起生产要素的流动,从而实现在整个国民经济范围内的资源配置。竞争的优胜劣汰功能保证了资源始终掌握在能够最有效地利用它的经济主体手中,并对不能有效运用资源的经济主体进行惩罚。

(4) 按生产要素贡献和市场效率分配。各种生产要素都有一定的价格,它是由生产要素在经济活动中的贡献所决定的。要素价格是不断变化的。生产要素所有者的收入水平,取决于要素价格水平。这样的分配,也就是按它们的市场成果进行分配,可以刺激经济主体实现要素的最佳组合和有效利用,保证资源配置效率。

一个完善的市场经济体系,必须具备社会的、组织的、法律的以及文化的特殊的前提条件,而这些条件在发展中国家往往是缺乏的。

资料来源:杨瑞龙、陈秀山、张宇,《社会主义经济理论》,中国人民大学出版社1998年版,第二章第一节。

3. 国家制度

诺思曾指出,国家是一种令人感到迷惑的制度。一方面,国家可促进经济发展;但另一方面,国家也可以阻碍经济的成长。国家的这种两面性被称为"诺思悖论"。

国家之所以会有如此重要的作用,关键在于国家拥有军队、警察、司法等强制性力量,这被称为暴力潜能。对暴力潜能不同的分配方式,将会形成不同的国家类型:这种暴力潜能若是在公民间平等进行分配,则会形成契约型国家;反之,则会形成掠夺型国家。前一种国家类型可以有效地保护产权,实现经济的高速增长;而后一种国家类型则会直接干预产权安排和产权交易,对产权制度造成限制和侵害,使一国经济长期停滞。

4. 意识形态

意识形态作为非正规制度安排中的核心部分,其对经济发展的作用,尤其应引起我们的关注。一般认为,意识形态能够最大限度地在社会成员间实现一致,减少"搭便车"问题;并且,一种共同的意识形态,还有助于信息在社会成员中的传播。

第二节 制度的需求与供给

制度是人类活动的产物。在本质上,它是由我们"生产"出来的。一项制度之所以会出现,一方面是因为有人需要"它"(制度的需求方);另一方面,也是由于有人可以生产出"它"来(制度的供给方)。所以,它的诞生,是制度的需求力量与制度的供给力量均衡的结果。因而,供给-需求分析方法在制度分析中仍然处于基础性地位。当然,制度具有公共品属性,在供给方面不同于一般私人品的供给规律。

一、制度的需求及其影响因素

我们需要某种制度,是因为它的实施,能够给我们带来某种收益:更好地降低当事人的行动风险,更直接地增加当事人的收入,甚至能实现人们更大的心理满足程度等,都在制度的"收益"之列。

但与此同时,制度的形成和执行也是有代价的。在制度形成方面,且不论西方国家议会中旷日持久且劳神费力的对某项立法的讨论(制定制度的代价),就拿我们生活中许多单位的有关政策的制定和讨论来讲,也是非常不易的事情;而制度执行成本更容易为我们所感知,如生活中我们通过雇用各种人员和设立各种专门机构来保障其实施(实施制度的代价)。凡此种种,我们均称之为制度的交易费用。

制度的交易费用,是指人们在形成一项制度安排时所花费的收集信息的费用、谈判的费用、签约的费用以及制度达成后在执行过程中带来的执行费用和监督费用。进一步说,交易费用是由事前交易费用(即收集信息、谈判、签约等费用)和事后交易费用(即制度的执行和监督费用)组成的。

当存在成本和收益时,我们在制度选择上就存在取舍关系。只有当人们预期实行一项制度后所带来的利益,能够超过为制定和实施制度所造成的交易费用时,制度的出现才具有经济的合理性。这便是制度的成本-收益分析法则。这里需要指出的是,制度分析的成本-收益法则,也是建立在边际分析的基础上的。也就是说，人们是在对制度的边际成本和边际收益的衡量的基础上，来考虑对制度的需求的。

影响制度需求的因素主要包括：

(1) 产品和要素相对价格的变化。相对价格的变化，会改变人们之间的激励结构，同时也会改变人们相互之间的谈判地位；而谈判地位的变化，则会导致重新缔结合约的努力。因此，相对价格的变化，在导致制度需求的因素中是居首位的。

(2) 宪法秩序。诺思指出：宪法是用以界定国家的产权和控制的基本结构。一般而言，它包括确立生产、交换和分配的基础的一整套政治、社会和法律的基本规则。它的约束力具有普遍性，是制定规则的规则。宪法的变化，能深刻影响创立新的制度安排的预期成本和收益，因而也就深刻地影响着对新制度的安排和需求。①

(3) 技术。技术变化决定制度结构及其变化。技术的进步可以降低新制度运行的成本，从而会使得人们对新制度的需求得到增强。

(4) 市场规模。市场规模的扩张，会使制度安排的成本和收益发生变化，从而有利于新制度安排的出现。

二、制度的供给及其影响因素

与普通的商品和服务的供给不同，作为制度的供给方，往往不是单一的生产者或厂商，而是一个行动团体。所以，制度的供给是集体行动的结果。而在集体行动过程中，作为集体成员的当事人，在缺乏约束的情况下，通常会有一种坐观其成的思想。由此而滋生的"搭便车"问题，则会严重地影响集体行动的后果与效率。

因此，围绕对制度供给方法的分析，产生了一套独特的分析方法，即集体行动的分析法。集体行动的分析法，实际上是将公共选择理论与博弈论应用到对制度供给的分析中，其核心是要解决如何通过决策规则和决策程序的设计，来有效防止"搭便车"的问题。

交易费用分析法和集体行动分析法，共同构成了制度分析中的一般工具；而对于这两种方法的深化和扩展，便形成了我们后面所要重点论及的制度变迁理论。

影响制度供给的因素主要包括：

---

① 〔美〕道格拉斯·诺思：《经济史中的结构与变迁》，陈郁等译，上海三联书店1991年版，第227页。

（1）宪法秩序。宪法秩序不仅可以影响需求,也可以影响供给。它可以支持人们自由的调整和社会实验,也可能完全对其加以禁止;它能够直接影响变迁主体进入政治体系的成本和建立新制度的立法基础的难度;它是制度安排的选择空间并影响制度变迁的进程和方式。同时,一种稳定而充满活力的宪法秩序,可以给政治经济引入一种文明秩序的意识,大大降低创新的成本和风险。

（2）制度创新的成本。一项新制度规模安排得愈大,则意味着成本愈高,而这将愈不利于新制度的供给;反之,则有利于新制度的产生。

（3）社会的知识存量。一个社会的知识存量多寡,往往决定着一个社会寻求和创造一种新制度安排的时间和成本。

（4）现有的制度安排。一方面,原有的初始制度选择有强化现存制度的刺激和惯性;另一方面,现存制度安排下所形成的既得利益集团,会增加制度变迁的谈判费用,从而阻碍制度的供给。

（5）规范性行为准则。规范性行为准则根植于文化传统,因而对制度安排的选择和制度供给,会产生深刻的影响。新制度安排只有与之相容,才能有利于新制度的推行;否则,将会遇到很大的阻力。

第三节　制度变迁理论

经济发展的过程,就是专业化和分工不断深化的过程,而由此所带来的交易费用,也会与日俱增。如果没有一种新的能有效降低交易费用的制度产生,这种逐渐增长的交易费用就会阻碍专业化和分工的进一步发展,从而导致经济停滞甚至衰退。而通过建立能够减少交易费用的制度,就能促使专业化和分工过程的深入,并最终带来经济的繁荣与增长。从这个意义上说,人类历史上经济成长的历程,就是不断产生新的能降低交易费用的制度演进的结果。

但是,那些能够导致交易费用降低的新制度,究竟是怎样产生的呢? 谁是这种变化的推动力量? 它随着时间的变化又会发生怎样的变化? 从经济学的角度研究这些问题所形成的理论,便被称为制度变迁理论。制度变迁理论将制度变迁视为人们不断选择更有效率的制度(更低的交易费用、更高的产出)的过程。该理论在20世纪70年代由诺思等人所开创,其后又通过诺思、拉坦、林毅夫等人的努力而得以发展,如今已是比较成熟和定型的理论体系。

一、制度变迁的基本动力和诱因

一项制度的出现,是因为它能给当事人带来某种净收益;在不同的制度之间,这种利益的大小往往会存在差异。出于对自身利益不断增进的要求,人们会不断地寻求能够带来更高利益的制度安排。这是制度变迁的基本动力。

如果一项新制度能够比原有制度带来更多的利益,那就意味着,这些新增的利益是在原有经济安排中所无法获得的,是一种"外部利益"或"外部利润"。这种外部利益来源于四个方面:

(1) 规模经济。产业在规模扩张的同时,不仅受到技术的约束,同时也受到资本的约束,而资本的形成和供给则是一种制度安排的结果。所以,人们出于对规模经济利益的追求,会寻求更有效的资本安排制度。

(2) 外部性。外部性的存在,使当事人的收益与成本不对等。这也意味着社会并未达到帕累托最优。因此,通过新制度安排来使这种外部性内在化,就可以增加社会的总净收益。

(3) 规避风险。现实中,大多数人都厌恶风险,这导致一般情况下,人们更倾向于有更为确定结果的活动,而避开那些报酬变化很大而难以捉摸的活动。但由于利润的预期值在高风险行业要高于低风险行业,所以,如果有能够克服风险厌恶的机制创新,则可以增加总利润。例如,期货市场和保险公司就是克服风险厌恶的制度创新。

(4) 信息。实际生活中,信息不是免费的,更不是充分的。一般而言,信息成本越低,则市场的运作会越好;而信息成本又是交易费用的主要组成部分,高昂的信息成本则意味着高昂的市场交易费用。因此,通过设计能够降低信息成本的制度,不仅可以克服市场失灵并促进不完全市场的发展,而且还能降低交易费用,增加社会的净收益。

新制度的出现,就是为了获得这些外部利润。但在具体变迁实现之前,外部利润并不是一种现实的利得,它们仍只是潜在的收入。这种潜在收入能否真正得以实现,还取决于具体的制度变迁过程。

二、制度变迁的几个基本概念

制度变迁理论将制度变化作为研究对象,因此,在我们具体讨论制度变化以前,我们需要通过一个故事弄清楚几个基本概念(参见专栏4-2)。

夜郎国的银行

话说有一个夜郎国,该国老百姓借钱原来都是依靠亲戚朋友来解决,这样虽然可以满足日常的短期资金拆借，但对于在夜郎国从事实业的人来讲，这种小范围和小额的资金借贷方式实在不能满足自己的资金需求，因此，有些聪明人发现，如果能够成立一个机构，通过付给利息的方式，吸引老百姓把日常用不上的零散资金都存到这里面，同时，通过将这些零散资金汇集，又可以贷给那些需要大额资金的客商并获得贷款利息。这样，老百姓也受益了，需要大额资金的人也解了燃眉之急，而成立这一机构的聪明人自然也可以通过存贷款资金的利息差而获利，所以，这些聪明人就会想办法来获得这种收入。

由于成立这样的机构现无条文可以援引，因此，聪明人需要通过对国会议员进行游说：如果国家批准这类机构成立，那么，它会使社会方方面面受益，而推动这项利国利民举措的议员先生会受到老百姓的赞扬，其下届当选的机会就会大大增加。在这样的劝说下，议员们会积极推动夜郎国国会通过一部《金融机构设立法》，来为这类金融机构的成立提供法律保障，并且，国家还据此法律设立一个专门的委员会来推动这类机构的成立，由此，银行出现在夜郎国的社会中。

上面的故事中，夜郎国原来的融资都是通过民间私人借贷来完成的，而社会中聪明人的目标就是要利用一种专门的金融机构来取代民间的私人借贷在融资体系中的主体地位，不管是原制度还是新的银行体系，它们都是支配经济单位之间可能的合作与竞争方式的一种安排，这被称为制度安排。当新体系取代旧体系时，就意味着这个社会在融资方面的制度安排出现了变迁。

而在银行取代私人借贷成为社会融资的基本制度安排时，这个社会的基本的政治、社会和法律框架仍然是稳定的，这被称为制度环境，它是一项具体的制度演变和发展的制度背景。通常所讨论的制度变迁，一般是指某一制度安排发生的变化，而不是整个经济体系中的制度环境的变迁。

在该故事中，那些聪明人首先发现了设立这种机构是有利可图的，因此，他们最先想出办法来获取这种利益，而后来的国会议员则帮助他们来获得这种利益。从时间来看，聪明人首先行动，国会议员紧随其后，因此，以聪明人为代表的那些先行的个人或组织，往往能够认识到存在一些在现行制度下难以获得的潜在的收入，而且也发现只要他们能作出某项新的制度安排，这些收入就可能转化为个人收入的增长；所以，这些组织和个人会不遗余力地来推进制度变革，他们便是制度变迁的初级行动团体。

而随之行动的国会议员则代表了那些帮助初级行动团体进行一些以获取收入为目的的制度安排变迁的个人或组织，成为制度变迁的次级行动团体。一般而言,次级行动团体只能通过一些策略性决定,来帮助初级行动团体去获取潜在的收入,他们的行动却不会使潜在的收入有任何增长。

如果再考察上述故事,我们还可以发现,初级行动团体和次级行动团体最终都是通过《金融机构法》以及由此设立的专门委员会来推进银行体系的建立的,因此,《金融机构法》以及由此设立的专门委员会成为了实现制度变迁的手段。这种行动团体所利用的文件或手段被称为制度装置,当这些装置被应用于新的安排结构时,行动团体利用它们来获取外在于现有制度结构的收入。

三、制度变迁的过程分析

（一）制度均衡与外在冲击

对于一种既定的制度安排,如果它具有如下特征:① 制度安排的调整,已经获得了所有要素所产生的全部潜在收入的增量;或② 虽然存在潜在收入,但改变现存安排的成本超过这些潜在收入;或③ 如果不对制度结构作出某些改变,就没有可能实现收入的重新分配,则可以认为,这种制度安排正处于一种均衡状态,在这一状态下,现存制度的任何改变,都不能给经济中的任何个人或团体带来额外的收入。

但是这种均衡并不是一成不变的。在存在外部冲击的情况下,这种均衡状态会转化为一种不均衡状态,原有制度内部的利益分配状态将发生变化,而这就使新制度的出现成为可能。一般认为,造成既有制度均衡失衡的外部冲击有三种:

（1）改变制度创新潜在收入的外部冲击。某些外在性变动可能会导致从前不存在的外部效应产生,从而会使风险得到调整,交易费用转移,并使服从报酬递增的新技术得到应用。这种外部冲击可能增加潜在收入,从而使制度变迁的预期收益增大。

（2）可能会降低现有制度向新制度更替过程中的成本的外部冲击。新的安排技术的发展、非经济部门的安排的变化,或是在新的或竞争性安排中使用要素的相对价格发生的变化,都可能使组织或操作一个新制度安排的成本发生变化。

（3）法律或政治上的某些变化,也可能影响制度的结构,使得某一集团实现一种再分配,或趁机利用现存的外部利润机会,成为可能。比如,一些基本制度（如宪法秩序）的改变,能为制度的更替提供更为宽松的环境。

（二）制度变迁中的层次和时滞

在制度均衡存在外在冲击时,制度变迁有了可能性。但这种制度变迁究竟会在什么时候、由谁来实施,仍然是不确定的。这涉及制度变迁的层次问题和时滞问题。

由于在制度安排中,存在三个层次的主体(个人、自愿性组织和政府),由此也衍生出制度变迁的三种方式:个人推动的制度变迁、组织推动的制度变迁,以及政府推动的制度变迁。至于现实中的制度变迁,究竟会由哪一个层次来推动,这取决于两个因素:① 每种层次安排中各自收益和成本的比较状况。在其他条件不变时,预期净收益最大的那一层就是制度变迁的推动力量。② 在制度安排中受影响团体所拥有的影响力。由于制度变迁通常涉及利益的再分配,受影响的团体的权力越大,那它就越可能左右制度安排的选择层次。

制度变迁中的时滞,是指从潜在利润的出现,到使这种利润内部化安排革新之间的间隔时间。它包括:① 发现潜在收入和组织行动团体的时间(即诺思所说的"认知和组织");② 发明和设计新制度安排的时间("发明");③ 面对制度安排的选择集,从中比较和挑出最佳安排的时间("菜单选择");④ 制度变迁的启动时间。一般而言,潜在利润愈大、愈确定,则启动时间愈短。

尽管制度变迁中的时滞无法避免,但我们却希望一项合理的制度变迁的时滞尽可能地短。然而既有的法律和制度安排状态,却可能会使这种时间间隔拉得很长。这是因为现存的法律和其他安排结构的存在,不仅制约了制度创新的范围(这在短期内尤为明显),而且还影响到安排创新需要的酝酿时间。同时,现存的制度技术状态,也可以使时滞变长。在原有制度尚具有一定价值时,人们往往会继续对其加以利用,而不会遽尔推翻。因为人们利用旧制度的动机,与利用旧机器的动机一样,只要其还有残余价值,就不会轻易抛弃。而发明新制度的困难性,也是导致时滞变长的一个原因。

(三) 导致制度变迁中成本与收益变化的重要因素

现实中的外在冲击往往是多种的,一种外部冲击有可能影响到制度变迁的收益,但另一种外部冲击却有可能影响到制度变迁的成本。更有甚者,有时一种冲击会影响到成本与收益两方面。一般认为,对制度变迁中的成本与收益有着显著影响的几种因素主要有:

(1) 市场规模。市场规模的变化,能够改变特定制度安排的利用水平和费用。

(2) 技术。技术对改变制度安排的利益有着普遍的影响。这主要体现在:① 技术具有规模递增的特性,因此使建立更复杂的组织是有利可图的;② 在技术带来规模经济的同时,也使工厂制度成为现实,而工厂制度发展过程的聚积经济效应又形成了现代的城市工业社会,由此而带来的广泛的外部效应又促进了制度的进一步发展;③ 技术变迁还降低了制度安排的成本,特别是信息技术和通信技术的出现和创新,既使信息成本下降,同时也带来了组织成本的下降。

（3）知识积累。知识的积累和教育体制的发展，会使信息接受主体、信息搜集与传播手段以及信息资料本身，都得到全面改善，从而可减少与某些制度安排革新相联系的成本。

（4）社会公众预期的变化。一个社会中各种团体对收入预期的修正，会导致它们对新制度安排的收益和成本评价的全面修正。比如，在大萧条的巨大冲击之下，国家干预成为一种人们能接受而取代原有完全自由经济的制度安排。

（5）组织费用的承担。如果一个团体或单位，其组织费用因某种原因已有其他的主体愿意承付，则制度安排的成本可以显著减少，从而使一种安排调整到实现新目标上的边际成本可能低到足以有利可图。

（6）国家权力。政府权力的稳固上升，以及它对国家经济控制力的增强，可以显著地减少政府性安排所带来的革新成本。其中政策的公信力是一个主要方面。政策公信力的强弱会直接影响到其实施效率。

此外，制度环境也会给制度变迁的潜在收益与成本带来影响。一项制度变迁的安排，必须符合社会中现有的行为规范和价值标准，否则，这项制度安排的变迁成本将相当大。这其实就是我们在前面已谈到的"相容性"原理。

（四）制度变迁的过程描述

在了解以上概念之后，我们再来理解诺思对制度变迁过程的分析，就变得比较容易一些。

（1）外部冲击导致原有制度均衡被打破，新的潜在利润出现。

（2）首先观察到这一利润并积极行动，试图将其转化为个人收益的经济主体（这里认知潜在利润和进行组织所需时间构成时滞1），形成制度变迁的初级行动团体，并由他们提出有关制度安排的方案（设计和发明新制度所需的时间构成时滞2）。

（3）各个层次根据制度变迁原则来对方案进行评估和选择（即"菜单选择"，这种菜单选择时间构成时滞3），在此基础上，形成推动制度变迁的次级行动团体。

（4）两个团体共同努力实现制度变迁，安排选择集，从中加以比较并挑出最佳安排的方案来予以实施（此时存在启动时滞，即时滞4）。

（5）新制度安排取代旧制度，新的制度均衡也得以出现。

（6）经过一段时间，新的冲击又出现……

（7）制度发展重复(1)—(5)的过程。

这一过程实际上表明，只要存在预期净收益大于零的情况，制度变迁就将是一个自发的过程。但现实是这样吗？答案是否定的。因为现实中确实存在有许多制度安排虽然很好，但却实施不了的情况。这证明在制度变迁中，制度的供给与制度的需求同样重要。拉坦更是直率地指出,"不论是诺思、托马斯,还是舒尔茨,都没有试图提供一个制度变迁供给的理论,而且我们发现老的和新的制度学派文献,对此都少有助益"①。为此,自20世纪70年代末以来,一些学者重点研究了制度变迁中的供给理论,其中,以拉坦和林毅夫的工作最具代表性。

四、诱致性变迁与强制性变迁

拉坦认为,制度变迁是由人们在响应制度不均衡引致的获利机会时自发进行的一种行为,因此,这种变迁被称为"诱致性变迁"。由此,拉坦着重考察了在潜在收入存在的情况下,有哪些因素会影响到一项有效制度的供给。

某种程度上讲,制度变迁与技术变迁非常类似:自然科学知识的进步,会使技术的变迁成本下降;同样,社会科学和有关专业知识的进步,也能降低制度的供给成本。社会成员的文化水平越高,社会的文明越先进,这个社会中的制度变迁就越容易。反之,在一个蒙昧的社会中,制度变革的难度会非常大。因此,一个社会所拥有的社会知识的存量大小,是影响制度变迁的一个关键因素。

同时,拉坦还考察了制度供给过程中的集体行动行为。如果一个团体中,大家都只想其他成员去作出努力或承担维持组织的成本,而自己却坐享其成,那么,这种"搭便车"问题会使制度在团体层次上进行供给遇到严重的阻碍。而要解决这一问题,只有两种方式:一是强迫成员参与,二是提供超常规的经济利益激励。但这也许同样会造成制度运行的成本过高和不可持久性。因此,如果诱致性只是制度变迁的唯一来源的话,则社会中的制度安排的供给将少于社会最优水平。

或许正是从拉坦对"搭便车"问题的分析中得到启发,林毅夫考察了国家作为一种制度供给力量在制度变迁中的作用,并提出了制度变迁中的强制性变迁理论。② 所谓强制性变迁,是指由政府以法令形式推行的变迁,它既可以以对现有收入进行再分配的形态出现,又可以出现在自发性的制度变迁之中。在正式制度的变迁中,政府的作用尤为突出。这一理论主要强调国家干预在制度变迁中的重要性。

国家能进行干预的最根本的原因,在于它是一国经济中能够合法使用强制

---

① 〔美〕R.科斯等:《财产权利与制度变迁:产权学派与新制度学派译文集》,刘守英等译,上海三联书店、上海人民出版社1994年版,第336页。

② 林毅夫:《关于制度变迁的经济学理论:诱致性制度变迁与强制性制度变迁》,原载美国《卡托杂志》,第9卷、第1期,1989年春/夏季号,后收入〔美〕R.科斯等:《财产权利与制度变迁:产权学派与新制度学派译文集》,刘守英等译,上海三联书店、上海人民出版社1994年版。

力的垄断性主体,它比起竞争性组织来,能以低得多的费用来提供制度性服务。但国家为什么会干预制度变迁呢?或者说国家有什么激励去干预这种变迁呢?

对此,林毅夫将国家具体化了,他将一国的最高统治者视为一国的化身。作为国家化身的最高统治者,只有在按税收净收入、政治支持以及其他统治者效用函数的商品来衡量,强制推行一种新制度安排的预期边际收益不小于统治者的预期边际成本时,他才会推行强制性制度变迁,以弥补制度供给的不足。反之,则统治者就不会进行任何的强制性制度变迁行为,而只会维持原有的低效制度。

林毅夫还进一步分析了导致国家之所以维持一种低效制度的深层原因:统治者的偏好和有限理性、意识形态的刚性、官僚主义、集团利益冲突以及社会科学知识的局限性,会导致一国制度长期处于失衡状态。

专栏 4-3

中国的家庭联产承包责任制

中国的改革开放已经到了而立之年,回顾这30年的沧桑巨变,我们很多人都会由衷地感叹这场变革的伟大,然而,这种伟大的制度变迁却首先发生在农村领域,家庭联产承包责任制作为改革的最初的制度变革成果,一直沿用到今。

今天的纪实作品对于当年发生在安徽小岗村的承包制是怎样拓展到神州大地的全过程,已有了较为详细的描述,但这场经济制度变迁,如何用我们的制度变迁理论来解释,却是文艺作品所力所不及的。

按照现在的资料反映:先是安徽凤阳小岗村的一群农民痛感传统的公社体制下生产效率低下,所以私下形成了承包制的安排,这一做法曝光后,在凤阳地委争论激烈,后由当时的安徽省委书记万里拍板,予以支持;但争论并未结束,小岗村农民的做法最后在中央也激起了波澜,但最终的结果便是今天我们看到的:1979年,中央对包产到户予以了明确的支持,1980年9月,中共中央《关于进一步加强和完善农业生产责任制的几个问题》文件的出台,宣告了承包制的推行有了强有力的组织保障,在随后很短的时间内,承包制就遍及全国各地农村。

在这一过程中,小岗村的农民无疑是承包制实施的最初的行动团体,而随后的党的机构(从凤阳地委、安徽省委直至中央)成为次级行动团体,制度装置便是最后成文的《关于进一步加强和完善农业生产责任制的几个问题》；但这场变革是诱致性的还是强制性的，理论界尚存一定的争议。

有一部分学者认为这是一场诱致性变迁，因为且不说当初的那十几户农民是为了获得更多利益而自愿结盟，实施承包制，即使在中央颁布的各项促进农业承包制的文件中自愿原则也是一条基本原则。

但也有学者认为这是一场强制性制度变迁，因为在1980年中央政策出台后，各地对于承包制的实施是做了大量的工作的，这些工作对于基层的生产制度的变革产生的强制性效果是我们所不能忽视的。

但更多的学者认为承包制的实施是一个诱致性与强制性变迁的结合过程。农民的逐利动机得到了中央的重视和尊重，农民在制度变迁过程中始终发挥着作用；中央对承包制的推广和确立发挥了行政组织的高效率，有效地降低了制度变迁过程中的讨价还价成本。

五、制度变迁中的动态：路径依存理论

如果说上述关于制度变迁的分析是一种静态的均衡分析的话，那么，在对制度变迁的动态的历史考察中，制度变迁究竟会以何种方式进行呢？针对这个问题，诺思在20世纪80年代提出了路径依存（Path Dependence）理论来解释现实中的制度演进轨迹。

经济学家很早就发现，技术演进过程中有自我增强（Self-enforcing）和路径依存的特征。所谓自我增强，是指技术实行过程中的自我强化机制，它包括：① 技术使用过程中的边际成本递减特征；② 学习效应，随着某一技术的流行，人们会对之加以模仿和改进；③ 协调效应，由于许多行为人都采取相同的技术，因此，他们在产品的生产和销售方面会产生合作利益；④ 适应性预期，即一项新技术在市场使用的增加，可以使更多的生产者形成对这一技术即将流行的看法，从而有利于进一步扩张。而这种自我增强机制的实施，会产生以下后果：① 自我增强机制中存在多种均衡，因此不存在最优的唯一解。② 技术发展中，其初始阶段是有效的，但发展下去，可能失去效率。③ 模式的固化。选择某项技术容易，但放弃它却会由于投资、人力资源知识结构等原因而变得困难。④ 轨迹依存，即前期所采用的技术往往决定了后期技术的特点和个性，而后期技术通常是在原有技术上发展而成的。这样，后期技术对前期技术在发展方向上存在依赖关系，这被称为"路径依存"。

而正是由于技术具有自增强性并能造成后期技术发展的路径依存，这样，

在技术发展过程中,先期进入的技术往往比后于它且技术水平优于它的技术更具优势,而后者因为没有获得足够的追随者而陷入恶性循环,甚至造成锁定(Lock-in)的局面而难以自拔。经济学家们由此归纳认为,细小的事件和偶然的情况往往会把技术发展引入特定的路径,而不同的路径最终会导致完全不同的结果。

这一现象同样存在于制度变迁之中。一旦一国经济在发展初始阶段走上某一路径,那么它的既定方向会在以后的发展中得到自我强化,人们过去的选择往往就决定了他们现在可能的选择。如果一国在起始阶段时能够使制度产生规模效益,并在以后的发展中,使这种规模收益普遍发生,则经济就有可能步入一条良性的发展轨迹,这被称之为"路径依存Ⅰ";但如果这种收益递增不能普遍发生,则新制度变迁会朝无效的方向发展,甚至可能被"锁定"在某种无效状态,这被称为"路径依存Ⅱ"。

路径依存理论被诺思视为理解长期经济变化的关键,它可以较好地解释历史上不同地区、不同国家发展的差异。诺思认为"由于缺少进入有法律约束和其他制度化社会的机会,造成了现今发展中国家经济的长期停滞不前"①。因此他主张,发展中国家要取得发展,光靠移植发达国家的先进制度是没有用的,必须不断打破对原有路径的这种依存关系。

诺思的这一理论,从动态的角度揭示了制度变迁过程中的独有机制——路径依存。这对于发展中国家反思和设计本国的发展战略,无疑具有很高的参考价值。

专栏 4-4

从计划经济向市场经济体制转型

经济体制转型在近现代历史上有两种情形:一是由前资本主义体制转变而来,并由小生产经营体制逐渐向发达的市场经济体制转换;二是最近发生的从计划经济体制向市场经济体制的转换。无论哪种类型的转换,都必定与政治、经济、文化乃至整个社会的大变革相联系。就前一种转换而言,首先曾经发生在西欧、北美诸国和日本、澳大利亚等地,其次有"亚洲四小龙"、南美诸国等后

---

① 转引自卢现祥:《西方新制度经济学》,中国发展出版社1996年版,第85页。

发达国家或地区,以及市场经济体制正在发育和形成中的南亚、西亚、拉美和非洲诸国;后一种转换也被称作体制转轨,发生在苏联和东欧诸国、越南、蒙古、古巴以及中国等。我们认为,这两种转换的共同之处在于:市场体系的发育、市场机制的培育、市场竞争的规制、产权制度的确立以及逐步营造相适应的文化观念、法制秩序和政治体制等。当然,就后者而言,无论从实践到理论都尚无成熟的经验或模式。

关于体制转型存在着两种大相径庭的思路:一种是俄罗斯和东欧国家采取的"激进式思路",或称体制转轨的"大爆炸"战略(亦称"休克"疗法),其特点是以迅速的大规模私有化为首要或中心环节向市场经济过渡,强调整体推进,一步到位;另一种则是以中国改革实践为代表的"渐进式思路"(亦称"摸着石头过河",即走一步,试一下,再走一步),其特点是在国有经济为主体的前提下,通过体制外推动,以增量改革带动存量调整来建立市场经济,强调"逐步推进"、"分步到位"。这两种思路在现实中表现出的差异是多方面的:① 前者强调理性设计、强制性变迁,后者则充分利用自发性改革的积极性,提倡大胆创新,小心试验,摸着石头过河;② 前者要对旧的利益结构作根本性改造,后者则不首先触及经济体制的核心问题,而是在不破坏正常的经济、政治秩序的前提下,逐步改进;③ 前者从紧缩货币的宏观政策,来管住货币放开价格,通过牺牲增长来加快改革,后者则兼顾经济稳定和快速增长,通过增大国民收入的"蛋糕",以减少改革的阻力;④ 两者在政治、意识形态乃至宪法秩序方面,也存在差异①,前者从根本上否定原来的宪法秩序,而后者试图在原有秩序基本框架的前提下,通过局部修正,推进市场化进程。

激进式改革与渐进式改革,究竟何者较优,乃世人广泛关注和讨论的一个重要问题。按照制度经济学的观点,改革方式的比较可以简化为成本与收益的比较。一般地,改革收益可以看做是制度变迁所带来的资源配置效率的提高或经济的发展,往往可用国民收入的增加来简约地表示;而改革的成本则是由经济个体利益冲突而引申出来的(即"摩擦成本")。此外还包括改革的"实施成本",即搜寻、学习新制度安排,为改变制度而重新签约的成本。从理论上讲,前者是"激进程度"的增函数,后者是"激进程度"的减函数。②

从目前的实施情况看,渐进式改革取得的经济成效是十分显著的。在成本

---

① 宪法秩序是制定规则的规则,它包括确立生产、交换和分配的基础的一整套政治、社会和法律的基本规则。

② 参阅〔美〕V.奥斯特罗姆等:《制度分析与发展的反思——问题与抉择》,王诚等译,商务印书馆1992年版,第134页。

方面,由于是逐步过渡,摩擦成本相对较小;而且,由于人的理性和知识的局限性、发展所需的知识和信息储备的累积性以及经济生活中信息的分散性等因素的作用,渐进式改革同样也有利于降低实施成本,因此,对比中国与俄罗斯及东欧的经济发展绩效,渐进式改革表现得较好。

不管采取哪种模式,所面临的任务都是共同的:培育和健全市场体系,完善市场机制;改革所有制结构,培育出充满活力的市场经济主体,特别是对国有企业进行制度创新;加强宏观调控,保持宏观经济稳定,进行结构调整,等等。

资料来源:参阅张培刚,《新发展经济学》,河南人民出版社1992年初版、1999年修订版,第626—637页;樊纲,《两种改革成本与两种改革方式》,载《经济研究》,1993年第1期。

第四节 发展中国家经济发展中的制度问题

对于发展中国家而言,经济发展是一项根本的任务。而要实现这一根本任务,仅仅依靠传统的要素增长战略是难以奏效的,我们还必须关注发展中国家中的制度问题。从发展中国家来看,尽管各国之间的发展水平参差不齐,制度背景也各有差异,但它们在制度发展中普遍存在以下问题:

1. 基本制度的缺失

现代经济增长所依赖的一个主要制度是市场经济。洛伊(Lowi,1985)曾经列举了市场经济构成的九个制度前提:① 法律和秩序;② 一种稳定的货币;③ 财产法和财产权;④ 合同法;⑤ 支配交换的法律;⑥ 公共领域转到私人手中的法规;⑦ 公共物品的提供;⑧ 人力资本(劳动)的提供与控制;⑨ 分担风险。①

这九个制度前提,其中大部分涉及法律规范。这反映了一个事实,即一种经济的有效运行必须得到法律的保障。而在许多发展中国家,法制体系的不健全却是一种极其普遍的情形。在缺乏法制的规范和约束之下,市场交易行为的发展,遇到了很大的阻力(因为缺乏有效法律保护的市场交易行为,通常具有更大的风险);而非市场活动,却因此而得到了滋生和蔓延。这种非市场活动的盛行,不仅增加了社会的交易费用,同时还会使之后的制度演进在非市场化的轨迹上产生路径依存。

---

① 〔美〕V.奥斯特罗姆等:《制度分析与发展的反思——问题与抉择》,王诚等译,商务印书馆1992年版,第26页。

2. 制度供给的不足

与基本制度缺失密切相关的是制度供给的不足。在许多发展中国家,基本制度的缺失,似乎难以对制度的供给产生大的影响。无论是诱致性制度变迁,还是强制性制度变迁,都并未对制度缺失的现状产生多大的反应,整个国家仍然处于一个相对停滞的制度结构之中。这一点,可以从非洲一些国家得到印证。中、南非一些国家现有的制度结构,与三四十年前欧洲殖民者撤走后留下的制度结构相比较,并未发生多大的变化。其原因当然不是这些国家的制度已臻完善,而是因为制度的供给遇到了问题。

在发展中国家(特别是在一些前殖民地国家),旧的制度安排通常形成了一小部分特权阶级,他们凭借非市场手段占有和掌握着国家的大部分财富,而要推行新的制度安排,则往往会触动这些人的利益。由于他们在整个国家中具有强大的市场力和非市场力,因此,相关的自发进行的诱致性变迁,会由于他们出于维护既得利益进行阻挠而变得不可施行;而强制性制度变迁,在发展中国家之所以未能促使有效制度供给的原因,除了部分是由于集团利益冲突外,发展中国家政治领导人的效用偏好与个人能力、意识形态的刚性,官僚政治的存在,以及发展中国家的现存知识存量缺少等,也是重要的因素。

3. 制度变迁中的路径依存

发展中国家制度体系的"先天不足"和制度供给的困难,使得发展中国家经济中的制度演进也明显呈现了"后天失调"的特征。制度的变迁未能促进规模收益的普遍发生,反而进一步强化了原有制度中的失衡状态,从而使整体经济发展受制,制度演进进入了诺思的"路径依存 II",甚至有可能被锁定,而陷入不能自拔的境地。这同样可以从中、南非一些小国经济发展长期陷入停滞,而制度改革又通常收效甚微的实际案例中,得到充分的验证。

由以上分析,我们可以看到发展中国家进行有效制度变迁的复杂性和艰巨性。制度经济学家们由此认为,要在发展中国家实行制度创新,以下几点是必须加以注意的:

1. 建立一套法治体系

发展中国家要实现经济起飞和经济发展,首先应建立一套法治体系。尽管其中有些规则或条文在现实执行中可能会受到阻力或被扭曲,但正如诺思所指出的:一套坏的规则也比没有规则强。所以,对发展中国家而言,法治体系的建立是首要而必不可少的。

2. 改革政治体系

在一些发展中国家,经济结构的不均衡往往是由政治体系的不均衡所造成的。必须通过政治改革,推行民主政治,来消除既得利益阶层凭借对国家权力

的垄断而阻挠甚至压制制度变迁的行为。只有政治体系改革成功,才能使强制性制度变迁成为现实。总之,通过政治改革,可以减少制度供给的阻力和成本。

3. 加大教育投入,增加社会知识存量

制度变迁是社会知识存量的函数,社会知识存量越大,则制度的供给成本越小。通过教育,不仅可使人们在设计市场经济和法制体系中的制度变迁的成本下降,而且还可促进知识水平和文化素质的提高,也将有利于新制度的推行。

4. 防止新制度演进中出现"路径依存Ⅱ"的状况

由于制度的演进具有连续和渐进的特征,因此原有制度的一些特性不可避免地会对新制度产生影响。发展中国家的原有制度通常是非市场的,因此既存制度对新制度的演进的影响,不利的成分居多。如果不注意克服和纠正这种影响,则新制度的实行将会被扭曲而出现偏差,进而步入"路径依存Ⅱ"的状态。这一点尤为值得警惕。

社会资本、市场制度与经济发展

在构建人类社会的各种联系中,除了我们能看到的各种市场制度之外,还有大量基于亲戚、老乡、同学乃至朋友等关系而体现出来的社会互动形式,从一定意义上讲,这些结构也构成了某种制度。这种制度在我们生活中被通俗地称为"关系网"。而从更学术的角度,它们被定义为"社会资本"。

社会资本来自于社会学家在20世纪80年代的定义(Bourdieu,1986;Coleman,1988),其本意是说我们通过构建各种社会联系方式,从而有可能对自己的生产性行为产生积极的正效果。这样,这些社会联系便有了类似于物质资本的生产性效能,故称为社会资本。

社会资本之所以具有这种效能,一般认为有两个原因:第一,熟人之间的信任可以节约交易成本;第二,社会联系的加强有利于信息的传递和确认。所以,在一些社会学家那里,社会资本更是被与"信任"等而视之。

美国社会学家普特南等人(Putnam, Leonardi and Nanetti,1993)认为社会资本对经济增长起着积极的作用,并认为社会资本的下降会导致经济增长率的下降。然而,学者们对美国的现实进行考察后发现,在 Putnam 宣称美国的社会资本下降的30年间,美国同一时期的经济增长却并没有出现同步的下降,反而取得了令人满意的增长。那么,如何解释这一悖论?

Marcel Fafchamps(2004)指出,社会俱乐部和社会网络等社会资本形态对经济发展的作用是阶段性的。社会俱乐部和社会网络的出现是为了建立个人之间的信任,它可以拓宽社会交易的范围和速度,但是,当市场制度已经建立起了一种有效的高水平的普遍信任时,作为建立个人信任的俱乐部和社会网络等社会资本的体现形式对经济发展而言就显得不那么必要,因而也就会衰落。Fafchamps进一步指出,社会资本及其诸种形态对经济增长的作用就体现为它是对有效的正式制度的一种补充,正式制度发展的水平越低,社会资本对经济的影响就越大,反之亦然。

社会资本对经济发展的作用不仅体现在它对正式制度的替代上,而且还体现在它对公共产品供应的积极作用上。由于公共产品提供对于经济发展是具有重要作用的,而从发展中国家的实际来看,很多国家缺乏对公共产品进行投资和管理的能力,因此,一些非营利性社会团体就发挥了积极的作用,当然,比照社会资本与市场制度的分析结论,也可以推知,社会资本在公共产品供应上的积极作用同样也是阶段性的。

但与此同时,Fafchamps也指出,正式制度是最优选择,社会资本是次优选择。对于广大发展中国家而言,由于形成普遍信任的正式制度在发展中国家的诸多方面仍存在限制和不足(如司法制度不健全或者说人民因为太穷而无法使用现有的司法制度),因此,我们还必须重视社会资本诸形态对发展中国家经济发展的重要作用。

同样,Fafchamps也强调了自愿服从社会规范自身体现出的社会资本,对公共产品供应的重要性。公众的自愿服从,是有利于公共物品的供应的,没有某种程度的社会服从性,公共产品将无法供应,因为这将导致公民拒缴税收、公众不遵守秩序、公共服务腐败以及"搭便车"盛行。Fafchamps实际上肯定了社会资本对经济发展的必要性。

资料来源:Bourdieu, Wiley, 1986, "The Forms of Capital", *Handbook of Theory and Research for the Sociology of Education*, ed. by J. G. Richardson, Westport, CT: Greenwood Press, pp. 241—258;Coleman, James 1988 "Social Capital in the Creation of Human Capital", *American Journal of Sociololgy*, 94 (Suppl.), pp. 95—121;Putnam, Robert D., Robert Leonardi, Raffaella Y. Nanetti, 1993, *Making Democracy Work: Civic Institutions in Modern Italy*, Princeton: Princeton University Press;Fafchamps, M., 2004, "Social Capital and Development", *Economics Series Working Papers* 214, University of Oxford, Department of Economics。

本章小结

制度对经济发展有着重要的作用。一种能够提供适当个人刺激的有效制度，才是经济增长的决定因素。

制度是能够约束人们行为的一系列规则。它由正式制度和非正式制度构成。正式制度与非正式制度之间存在"相容性原理"。经济发展中的重要制度，包括产权制度、市场制度、国家制度和作为非正式制度的意识形态、法律制度等。

制度的功能是指制度在经济上的效能。舒尔茨认为制度的基本功能是提供具有经济价值的服务，诺思将制度的功能视为创造秩序和降低交易的不确定性，而林毅夫和鲁金特则认为制度的基本功能是节约和再分配。

供给-需求分析是制度分析的一般工具。一项制度的出现是制度的需求力量与制度的供给力量均衡的结果，这是制度分析的最基本的思想。制度需求分析的关键在于对制度的成本与收益的比较。从制度的需求来看，一项制度之所以被需要是人们预期实行制度后所带来的利益能够超过为制定和实行制度所耗费的交易费用。制度的供给与普通的商品和服务的供给不同，它往往是一个集体行动的结果。制度供给的分析方法就是集体行动的分析方法。

制度变迁理论的核心，是从经济学的角度考察制度产生、更替和演进的过程。由诺思等人提出的制度变迁理论专注于制度需求方面的分析。而拉坦和林毅夫则研究了制度变迁中的供给方面。拉坦着重分析了诱致性变迁中的制度供给问题；而林毅夫则考察了强制性变迁，分析了国家作为一种制度供给力量在制度变迁中的作用。

路径依存理论认为，如果对制度变迁进行动态考察就会发现，一国经济在发展初始阶段的路径往往决定了其未来制度演化的轨迹。这其中，存在良性的"路径依存 I"状态和恶性的"路径依存 II"状态。

发展中国家在制度发展中，普遍存在基本制度的缺失、制度供给的不足、制度变迁中的路径依存等问题。而要在发展中国家实行成功的制度创新，则必须通过建立一整套法治体系、改革政治体系、打破"路径依存 II"并大力发展教育等一系列措施，来加以保障。

关键概念

制度　交易费用　集体行动　路径依存　制度变迁　产权制度　意识形

态 市场制度

思考题

（1）为什么说制度很重要？你能从生活中总结出一两个例子来说明制度很重要吗？

（2）什么是制度分析的基本方法？

（3）影响制度供给和需求的因素有哪些？

（4）诺思模型的主要思想是什么？

（5）影响诱致性变迁的因素有哪些？

（6）强制性制度变迁理论将国家的统治者视为国家的具体化，你认为合理吗？为什么？

（7）路径依存理论对我国的经济改革有何启示？

（8）人们普遍认为，儒家思想不利于建立市场体制。请你从本章所学的内容出发，谈一下儒家思想是怎样影响一种新体制的建立的？

（9）"上有政策，下有对策"是一种常见的现象，你能用本章所学的知识来解释这种现象产生的原因吗？

进一步阅读导引

关于制度的内涵及其作用的分析，可参阅 North, D., "Institutions", *Journal of Economic Perspective*, No.1, 1991; Schultz, T. W., " Institutions and the Rising Economic Value of Man", *Journal of American Agricultural Economics*, Dec., 1968; North, D., *Structure and Change in Economic History*, Yale University Press, 1983, p.202; 〔美〕T. W. 舒尔茨：《制度与人的经济价值的不断提高》，选自〔美〕R. 科斯等：《财产权利与制度变迁：产权学派与新制度学派译文集》，刘守英等译，上海三联书店、上海人民出版社 1994 年版；〔美〕道格拉斯·C. 诺思：《经济史中的结构与变迁》，陈郁译，上海三联书店 1994 年版；Lin, Justin Yifu and Jeffery B. Nugent, "Institutions and Economic Development", *Handbook of Development Economics*, Vol.3, Amersterdam: Elsevier, 1995; 〔法〕亨利·勒帕日：《美国新自由主义经济学》，李燕生译，北京大学出版社 1988 年版；〔美〕道格拉斯·C. 诺思等：《西方世界的兴起：新经济史》，厉以宁等译，华夏出版社 1989 年版；North, D., "Sources of Productivity Change in Ocean Shipping:1600—1850", *The Journal of Political Economy*, 76 (Sept./Oct. 1968); 〔德〕柯武刚、史漫飞：《制

度经济学：社会秩序与公共政策》，韩朝华译，商务印书馆2001年版。

关于制度变迁理论，可参阅〔美〕戴维斯和诺思：《制度变迁与美国经济增长》，选自〔美〕R.科斯等：《财产权利与制度变迁：产权学派与新制度学派译文集》，刘守英等译，上海三联书店、上海人民出版社1994年版；〔美〕道格拉斯·C.诺思：《制度、经济绩效与制度变迁》，上海三联书店1994年版；North, D., and Thomas, R. P., *The Rise of Western World*: *A New Economic History*, Cambridge University Press, 1973; Ruttan, V. W., "Induced Institutional Change", *Induced Innovation*; *Technology, Institutions, and Development*, Edited by H. P. Binswanger and Ruttan, V. W., Johns Hopkins University Press, 1978。

关于发展中国家的制度分析，可参阅 Lin, Justin Yifu and Jeffery B. Nugent, "Institutions and Economic Development", *Handbook of Development Economics*, Vol. 3, Amersterdam: Elsevier, 1995；〔美〕V.奥斯特罗姆等：《制度分析与发展的反思——问题与抉择》，王诚等译，商务印书馆1992年版。

第五章 市场与政府作用

本章概要

现代经济发展离不开市场机制的作用,但市场不发达和发育不足导致发展中国家寻找替代机制,更加强调政府的作用。对于经济落后的发展中国家,要实现工业化和经济起飞,的确离不开政府的积极参与和有效作用。然而,政府如何处理好与市场的关系,如何恰当地界定政府的经济职能,一直是发展中国家工业化进程中面临的难题。本章将概要地分析和探讨这些问题。

学习目标

1. 正确认识发展计划和市场作用;
2. 理解政府与市场之间的关系;
3. 认识发展中国家政府的主要职能;
4. 掌握对政府行为的分析方法;
5. 理解提升政府能力的战略与途径。

引　言

第二次世界大战之后,许多发展中国家极力推崇经济计划,并把它作为推进工业化和经济发展的一个可靠的手段。不少人相信,发展计划是发展中国家迅速工业化最直接、最可行的方法。制订发展计划已经成为许多发展中国家政府的一种工作方式,每隔几年就会大张旗鼓地推出一个新的发展计划。人们普遍相信:集中的全国性计划是克服发展的主要障碍、保证持久的高速经济增长最基本的甚至是唯一的制度和组织机制。在某些情况下,中央经济计划甚至被当做一种可以使第三世界国家迅速赶上发达国家的一种秘诀。

从理论上认识发展计划的好处,主要是基于许多经济上和制度上的考虑。然而,这种认识与大多数第三世界国家的实践结果之间的差距是相当大的,政府的说法与经济现实之间的差距,甚至更大。这些计划的执行结果普遍都是令人失望的。因此，从 20 世纪 70 年代末期开始，越来越多的发展中国家开始实行市场化改革，重新恢复对市场的偏好，并逐渐认识到市场对经济发展的积极作用。

但发展中国家的现实是：市场发育不足和市场广泛缺乏，因此，发展中国家工业化进程中面临的一个重要难题就是，如何恰当地界定政府的职能和作用范围，同时又充分发挥市场的作用？

我们的问题是：究竟如何正确认识市场在发展中国家经济运行中的作用？对发展计划应该如何作出科学的评价？如何理解政府与市场的作用范围？如何正确认识发展中国家政府的经济功能？无疑，处理好这些问题，将在很大程度上决定发展中国家能否构建一个有效的运行机制。本章的主要任务就是回答这些问题。此外，我们还将结合发展中国家政府政策实施的经验教训，运用公共选择理论和新政治经济分析方法，对政府行为进行分析。最后，我们还将就如何提升政府能力问题进行初步探讨。

第一节 对发展计划和市场作用的认识

时至今日，制订和实施发展计划仍然是许多发展中国家政府的一种重要发展工具。从历史上看，既有成功的经验，也有失败的教训。20 世纪 80 年代以来，市场机制及其作用越来越受到重视，但发展中国家市场发育不足和市场缺乏是一个严峻的现实，因此，我们需要对此有客观的认识。

一、发展计划及其性质

所谓发展计划，就是为了达到一组预定的发展目标、协调长期经济决策、影响和指导乃至控制一个国家的基本经济变量的增长水平所做的经济规划，这些基本经济变量包括收入、消费、就业、投资、储蓄、出口、进口，等等。简单说来，经济计划只不过是在一定的时期要达到的特定的一组经济数量目标。经济计划既可以是综合性质的，也可以是局部性质的。综合性计划所确定的目标包括国民经济的各个方面；而部分计划仅仅包括国民经济的一部分——工业、农业、公共部门、对外经济部门，等等。计划程序本身则可以描述为政府先选择要达到的社会目标，然后确定各种各样的目标，最后组织起对发展计划进行贯彻、协调、监督的机构。

从计划性质来考察，市场经济国家的经济发展计划，只是对经济发展提出方向和目标，供厂商或地区发展经济时参考，一般来说不具有约束力。至于计划经济国家的经济计划，则完全不同，这主要是由社会经济制度的差别所决定的。其表现为:计划经济国家中的计划被看做是政府用以指导生产、投资和分配的总框架。计划是详细的、不间断的,必要时可以不断进行修订的。

在许多发展中国家,发展计划都是在国家的"混合"经济中形成和执行的。这种经济的特点是一部分生产资源为私人所有和经营,另一部分则由公共部门所控制,其中政府所有和政府经营以及政府控制是其主要形式。在这样的制度结构中,发展计划有两个基本组成部分:第一,政府最大限度地动员国内储蓄与外国资本去执行公共投资计划,以追求长期经济目标;第二,为了保证私人经济与中央政府的社会目标之间协调,政府运用各种经济政策直接指导甚至控制私人经济活动。

政府制订发展计划的三种基本模型

发展中国家大多利用数学模型制订发展计划。发展计划模型,根据其结构的复杂程度和具体用途,可分为三种基本类型:

(1) 总量增长模型(Aggregate Growth Model)。它几乎是所有发展中国家最初应用的一种基本的计划模型。它利用有限的宏观经济变量(如消费、生产、投资、储蓄、出口、进口等)来研究整个国民经济。这种模型常常用来确定国民生产总值的可能增长速度。例如,根据著名的哈罗德-多马总量增长模型,资本是限制经济发展的主要因素,因此,运用这一模型可以帮助计划者在目标增长率和资本-产出比率给定情况下预测所需的储蓄率,并作出相应的计划安排;与此同时,还得利用财政政策(例如高税收)和货币政策,以获得所期望的储蓄率。如果国内储蓄不充分,就要寻找外援,"双缺口模型"可以帮助寻找实现目标增长率所必需的外援额,或进出口比率变动的合理范围。总而言之,总量增长模型只能提供一种粗略的趋势近似值,为制订全面的发展计划提供一个初步的基础。

(2) 部门投入-产出模型(Input-output Model)。部门模型又有三种类型:第一种是单一部门模型。这种模型运用的条件是:缺乏总量或完整的主要部门模型所需的统计资料,而只有一个或少数单个部门的详细资料。其主要问题是:缺乏整体的合理安排,难以使发展计划内部协调。第二种是多部门模型,将国民经济划分为两个或更多的主要部门(如农业和非农业、消费品、投资品和出口

部门等),以便在主要经济部门配合的基础上制订一个较完整的发展计划。第三种是部门间平衡模型,通过一组联立线性方程(这些方程表示各个部门的特定生产过程),将国民经济所有生产部门的活动相互联系起来,给定某一部门的计划产出指标,制订出各部门协调的全面发展计划。

(3)项目评估与社会成本效益分析(Project Appraisal and Social Cost Benefit Analysis)。项目评估涉及财政支出计划的价值,必须把社会作为一个整体来权衡得失(收益和成本比较)。由于私人投资决定的赢利率标准不适宜用于政府投资决策,因此就要求进行社会成本效益分析。私人投资一般关心纯利润变量:收入和支出,而政府关心的则是社会福利。显然,两者存在分歧。政府的作用则是调节这种分歧,可以使社会收益和成本之间的差距适当地反映"社会效益"。

以上三种方法是相互联系的:总量增长模型提出了主要的战略目标,投入产出分析保证部门间的协调一致,而项目评估则能保证每个部门的项目有效可行。这三种方法的衔接程度,将决定大范围计划执行的成效。

资料来源:〔美〕迈克尔·P.托达罗、斯蒂芬·C.史密斯,《发展经济学》(第9版),余向华等译,机械工业出版社2009年版,第337—341页。

二、发展计划实施的基本原因

早期人们普遍把计划作为发展工具主要是基于许多基本的经济上和制度上的考虑,其中经常提到的有以下五个观点:

第一,市场调节经济本身存在失灵。市场失灵包括:① 垄断;② 外部性,包括外部负效应和外部正效应;③ 市场不完全;④ 公共物品;⑤ 信息的不足和不对称;⑥ 市场不能保障实现收入分配均等的社会目标;⑦ 市场价格不能反映经济发展的动态效果和经济结构变动,市场竞争可能导致某些产业发展而其他产业失败,在引致经济结构的大量的不断变化方面可能是无效的,而结构变化对发展中国家的长期发展却极为重要;⑧ 市场调节不能确保宏观经济均衡目标。

第二,资源配置、资源动员与分配的需要。在发展中国家,资源禀赋的基本状况是劳力丰裕而资本匮乏。为了提高资源配置效率,发展中国家不能把有限的资金、技术和人力资源,浪费在非生产性的风险项目上。经济计划可以把这些稀缺生产要素引导到成效最大的项目中,有助于弥补有限资源对经济的限制。

第三,发展中国家的市场制度很不发达。其表现为:无论是市场结构,还是市场功能,都是不完全的,产品和生产要素市场缺少良好的组织,市场信息既不灵敏又不准确,不能及时而正确地反映产品、服务和资源的真实成本,从而引起项目评估结果的差异性。如果政府不干预,不对国民经济实行计划,就会使现有的和未来的资源得不到有效配置,也就不能实现社会长期的最大利益。

第四,观念与心理观点。对于发展中国家而言,发展计划可以团结人民,在政府的领导下,开展消灭贫困、无知和疾病的运动。通过动员人民,号召所有居民超越阶级、社会地位、宗教或部落的界限,共同朝着建设国家的方向努力奋斗。一个开明的中央政府,通过其经济计划的激励作用,可以在共同追求广泛的物质和社会进步的事业中,克服地方主义和传统的分裂势力。

第五,外援观点。制订一个具有特定部门产出目标和精心设计投资项目的详细发展计划,往往是接受双边或多边外国援助的必要条件。事实上,有些人认为,欠发达国家之所以要制订发展计划就是为保证获得更多的外援,说服援助国,使它们相信它们的钱将被作为一个深思熟虑、内在协调一致的行动计划中的基本部分而被利用。

事实上,早期发展经济学家强调国家干预,强调计划化,也是强调资本积累和工业化逻辑上的必然推论。因为加速工业化,不能寄希望于私人部门的自发活动,而要依赖国家和公共部门的干预、调节和计划安排。一些著名的发展理论,如大推进论、平衡增长论、二元结构转换论,都包含着计划化和政府干预思想。

三、发展中国家发展计划失败及其原因

许多发展中国家制订发展计划的目的,就是要消灭贫穷、缩小不平等程度、降低失业率,但事实上,这些计划却不知不觉地使这些问题永久化。计划的失败与计划过程本身的失败有关。计划失败的原因,主要有如下几个方面的问题[1]:

(1) 计划者制定目标往往十分宏伟,但却没有考虑制定达到这些目标的特定政策。计划的制订和计划的执行之间,也往往存在巨大的差距。

(2) 许多发展中国家资料残缺不全、不可靠,甚至根本没有,这就大大降低了对整个经济所作的定量计划的精确程度及其内在一般性。

(3) 大多数发展中国家计划过程中存在许多制度上的缺陷。计划工作人员、行政管理人员和政治领袖,不能连续地就目标与策略进行对话和内部意见

---

[1] Tony Killick, "Possibilities of Development Planning", *Oxford Economic Papers* 41 (1976), pp. 163—164.

交流,官僚主义盛行,对创新过分谨慎和抵制,缺乏对国家目标的承诺,大量存在腐败等。

(4) 许多第三世界国家的领导人和高层的决策人物缺乏"政治愿望"和不承担义务。[1]

(5) 预料不到的国内外经济干扰。比如 1974—1975 年石油价格的上涨,就曾经引起了大多数发展中国家发展计划的大混乱。

四、发展中国家的市场化改革实践

由于发展计划实施招致失败,从 20 世纪 70 年代后期开始,越来越多的发展中国家政府和一些主要国际发展组织,积极主张引入市场机制的作用,并以此作为进一步提高生产效率和加快经济增长的主要手段。

拉美国家较早重视自由市场的作用,如乌拉圭(1974 年)、智利(1976 年)、阿根廷(1976 年)等,随后更多的发展中国家加入到"自由市场"的潮流之中。这些国家包括传统上就更多地实行市场导向的国家,如肯尼亚、秘鲁、菲律宾和象牙海岸;也包括以前更倾向于社会主义的国家,如斯里兰卡、牙买加和土耳其等。到 20 世纪 80 年代末期,这种市场热开始扩散到苏联和东欧原社会主义计划经济国家,导致了一场全球范围的市场化浪潮。

一些主要的国际经济组织极力鼓吹自由市场的效率。例如,国际货币基金组织越来越把大规模市场自由化计划和执行改进比较优势的政策,作为获得更多信贷的必要条件;世界银行则仔细检查它的项目贷款,以确保拟议中的项目不为私人部门承担,而且,它还强调政府必须与私人企业之间进行合资经营,并把这些条件作为决定结构调整贷款的重要因素。

上述转变之所以出现,一部分原因可归为东南亚国家和地区(如韩国和中国台湾地区)的示范效应,这一地区自 60 年代以来由于重视市场作用而发生了持续 20 多年的高速增长奇迹;另一部分原因则主要在于人们对政府干预越来越不满意。据 M. 托达罗(M. Todaro)分析[2],自 20 世纪 60 年代起的 30 年中,大多数发展中国家的公共部门大幅度增加,现在已占到国内生产总值的 15%—25%,大约占整个投资总额的 50%—60%。但是,公共部门的增长,存在着相当可观的低效率和浪费情况。以 GDP 计算的公共投资报酬,1960—1980 年间几

---

[1] Albert Waterston, *Development Planning: Lessons of Experience*, Johns Hopkins University Press, 1965, p.367.

[2] 〔美〕迈克尔·P. 托达罗:《经济发展》(第 6 版),黄卫平等译,中国经济出版社 1999 年版,第 578 页。

乎减少了25%,其原因在于投资决策不科学、建设延期、利用能力低下和对公共项目过于保护等。此外,政府不当干预造成的价格扭曲,严重影响了资源的配置效率和经济发展。

五、关于市场与经济发展关系的论证

一般认为,市场机制是一个较为可取的经济发展工具。首先,竞争性市场具有较高的资源配置效率。其次,市场制度是分散决策有效的调节手段,可以促进经济增长。不论市场是否完全竞争,市场的这一功能都是存在的。具体地说,市场有以下几个方面的功能和优点:

(1) 调节的灵活性和自动性。与其他制度相比,分权的市场更具灵活性,为适应情况变化的调整留有更大余地,调整也较为迅速。并且,当情况变化时,无须任何中央机关指挥,市场就可以自动提供信号。

(2) 激励创新,促进增长。在市场经济中,个人投入时间和金钱以图获得利润,新产品、新工艺不断被发明出来,市场制度不断试验和纠正错误,淘汰不适用的创新,同时将资源分配给那些成功的创新。

(3) 相对价格反映相对成本。市场制度有将价格压低到平均成本水平的倾向。在完全竞争市场中,价格等于平均成本,但即使市场与完全竞争条件相距甚远,生产者出于赢利的目的,还是有将价格降至生产成本的倾向。

(4) 对非均衡的自我纠正。市场制度的一个重要优势,在于其纠正不均衡的能力,相对价格的变动会调节需求和供给,使市场由不均衡走向均衡。

(5) 分散权力。市场能分散权力,减少对个人强制。当然,大企业和集团势力很大,但不论怎样,它们也因其他大企业和集团而受到约束。新产品、新发明和新企业的出现,对市场权力也是一种约束。

从制度变迁的角度看,经济发展与市场成长是同义语。也就是说,市场成长是经济发展的题中应有之义。但市场成长并不单纯是经济发展的产物,它既是结果,也是原因。经济发展与市场成长互相作用、互为前提、互相促进。

所谓市场成长,是指市场作为制度、组织的发育过程。它具体表现为市场范围的扩大、市场主体的进化和市场体系的完善。经济发展意味着总量增长和结构变迁。设想一个处于某种初始水平的国家,由于结构变动,资源使用效率提高,经济出现了增长,国民收入和更多的财富使市场范围扩大。实践使个人和企业更深入地理解了市场的逻辑,增强了利用市场、改造市场的能力,一系列制度和规则得以创新并固定下来,市场交易日趋正规化。同时,越来越多的不同种资源进入市场,资产形式越来越多样化,各种资源市场互相配合、互相作用,形成完整的市场网络。随着市场的成长,经济结构进一步优化,资源使用效率进一步提高,经济增长也跃升到更高的水平。

六、对发展中国家市场发育状况的评价

从制度内涵来理解,在大多数发展中国家,市场成长不足(Market Inadequacy)是一个十分严重的问题。市场失效是一切市场经济的共性,而市场不足则是发展中国家特有的现象。发展中国家经济欠发达有两个显著特点:第一是生产力欠发达,第二是市场经济欠发达。市场经济所需的基本条件可分为以下三类,缺少其中之一都会导致内生扭曲。①

一是劳动力在生产中的社会分工:除非在一个较大区域建立起统一的市场,并实现地区间的专业化分工和产品合理交换,否则,市场经济将难以启动。

二是商品流通基础设施:包括道路、铁路、码头、机场、火车、卡车等设施和设备,以及商业、运输、储存、通信、金融和保险等组织。

三是市场交换准则的遵守:对产权和商业合同的有效保护是最低要求。还必须建立诸如反垄断法、公司法、金融交易准则、工会制度之类的较为复杂的商业制度。此外,在公众的心目中,还必须有支持这些法律和规则的道德和情感。

与自给自足、封建主义或重商主义等其他体制不同,市场经济是一个高要求的经济体制。它的顺利运行需要满足大量的条件:产权、合同制度、经济自由、厂商和企业家、劳动力和资本市场、运输和通信、技术吸收能力,等等。这些条件不是自动满足的,只有那些碰巧具备这些条件的,或那些有意识地使自己去适应市场机制的国家,才能成功地建立起来。

在许多发展中国家,价格制度的发育水平很低,市场力量过于弱小,不足以发挥对资源配置的基础性作用,以完成加速发展所需要的转变。我们把这种现象称为市场成长不足。具体地说,市场成长不足表现为以下几个方面:

首先,市场在空间结构上呈现破碎状态,交易范围狭小。市场的破碎状态是经济破碎状态的直接反映。在发展中国家,联结经济各部门的"管道"或是不存在,或是缠结不通,经济呈现出多重二元结构特征。相应地,发展中国家的市场也呈现出二元结构特征。例如,发展中国家特别是最落后和最贫穷的国家,迄今还存在着大量的非货币经济。交通阻塞,城乡分割,地域封闭,商品流通受阻。市场价格在不同地区和不同部门间有很大差异。国内市场不统一,缺乏整体性功能,必然导致各地区畸形发展,竞争无序,效率低下。

其次,市场主体发育不正常,个人和企业对价格信号反应迟钝,资源流动不畅。造成这种现象的原因有多种,比较重要的首推传统经济制度和文化的影

---

① 参见〔日〕石川滋:《发展经济学的基本问题》,胡欣欣等译,经济科学出版社 1992 年版,绪论。

响。长期生活于自给自足的经济环境中,发展中国家的人民和企业缺乏在市场中活动的经验,深入人心的传统文化往往与市场逻辑相悖,市场成长因此受到阻碍。另一个重要原因是政府的保护性政策。发展中国家为了实现工业化,对某些产业实行保护性政策,使受保护产业不受国内、国外竞争压力的影响。长此以往,企业将失去对市场的应变能力,产品缺乏竞争力,当保护性政策撤去以后,甚至连如何生存也成为问题。

最后,市场体系不健全。一般说来,完整的市场体系由产品市场和要素市场两大类市场组成。要素市场又可以进一步细分为劳动力市场、资本市场和土地市场。这些市场各自的发育水平和彼此之间的耦合度,构成一国市场结构的重要特点。在发展中国家,商品市场的发育水平高于其他市场,但整体上仍落后于经济发展水平的要求;劳动力市场分散,功能不健全,不能有效地调节发展中国家大量剩余劳动力的转移;金融市场发育迟缓,导致经济发展过程中的"金融抑制";土地市场在许多国家根本不存在,自然资源以远低于其实际价值的价格,被盲目开发利用。

发展中国家市场成长不足的根本原因,在于分立产权的缺位。市场运行要以分立的、有保障的产权为其制度前提。要实现市场成长,产权还必须是"正规化"的,以普遍接受的、超个人的、法律法规的形式表现出来。现代经济增长的出现,正是广泛存在的正规产权使大规模的、低成本的交换成为可能,并使专业化水平和生产率水平不断提高的结果。在这种意义上,人们或许可以认为,发展中国家缺少的不是市场,而是产权。完善产权制度、加快市场成长,应该是发展中国家的一项重要任务。

第二节 政府与市场之间的关系

一、国家、政府及其关系

所谓国家(State),从广义上讲,是指拥有法律强制手段的一套机构,这种强制力可以在既定的领土及其社会之内行使。国家在其领土之内享有制定法规的垄断权,它通过有组织的政府来实现。

政府(Government)一般被界定为执行国家权力、进行政治统治并管理社会公共事务的机关。① 广义的政府是国家(包括中央和地方的)立法、行政和司法等公共权力机构的总合。每一系列权力机构都有它的既定作用。其一是立法

---

① 资料来源:http://bk.baidu.com/view/78407.htm。

机构,它的作用是制定法律;其二是执行机构(有时被称为"政府"),它的职责是执行法律和行政管理;其三是司法机构,它的职责是解释和应用法律。狭义的政府仅指一个国家(包括中央和地方)的行政机构。在日常运用中,我们经常交叉或并列使用国家和政府这两个概念。

根据三权分立的程度以及行政管理机构内各部门组织的构成特征,可以把政府的形态划分为以下三种类型:

(1) 权威主义型政府。其特征是:三权以及政府的各部委均为"最高权力"所支配的高度集权型政府形态,民间企业通过直接向最高权力施加影响来实现自己的利益。此种政府形态在东南亚的几个国家里可以见到。

(2) 关系依存型政府。其特征是:三权分立程度低,特别是立法与行政高度统一而司法过程缺乏效率。行政管理系统的各部委之间的管辖范围区分严密,各部委与所管辖范围内的民间企事业团体之间形成了长期的关系。日本政府属于这一形态。在那里,政府内部不同派系之间的相互监督和制衡关系排除了政治上的独裁统治。

(3) 规则依存型政府。其特征是:三权分立的程度高,各部委具有中央集权型的组织形式;三权分立的结果使得立法当局的立法留下的操作空间小,司法的独立性也较高;而且,由于各部委之间的管辖范围区分并不严密,部委之间的竞争比较激烈,各种社会团体和民间组织对于政府具有较大的谈判力;由于立法比行政发挥的作用大,民间很重视在立法当局的政治活动。

判断一个政府好坏的最重要的标志就是,政府能不能保证国家和人民的根本利益以及国家安全,如不能保证就会丧失其基本合法性。

二、政府作用的有效性

第二次世界大战以后,世界各个地区的政府规模和职责范围都不同程度地扩大了。老牌工业国中政府支出目前几乎占其总收入的一半,其中福利国家的这一比重更高;发展中国家的这一比重大约为 1/4,其中许多国家或地区采纳了政府主导的发展战略。人们关于政府作用的观念已发生了巨大的变化。在 20 世纪的大部分时间内,人们曾指望政府能做更多的事情。但自 20 世纪 80 年代以来,政府所面临的情况经常发生变化。例如,绝大多数福利国家出现财政危机和福利病;在东亚经济"奇迹"中发挥积极作用的政府与东亚金融危机的关系似乎甚密;苏联、东欧等中央集权的计划经济转向市场经济,政府角色随之面临重大转变,等等。尽管政府的作用随运作环境的改变而改变,但是有两点认识却是相对不变的,这就是:第一,市场失灵为政府干预提供了强有力的经济论据。当然,近期和历史上绝大多数成功发展的范例表明,政府干预不是取代市场,而是通过与市场合作来纠正市场失灵。第二,政府关注社会公平目标,始终保留着提供公共物品方面的独特作用,从而推动经济和社会发展。许多国家发展的经验教训表明:如果没有有效的政府,经济的、社会的和可持续的发展是不可能的。一个有效的政府对于提供商品和服务以及规则和机构是必不可少的,这些商品和服务可以使市场繁荣,使人民过上更健康、更快乐的生活。

所谓有效政府,就是关注于做那些与其能力相适应的公共活动的政府。这就意味着:第一,有效政府不等于规模巨大的政府。在过去几十年的发展中,许多发展中国家的政府因过多干预经济而招致失败,因此,当政府能力很脆弱时,政府如何进行干预及在什么地方进行干预就需要仔细研究。政府必须将它所具有的能力集中于它能够而且应该完成的任务。在完成这些任务之后,政府就可以注重于建立另外的能力。

第二,有效政府并不等于小政府。在当代无论发展中国家还是发达国家,政府干预常常招致失败,因此所有国家都不同程度地采取了有利于市场机制的根定性转变。许多新古典主义经济学家认为,所有这些改革的逻辑终点就是建立一个最低纲领派政府即小政府。尽管这样的小政府做不出什么坏事来,却也做不出什么有益于发展的事情来。

第三,有效政府在经济与社会发展中的中心地位,不是作为增长的直接提供者,而是作为合作者、催化剂和促进者来体现的。这就要求:一方面,政府不应替代市场,而应是补充市场、促进市场发育和发挥作用。另一方面,减少或淡化政府在经济生活中发挥作用不应是改革的终点。毫无疑问,一个国家或地区的经济发展主要应依靠民间和企业的作用,但是如果需要更有效地满足广泛的集体性需求,就必须要求政府发挥更大的作用。

三、发展中国家的政府与市场之间的关系

从经济发展进程来看,一般低收入国家在早期的发展阶段更多的是依靠计划和政府干预,因为这些国家缺乏实行市场经济的制度环境和文化前提,并且它们在将来还面临着主要的结构变化;中等收入的国家则逐渐地转变为更多地以市场为导向的经济,尽管它们仍将保持那种政府广泛参与的混合经济模式;而那些处于发展后期的国家,例如东亚和拉丁美洲的新型工业化国家和地区,则已经具备了在更大程度上依靠市场机制的条件。但是,即使是这些国家,在追求经济和社会的长期发展目标时,也必须考虑依靠政府来配置资源和收入再分配。

近几百年来市场经济发展的历史也证明,纯粹自由放任的市场经济和中央控制的计划经济都是行不通的,迟早要进行变革。因此,对于当代发展中国家

而言,应该采用"政府主导的市场经济"或"政府指导的市场经济"。从许多发展中国家的经验看,政府与市场的关系是:在那些可以发挥市场功能的领域,或者是通过一些办法能够促进市场运行的地方,政府应该尽量减少干预。同时,在那些不能依靠市场的领域,政府应当发挥更大的作用。政府并不一定要做到规模最小,而应该更重视通过促进市场或引导市场来发挥其作用。

对于许多发展中国家来说,需要借助市场机制来促进经济增长和发展,但它们不能坐等市场机制自动地运行,而需要有能力的政府机构来指导与发展市场。让市场运行是一个比"矫正价格"、"私有化"、"解除控制"之类的口号所包含的意义更为复杂得多的过程。在大多数情况下,让市场运行不仅涉及企业行为方式的根本转变,而且涉及政府发挥其职能的方式的重大变化。要促使市场有效地运转,必须建立起一个相适应的制度框架。由于制度框架在很大程度上是由政府决定的,所以事实上,市场运行的质量取决于政府的有效作用,而不是简单地自由放任市场本身。东亚经济政府主导发展的经验与教训充分说明了这一点(参见专栏5-2)。因此,发展中国家的政府在经济发展中的一个重要作用在于:建立那些支持市场而不是反对市场的制度,与此同时,根据发展情况的变化,促进市场和引导市场来发挥其作用。

专栏 5-2

东亚经济模式:政府主导型发展

东亚经济被概括为政府主导型发展模式,其特点是:① 国家领导权由有决断力的、相对不腐败的、主张发展的精英掌握;② 国家面对国内特殊利益集团保持相对的自主;③ 存在强大而且有能力的官僚队伍;④ 市民社会无力对抗国家;⑤ 在民族资本或外国资本具有影响力之前,国家权威和自主性就得到了巩固。在整个经济发展进程中,政府(国家)不遗余力地采取各项政策措施,建立制度环境来支持对外开放和经济发展。总之,政府在经济发展中起着积极的核心作用。

从20世纪90年代中期开始,以 P. 克鲁格曼(P. Krugman)为代表的一些学者开始对亚洲经济发展模式的可持续性提出了质疑。他们把东亚国家的发展类同于苏联模式,认为其高速增长来源于资源的高投入,而不是生产力的提高。毫无疑问,这种看法从一个侧面揭示了东亚经济发展所存在的弱点,但是忽视了东亚经济增长的社会政治原因。金融危机爆发后,对亚洲模式的全盘否定声音更加响亮,亚洲模式被简单地称为"裙带资本主义"模式。国家以及国家和企业之间的密切关系,过去曾一度被认为是经济增长的推动力,然而在一夜间却被看成是危机的罪魁祸首;过去十几年出现的汗牛充栋的讨论东亚奇迹的文献,在危机中似乎成了满纸荒唐之言。

显然,因为一场危机而完全否定过去的一切,无论对于研究者,还是对于这些国家的政府,尤其是那些为经济增长付出辛劳和血汗的广大东亚劳动者来说,是极其不公平的。应该指出,东亚经济所代表的政府主导型发展模式所取得的巨大成功,是无可辩驳的事实,这是我们反思和评价发展型国家的基本前提。东亚经济的发展有着非常明显的独特性,这在很大程度上决定了这种模式的不可复制性。但这不意味着从该模式所导引的一些基本原则性经验不具有启发性和借鉴意义。实际上,东亚经济的发展在一定程度上为我们提供了一个在开放经济环境下,如何协调好市场与政府的关系,以及发挥好政府的适度职能的范例。因此,从东亚经济发展案例来看,发展中国家的政府在经济发展中发挥作用的基本经验和教训,可以概括为如下几个方面:

(1) 政府在积极参与和有效利用世界市场方面可以发挥主导作用。虽然美国市场对东亚各经济实体的优惠具有一定的特殊性和冷战特征,但是不能否认东亚诸国和地区政府实施出口导向战略所带来的重要意义。政府只有积极参与世界市场,才能了解市场的需求,并有效地利用自己的比较优势,实现资源的合理配置,获得本国无法在短期积累的资金、技术和管理经验。

(2) 政府在确保社会政治秩序稳定的同时,应不同程度地参与经济活动。首先,政治秩序的维持是市场有效运行和整个社会稳定的基本保障,但是秩序的获得不是简单地通过政治压力完成的。其次,政府对社会收入的平衡进行有效干预,可以防止两极分化的明显化,减弱社会内部的矛盾和冲突,在保证政府政权稳定的同时,确保了社会冲突的相对弱化。同时,另一个不容忽视的事实是,东亚经济体中较为完善的市场机制的存在,与政治体系构成了有效的互动关系,从而为经济增长提供了更为全面的激励因素,在一定程度上制衡了政治体系的过度干预。

(3) 东亚金融危机的教训表明,政府必须随着经济发展阶段和经济环境的变化而及时地转变职能。第二次世界大战后,东亚各国或地区政府对经济积极进行干预,促进了经济起飞。这种积极干预经济的特征是:政府、银行、企业三者之间相互依赖,并形成了"官、银、企"三位一体的体制。随着市场机制在经济生活中作用的增强,政府应该逐渐从微观经济领域退出,而不应直接插手银行信贷业务,也不应为企业贷款提供担保,要真正做到"政企分开"、"政银分离"、

"银企独立"。换言之,政府应从对企业经营的直接干预转向为企业提供各种服务,应从对银行和金融机构业务活动的直接干预,转向健全金融制度,加强金融监管,防范金融风险。当然,为了适应政府职能的转变,还必须进行政治体制改革,依法治国,根除大量"寻租"行为和"官商勾结"等腐败现象。总之,政府在经济和社会发展中,不应作为增长的直接提供者,而应作为合作者、催化剂和促进者。

第三节 发展中国家的政府职能

一、政府职能的主要内容

世界银行《1997年世界发展报告》把政府的职能划分为三个层次(参见图5-1),每一个层次的职能对应着相应的经济发展水平和政府能为发展提供基础条件的能力。

	解决市场失灵问题			促进社会公平
基本职能	提供纯粹的公共物品: 国防 法律与秩序 财产所有权 宏观经济管理 公共医疗卫生			保护穷人: 反贫穷计划 消除疾病
中型职能	解决外部效应: 基础教育 环境保护	规范垄断企业: 公用事业法规 反垄断政策	克服信息不完整问题: 保险(医疗卫生、养老金) 金融法规 消费者保护	提供社会保险: 再分配性养老金 家庭津贴 失业保险
积极职能	协调私人活动: 促进市场发展 集中各种举措			再分配: 资产再分配

图5-1 政府的职能

第一层次:基本职能。政府能力低的国家必须将注意力首先集中在基本的职能上,包括提供纯粹的公共物品和保护穷人两方面。最基本的一项工作就是制定正式的规则,包括法律和规章制度。如果没有国家的干预,这些基本活动就得不到保障,一个经济社会的发展就无从谈起。

第二层次:中型功能。除了上述基本服务之外,政府将提供一些中型功能,主要包括外部效应的管理(比如污染)、制定垄断行业的法规以及提供社会保障(养老金、失业效济金等)。在这一层次,政府不仅干预,而且应干预得更好。政府可以与市场和市民社会形成合作关系,以保证这些公共物品得以提供。

第三层次:积极职能。有较强能力的政府可以发挥更积极的职能,例如,政府可以通过适度运用产业政策和金融政策来促进市场的发展。

对于广大发展中国家而言,政府可以在哪一个层次上发挥其积极作用,在很大程度上与其能力相关。

从过去许多国家(包括发达国家)的经验来看,政府要发挥其有效作用必须注意以下三个方面的问题:

第一,虽然在保证提供基础服务——教育、医疗卫生和基础设施方面,政府仍发挥着中心作用,但这并不表明政府必须是唯一的提供者或提供者之一。政府对这些服务提供融资和调控管理的选择必须建立在市场、市民社会和政府机构相对力量的基础之上。

第二,在保护社会承受力差的人时,各国必须更明确地区分保险与援助。保险,比如说防止周期失业保险,其目的是帮助家庭的收入和消费在市场经济不可避免的上下波动中保持平稳状态。而援助,比如以工代赈计划或食品补贴,其目的是为社会中的赤贫者提供最低限度的支持。

第三,随着经济发展水平的提高,政府的管理调控作用比以前更为广泛、更为复杂,它不仅包括环境和金融等领域,而且也包括一些更加传统的领域,如垄断行业等。法规的设计必须适应政府制定法规机构的能力以及市场的复杂性,并更加注重个人的责任。

无论在哪个层次,政府在改善人民生活水平中都发挥着重要的作用。从古罗马的清洁用水和卫生设施系统到20世纪消灭天花病,在医疗保健和卫生领域,政府的公共行动在公共医疗方面取得了一个又一个的突破。通过提供基础设施、安全保障以及稳定的宏观经济环境,政府长期以来在促进持续的发展收益方面发挥着重要作用。由于政府的积极支持,近现代科学和技术取得了长足的进展,20世纪发生的以因特网技术为代表的信息技术革命就是一个成功的范例。

二、发展中国家政府的经济职能

发展中国家的政府应遵循一条基本原则:政府的作用是补充市场,而不是代替市场。换言之,政府应致力于促进市场的发展。政府的职能应该是就业和经济活动的推动者,而不是供给者;应该是市场的守夜人,而不是公共部门的庇护者;应该是赋予经济主体和个人权利的力量,而不是阻碍他们发展的力量;应该是关键性公共服务和产品的供给者,而不是企业补贴和信贷的供给者。政府职能转变应逐渐从中央试行向地方延伸。①

经济工作的重点在于如下几个方面②:

1. 对人力资本投资

提高人民的教育和健康水平对经济发展来说是至关重要的。因此,增加对人力资本的投资,并提高这种投资的质量就成为经济发展计划的一项核心内容。但在许多发展中国家,特别是一些贫困国家,由于缺乏依靠市场向人们提供足够的教育、健康保健、营养和家庭援助计划的能力,因而,政府在人力资本的投资方面更应发挥主要作用。

2. 使微观经济充满竞争

国内和国际的竞争可以不断地刺激创新、技术的传播和资源的有效利用。在许多发展中国家,工业许可证的体系、对进入或退出某些行业的限制、关于破产和就业的不适当的法律规定、不成熟的产权以及价格控制等,都将削弱竞争,阻碍技术的进步和生产率的提高。因此,政府的经济职能应重在培育和扶持竞争体制,主要工作包括:制定一套确保竞争的规则体系,明确界定并始终保护法律和财产权利。另外,对基础设施(如灌溉系统和公路)的公共投资也是非常重要的,何况这些投资本身的回报率也是很高的。

3. 促进对外开放

对外贸易曾被一些发展经济学家看做是经济增长的发动机。的确,经济上的对外开放对于鼓励国内的生产者采用新技术以降低成本和开发新的产品是非常重要的,国际竞争对于提高国内经济的效率起到了决定性的作用。通过消除国际贸易的壁垒,一个国家自己所拥有的人口数量不再是达到更大经济规模的制约条件。例如,在 20 世纪 80 年代末期,新加坡大约只有 270 万人口,每年出口的制造品的价值大约为 350 亿美元——几乎是拥有大约 14 700 万人口的巴西的两倍,或者是拥有大约 8 500 万人口的墨西哥的三倍。因此,发展中国家的政府,在充分考虑本国具体情况的前提下,应努力减少非贸易壁垒并降低关税,以扩大对外开放的程度。

4. 保持宏观经济的稳定

对政府来说,它应该提供的一个最重要的公共物品就是一个稳定的宏观经

---

① 参阅世界银行:《中国:推动公平的经济增长》,清华大学出版社 2004 年版,第 80—81 页。
② 参阅世界银行:《1991 年世界发展报告》,中国财政经济出版社 1991 年版,绪论。

济环境。一些国家(包括阿根廷、玻利维亚、加纳、菲律宾和土耳其)的经验表明,宏观经济的稳定是增强私人部门信心以刺激持续的经济增长的一个基本条件。为了保持宏观经济稳定,发展中国家的政府在控制政府支出和抑制通货膨胀方面应有更大的作为。

5. 保护环境

当前,许多发展中国家都面临着严重的环境问题。亚洲的绝大多数国家都是发展中国家。近几十年来,亚洲在发展经济方面取得了巨大的成就,创造了所谓的"亚洲奇迹",然而,这种"奇迹"的取得大多数是以环境的日益恶化为代价的。许多专家认为,亚洲的水是全世界最脏的,它的空气是全世界最污浊的,其过度渔捞最令人担心,而它的珊瑚礁也消失得最快。联合国的一项调查表明,在全世界污染最严重的 15 个城市中,有 13 个在亚洲。另外,据世界卫生组织和世界银行估计,亚洲每年仅死于空气污染的人就达 156 万,这还不算每年死于水质污染和卫生条件恶劣的 50 多万人。面对环境日益恶化的严酷现实,发展中国家的政府应予以高度的重视,绝不能一味地追求经济的高速增长而忽略了对环境的保护,因为环境的改善本身就是经济发展的一项重要内容。因此,发展中国家的政府应汲取工业发达国家那种"先发展经济,后治理环境"的教训,在保持一定的经济增长速度的同时,努力保护和改善环境,实现可持续的发展。

第四节　政府干预行为与寻租问题

一、政府干预行为及其问题

政府在社会经济中主要通过各种社会经济政策来发挥作用,因此,制定何种政策以及如何制定政策就显得十分重要。根据新政治经济学的观点,政府成员(包括官员和管理者)对政策目标和手段的选择同样应遵循理性的自利原则,并且应该把经济市场和政治市场结合起来进行分析。如果从纯经济和社会公众利益角度考虑,政府政策决定者应接受经济学家的预测和治理方案。但在现实生活中,政策决定者还会受到两类政治力量的影响:一类是来自社会的政治力量,或称作"以社会为中心的"(Society-centered)政治力量,这些力量包括三个分支,即新马克思主义或依附理论所强调的阶级力量、公共选择理论所强调的利益集团,以及党派和选民。在这些政治力量中,政府是消极的、被动的。另一类是来自"以国家为中心的"(State-centered)政治力量,它们也包括三个分支,即技术专家官僚、政治官僚和国家利益集团。显然,在后一类政治力量中,政府的作用是积极的、主动的。新政治经济学分析认为，在一些西方发达国家，"院外集团"（以社会为中心的政治团体组合）对政策决策的影响较大；而在一些发展中国家（尤其是东亚和东南亚地区）政府权力较大，容易产生相应的不良活动，如寻租行为、直接非生产性寻利活动、国有企业特殊照顾、政治化的信贷配给，等等。

由于各种各样的原因，政府直接干预经济会产生各种各样的缺陷，并且在不同的地方会以不同的形式表现出来。这里我们把发展中国家政府干预经济所产生的一些问题归纳如表5-1所示。

二、寻租问题

在早期的发展文献中流行着这样一种观点：一个良好的政府只以社会的利益作为自己的行为目标，并且具备了所必需的信息、知识和政策工具，因而能够以一种最优的方式来纠正市场的失败，从而保证社会沿着可持续的道路发展。这种观点即使不是完全脱离现实，至少也是过于乐观了。事实上，政府似乎是被那些更关心收入再分配而不是经济增长和发展的游说者和利益群体操纵着。政府对经济的干预往往导致大量资源从生产领域转向分配领域，用于"寻租"。

表 5-1　发展中国家政府干预的问题

1. 个人通常比政府更知道他们自己的偏好和条件。
2. 政府计划通过指定每一个人都站在同一方面而增大了风险——政府可能比市场犯更大的错误。
3. 由于复杂的决策机制可能涉及政府，因而政府的计划与私人制订的计划相比更僵硬，更缺乏灵活性。
4. 政府可能不能管理详细计划。
5. 如果存在许多官僚主义阻碍的话，政府控制可能会阻碍私营部门个人的积极性。
6. 机构和个人要求对工作、创新、成本控制及有效分配给予激励，在公共企业和机构内部市场规则和报酬不能轻易地加以规定。公共企业通常是低效率和浪费的。
7. 各级政府和政府各部门由于缺乏由市场提供的平衡信号而无法很快地协调，特别是涉及不同利益团体和地区时。
8. 市场对于能由政府做到的事情设置了限制，例如，黑市上的商品零售、套利转卖和在非正规部门的灰色活动，都可能破坏定量配给。这是"激励相容"的一般问题。
9. 管制创造出一个使用资源的活动，并通过疏通和腐败——通常被称为寻租或直接的无生产率的活动——来影响这些管制。
10. 计划可能是由按他们自己利益行事的特权阶层制定的，计划创造了一个既得利益阶层，如拥有保护地位的官僚或工业资本家。
11. 政府可能是由只对其自身福利感兴趣的狭窄的利益阶层所控制，他们通常对大多数人民充满敌意，计划可能加强了他们的权力。

资料来源：改编自 Nicholas Stern，"The Economics of Development：A Survey"，*Economic Journal* 99(1989)，pp.597—685。

1. 经济租与寻租

如果从社会效益的角度看,人类追求自身经济利益的行为大致可分为两大类:一类是生产性地增进社会福利的活动,如人们从事的生产活动、研究与开发活动,以及在正常市场条件下的公平交易买卖,等等,我们称之为寻利(Profit-seeking)活动;另一类是非生产性的、有损于社会福利的活动,它们非但不能增进社会财富,还白白地消耗了社会经济资源。例如,个人或利益集团为了谋取自身经济利益而对政府决策或政府官员施加影响,往往涉及钱权交易。我们把这种非生产性的追求经济利益的活动,称为"寻租"(Rent-seeking Activities)活动,或直接非生产性寻利(Directly Unproductive Profit-seeking,DUP)活动。

所谓租(Rent),亦称经济租(Economic Rent),原指一种生产要素的所有者获得的收入中,超过这种要素的机会成本的剩余。如果某个产业中要素收入高于其他产业的要素收入,这个产业中就存在着该要素的经济租。在自由竞争条件下,租的存在必然吸引该要素由其他产业流入有租存在的产业,因此,在要素流动不受阻碍的情况下,任何要素在任何产业中的经济租都不可能长久稳定地存在。

寻租活动就是那种维护既得的经济利益或是对既得利益进行再分配的非生产性活动。在现代社会中,寻租行为往往采用阻碍生产要素在不同产业之间自由流动的办法来维护或攫取既得利益。例如,当一个企业家开拓了一个市场后,他可能寻求政府的干预来阻止其他企业加入竞争,以维护其独家垄断地位,确保所创造的租金不致扩散。又如,一些企业明知另一些企业拥有比它们更先进的管理和技术,不是下工夫去向后者学习,而是想方设法诱使政府采取保护政策,阻止那些先进企业加入竞争,以维护自身的既得利益。

这几种寻租活动的共同特点是:第一,它们造成了经济资源配置的扭曲,阻止了更有效的生产方式的实施;第二,它们本身白白耗费了社会的经济资源,使本来可以用于生产性活动的资源浪费在这些于社会无益的活动上;第三,这些活动还会导致其他层次的寻租活动或"避租"活动。例如,如果政府官员在这些活动中享受了特殊利益,政府官员的行为会受到扭曲,因为这些特殊利益的存在会引发一轮追求行政权力的浪费性寻租竞争;同时,利益受到威胁的企业会采取行动"避租",与之抗衡,从而耗费更多的社会经济资源。

2. 经济租的来源和寻租的特点

当政府借助于法律手段和行政权威,强制性地直接干预经济活动时,经济租金以及追逐租金的现象就会应运而生。在混合经济中,租金的来源有三种情况:

第一,政府"无意创租"。也就是说,政府为弥补市场的不足而干预经济生

活时产生的租金,由于干预的方式方法不当,造成了协调失灵,使该租金无法消散,这可以说是好心办了坏事,是一种主观与客观相脱离的表现。

第二,政府"被动创租"。这种情况发生在不健全的民主政体下。由于受利益集团的左右,这种体制中的政府成了某些利益集团谋取私利的工具。当政府通过并实施一些能给特殊利益集团带来巨额租金的法案时,客观上就在被动地为这些利益集团服务。

第三,政府"主动创租"。在市场经济的不发达、不成熟阶段,政府官员利用行政干预的办法来增加某些行业或企业的利润,人为地制造租金,诱使寻租企业向他们进贡(准赞助),作为获取这种垄断租金的条件。同时,政府官员还会故意提出某项会使一些企业利益受损的政策或规定,迫使企业割舍一部分既得利益给他们(准摊派、抽租),以求其高抬贵手,这实质上是一种变相的权钱交易。

在市场发育程度较低、行政干预广泛存在的市场经济发展初期,如西欧18世纪重商主义时代和当代的某些发展中国家,寻租活动最容易蔓延。某些发展中国家贪污腐败行为盛行和工商界不法活动猖獗的原因就在于,政府运用行政权力对企业和个人的经济活动多方面地进行干预和钳制;同时,这种行政特权掌握在政府官员手中,他们具有很大的自由裁量权。这种设置特权体制的活动,我们可称之为创租。创租不仅破坏了平等的竞争规则,而且还造成了寻租的可能。由创租到寻租,产生了一个腐败蔓延的恶性循环圈和一批靠寻租活动发财致富的官僚富豪集团。当这种权贵资本在一个国家居于统治地位时,就造成了许多寻租机会。大量社会财富被少数人侵吞,造成贫富过分悬殊,社会的安定也因此无法得到保障。

寻租活动的实质,就是寻租者利用各种合法或非法的手段取得占有租金的垄断权。这种寻求直接的非生产性利润的活动(寻租活动),又可在三个层面上分别展开:第一层面的寻租活动,是指通过向政府行政官员进行游说、疏通、"走后门"、行贿等手段,促成政府对经济的行政干预,从而产生租金并获取该租金的活动;第二层面的寻租活动,是指由于第一层面的寻租活动给政府官员也带来了好处,使他们看到了权力的含金量,从而吸引人们耗费精力和钱财去争夺政府行政官员职位的活动;第三层面的寻租活动,是指当政府采取措施将暗租金转化为政府的财政收入,而这些租金收入尚未以某种无差别的方式通过预算分配时,各个社会利益集团为了这笔财政收入的分配有利于自己而展开竞争。

3. 发展中国家的政府干预与寻租问题

许多发展中国家经济的不发达往往与市场不良运作以及由此引发的寻租活动有关,当一国市场经济在正常运作受到抑制时,该社会的制度机制将引导生产性资源向非生产性方向配置。在发展中国家,政府主动创租的行为十分普遍。由于政府把精力放在了自己的功能领域以外,结果自己分内的事情反而没有办好。例如,发展中国家的基础设施和公共服务普遍匮乏,办事效率低下,关卡林立,审批程序冗长,就是很好的例证。此外,过高的税收、政府对经济事务过多的干预、过于繁杂的行政管理系统、低下的行政工作效率,等等,都可能产生鼓励生产性资源做非生产性应用的机制。比如,过高的边际税收率不仅使生产性活动的报酬减少,而且使避税活动的收益增加,促使人们在地下经济中工作,结果反而使税收减少,同时也使其他非生产性活动的报酬相对增加,从而使生产性活动减少,非生产性活动增加。

在发展中国家,政府对经济的干预要比发达国家严重得多,政府不仅可以通过各种法令、规章来影响企业和个人的经济决策,政府本身还拥有相当大的资产,拥有直接的经济决策权,因此为寻租活动创造的机会也就较多。企业家如果没有寻求租金的行为,往往就不能进入国家的许多经济活动领域。争夺性的寻租竞争导致经济在生产可能性曲线以内运行。在发展中国家,往往过多地强调国情的特殊性,对于不完善的市场制度不是设法去完善它,而是以此为依据强调政府对国民经济全面干预的必要性。

应该说,政府对经济生活的干预是现代市场经济不可缺少的一部分,在我国现阶段也需要强调这一点。因为:第一,建立有中国特色的社会主义市场经济体制需要国家来参与,如果任凭其自由发展,就会出现无序现象,不利于经济健康发展。第二,在市场经济的高度发达阶段,经济对政府干预的要求较低,反之,后起的发展中国家则对政府干预的需求较高,我国所处的阶段无疑对政府干预的要求要高一些。当市场机制较为健全和完善时,政府可放手的范围就较大;否则,放开后就会出现紊乱的局面。第三,经济落后的国家要争取在短期内赶上发达国家,发挥后发优势,避免重走老牌资本主义国家曾走过的弯路。没有国家产业政策的引导,市场秩序的治理是不行的。然而,过强的政府干预会形成一种悖论:一方面,我国社会主义初级阶段的市场经济需要保持较强的国家干预力量,这为寻租的盛行提供了温床;另一方面,为了反寻租,必须降低国家对经济生活的干预程度,从而减少政府的无意创租、主动创租和被动创租。

事实上,反寻租不必以削弱政府对经济的干预为前提,关键在于政府对经济的干预不能造成垄断,这就需要进行制度创新来消除制度租金。

第一,规范政府行为,针对信息不对称问题,努力提高社会经济活动的透明度,减少寻租机会。政府干预越多,政府官员的权力就越大,官员寻租也就越便利,有人把寻租的官员称为"寻租企业家",他们把自己的才能和资源都用于寻租,以扩大其积累财富和权力的能力。如果政府予以限制,他们的反应很可能不是收敛其寻租行为,而是转向采取"避免租金损失"的新的更高层次的寻租行为。

第二,调整制度结构,增大寻租成本,降低寻租的比较利益,诱使人们由寻租活动转向生产性活动。为此,需要减少可能引起寻租的政府干预,如关税、配额、价格上限、价格支持、对生产或消费的补贴等;明确界定产权,通过专利、版权等制度,保护科技发明者的权益,鼓励企业公平竞争以获取正常利润;改变投票选举和政治决策制度,加强法制以促使公民普遍参与监督,提高寻租活动的发现概率和惩罚力度,极大地增加寻租成本。

综上所述,缩小乃至消除寻租的可能性空间,这是治本;加大寻租成本,减少寻租的比较利益,这是治标。只有标本兼治,才能取得成效。总之,在现代市场经济中,问题不是我们是否需要政府干预,而是要明确政府应该干预什么、干预多少和怎样干预。

第五节 提升政府能力的战略与途径

在促进经济发展中,政府和市场起着相互补充的作用。在信息不对称、市场竞争不完全的环境下,政府积极而有效地干预,可以提高整体经济运行的效率。如果政府的作用与其机构能力相适应,那么政府就可以对经济发展作出极为重要的贡献。所谓政府机构的能力,是指政府以最小的社会代价采取集体行动的能力。这种能力包括:政府管理人员具有行政或技术能力,政府机构具有有效的激励和约束机制,来促使政治家和公务员按照集体的利益行事。然而,这些能力并不是天生具备的,发展中国家的政府更是缺乏这些能力。因此,要促使政府在经济发展中发挥更大的作用,就必须提升政府能力。

一、建立有助于发挥公共部门能力的体制

建立有利于公共部门发挥能力的体制,对于提高政府的有效性至关重要。但是建立一个有效的体制极为困难,而且不良制度一旦建立起来,可能就很难取消,因为无论这种制度如何低效、如何不公,它所培育出来的强大的利益集团也要极力维护现状。在现有体制下,利益受到损害的人们可能又没有足够的力量改变现状。

为了建立有效的公共部门,发展中国家必须致力于三项关键性基础建设:

(1)培植政府制定和协调政策的核心能力。这就要求建立有利于信息畅通、纪律严明和对决策负责的机制。这种机制一方面能赋予政治家及其专家顾问们制定政策所需要的灵活性,另一方面又能允许利益相关者在他们决策的过

程中提出建议和实行监督。

（2）建立有效的服务提供系统。这方面的改革要求政府工作人员在灵活机动和恪尽职守两者之间作出平衡。对于可以利用竞争方式（即为各类供应商进行实际或潜在的竞争留出余地）和容易明确划分业务范围的经济活动来说，采取市场机制和承包的方式常常可以大大改善服务的提供。在这些领域，通过听取市民的意见和客户的反馈可以形成对改善服务业绩的压力，然而，这最终还是要取决于公务人员的恪尽职守和照章办事。

（3）培养一批积极主动、精明强干的工作人员。勤奋能干的工作人员能为公共部门注入活力，而漫不经心的工作人员则令其死气沉沉。因此，应采取有效措施调动公务人员的工作积极性。这些措施包括：建立基于个人才干的招聘与晋升制度，提供令人满意的工资，并强调集体主义精神。

专栏 5-3

中国下一步改革议程

过去二十多年里，尽管中国经济一直迅速发展，贫困人口也大幅减少，但中国依然面临许多挑战。生产力的提高和就业机会的增加都将有赖于投资环境、金融领域、基础设施和社会服务的大刀阔斧的改革。新的改革议程要求现有制度有所变化。应将企业和银行的社会职能剥离，使银行不再继续肩负国有企业的社会包袱，并且按照商业原则放贷；使企业以市场为基础灵活运作（而不是包罗万象的、地方公共物品的提供者），将住房、教育和医疗等社会保障职能从企业剥离出来，建立公共的社会保障体系，为企业重组扫除障碍，同时增强劳动力的流动性。为了达到上述目标，我们将中国下一步改革所应解决的问题归纳为以下四个方面：① 改善投资环境，为企业的建立和扩展提供良好的条件。制定相关制度以增强竞争力，提高生产力和创造就业机会。② 进一步融入全球一体化进程，促进与外部接轨。③ 改革社会保障和养老制度。④ 增加穷人的机会，消除贫富差距。

资料来源：参见金立群、斯特恩，《经济发展：理论与实践》，经济科学出版社2003年版，第7章。

各国政府都在试验各种从机构上改进服务提供的机制。主要措施有三种：第一，更多地利用市场机制形成竞争压力并提供更多的选择，即允许用户选择服务质量更好或价格更低的服务部门以代替政府提供的服务。第二，在核心公共部门形成的行政机构，应强调在投入物的使用、考核招聘与晋升等方面实行责任制，培养团队精神，以建立和改善工作业绩。第三，通过用户参与、客户调查、公布行业服务标准和其他机制，增强公众舆论的作用，利用外部压力改进服务的提供。哪种机制对改进政府的服务最为有效，既要看服务的特性，也要看政府实行内部或外部承包的能力（参见表5-2）。

表 5-2 改进政府服务提供的机制

环境	服务特性和政府能力		
	可采取竞争方式的服务行业	产出易界定和强制履行合同的服务行业	产出难界定和难以强制履行合同的服务业
私营部门	通过可靠的法规加强市场作用，如发放优惠券	承包给营利性或非营利性机构	
广义公共部门	加强内部竞争规定硬性预算和对国有企业进行产权处置	建立专项业务机构，国有企业公司化和签订可强制履行的业绩合同，加强舆论监督机制	
核心公共部门			明确目的和任务，强化遵守规章制度，加强舆论监督机制

资料来源：世界银行，《1997年世界发展报告》，中国财政经济出版社1997年版，第88页。

例如，就可以进行竞争的服务业而言，诸如大多数商业性产品，以及近年来时兴的电信业和电力生产，市场机制可以产生要求提高服务质量的强大竞争压力。对于某些服务业，政府可以界定其产出，并且能以较低的交易成本承包出去，那么最恰当的方式就是承包给私营公司和非政府组织。

二、约束政府的随意干预和腐败行为

一个有效的政府，能有力地促进可持续发展和减少贫困，但是却不能保证国家干预必然有利于社会。当国家拥有随意干预权力而无法受到抑制时，寻租和腐败的机会就可能层出不穷。因此，所有国家都应该建立和完善这样的机制。根据这种机制，国家机构在为公众利益服务时，以及在与工商界和市民打交道时，能灵活而自觉地减少随意性干预和腐败。

1. 约束官员的随意支配权力,以减少其从事腐败活动的机会

为了减少政府在实施计划方面的随意性,可以采取下列措施:

(1) 明晰法律规则,提高规则的透明度。例如,简单而非歧视性的税制、开支和调控管理方面的法律,能减少腐败的机会。

(2) 实施以市场为基础的计划,以限制管理者的权限。出售供水权和放牧权、排污权以及进口许可证,能够在限制腐败的同时,提高政府活动的效率。

(3) 在政府机构内部引入竞争机制,实行行政管理改革。例如,对政府采购合同采取公开和竞争性的招标,能减少腐败交易的机会;创造出一种相互重叠和具有竞争性的行政司法权,能大大地削弱一些官员讨价还价的能力。

2. 用约束机制制衡灵活性

对改革施加的压力,在任何一个地方都在上升。私人企业家和企业,要求政府行为的可信度建立在运转良好的财产权的基础上。公民要求公共服务的供给反应更为灵敏和更为有效,公共资源的利用更为诚实。与此同时,经济全球化则越来越要求政府能更为灵活,能对不断变化的情况作出反应。如何在制约决策的武断专横时,不会产生损害创新和变革的刚性,最为根本的挑战,就是发明一种能在灵活性与制约之间求得可行的平衡的机构安排。

三、加强政府与民众的沟通,提升政府部门能力

如果一个政府在制定和实施政策时忽视广大民众的需要,它就不是一个有能力的政府。政府即使怀有世间最美好的愿望,但如果它对于大量的群体需要一无所知,也就不会有效地满足这些需要。因此,重振公共机构的活力,就必须从加强政府与民众的关系入手。这就意味着在决策时要倾听群众的声音:向居民、企业组织以及其他集团广开言路,以便使他们有发言权。

增加公民的发言权和参与机会,可以从三个方面改善政府的能力:

首先,当公民在法律框架内能够以正式的或非正式的形式表达意见时,政府就获得了妥善管理所需要的某些信誉。建立起讲信誉的政策,能够在实施政策时具有更大的灵活性,并且有较宽松的时间可以让公民去追求集体目标。

其次,在缺乏市场的情况下,就大多数公共物品而言,群众的呼声能够减少信息问题和降低交易成本,并且迫使公共部门改进服务。

最后,无论政府官员多么尽职尽责、努力工作或一心为公,他们也无法预先准备好公民所需要的所有公共物品和服务。由私人和非政府组织作为补充,提供公共设施和服务就显得十分重要。在公共服务的提供中,非政府组织既可以是合作伙伴,也可以是竞争者。有公民的呼声作为后盾,它们就能够对政府施加有效的压力,以改善公共服务的提供和质量。

四、建立新型国际合作关系,促进国际集体行动

有效的国际合作,能增加机会帮助各个国家面对新的全球挑战。在新的历史条件下,各国政府可以在如下领域开展合作:

(1) 扩大和维系开放的世界市场,减少国际资本流动的风险。许多发展中国家对更为开放的资本市场深表关切,因为突发性资本外逃会影响经济管理的稳定性。

(2) 使基础研究面向发展中国家,尤其是支持发展中国家实施绿色革命。

(3) 通过国际集体行动,提供激励措施,减缓全球性和区域性的环境问题。

(4) 维持和平和避免武装冲突。战争对生命和经济带来的巨大损失是众所周知的。但现有的机制未能成功地避免冲突,或在冲突演变为大规模的人类悲剧以前加以解决。

(5) 提供外援的有效性。将援助与受援国家的政策更紧密地联系在一起,有助于使援助更为有效;对于任何一种规模的外援来说,经济业绩随国内政策和管理质量的提高而改善。

总之,在经济全球化和南北发展差距日益扩大的情况下,发展中国家的政府应致力于建立新型国际合作关系,在更广泛的范围内采取国际集体行动,这对于提升本国政府的能力也具有十分重要的作用。

本章小结

制订和实施发展计划是许多发展中国家政府的一种重要发展工具。从历史上看,既有成功的经验,也有失败的教训。市场机制是一个较为可取的经济发展工具,其作用越来越受到重视,但发展中国家市场发育不足和市场缺乏是一个严峻的现实。

市场运行要以分立的、有保障的产权为其制度前提。发展中国家市场成长不足,其根本原因在于分立产权的缺位。发展中国家缺少的不是市场,而是产权。完善产权制度、加快市场成长,应该是发展中国家的一项重要任务。

政府由三个不同系列的权力机构组成。政府可划分为三种形态:权威主义型政府、关系依存型政府和规则依存型政府。随着社会政治经济环境的改变,政府在经济生活中的作用也在不断变化。如果没有有效的政府,经济的、社会的和可持续的发展是不可能实现的。有效政府,就是关注于从事那些与其能力相适应的公共活动的政府。

政府与市场的关系是:在那些可以发挥市场功能的领域,或者是通过一些办法能够促进市场运行的地方,政府应该尽量减少干预。同时,在那些不能依靠市场的领域,政府应当发挥更大的作用。

政府职能分为三个层次,每一个层次的职能,对应着相应的经济发展水平和政府能为发展提供基础条件的能力。政府的作用是补充市场,而不是代替市场。在经济工作方面,政府的工作重点是:对人力资本投资,使微观经济充满竞争,促进对外开放,保持宏观经济稳定与保护环境。东亚的经济发展表明:政府应在经济发展中适度干预。

政府在干预经济中受到各方面力量的影响。政府直接干预经济也会招致失效,寻租现象就是在不发达市场经济中,政府干预带来的一个显著问题。政府借助于法律和行政权威,运用强制性手段直接干预经济活动,能产生租金,自然就有追求经济利益的活动。寻租活动非但不能增进社会财富,反而白白地消耗了社会经济资源。在发展中国家,政府干预十分严重,寻租也相当普遍,因此,应通过制度创新来消除寻租。

要促使政府在经济发展中发挥更大的作用,就必须提升政府能力。主要工作应包括:① 建立有助于发挥公共部门能力的体制;② 约束政府的随意干预和腐败行为;③ 使政府更接近人民,提升政府部门的能力;④ 建立新型国际合作关系,促进国际集体行动。

关键概念

发展计划　市场机制　市场成长　国家　政府　经济租　寻租　政府失效

思考题

(1) 什么叫发展计划?为什么要实施发展计划?失败的原因何在?
(2) 简要论述市场与经济发展之间的关系。
(3) 什么叫市场成长不足?发展中国家市场不足有何表现?
(4) 什么叫有效政府?如何认识有效政府的含义?
(5) 如何正确认识政府与市场之间的关系?结合发展中国家的工业化实践对这一关系作一简评。
(6) 政府有哪些经济职能?结合东亚经济的经验教训,谈谈如何发挥政府在经济发展中的作用。

(7) 政府干预会产生什么样的问题？

(8) 寻租对经济会产生何种影响？产生寻租的原因是什么？发展中国家寻租问题的根源何在？如何消除寻租？

(9) 如何提升政府部门的能力？

进一步阅读导引

关于发展计划和市场作用的认识，可参阅〔美〕迈克尔·P.托达罗：《经济发展》(第6版)，黄卫平等译，中国经济出版社1999年版，第561—562页；〔美〕威廉·A.刘易斯：《发展计划》，何宝玉译，北京经济学院出版社1988年版；关于市场机制的作用，可参阅 Gerald M. Meier, *Leading Issues in Economic Development*, 6th edition, Oxford University Press, 1995, pp. 536—540。

关于政府与市场之间的关系，可参阅张培刚：《新发展经济学》，河南人民出版社1999年版；世界银行：《1991年世界发展报告》，中国财政经济出版社1991年版；Gerald M. Meier, *Leading Issues in Economic Development*, 6th edition, Oxford University Press, 1995；〔日〕青木昌彦、奥野正宽：《经济体制的比较制度分析》，魏加宁译，中国发展出版社1999年版，第243—253页。

关于发展中国家的政府职能，可参阅世界银行：《1997年世界发展报告》，中国财政经济出版社1997年版；张培刚：《新发展经济学》，河南人民出版社1999年版，第31章；世界银行：《东亚奇迹》，中国财政经济出版社1994年版。

关于寻租问题，可参阅 A. O. Krueger, "The Political Economy of the Tent-Seeking Society", *American Economic Review*, June 1974；J. N. Bhagwati, "Directly Unproductive, Profit-Seeking (DUP) Activities", *The Journal of Political Economy*, Oct. 1982；汤敏、茅于轼：《现代经济学前沿》(第二集)，商务印书馆1989年版。

关于提升政府能力的问题，可参阅世界银行：《1997年世界发展报告》。

21世纪经济与管理规划教材
经济学系列

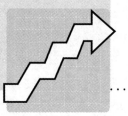

第三篇

发展要素与国际条件

第六章　资源与环境

本章概要

自然资源和环境是经济发展的重要因素和基本条件。在当代发展中国家工业化和现代化进程中，不可再生资源的迅速耗竭和生态环境的严重破坏，都极大地影响和制约着发展中国家工业化和现代化的健康发展。因此，发展中国家面临的十分紧迫的任务，就是要合理地开发和利用资源，并有效地保护环境，实现社会和经济的可持续发展。本章将依次讨论这些问题。

学习目标

1. 理解自然资源在经济发展中的作用；
2. 理解环境与经济发展的关系；
3. 了解用市场激励和约束解决环境问题的方法；
4. 理解我国转变经济增长方式的战略意义。

引　言

近年来，石油价格持续高涨已经极大地影响了全球经济的发展。因此，石油这种自然资源对经济发展的重要性不言而喻。实际上，不仅是石油，其他自然资源也在全球经济的发展中发挥着重要作用。例如，水不仅是人类生存不可缺少的物质，也是农业生产必不可少的资源，而且水力发电也是世界发电的主要方式。此外，环境因素也极大地制约着经济的发展。例如，西亚的美索不达米亚平原曾经拥有世界最发达的农业经济和最先进的文明，但是由于长期的大规模砍伐森林，其土地逐渐沙漠化，其农业优势已经不复存在，先进的文明也随之没落。

随着资源短缺问题的凸显和环境问题的恶化，人们越来越意识到资源与环境对经济社会发展的重要性。如何解决环境问题，实现经济的可持续发展？我国应如何转变经济发展方式，实现经济又好又快地发展？这些问题是人们关心的问题,也是本章将论述的问题。

第一节 自然资源的开发与利用

一、自然资源在经济发展中的作用

所谓自然资源,是指广泛存在于自然界且为人类所利用的生产要素,如土地、水、矿物、气候、生物资源等。根据联合国环境规划署的定义,自然资源是指在一定的时间、地点条件下能够产生经济价值,以提高人类当前和未来福利水平的自然环境因素和条件。自然资源,根据其生成机理和条件、稳定性、蕴藏量等标准,可以分为无限的自然资源和有限的自然资源两类。无限的自然资源是指那些相对于人类社会发展而言比较恒定的自然资源,包括太阳能、风能、潮汐能、核能、水力、全球的水资源、大气、气候等。这类资源是由宇宙因素、星球间的作用力在地球的形成和运动中产生的,其数量丰富、稳定,几乎不受人类活动的影响,也不会因为大量使用而枯竭。但其中某些资源,如大气、水等,会由于人类利用不当使其质量受损。有限的自然资源,亦即可耗竭性的资源,是指那些在地球演化过程的不同阶段形成的资源,其中有些因为蕴藏量固定,长期使用将会枯竭,如石油、天然气、煤炭等化石燃料;有的只是在利用不当时才会枯竭,若利用得当还可以更新,如生物资源。因此,这类资源又可分为可再生性和不可再生性两类。可再生性自然资源主要指生物资源和某些动态的非生物资源,如森林、草原、农作物、野生动植物、海洋生物、土壤、区域水资源及人力资源。不可再生性资源即没有再生能力的自然资源,其中有一些可以借助再循环而重新回收利用,称为可回收但不可更新的自然资源,如金属矿物和除能源矿物以外的非金属矿物。另一类则是一次性消耗、不能回收利用的资源,称为不可回收、不可更新的自然资源,主要是指煤、石油、天然气等能源矿物。

人类的经济活动及发展与自然资源息息相关,可以说,人类社会的发展过程就是不断探索、开发、利用自然资源的过程。从人类利用自然资源看,有些自然资源是人类生活直接的必需品,如空气、淡水、生活燃料等;有些则是生产活动的对象或必要条件。在历史的早期,人类以狩猎、捕鱼和采集果实为生,这是最原始的利用森林资源和渔业资源的方式。随着人类社会的进步、社会生产力和资源利用能力的提高,人类开发利用自然资源的广度和深度也在不断增加,从利用草原资源发展畜牧业,利用土地、水、太阳能等资源从事粮食作物的生产,到人类学会利用各种矿产资源、水能、太阳能、核能开发和研究新材料,均表明人类社会的经济发展不仅始终依靠自然资源,而且为了改善自身的生存环境条件,始终都在探索新的资源,以及善用现有资源的方法。

从自然资源的地域组合与分布状态看,它对经济发展所起的作用也是十分明显的。首先,在某一特定的经济发展阶段,自然资源对国家或地区劳动分工及经济发展的特点、方向和劳动生产率等均会产生重要影响。在人类社会的初期,水资源和食物资源丰富的地区往往就是人类的聚居地。人类文明的发祥地都在大河流域和沿海地区。我们通常所说的地理优势,实际上是自然资源条件的优势。其次,在相同的社会生产方式条件下,自然资源对产业布局的影响往往是决定性的。一个国家、一个地区在选择自己经济发展的突破口,确立经济发展的战略方向和发展模式时,首先要考虑的因素之一就是现有的资源优势。比较典型的是日本,由于其自然资源相对比较贫乏,国家的产业政策就明显地支持资源节约型产业的发展,其工业产品也往往是以小取胜,以节约资源。

当然,随着人类社会的不断进步,自然资源已经不是决定经济发展的唯一重要的因素,在现代社会,实际上已有一些资源贫乏的国家获得了经济发展,而一些资源较为丰富的国家依然裹足不前。这说明,除了资源因素以外,其他因素也不可忽视。然而,对许多国家,尤其对广大发展中国家来说,具有充裕、良好的自然资源依然是经济发展的基本条件之一。

二、自然资源的耗竭

经济发展必然导致资源的消耗。进入工业革命时代以后,工业的发展引起矿物资源的大量消耗。现在,世界资源的消耗速度进一步增加,以前并不稀缺的资源也变得稀缺了,比如,仅仅在数十年前,经济学教科书还把空气和水定义为多得可以自由取用的资源,而今,人们对空气的质量已十分敏感,水资源的匮乏在某些地区已严重影响到人类的生存。我国的南水北调工程、上海及其邻近地区由于过度抽取地下水导致地层下降的问题,说明人类正在为水资源的匮乏付出代价。

种种事实表明,人类经济的发展已经对自然资源的使用构成巨大的压力。究其原因,经济学家几乎众口一词地说是人口增长导致了自然资源消耗速度的加快。第一,人口数量的不断增长,使得在同等消费水平下对资源的需求量同比增加。第二,生活水平的不断提高和传统生产方式与消费模式对资源不加限制地使用,提高了个人资源消耗的平均水平。这两者使得人类资源的消耗速度远远超过了人口的增长速度。第三,资源开采过程中落后的技术手段和生产组织的无政府状态,造成资源浪费,也加快了资源的消耗速度。例如,在我国时有发生的金矿、煤矿的私采哄抢,森林资源的乱砍滥伐,渔业资源的过度捕捞,都是这方面的例证。对于自然资源消耗速度加快这一事实及其原因,经济学家们的意见基本一致。但是,对于"资源耗竭"之说,经济学家们却有不同的看法。如果稍作分类,大致有悲观和乐观两派。

悲观派提出了世界资源不足论、人类未来生活水平不可避免要大幅度下降论、现在消耗的资源就是掠夺子孙后代的财富论三个观点。这一派的代表人物有新马尔萨斯主义者福格特和增长极限论者梅多斯。他们认为,由于地球上的自然资源是有限的,世界人口的急剧增加将使人口与资源之间的矛盾恶化,其结果是,使用自然资源的成本越来越高,人们的物质生活水平显著下降。现在使用的自然资源是对后代的一种掠夺。按现在的资源消耗速度,到21世纪的第二个25年前后,地球上的许多资源将消耗殆尽,人类社会的经济增长将达到极限,全球经济将因此而崩溃。

乐观派的观点正好相反。乐观派认为,世界上的资源只存在分布不均匀或某一两种资源不足的问题,不存在也不会出现重要资源在总体上严重短缺和即将耗尽和枯竭的问题,因为对资源需求的增加会推动人们去寻找新能源、新资源,去发明新的开采、加工和使用资源和能源的技术和工艺,发展各种代用品。从长远来看,人类已经越过了许多极限,资源不会不足,更不会耗竭,只是还有许多界限尚未被突破,无穷无尽的资源正等着人们去发现和开发。人类今后一定会把自然资源的供应扩大到无限。因此,人类不会因为资源短缺而造成经济停滞或崩溃。相反,随着科学技术的不断进步,人们的生活只会越来越好。因而可以预期,子孙后代一定会更加富裕,因此,为后代节省资源就好像要穷人给富人送礼一样。

自然资源究竟是否存在耗竭问题呢?让我们首先来考察一下几种主要的自然资源的存量及其使用状况。

(1)矿物资源。矿物在自然生态系统中并不占重要地位,但在人类生态系统中却不可或缺。人类为了创造新工具,寻找新能源,需要开采利用矿物资源。而且,随着工业化的加速发展,人类将在更深、更广的程度上开发利用矿物资源。然而,地球上的矿产存量是固定的,以铜为例,世界探明的铜矿总储量为3.5亿—5.7亿吨。现在每年要消耗1 700万—1 800万吨,仅够供应20—30年。石油的现有可开采储量约可维持20年,天然气约20—35年。可是,矿物的消耗量增长速度却越来越快。据有关统计,1961—1980年这20年间,全世界共开采铁矿石150亿吨、煤矿600亿吨,分别占过去100年间开采总量的50%和40%。1980—2000年间,全球石油消耗量为40亿吨,是人类开发石油以来的80%。天然气消耗量20亿立方米,是人类开发天然气以来的67%。当然,其中有些矿物是可以回收利用的。

(2)土地。土地是地球陆地表面各种自然要素组成的综合体,是人类赖以生存的立足之地,是人类生态系统的物质供应者和能量调节者。土地的第一个特点是其数量有限,地表面积、陆地面积相对不变,陆地有 20% 为沙漠或干旱地区,20% 为冰川、冻土、草原,还有 20% 是不可开垦的山地,另有 10% 因土壤质量而不宜耕作,只有不到 1/3,即约 150 亿公顷的土地可以耕种。其次,土地的位置固定。它的各种要素固定在一定区域而不可移动。最后,土地资源具有可更新性,可以重复使用,而且土地质量可以提高。目前,土地资源使用中的主要问题有:① 人均耕地面积下降,这一方面是由于人口增长,另一方面则是非农业占用了越来越多的土地,每年因建厂、修路、扩大城市约失去 0.5 亿公顷可耕地。② 土地资源退化严重,主要包括水土流失、土地沙漠化和地质退化等。

(3) 淡水资源。水是自然界生命系统不可或缺的要素,是包括人类在内的一切生物赖以生存的基础。一个人每天要从各种食物和饮品中摄入至少 2 升水。从历史发展的角度看,随着人类物质生活的改善,对水的需求量会呈上升趋势。全世界每年的淡水资源约为 4 500 立方公里,其中只有一半左右可为人类所利用。虽然淡水是一种可再生的资源,但是由于用水量的不断上升,加上淡水资源在全世界的分布不均匀,地球上的淡水资源短缺将日趋严重,区域性缺水问题将更加突出。另外,水源污染、水质恶化,更加剧了水资源的短缺,由此给人类的生活带来严重影响。

(4) 森林资源。森林是以乔木为主体,乔、灌、草多种植物和动物、微生物群体共生相结合,与相应的水、土、气资源共处于同一空间范围的自然资源综合体。森林资源在一定的太阳辐射、热量、水分和土壤环境下,具有不断更新和增殖的能力,是地球生物圈中最大的生产者。森林资源还有多重经济功能、生态功能和社会功能,如来源于森林的木材、果类、香料、饲料、药材均可作为工农业生产的原材料和直接的生活资料。森林吸收二氧化碳释放氧气从而净化空气,还可以防风固沙、涵养水源、保持水土等,为人类和动物提供适于生存的环境。然而,近年来,随着人类经济活动的扩大,人类对资源的破坏日益严重,并不时出现大的森林灾害,由此,森林资源以前所未有的速度减少。从 1958 年到 1978 年的 20 年间,森林面积迅速减少,仅剩 26 亿公顷,不到陆地面积的 1/5。森林面积的迅速减少产生了诸多的严重后果,已给社会生产和人类生活带来了巨大的损害。

(5) 生物多样性资源。生命系统的中心内容之一就是生物多样性,这种多样性有三个层次:遗传多样性、物种多样性和生态系统多样性。其中,遗传多样性是指物种内基因和基因类型的多样性,它是改良生物品种的源泉。物种多样性是指动植物和微生物种类繁多,是人类生存和发展的基础。生态系统的多样性是指生物群落和生存环境类型的多样性。它是维护生物物种生存和进化的基本因素。自工业革命以来,许多国家为了追求经济发展,采用不可持续的生产方式和消费方式,过度消耗生物资源,排放大量废弃物,造成环境污染和生态失衡。主要表现为森林、尤其是热带雨林、沼泽地等动植物栖息地被破坏;温室效应引起全球气候变化;农业为应付人口增长而大量使用化肥、农药和杀虫剂;大量捕杀珍稀动物引起区域性生态失衡等。据联合国环境规划署在《全球多样性》报告中推断,世界生物资源可能多达 1 400 万种,其中作为"种"定下来的只有约 13%,即 175 万种。在这 175 万种中,目前至少有 4 000 种植物、5 400 种动物面临绝种的危险,而微生物的情况现在尚无法弄清。生物链受到破坏,生态系统失衡,无疑将给人类的生存构成严重威胁。

三、自然资源的保护和利用

根据目前世界自然资源的使用状况和各国经济发展的需要,必须采取三种手段建立起自然资源的保护和利用机制:市场机制、政府监督和调控以及国际合作。

1. 市场机制

自然资源的价值,包括自然资源本身的价值和社会投在自然资源上面的人、财、物产生的价值两个方面。根据自然资源的价值属性,以及自然资源的开发利用可以带来收益的事实,我们可以认为自然资源就是一种资产。因此,对自然资源的开发和利用,应当遵循供求法则,按市场经济规律办事,实行自然资源的有偿开发和使用,彻底改变过去那种"资源无限,可以任意开采"的观念,建立自然资源市场,明确界定自然资源的所有权和使用权,以使自然资源得到最合理的开发和利用。

利用市场的调节作用引导自然资源的开发利用,必然涉及自然资源的定价问题。根据自然资源的内在使用价值和外在的有限性或稀缺性等特征,人们已经找到了一些赋予自然资源价格的理论和方法。影响较大的有影子价格法、机会成本法、替代价格法和补偿价格法。影子价格法是针对现行市场价格体系由于各种因素干扰而无法正确地估计某些物品的成本与供求关系的缺陷而提出来的,它不仅包含了正常的经济效益和损失评价,更重要的是它把一些不能用价格准确表示的社会效益和损失也纳入考虑之中。因此,利用这一理论和方法得出的自然资源价格,既能反映该资源在整个经济运行中所起的作用,又能反映所耗费或使用的资源对生态系统的影响。机会成本法则是在成本-效益分析中引入机会成本概念来确定某一自然资源的最优用途,从而达到全面、综合评价该资源使用状况的目的。针对不可再生性自然资源的稀缺性和有限性,有人提出了参照发现、开发和获得替代资源的费用确定某种自然资源价格的替代价格法。对于可再生性资源,虽然它们可以再生,但人类开发利用的规模一旦超过某种限度,就必须辅之以人为的手段促使其恢复更新,由此就会产生一笔"补偿费用"。将这笔补偿费用计入自然资源的价格之中,就是补偿价格法。

上述方法只是自然资源价格确定中的一般思路,对于具体某一种资源,其价格确定往往要根据该资源的具体特性、储量和使用情况来综合考虑。当某种资源有了价格以后,价格就会对资源使用者的行为作出自动的调节,促使人们节约使用稀缺要素,并用丰裕要素来代替稀缺要素,以达到自然资源的合理和有效利用。

2. 政府监督和调控

主要表现在以下几个方面:一是建立自然资源市场,健全自然资源产权转让机制,引导人们合理、有序地开发自然资源;二是通过宏观调控、产业政策,指导人们对自然资源的开采和消费行为;三是组织力量,做好全国范围内的资源普查和核算工作,确定统一的资源评价标准,综合考虑和安排资源的使用和维护工作;四是建立和健全具有权威性的自然资源资产化管理机构,负责全国的资源管理;五是加强法制建设,制定自然资源开采和消费的有关法律;六是加强宣传教育工作,要让全社会充分认识到自然资源的重要性、有限性,自觉树立起自然资源的保护意识。

3. 国际合作

地球上的资源是属于全人类的,如何更加合理地开发利用,应当是全人类的共同事业。要解决自然资源的有限性和需求不断增加的矛盾,就必须加强国际合作。合作的内容主要包括:一是制度和法律建设上的合作,各国应当加强交流,制定切实可行的法律法规,共同监督自然资源的使用;同时,加强合作,共同对付那些置人类长远利益于不顾、破坏自然资源的行为。二是技术和资金上的合作,发达国家有责任和义务帮助发展中国家改进技术,提高资源的使用效率,减少资源的浪费。三是发达国家应当帮助发展中国家发展经济,通过经济发展来提高资源的使用效率,并减少资源的消耗;同时,发达国家要发展替代能源,减少自身的能源消耗。

第二节 环境退化与环境保护

一、环境与经济发展

人类与环境之间存在着既相互依存又相互制约的关系。一方面,人类自身就是环境的产物,是自然界的一部分,人类要依赖自然环境才能生存和发展;另一方面，人类不是被动地适应环境，而是主动地改造自然环境，使其更适合于人类的生存和发展。人类与自然环境两者之间的关系密不可分，人类经济社会与自然环境之间是一个复合系统，将两者割裂开来，甚至对立起来，不仅在理论上是错误的，而且在实践上也是极其有害的，人类在经济发展过程中，如果无视自然规律，必将受到应有的惩罚。

从结构上看，人的生产活动与自然环境共同构成一个统一的环境——经济系统，这一系统中最重要的要素便是人口、资本、资源和技术。这四个基本要素又共同形成三个子系统：环境子系统、经济子系统和技术子系统。环境子系统为人类的生产和生活提供空间、物质、能量、生态等支撑，这是环境-经济系统运行的基础。经济子系统是人类意志的体现，是为人类提供生活所需物品和劳务的投入-产出系统。这是环境经济系统的主体。技术子系统是联结环境子系统和经济子系统的中介环节。这三个子系统之间既相互独立，又相互联系，形成一个有机统一的整体。

二、环境退化问题

现在，地区性的资源耗竭和环境问题正在演变成全球性的问题。拉丁美洲和亚洲的森林砍伐导致了洪水泛滥，化石燃料排放出来的烟尘造成全球气候变暖，这种"温室效应"具有潜在的使全球气温提高到足以改变农业生产布局、提高海平面、使沿海城市受到灭顶之灾的可能性，同时引起灾害性天气频频发生。酸雨破坏了森林、湖泊，以及各国的艺术和建筑遗产，还使大片土地酸化。工业废物正在消耗地球的臭氧保护层，污染大气、水源和土壤，影响生物食物链的循环运转，并可能改变人体和生物的生理组织和结构，进而影响人类的健康。化学杀虫剂、除草剂的使用污染了水源。某些转基因作物的推广和生物农药的使用已造成某些植物基因改变，其影响目前尚不得而知。还有难以分解的塑料的使用已造成了严重的"白色污染"，核泄漏导致核污染，等等。

在这一系列环境退化现象中，又以土壤受到的破坏最为严重：由于重金属矿物的不科学开采和利用，造成大量金属元素进入土壤，改变了土质结构，使其不能正常生产农作物。坡地开垦、植被破坏造成水土流失，同时抬高了河床，堵塞了航道。另外，土地的盐碱化、沙化和草原退化等也很严重。

在环境-经济系统中，经济系统的恶性膨胀已经损害到环境系统。造成目前这种状况的原因，首先是人类对于自己与自然环境的关系认识不足，其次是一些开发利用技术不成熟，但一些学者认为还有更深层次的原因。他们的观点可概括为以下几个方面：

（1）环境退化与人口。人口经济学家认为，地球环境退化是人口增长过快造成的。人口增长快,就会加速自然资源的索取,有时为了生存,不惜以牺牲环境为代价,掠夺自然资源和环境资源。

(2) 环境退化与贫困。贫困是造成环境退化的重要原因。穷人比富人更依赖于自然资源,越是贫困的地区,其对自然资源和环境的依赖程度越高。越是贫穷,就越是希望通过多生育来增加劳动力,提高家庭收入。人口增长只能通过强化使用有限的资源来补充生活所需,尤其是在一些生态脆弱区,如热带森林、干旱和半干旱地区、高山地区,乱砍森林和过度放牧,都加速了环境退化。

(3) 环境退化与国际贸易。自由贸易会增加市场失效的可能性,并使外部性在国家之间传递。穷国正成为富国转移污染的场所。这可以从两个方面找到证据:其一,工业化国家从欠发达国家大量进口的常常是对自然资源依赖程度很高的初级产品,如木材、农产品等。日本的森林覆盖率远比中国高,但却从中国大量进口一次性木碗筷。其二,工业化国家的环境标准通常高于欠发达国家,一些跨国公司便将污染严重的工业迁移到欠发达国家。

(4) 环境退化与经济发展水平。在经济发展过程中,环境存在先恶化后改善的情形。在经济发展的初期,由于经济活动水平较低,环境污染的水平也较低,在经济起飞、制造业大发展的阶段,资源的消耗超过资源的再生,环境恶化。在经济发展的高级阶段,经济结构改变,污染严重的产业停止生产或被转移,经济发展带来的积累可用于治理环境,同时人们的环境意识也增强了,环境治理的技术也提高了,故环境开始改善。这样也形成了一条倒 U 形曲线。

不论造成目前环境问题的真正原因是什么,有一个基本事实是不言自明的,即人类在追求经济发展和增长的同时必须依照客观规律办事,注意环境平衡,否则,经济发展必欲速则不达。

三、解决环境问题的对策

环境-经济系统是由环境、经济和技术三个子系统组成的一个有机整体。解决环境退化问题的思路,理应从"修复"三个子系统着手,重新建立起这三个子系统的协调平衡关系。只有这样,才能最终达到维持环境-经济大系统平衡的目标。为此,我们认为应从以下几个方面入手:

(1) 加强宣传,提高人们的环境意识,让全人类共同行动起来,保护好自己的家园。只有让更多的人认识到环境对人类生存和发展的重要性,了解我们的现实环境状况,关注环境质量,环境事业才会有希望。

(2) 发展循环经济,控制人口,消灭贫困,才是扭转环境退化问题的根本出路。这就需要加强科学技术的研究,发明新的、节约资源的方法来开发利用自然资源,保护环境。这样,既达到发展经济的目的,又不致引起环境问题。

(3) 依靠健全的市场机制控制环境退化。首先，在环境资源的使用方面，要建立资源市场，明晰资源产权，让所有稀缺的环境资源都得到合理的定价，通过价格来规范环境资源的使用。其次，利用有效的经济手段控制污染行为，使环境资源的外部效应内在化。向排放废物和噪音者收取排污费；向使用影响环境质量产品者收取使用费；凡是使用在生产或使用过程中会危害环境的产品者，都必须支付一定的费用。政府发放排污许可证，要排污者先购买许可证；环保部门向具有污染潜力的生产者收取一定的污染预付金，若真的在生产时造成了污染，则不退还预付金；用增税或减税的办法来控制环境污染；环境污染的受害者可以向污染造成者索取赔偿；对采用先进技术进行污染防治者提供低息或无息贷款；运用价格管制来调节或控制企业的经营行为等。

(4) 政府干预。主要包括：制定有关的法律和政策，确保环境资源的有效利用，监督和控制损害环境的行为，通过产业政策、税收政策、外贸政策、人口政策等引导环境资源的利用；建立相关的组织监督企业行为，收集环境信息，为经济决策提供依据；从国家财政中拨出专款，设立环境政策研究、环境技术开发研究基金，建立合理的环境评估体系，推动环境事业的发展。处置已经形成的环境退化现象，如污水处理、植树造林等。

(5) 改进技术。改进技术主要是改进生产技术和环境保护技术。改进生产技术可以提高环境资源的利用效率，减少生产对环境造成的损害。改进环保技术主要是更好地治理已形成的环境问题。

(6) 国际合作。环境保护也需要加强国际间的合作。发达国家应该尽到自己的责任和义务，除了限制向发展中国家输出废弃污染物以及将污染行业转移到发展中国家以外，还要帮助发展中国家发展经济，并提供有利于环境保护的生产技术和改进环境的环保技术。这样做不仅有利于发展中国家，也有利于发达国家自身。

第三节 可持续发展战略

一、发展中国家的弱可持续发展

根据第一章的理解，可持续发展是一种全新的战略，它把人口、资源、环境和经济发展视为一个整体，从全局和长远的角度来考虑发展问题。对发展中国家来说，这种可持续发展的意义更大。这是由于发达国家的工业文明在很大程度上是建立在牺牲发展中国家利益的基础上的，再加上其他一些原因，发展中国家在发展的初期面临着非常恶劣的条件，如资本和技术短缺、生产力水平低下、人口膨胀、自然资源管理体制落后、市场机制不发达等,这就使得发展中国家更难发展起来。也正因为如此,许多发展中国家相继陷入了经济衰退、人口爆炸和生态环境恶化的恶性循环。如果这时不计后果、不惜代价,进行粗放式的发展,过度地破坏资源和环境,其结局更难收拾。但是,这时如果不顾客观实际,把可持续发展的高标准强加到它们头上,既不合理,也不可行,原因很简单:我们不能也不应让一个挨饿的人注意营养卫生。因此,无论是就历史的合理性还是就现实的紧迫性而言,发达国家在可持续发展中都应该承担更多的责任和义务。而对于发展中国家,应适当降低标准,实现弱可持续发展,使它们尽可能在短时间内轻装上阵,实现生产力水平的提高,满足人们的基本生存需要,逐步获得可持续发展的各方面条件。

所谓"弱可持续发展",并不是说发展中国家的发展可以完全不顾生态环境后果,而是指应把发展置于首位,为了发展可以适当降低生态环境要求,减轻它们在保护全球生态环境中的责任和义务。

在实现可持续发展战略过程中存在着许多障碍,首先,人类的经济行为都是在一定约束条件下寻求自身利益的极大化。但可持续发展的战略目标并不是经济人利益函数中的目标变量,经济人面临的约束条件制约着人们作出可持续发展的选择。也就是说,尽管可持续发展符合人类的共同利益,但却不是个人行动的最佳选择。其次,可持续发展战略着眼于未来,它要求的实际上是长期状态下的资源优化配置。然而,现实生活中,经济人考虑的往往是看得见的短期利益。最后,可持续发展是一种整体发展战略,它要求全球范围内的人们协同行动,但由于种种原因,实际上这种全球甚至全国范围内的协同行动都很难达到。

要克服这三个障碍,必须从两个途径入手:一是设法改变约束条件,或者通过教育等手段提高人的素质以改变人的目标变量,使得人的行为与可持续发展的要求相适应。二是在既定约束条件下考虑如何实现长期的和整体的利益,与当前决策者的个人利益最大化行为有机结合。这两个方面都要求充分发挥价格和非价格机制的作用。

二、市场的激励和约束

市场是人类个人利益的角斗场。市场之所以有效率,一个重要原因在于价格机制高效的信息搜集和传递作用;而且,市场自动地对人们的经济行为实行奖惩,以激励尊重市场规律的行为,同时处罚违反市场原则的行为。正像萨缪尔森所说:"竞争制度是一架精巧的机构,通过一系列的价格和市场,发生无意识的协调作用。它也是一台传送信息的机器,把千百万个不同个人的知识和行动汇合在一起。虽然不具有统一的智力,它却解决了一种可以想象到的、牵涉到数以千计未知数和关系的最复杂的问题。没有人去设计它,它自然而然地演化出来;像人类的本性一样,它总在变动。"[①]可持续发展战略的推行,离不开市场竞争机制的作用,只有充分发挥这架机器的作用,才有可能取得相应的效果。在人口过度增长、自然资源过度使用和环境污染等问题中,都可以看出市场机制作用的缺失。

以环境污染为例,环境污染的一个成因是环境产品具有公共物品的属性,这种属性使得理性的经济人具有强烈的搭便车的动机,由此,环境产品的过度消费不可避免。但另一方面,由于外部性的存在,环境污染成为必然,因为理性的企业在决策时只会考虑个人活动的成本和收益,而不会考虑社会的成本和收益,故市场机制本身不会限制人们的污染行为。此外,市场机制也无法让当代人决策时考虑后代人的利益,由于当代人更偏好当前的生产和消费,故发展的代价——环境污染往往被转嫁给后代人。从发展中国家来说,其经济结构往往偏重于污染型的初加工工业,加上市场机制不健全、监测机制不完善、政府管理水平有限,使得污染更成为一个严重的经济社会问题。

目前解决环境问题的思路主要有两种:一是庇古传统,二是科斯定理。前者主张政府干预,后者主张通过界定产权,让市场发挥作用。这两种思路在现代具体体现为四种主要的解决办法:一是收费,根据"谁污染,谁付费"的原则,对排放污染物的企业或其他单位收取排污费。从理论上讲,如果对单位污染物收取的费用恰好等于此污染物引起的损失,就可以把外部效应完全内部化,从而有利于降低企业的排污量。但从实践来说,收费制度涉及几个问题,包括污染损失的计量、污染的监测等,而且企业往往会把污染费计入成本,转嫁给消费者。二是补贴,即向污染企业提供补助,鼓励它们采用环保型生产,减少污染物的排放。这种办法有一定的作用,但也有许多问题,如确定合理补贴额和补贴对象成本高昂,使企业产生依赖政府的心理等。三是责任规则和抵押返还制度。规定每个企业的环保责任,对企业随机抽样检查,对违反排污标准的企业进行处罚;或者向企业收取押金,不符合环保标准的企业不返还押金等。这种办法也有它的不利之处,如存在管理者的道德风险等。以上这些办法实际上都是一种政府干预的解决思路。四是立足于科斯定理,偏重于用市场的力量来解决污染问题。科斯认为,由于环境的产权是不清楚的,所以,市场机制无法发挥应有的调节作用。解决办法是明确产权。在实践中,1977 年,美国采用了补偿制。这是最早的环境产权交易制度。后来,又陆续建立了排污权交易的其他制

---

① 闵智:《市场经济经典全书》,中国经济出版社 1993 年版,第 137 页。

度,通过向企业发放排污许可证,并允许排污许可证自由转让和流通,通过市场自动地调节企业的排污量。这种办法最大的优点就是使企业产生了节约环境物品、削减污染的动机,因为企业若想多排放污染,就要购买额外的排放许可证;当污染物低于许可范围时,它可以通过将多余的排污权转让而从中获益。这种办法实际上采用了分散决策的原则,因而减少了决策时所需要的信息量,由此也就减少了政府干预及"政府失灵"造成的低效率。在这种方法下,市场的调节作用得以发挥。

再以自然资源为例,自然资源的滥用在很大程度上源于自然资源的产权不清。自然资源成为公共物品后,往往被过度开采和使用。在一些发展中国家,自然资源虽然产权明确,但交易市场极不完善,自然资源的价格被管制或被人为地压低,这种状况自然会使资源被人们过度消费。要发挥市场对资源使用的调节功能,重要的是将自然资源界定为具有明确所有的财产,使产权的激励和约束机制发挥作用,这样自然资源的滥用将得到制止。当然,由于在一些情况下,自然资源界定为私有财产不仅不可能,而且即使界定了,也无法执行。在这种情况下,其通过市场机制来交易的成本就太高了,这时只能通过其他手段来规范自然资源的使用。

可见,充分地发挥市场机制的调节作用,是推行可持续发展战略不可缺少的一个重要组成部分。

专栏 6-1

排污权交易在中国的实践

排污权交易成为广受各国关注的环境经济政策之一。20 世纪 70 年代,美国经济学家戴尔斯提出了排污权交易的概念。美国国家环保局首先采用,将其用于大气污染和河流污染管理。而后,德国、澳大利亚、英国相继开展了排污交易政策的实践。

排污权交易在我国起步很晚。2004 年我国才有了首笔排污权交易。

南通泰尔特服装有限公司通过建成日处理能力 3 000 吨的污水处理设备,COD(化学需氧量)排放远低于国家规定的排放标准。同时,同处通扬运河沿岸的如皋亚点毛巾织染有限公司计划扩大生产,却因得不到排放指标而无法开工。2004 年,南通市环保局通过详细论证,牵线搭桥,审核确认由泰尔特公司将排污指标余量出售给亚点毛巾,转让期限为 3 年,每吨 COD 交易价格为 1 000 元。合同明确规定:购买方在使用排放权时,必须符合国家规定的排放标准,以满足当地水环境质量的要求,且不得超过当地环保部门核定的排放总量。交易一年的运行情况表明:两家企业污染物排放的总量得到了有效控制,交易各方水污染物排放量及排放标准均达到了交易合同规定的要求。

这是中国首例成功的水污染物排放权交易。"企业治污也能产生经济效益,这是我没有想到的。"泰尔特公司总经理张奎宏说。

排污权在南通还可以进行二手交易。曾通过中国首例气体污染物排放权交易获得 6 年共计 1 800 吨二氧化硫排污权指标的南通醋酸纤维有限公司,有效地控制了污染物排放后,就向别的企业转让了为期 3 年共计 1 200 吨的排放指标。

资料来源:《我国首笔排污权交易,运行一年尽开颜》,载《新华每日电讯》,2005 年 8 月 6 日。

三、非价格制度

在推行可持续发展战略的过程中,非价格制度的作用也是不可缺少的。所谓非价格制度,主要包括政府干预和非政府组织的作用两个方面。

政府干预的作用不可缺少,主要体现在政府是游戏规则的制定者。只有制定了良好的游戏规则,才有可能形成有效竞争的市场,才能发挥竞争机制的调节作用。所以,政府干预是市场机制发挥作用的前提,也是经济体系有序运作的前提。政府干预虽然有其成本,但相对于市场交易的成本而言,有时可能是成本较小的一个办法。比如,在环境污染问题中,环境产权不容易界定,即使界定了,其产权交易的成本也极其高昂,在这种情况下,通过政府的环保政策和政府管制,可能起到更好的环境保护作用。又如,在自然资源的利用中,市场价格机制只能起到平衡当前利益的作用,而不可能反映后代人的利益。也就是说,现行的资源价格只反映了现在的资源供求状况,并没有反映以后若干年资源的供求状况。这时就需要政府对资源的开发利用作长远的打算。此外,政府在提供环境保护的基础设施建设以及通过财政支持、政策优惠等手段对可持续发展进行支持等方面也起着不可替代的作用。

非政府组织是对市场机制和政府作用的必要补充。非政府组织在宣传可持续发展的意义、唤醒民众的环保意识、提供必要的金融支持以维护濒临灭绝物种的生存或治理环境等方面发挥着重要作用。比如,作为一种非政府组织,野生动物保护协会在保护稀有动物的活动中起着重要作用。又如世界银行、联合国粮农组织、联合国教科文组织等类似的国际组织在向可持续发展提供金融支持等方面起着重要作用。充分发挥这些非政府组织的作用，往往可以起到政府组织或市场机制所不能起到的作用。对发展中国家来说，由于市场机制不完善和政府机构的低效率，更需要发挥非政府组织的作用。

第四节　资源节约型和环境友好型社会建设与经济增长方式的转变

早在1994年的"九五"计划中，我国就明确提出要使经济增长方式由粗放型向集约型转变。但是此后十多年间，我国粗放型的经济增长方式并没有得到明显改变。就单位GDP消耗的资源来说，2006年我国单位GDP消耗的能源（以标准煤计算）、钢铁和水泥分别是世界平均水平的2.7倍、5.4倍和9.8倍。

2005年10月，在《中共中央关于制定国民经济和社会发展第十一个五年规划的建议》中，我国明确提出了建设资源节约型和环境友好型社会。中国共产党的"十七大"上，我党再次指出，实现未来经济发展目标，关键要在加快转变经济发展方式方面取得重大进展，使经济增长主要依靠增加物质资源消耗向主要依靠科技进步、劳动者素质提高、管理创新转变。要加强能源资源节约和生态环境保护，增强可持续发展能力，坚持节约资源和保护环境的基本国策，把建设资源节约型、环境友好型社会放在工业化、现代化发展战略的突出位置。

一、转变经济增长方式的原因

在日益严峻的环境形势面前，我国适时提出转变经济增长方式，建设资源节约型、环境友好型社会，具有重要的历史意义和现实意义。

两千多年前，我国伟大的思想家老子就提出"人法地，地法天，天法道，道法自然"的理念，指出人与自然和谐相处的重要意义。地球上各种资源都是有限的，如果过度地开发和掠夺自然，不尊重自然规律，不仅自然资源会用尽，而且人类还要受到自然惩罚。古往今来，不遵守自然规律而给人类造成巨大灾难的现象不在少数。由于过度地砍伐森林，曾经盛极一时的玛雅文明在沙漠的侵蚀下，消失在公元10世纪的南美大陆中。由于同样的原因，孕育了人类早期最先进文明之一的美索不达米亚平原也已消失在漫漫黄沙之中。惨痛的历史教训告诉我们，只顾短期经济利益，以牺牲环境为代价谋求经济发展，只会危害子孙后代，危害人类自身。因此，在发展经济的进程中，我们要充分考虑自然的承载能力和承受能力，既积极实现当前的发展目标，又为未来的发展创造有利条件,为子孙后代留下充足的发展条件和发展空间。

转变经济增长方式、建设资源节约型、环境友好型社会,是我国资源环境状况的必然要求。由于人口众多,我国人均资源量非常低。例如,我国人均水资源和人均耕地拥有量,分别不到世界平均水平的30%和40%,人均煤炭和石油拥有量,仅为世界平均水平的60%和10%。如果和发达国家相比,差距更大。而且我国资源的利用效率也远远低于很多发达国家。我国创造单位GDP的能耗是日本的11.5倍、德国的7.7倍、美国的4.6倍。我国钢铁、有色金属、电力、化工等高能耗行业的单位产品能耗比世界先进水平平均高出40%以上;我国生产一吨纸平均用水160吨,而日本生产一吨纸平均只需用水12吨。这些显然是我国经济持续发展所不允许的。目前我国石油和铁矿石的50%以上依靠进口,石油和铁矿石价格的大幅上涨已经导致我国企业的成本大幅上涨,这将极大地影响我国经济的健康发展。据统计,由于成本大幅上涨,2008年1—5月,广东省有超过四分之一的企业出现亏损。由此可见,转变经济增长方式、提高资源的利用效率已经迫在眉睫。

在改革开放后的很长一段时间里,在以经济建设为中心的指导思想下,我国各级政府片面追求GDP的增长,对环境问题不够重视,导致我国环境污染日益严重,已经极大地影响了我国经济的健康发展。世界空气污染最严重的10个城市之中,有5个在我国(北京、沈阳、西安、上海和广州);二氧化硫造成的酸雨已经给广东、广西、四川盆地和贵州的农业生产造成损失;全国七大水系中近一半河段污染严重,很多河段鱼类基本绝迹,平均每年发生大面积污染死鱼事故上千起,直接经济损失数亿元;每年全国遭受工业固体废物和城市生活垃圾危害的耕地达1 000万公顷,每年损失粮食上百亿公斤;由于土地沙漠化和水土流失,我国每年损失的耕地约200万亩。总之,我国环境污染和生态破坏已到了岌岌可危的地步。为了维持我国经济的持续发展,我国必须注重对生态环境的保护,实现经济与环境的和谐发展。

专栏6-2

2008年国际铁矿石价格谈判

2008年,国际铁矿石价格谈判在经历了"拉锯式"博弈后终于落下帷幕,以宝钢为代表的国内钢铁企业不得不被动接受国外铁矿石供应商再次蛮横提价

65%的要求。这种结局无疑使中国钢铁企业扼腕长叹。虽然自2003年以来,中国钢铁企业就坐到了国际铁矿石价格的谈判桌上,但至今却没有一次凯旋而归。5年间,中国钢铁企业分别接受了国际铁矿石供应商增长18.62%、71.5%、19%、9.5%和65%的蛮横要价。按照65%的涨价,2008年我国每吨铁矿石的进口价格将增加33—34美元,而2008年铁矿石的长期进口合同仍然是3.8亿吨(实际上已经超出了很多),那么中国钢铁企业需要多支付900多亿元人民币。而2007年中国钢铁企业全年实现利润1900亿元,这相当于2008年成本的涨幅吞食了中国钢铁企业往年利润的一半。

目前全球铁矿石行业格局是,CVRD、BHP和Rio Tinto三大矿业巨头掌握着世界铁矿石海运量的70%,控制着国际市场80%的铁矿石资源。2010年全球铁矿石供应量为9.38亿吨,其中三大铁矿石巨头占供应量的78%。资料显示,2007年我国钢铁产量达到4.89亿吨,占全球钢铁产量的73.9%,连续11年居世界第一;不仅如此,2007年我国净出口钢铁5488万吨,再次抢占出口额的头把交椅。与此同时,2007年我国铁矿石进口量3.8亿吨,占全球铁矿石总进口量的60%。而根据预测,2010年世界海运铁矿石需求量为9.45亿吨,其中我国进口铁矿石5.24亿吨,占未来增量的89%。一方面掌握着市场供给的绝对话语权,一方面却又不能支配自己的需求而必须有求于人,谈判地位的不平等从一开始似乎就注定了最终的结果。

资料来源:改编自张悦,《中国钢铁企业的铁矿石谈判之痛》,载《上海企业》,2008年第4期。

二、我国建设资源节约型、环境友好型社会的内涵与目标

所谓节约型社会是指在社会生产、交换和消费等诸多领域,节约资源,提高资源利用效率,以最少的资源消耗获得最大的经济和社会收益,支撑经济社会的可持续发展。建设资源节约型、环境友好型社会,就是要以资源、环境承载力为基础,以遵循自然规律为准则,以绿色科技为动力,倡导环境文化和生态文明,建立人与环境良性互动的关系,构建经济社会环境协调发展的社会体系,最终实现可持续发展。资源节约型社会理念强调在社会经济活动的生产、流通、消费等诸领域厉行节约,杜绝资源的浪费,提高资源的利用率;环境友好型社会理念强调将生产和消费等活动规划在生态承载力和环境容量限度内,通过生态环境要素的质态变化形成对生产和消费活动有效调控的关键性反馈机制。

建设资源节约型、环境友好型社会的最终目标是实现人与自然的和谐,实

现人类的福利最大化。具体而言,我国建设资源节约型、环境友好型社会的目标是:着力构建节约型的增长方式,从需求结构上要由主要依靠投资和出口拉动增长向消费和投资、内需和外需协调拉动转变,从产业结构上要由主要依靠工业带动经济增长向工业、服务业和农业协同带动经济增长转变,从要素投入上要由主要依靠资金和物质要素投入增长向主要依靠科技进步增长转变,从资源利用方式上要由"资源—产品—废物"线性经济模式向"资源—产品—废物—再生资源"循环经济模式转变;着力构建节约型的消费模式,在全社会形成健康文明、节约资源的消费理念,用节约资源的消费理念引导消费方式的变革,逐步形成与国情相适应的节约型消费模式。

在"十一五"规划中,我国提出在"十一五"期间,资源利用效率要有显著提高,要力争实现如下基本目标:"十一五"期末单位 GDP 能耗比"十五"期末下降 20%左右;每万元工业增加值用水量下降 33%,农业灌溉用水有效利用率提高到 50%;矿产资源总回收率和共伴生矿综合利用率提高到 40%;工业固体废物综合利用率提高到 60%;木材综合利用率提高到 65%;再生铜、铝、铅占产量的比重分别达到 35%、25%、30%。

三、我国建设资源节约型、环境友好型社会的对策和措施

转变我国的经济增长方式,建设资源节约型、环境友好型社会,是一个长期而艰巨的过程,但随着全球石油等战略资源价格的上涨以及我国资源环境与发展矛盾的凸显,我国建设资源节约型、环境友好型社会已经迫在眉睫。为了实现这个目标,我们必须从以下方面入手:

(1)必须加强节能、节水、节地、节材和资源综合利用,全面推行清洁生产,加快发展循环经济。在工业、交通、建筑等重点领域,钢铁、有色、化工、建材等重点行业,以及重点耗能企业,推进节能工作,并实施工业锅炉改造、区域热电联产、机动车节油、绿色照明等重点节能工程;继续加强重点流域、区域污染治理工作,实施城市污水处理、垃圾无害化处理、燃煤电厂脱硫等重点环保工程;搞好退耕还林、天然林保护、风沙源治理等生态工程建设;依法淘汰落后生产能力,淘汰落后炼铁产能、炼钢产能,从源头上减少资源消耗和污染物的产生。

(2)必须深化价格改革,建立健全能够反映市场供求关系、资源稀缺程度和环境损害成本的价格形成机制。稳步推进资源性产品价格改革,理顺水、电、石油、天然气等价格关系,实行差别电价和阶梯水价,健全资源有偿使用制度,完善排污收费制度,逐步推广排污交易制度,建立生态环境补偿制度,更好地发挥价格杠杆引导资源配置的作用。

(3)必须深化财税体制改革,实行有利于转变增长方式、科技进步、能源资

源节约和环境保护的财税制度,优化税种结构和税率标准,健全各级政府财力与事权相匹配的财税体制,引导各地走可持续发展的道路。改革增值税,完善资源税,改进出口退税,稳步推行物业税,规范土地出让收入管理,促进节约、清洁、安全发展和可持续发展。

(4)必须按照节约环保和技术进步的要求,完善能耗、物耗、污染物排放以及安全、质量、技术等市场准入条件,健全项目、规划和决策环境影响评价制度,建立能源、资源消耗审核制度,推行产品认证和标志制度,从建设、生产、流通和使用等环节,推动发展质量和效益的提高。

(5)必须根据可持续发展的需要完善法律法规体系,坚决制裁各类浪费资源、破坏环境的行为。必须强化执法监管,加大对违法行为处罚的力度,促进增长方式转变切实进入法治轨道。

(6)必须完善经济社会发展评价体系,加快转变政府职能,落实政府节约资源、保护环境的职责,健全激励和约束机制,使转变增长方式真正成为各类市场主体的自觉行动;促进企业改善经营管理,增加节约环保投入,执行国家法规、标准,履行社会责任;倡导节约文明,弘扬环保文化,鼓励绿色消费,在全社会形成加快转变经济增长方式的良好氛围。

专栏 6-3

循 环 经 济

所谓循环经济,本质上是一种生态经济。传统经济是一种由"资源—产品—污染排放"单向流动的线性经济,其特征是高开采、低利用、高排放。在这种经济中,人们高强度地把地球上的物质和能源提取出来,然后又把污染和废物大量地排放到水系、空气和土壤中,对资源的利用是粗放的和一次性的,通过把资源持续不断地变成废物来实现经济的数量型增长。与此不同,循环经济倡导的是一种与环境和谐的经济发展模式。它要求把经济活动组织成一个"资源—产品—再生资源"的反馈式流程,其特征是低开采、高利用、低排放。所有的物质和能源要能在这个不断进行的经济循环中得到合理和持久的利用,以把经济活动对自然环境的影响降低到尽可能小的程度。循环经济具有五个特征:一是新的系统观。它是由人、自然资源和科学技术等要素构成的大系统。二是新的经济观。它要求运用生态学规律,不仅要考虑工程承载力,还要考虑生态承载力。强调在资源承载能力之内的良性循环,促进生态系统平衡地发展。三是新的价值观。在科学技术方面,在考虑对自然的开发能力的同时,要充分考虑对生态系统的修复能力,使之成为有益于环境的技术;在考虑人自身的发展时,要重视人与自然和谐相处的能力,促进人的全面发展。四是新的生产观。就是贯彻减量化(Reduce)、再利用(Reuse)、资源化(Recycle)原则,即3R原则。五是新的消费观。它提倡适度消费、层次消费,建立循环生产和消费的观念。

发展循环经济,是建设资源节约型、环境友好型社会和实现可持续发展的重要途径。坚持开发节约并重、节约优先,按照循环经济的3R原则,大力推进节能、节水、节地、节材,加强资源综合利用,完善再生资源回收利用体系,全面推行清洁生产,形成低投入、低消耗、低排放和高效率的节约型增长方式。

资料来源:中国社会科学院可持续发展战略研究组,《循环经济的概念内涵和评价原则》,载中国网,2004年3月11日。

本章小结

自然资源和环境是经济发展的重要因素和基本条件。自然资源的耗竭对发展中国家经济发展的前景具有重要影响,因此,制定自然资源合理开采和有效利用的政策,充分发挥市场机制、政府调控的作用,并加强国际合作,以减少自然资源的消耗,发展替代能源,对维持发展中国家的经济发展具有重要意义。

人类与环境之间存在着既相互依存又相互制约的关系。一方面,人类自身就是环境的产物,是自然界的一部分,人类要依赖自然环境才能生存和发展;另一方面,人类不是被动地适应环境,而是主动地改造自然环境,使其更适合于自身的生存和发展。目前,环境退化已经成为一个全球性问题。造成这一问题的原因是多方面的,其实质在于环境、经济和技术三个子系统之间的不协调。解决环境退化问题的思路,理应从"修复"三个子系统着手,重新建立起这三个子系统的协调平衡关系。

发展中国家只有保护自然资源和环境,实行可持续发展,才有可能解决当前面临的种种问题。可持续发展是指既满足当代人的需要,又不对后代人满足其需要的能力构成危害的发展。它是一种全新的战略,把人口、资源、环境和经济发展视为一个整体,从全局和长远的角度来考虑发展问题。要维持经济的可持续发展,必须充分发挥市场机制、政府机构和非政府组织的作用。

要加强能源资源节约和生态环境保护,增强可持续发展能力,坚持节约资源和保护环境的基本国策,把建设资源节约型、环境友好型社会放在工业化、现代化发展战略的突出位置。

关键概念

自然资源　补偿价格法　环境退化　可持续发展　资源节约型　环境友好型社会　循环经济

思考题

(1) 自然资源在经济发展中有哪些作用?怎样才能合理开发和利用自然资源?

(2) 为什么会产生环境问题?怎样才能解决环境污染问题?

(3) 何谓可持续发展?怎样才能实现可持续发展?

(4) 什么是循环经济?如何发展循环经济?

(5) 在自然资源的过度使用和环境污染等问题中,市场机制如何发挥作用?

(6) 政府应该在转变经济增长方式中发挥哪些作用?

(7) 依靠资源消耗的经济增长方式在长期中对我国经济会有什么影响?

(8) 石油价格上涨对我国经济有哪些不利影响?

进一步阅读导引

关于经济可持续发展方面的问题,可参阅谭崇台:《发展经济学的新发展》,武汉大学出版社1999年版。

对自然资源与经济发展之间关系感兴趣的读者,可参阅张培刚:《新发展经济学》,河南人民出版社1999年版。

关于庇古税,可参阅〔美〕阿瑟·庇古:《福利经济学》,朱泱等译,商务印书馆2006年版。

关于科斯定理和产权理论,可参阅〔美〕罗纳德·科斯:《论生产的制度结构》,盛洪、陈郁译校,上海三联书店、上海人民出版社1994年版。

关于中国的排污许可证制度,可参阅祝兴祥:《中国的排污许可证制度》,中国环境科技出版社1991年版。

关于资源与环境经济学的一些新进展,可参阅John C. V. Pezzey, "Sustainability Policy and Environmental Policy", *Scandinavian Journal of Economics* 106 (2), pp. 339—359, 2004; Randy A. Becker and Ronald J. Shadbegian, "Issues and Challenges in Measuring Environmental Expenditures by U. S. Manufacturing: The Redevolepment of the PACE Survey", *Center for Economic Studies*, 2007; David Zilberman, Leslie Lipper, and Nancy Maccarthy, " When Could Payments for Environmental Services Benefit the Poor", *Environment and Development Economics* 13, pp. 1—24, 2008。

第七章 资本形成

本章概要

在一个经济落后的发展中国家,要实现工业化与现代化,必然会首先遇到一个难题,那就是资金不足。因此,加速资本形成便成为实现经济起飞的一个关键性的前提条件。本章回顾和总结资本形成在发展中国家经济发展中的作用,介绍资本形成的主要理论,论述资本形成的各种来源和方式,讨论金融深化与资本形成的关系。

学习目标

1. 掌握物质资本和资本形成的含义;
2. 了解资本形成在发展中国家经济发展中的作用;
3. 掌握资本形成的主要理论;
4. 了解资本的国内来源——储蓄问题;
5. 理解发展中国家的信贷与金融深化;
6. 理解提高资本形成效率的机制。

引 言

在经济发展的初期,发展中国家遇到的最突出的困难是缺乏足够的资本,因此,要改变贫困落后的面貌,必须首先解决资本缺乏的问题,也就是要促进资本形成。问题是:什么是资本?什么是资本形成?资本的来源何在?发展中国家信贷与金融在资本形成中的作用如何发挥?投资与资本形成有何关系?

发展经济学家拉·纳克斯曾经给资本形成下过一个全面的定义。他说:"'资本形成'的意义,是指社会不把它的全部现行生产活动,用于满足当前消费的需要和愿望,而是以其一部分用于生产资本品:工具和仪器、机器和交通设施、工厂和设备——各式各样可以用来大大增加生产效能的真实资本(Real Capital)。资本形成一词有时被用于包括'物质资本'(Material Capital),也包括

'人力资本'(Human Capital),即在技能、教育及健康等方面的投资——这是一种非常重要的投资形式。"他还补充指出:"资本形成过程的实质,是将社会现有的部分资源抽调出来增加资本品存量,以便使将来可消费产品的扩张成为可能。"①

资本形成有这样几点含义:第一,它是从生产力的角度,即从与经济增长的关系上,而不是从生产关系方面来定义的,因为它是一个中性概念。第二,从广义上讲,它包括"物质资本"(现在西方学者多用 Physical Capital 一词代替 Material Capital 一词)和"人力资本"两个方面。但一般习惯上将两者分开论述,通常所说的"资本形成"只狭义地指"物质资本",关于"人力资本"则另行标明。本章中的"资本形成"也是就物质资本而言的。第三,狭义的资本形成即物质资本形成,是指实物形态的机器、工具设备、厂房、建筑物、交通工具与设施等长期耐用的生产资料,包括固定资产和生产所必需的存货,而不包括金融资本。它表明现有的生产能力和未来的生产潜力。第四,资本形成是投资过程的结果,它来源于生产量超过当前消费量的"剩余"(Surplus)即储蓄,是对当前消费的节省。这种"剩余"或储蓄,通过投资和生产,便转化为耐用资本。

本章主要关注狭义的物质资本形成,而不包含人力资本形成。资本形成的理论,既源远流长,又博大精深。亚当·斯密的劳动分工理论和资本积累理论、李嘉图的收入分配理论,都是旨在促进资本扩张和资本主义的长期经济增长,因而属于古典经济学的资本形成理论。马克思的劳动价值论和剩余价值论更是揭示了资本积累的源泉和资本扩张的奥秘、机制。从斯密到李嘉图再到马克思,他们都非常重视资本积累在工业化和资本主义经济增长中的关键作用,这一传统为第二次世界大战后西方发展经济学家所继承。

第二次世界大战后西方发展经济学中的资本形成理论起源于哈罗德-多马模型,兴盛于20世纪50年代,当时纳克斯的"贫困恶性循环论"、纳尔逊的"低水平均衡陷阱论"、莱宾斯坦的"临界最小努力论"、罗森斯坦-罗丹的"大推进论"、刘易斯的"二元模式论"并存,可谓众说纷纭。它们的共同点均是强调资本形成对发展中国家经济发展的唯一重要作用。此后,资本形成理论大致沿着三条线索演化:一是在经济增长模型上,沿着哈罗德-多马模型,从50年代后期索洛提出的"新古典增长模型",到60年代据此进行的"增长核算"研究,再到80年代出现的"新增长理论",基本上是逐渐淡化资本形成的作用,而日益重视技术进步和人力资本对经济增长的重要作用;二是在"二元结构"模式上,沿着"刘

---

① Ragnar Nurkse, *Problems of Capital Formation in Underdeveloped Countries*, New York, 3rd ed., 1955, p.2.

易斯模式",到"拉尼斯–费模式",再到"乔根森模式"和"托达罗模式",这都属于"农业剩余劳动积累"理论,反映了从忽视农业、压制工资到重视农业、适度工资的理论转变过程;三是在资本形成方式上,从50、60年代政府主导的财政融资方式,到70年代麦金农和肖提出的"金融深化论",再到90年代末期东亚金融危机爆发后出现的"金融制度论"和"外资冲击论",使人们深入全面地认识到金融制度和政策对发展中国家资本形成和经济增长的正负效应。

第一节 资本形成在经济发展中的作用

发展中国家要摆脱贫困落后状况,首先要找到造成这种状况的根本原因,然后对症下药,制定和实施相应的发展战略。20世纪50、60年代,在早期发展经济学的许多论著以及很多发展中国家的经济发展政策中,物质资本被或明或暗地描述成唯一稀缺的资源,资本短缺被看做是加速经济发展的最主要障碍。刘易斯(1979年诺贝尔经济学奖获得者)就认为"经济增长理论的中心问题是要理解一个社会从5%的储蓄率变为12%的储蓄率的过程——以及伴随着这种转变而来的在态度、制度和技术方面的一切变化"[①];经济史学家罗斯托把生产性投资与国民收入的比率提高到10%以上看成是实现经济起飞的三个先决条件之一。总之,早期的许多发展经济学家认为,发展中国家贫困的原因在于人均收入低下、经济增长缓慢,其根源在于资本匮乏和投资严重不足。例如,纳克斯的"贫困恶性循环论"以及平衡增长理论、纳尔逊的"低水平均衡陷阱论"、罗森斯坦–罗丹的"大推进论"等均强调资本形成的重要性。这些过于强调资本形成在发展中国家经济发展中的作用的理论,后来被人们称为唯资本论。这里介绍几种有代表性的理论。

一、贫困恶性循环论

1953年,美国发展经济学家纳克斯出版了《不发达国家的资本形成》一书,提出了著名的"贫困恶性循环论",论证了资本形成对于打破"贫困恶性循环"的关键作用,奠定了早期发展经济学的资本形成理论的基础。

纳克斯认为,由于发展中国家的人均收入水平低,投资的资金供给(储蓄)和产品需求(消费)都不足,这就限制了资本形成,使发展中国家长期陷于贫困之中。他的"贫困恶性循环论"包括两个方面:一是供给方面,他认为发展中国家存在着一个"低收入→低储蓄能力→低资本形成→低生产率→低产出→低收

---

① 〔美〕W.阿瑟·刘易斯:《经济增长理论》,梁小民译,上海三联书店1990年版,第283页。

入"的恶性循环;二是需求方面,同样存在着一个"低收入→低购买力→投资引诱不足→低资本形成→低生产率→低产出→低收入"的恶性循环。纳克斯认为,正是资本形成的供求两方面的约束阻碍了发展中国家的经济增长,资本形成不足是"贫困恶性循环"的主要障碍。因此,要打破"贫困恶性循环",就必须大幅度地提高储蓄率,大规模地增加储蓄和投资,加速资本形成。同时,他又认为,为了克服发展中国家市场狭小所造成的投资引诱不足问题,即资本形成的需求"瓶颈",应当采取"平衡增长"战略,即在众多的行业中同步地投资,形成相互的需求推动,以投资带动投资、"供给创造需求"。

纳克斯的"贫困恶性循环论"反映了发展中国家贫困的现实状况,并从资本形成的角度探讨了产生贫困的根源和摆脱贫困的途径,强调了储蓄、投资和资本形成对于发展中国家经济发展的推动作用。而且他提出了从供求两方面促进资本形成的重要思想。这些都是富有启发性的见解。但是,他把发展中国家贫困的原因仅仅归结为资本形成不足,甚至得出"一国贫穷是因为贫穷"的命题,把加速资本形成看成摆脱贫困的唯一途径,显然是片面的,忽视了阻碍发展中国家经济发展的其他种种因素。

继纳克斯之后,美国经济学家 R. 纳尔逊(R. Nelson)于 1956 年发表了"不发达国家的一种低水平均衡陷阱理论"一文,提出了"低水平均衡陷阱论"(Low Level Equilibrium Trap)。美国经济学家 H. 莱宾斯坦(H. Leibensten)于 1957 年在《经济落后和经济增长》一书中提出了"临界最小努力论"。鉴于这两种理论的思想与"贫困恶性循环论"是一致的,即都强调资本稀缺对经济增长的阻碍作用,都重视资本形成的推动作用,因此不再赘述。[①]

二、大推进论

1943 年,发展经济学的先驱者罗森斯坦-罗丹(P. N. Rosenstein-Rodan)在《经济学杂志》6—9 月号上发表了著名论文《东欧和东南欧国家的工业化问题》,提出了资本形成的"大推进(Big Push)论"。他认为,发展中国家要从根本上解决贫穷落后问题,关键在于实现工业化。而要实现工业化,首要的障碍是资本形成不足。但在增加资本形成的过程中,必须达到足够的规模,分散的、小规模的、个别部门的投资是不能形成经济发展的氛围,给工业化带来足够的动力的。这是因为,发展中国家经济具有两个重要特征:一是工业化基本条件的不可分性(Indivisibility),表现在作为工业化前提条件的基础设施等社会公共资本(Social Overhead Capital)、作为工业化起步拉动力的市场需求和资金来源的

---

① 参见谭崇台:《发展经济学》,山西经济出版社 2000 年版,第 127—133 页。

储蓄均不可细化分割,而必须达到足够的规模才能进行。二是缺乏工业发展所必需的"外部经济"(External Economy),表现在企业规模过小,缺乏规模效益,企业之间彼此提供的"外部经济"效应微小,投资的社会获利能力(Social Profitability)很低。因此,必须实行资本形成的"大推进"战略,即同时在各个工业部门全面进行大规模投资,使各个工业部门之间相互创造需求,提供市场,克服"不可分性",产生"外部经济"效应和"规模经济"效应。顺着这一思路,罗森斯坦–罗丹进一步提出了"平衡增长"战略主张。

"大推进论"强调了工业化是发展中国家的中心任务,说明了大规模的资本形成对于突破发展中国家的市场狭小、创造社会关联效应的重要性和必要性。这反映了发展中国家在工业化之初的困境,对发展中国家特别是发展中大国如何开展工业化颇有启发意义。但是,它忽视了发展中国家大规模投资的资金、资源以及其他要素的限制,没有认识到工业化是一个逐步演进的长期过程,是不可能"急于求成"的。"大推进论"在绝大多数实行市场经济的发展中国家是缺乏可行性的,在少数曾经实行计划经济的发展中大国,如苏联、我国的工业化初期曾经实践过,但事实证明,虽然曾经一度有过很快的经济增长速度,但后遗症和弊端很多,超越现有条件的过快过大规模的投资抑制了消费品工业的发展和人民生活水平的提高,造成了产业结构的严重失衡,引发了严重的通货膨胀或产品短缺,甚至出现我国在"大跃进"时期的严重恶果。

三、投资的互补性与规模报酬递增

随着新古典主义分析工具被更多应用于经济发展问题的分析,外部效应、规模经济等概念越来越多地出现在发展经济学文献中。许多学者将发展中国家不发达归因于投资的互补性和收益递增。

如果有些行为能给他人带来好处,但成本却不要他人承担,这是正的外部性;有些行为对他人造成不利的影响,但没有额外支付成本,这是负的外部性。互补性是一种特殊的外部效应。有些行为,其收益的外溢会造成一种影响,使他人采取同样行为的成本降低,或收益提高。在存在互补性的场合,个人收益小于社会收益,外溢的那部分收益被采取同样行为的其他人获得。如果某种行为具有互补性,那么率先行动是不合算的。因为,他人跟在先行者之后再采取同样的行为,比率先行动更有利可图,结果没有人愿意成为先行者。由于互补性的存在,社会将被锁定在一种低水平均衡中。假若社会成员能够成功地合作,同样采取行动,就能克服互补性。但是这种合作是相当困难的,因为这种合作并不符合每个个人行动者的个人利益。打破这种合作,就可以享受别人先行动带来的利益。所以实际发生的情况往往是合作失败,社会仍旧停留在低水平均衡状态。

投资活动具有互补性。一项投资活动会产生对各种投入要素的需求,导致产出和收入的增加,扩大其他产品的市场,还会提高一国劳动者的整体水平,从而提高其他投资者的回报率。比如投资建造一个纺织厂,将直接产生对纺织机械、棉花等的需求;工人的工资收入会产生对各种生活用品的需求;还将培训出一批工厂技术管理人员和熟练的纺织工人。这都给以后的投资者创造了有利条件。由于历史原因,发展中国家经济落后、资本存量低,投资的互补性使资本形成不足,经济被锁定在低水平均衡状态中,这是发展中国家难以摆脱贫困落后的重要原因。

许多投资具有规模报酬递增的特点,因此,现代制造业需要大规模投资。在发达国家,投资不足的问题主要通过资本市场融资来解决。但发展中国家的资本市场相对落后,投资因而受阻,现代化工业难以建立。此外,发展中国家的市场容量有限,对投资活动也形成了约束。

现代经济发展的一个特征是分工越来越细,中间产品越来越多。中间产品对最终产品的生产和整个经济效率都有影响。而中间产品是在规模报酬递增的条件下产生的。发展中国家由于经济发展水平低,中间产品的数量少、价格高,于是企业大量采用劳动来替代中间投入。这样,降低了生产效率,使收入水平低下,进一步降低了对最终产品和中间产品的需求,形成一个恶性循环,导致发展中国家长期贫困落后。

四、资本作用的反思

第二次世界大战后几十年经济发展的事实,却证明了上述理论存在着很大的片面性。很多发展中国家经过努力,甚至不惜采取强制储蓄手段,使积累率提高到远超过10%的水平,有的高达20%或30%,可是除了"亚洲四小龙"等少数国家和地区成功地实现了经济起飞之外,多数发展中国家的经济并没有起飞或获得令人比较满意的发展,人民生活仍然处于低下或贫困的水平,失业和就业不足普遍存在,收入分配更不平等,处于绝对贫困状态的人数众多,农业进步不大。究其原因,在于这些国家还缺乏经济起飞或现代经济发展所必需的政治的、制度的、社会的和文化的先决条件,经济体制过于僵化;其他与物质资本相配合的生产要素,特别是具有创新精神的企业家和训练有素的劳动力,也没有获得相应的增加;教育和科学技术落后,不重视知识和人才;经济发展战略和政策上也存在一些重大失误。结果,原本稀缺的资本或者被错误地使用,或者被低效率地使用,资本的产出效率非常低下,造成资源严重浪费。这也就是说,物质资本形成尽管是经济起飞和经济发展的一个必要条件,却不是一个充分条件,仅仅鼓励物质资本形成是不够的,还要建立其他相应的经济和社会条件,特别是要设法提高投资的效率。

因此,从 20 世纪 60 年代中期开始,特别是 80 年代以后,西方发展经济学在资本形成理论上出现了三个转变:① 不再坚持"资本形成是经济发展的唯一因素"的极端观点,转而认为资本形成是经济发展的重要因素或约束条件之一,同时强调人力资本形成、技术进步在经济发展中起着越来越重要的作用。我们可以从经济增长模型的演变上看出这一点。50 年代后期,索洛等人在修正哈罗德-多马模型的基础上,提出了著名的"新古典增长模型"[1],将劳动和技术进步与资本一起并列为决定经济增长的三大要素;60 年代,又通过大量的计量经济学的验证,得出了资本对经济增长的贡献逐渐减小,而技术进步的相对贡献越来越大,并且成为推动现代经济增长主要力量的重要结论。60、70 年代,舒尔茨、贝克尔进一步提出了"人力资本"理论,论证了教育、营养、卫生等支出即人力资本投资对经济增长的关键作用。[2] 80 年代,罗默、卢卡斯等人又提出了"新增长模型",进一步将技术进步作为经济体系的内生变量,认为技术进步是人力资本积累的产物。[3] ② 改变了早期靠牺牲农业为工业化提供资本积累、单纯发展工业的片面主张,转而强调发展农业对促使资本积累和工业化的重要性。③ 改变了早期过分强调政府干预在资本积累和工业化中的作用的倾向,转而重视发挥市场在有效配置资源方面的不可替代的作用。应该说,这些变化是积极的和有益的。

那么,既然资本形成并不是成功的经济发展的充分条件,是不是意味着资本形成问题就不重要了呢,或者说重要性降低了呢?其实不然。虽然经历了第二次世界大战后半个世纪的发展,除了少数已经实现经济起飞的新兴工业化国家和地区外,当今绝大多数发展中国家工业化及城市化的程度还很低,占相当比重的人口仍然生活在就业不足、教育水平低下、卫生保健条件恶劣的落后农村地区。要改变这种状况,需要大量的开发投资。而这些国家,资本仍然是相对不足的生产要素。即便是现在,人们已经认识到科技进步和人力资本形成的重要作用,但要发展科技教育事业,提高劳动者的素质和技能,归根结底仍然需

---

[1] R. Solow, "A Contribution to the Theory of Economic Growth", *Quarterly Journal of Economics*, Feb. 1956.

[2] T. W. Schultz, "Investment in Human Capital", *American Economic Review*, March 1961; G. S. Becker, *Human Capital*, Columbia University Press, 1975.

[3] P. M. Romer, "Increasing Returns and Long-run Growth", *Journal of Political Economy*, Vol. 94, No. 5, 1986; R. Lucas, "On the Mechanics of Economic Development", *Journal of Monetary Economics*, Vol. 22, 1988.

要物质资本来支持。所以，千方百计地筹集资本，并节约地使用稀缺的资本，仍然是广大发展中国家面临的一个重要课题。一个穷国要变富，就必须鼓励投资，并且提高投资效率。

根据发展经验，发展中国家应当认真地检讨过去乃至现在资本形成的方式，例如，长期强制动员农业剩余，或用通货膨胀的手段强制储蓄，或政府包揽大部分储蓄与投资活动等，是否压制了个人和企业的积极性和创造性，或破坏了宏观经济的稳定性；其使用资本的方式又是否合理，例如，有没有将宝贵的资金投向低效率甚至亏损的部门和企业，或奢侈性的消费，或代价高昂的军事扩张，或房地产、证券市场上的投机性用途并形成"泡沫经济"，最终引发金融危机，等等。

总之，资本形成仍然是发展中国家面临的一个难题，也仍然是发展经济学中的一个并未过时的重要问题。

第二节 储蓄与资本形成的方式

资本形成最初来源于生产剩余即储蓄，再由储蓄转化为投资，最后才转变成机器设备、厂房、交通工具、基础设施等物质资本。根据国民收入会计，储蓄（S）是一国在一定时期（如一年）内国民收入（Y）中扣除消费（C）后的剩余，是放弃现期消费的结果。即：

$$S = Y - C$$

在一个开放的经济中，一国的总储蓄包括国内储蓄和国外储蓄两大部分。根据储蓄的不同经济主体，前者包括居民储蓄和政府储蓄，后者则包括外国官方储蓄和国外私人储蓄。资本的国外来源在第十一章探讨。

资本形成的方式亦即储蓄转化为投资的机制或渠道。纵观先进国家工业化的经验，资本形成的方式主要包括：运用行政或财政政策进行政府融资，运用通货膨胀办法强制储蓄，通过金融机构和金融市场融资，等等。

表 7-1 不同国家国内总投资和储蓄的比重（1965 年和 1998 年）

国家类型	1965 年国内总投资占 GDP 的百分比（%）	1998 年	1965 年国内总储蓄占 GDP 的百分比（%）	1998 年
低收入国家	20	30	19	32
中低收入国家	16	23	12	22
中高收入国家	21	23	21	21
高收入国家	24	19	25	19

资料来源：World Bank Saving Database（online）。

一、居民储蓄和企业储蓄

居民储蓄(或家庭储蓄)是总储蓄的主要来源。决定居民储蓄水平的有两大基本因素:一是居民可支配收入(居民总收入扣除所得税)的总水平。一般而言,居民可支配收入愈多,居民储蓄也愈多。居民可支配收入水平的高低取决于一国经济发展水平所决定的国民收入的总量和人口数量,它与前者成正比,与后者成反比。二是储蓄倾向,即平均每单位居民可支配收入中用于储蓄的比例,在收入一定的情况下,储蓄倾向愈高,储蓄额也就愈多。储蓄倾向的高低取决于多种因素,既有经济方面的,也有非经济方面的,主要有:收入分配状况、利率水平、储蓄习惯、金融制度与支付习惯、社会保障与社会福利制度、物价水平、财政与货币政策等。

专栏 7-1

中国储蓄率为何居高不下

中国城乡居民人民币储蓄存款(年底余额,亿元)

1978	1980	1985	1990	1995	2000	2003	2006
210.6	399.5	1 622.6	7 119.8	29 662.3	64 332.4	103 617.3	161 587.3

2005 年中国国内储蓄占 GDP 的比率为 48.1%,国内投资占 GDP 的比率为 42.6%,自然就形成了占 GDP 5.5% 的商品和服务净出口。关于国内投资率是否偏高目前还存在争议,但中国储蓄率在国际范围内已经处于较高水平是无可争议的事实。

中国的储蓄率为何居高不下呢? 要准确剖析中国高储蓄的成因,有必要从部门储蓄率的角度来分解国内储蓄率。世界银行经济学家 Kuijs 发现,近年来居民储蓄占国内储蓄的比率不断下降,而政府储蓄和企业储蓄占国内储蓄的比率不断上升。这说明近年来中国国内储蓄居高不下的原因不仅在于居民储蓄率过高,也在于政府储蓄和企业储蓄的迅速增长。根据 Kuijs 估算,2003 年中国的居民储蓄、政府储蓄和企业储蓄占 GDP 的比例分别为 16.6%、7.0% 和 18.9%。

东亚国家向来被认为是高储蓄经济体的典型。通过对部门储蓄率进行跨国比较发现:第一,尽管在2004年之前,中国的任何一个部门储蓄率在东亚地区都不是最高的,但是中国的国内储蓄率却是区域内最高的;第二,对其他东亚国家或地区而言,可能有一个或两个部门储蓄率处于较高水平,而其他部门储蓄率处于较低水平。例如,日本的企业储蓄率处于较高水平,但是居民储蓄率和政府储蓄率较低;韩国的政府储蓄率和企业储蓄率处于较高水平,但是居民储蓄率较低;新加坡的居民储蓄率和政府储蓄率处于较高水平,但是企业储蓄率较低;而中国的三部门储蓄率均处于较高水平,这正是中国国内储蓄率高企的根本原因。

从根本上说,中国高储蓄率问题是个收入分配问题。近年来,由于所得税制度不尽合理,以及工资水平增长缓慢,导致国民收入分配更多地偏向于政府和企业部门,即非居民部门。由于政府和企业的消费倾向天然低于居民,这就造成政府储蓄和企业储蓄的大幅上升。

中国国内储蓄率之所以居高不下,最重要的原因在于中国部门储蓄率之间相互替代的机制被堵塞。① 由于政府的消费性支出偏低,尤其是在教育、医疗、社会保障等方面的投资有限,造成居民未来收入和支出的不确定性增加,从而形成了强烈的预防性储蓄动机。在这种情况下,政府降低当期投资性支出并不会引致居民相应扩大当期消费。换言之,在政府对社会性公共产品投资不足的情况下,政府储蓄和居民储蓄相互替代的机制被堵塞了。② 中国的企业无论所有制形式如何,均缺乏分红的传统。对于国有企业而言,自1994年税收体制改革之后,国有企业就再没有向政府上缴过红利;对于上市公司而言,由于没有形成分红文化,连续多年分红的上市公司比例极低——只有在面临增发股票时,为了满足证监会的规定,才会被迫发放红利;对于民营企业而言,由于外在融资渠道匮乏,再生产主要依靠自我积累,更没有动力发放红利。由于中国企业普遍不对居民分红,企业价值与居民财富之间的联系因此被割裂,企业储蓄和居民储蓄相互替代的机制也被堵塞了。③ 由于国有企业不向政府分红,导致中国政府储蓄与企业储蓄之间相互替代的机制被堵塞了。

如何降低中国的高储蓄呢?首先,应进行收入分配制度的改革,使得国民收入更多地流向居民部门,而非政府和企业部门。其次,政府应该尽快扩大在教育、医疗、社会保障等社会性公共产品领域的投资,这一举措既能降低政府储蓄率,也能够通过缓解居民的预防性储蓄动机来降低居民储蓄率,同时有助于恢复政府储蓄与居民储蓄之间相互替代的机制。最后,应尽快实行国有企业向政府分红的制度,建立上市公司定期分红的制度和文化,并拓宽民营企业的外部融资渠道。这不仅有助于降低企业储蓄率,亦能够增强企业储蓄和居民储蓄、政府储蓄之间相互替代的机制。

资料来源:Kuijs,Louis,"Investment and Savings in China", World Bank China Office Research Working Paper, May 2005, No.1;《中国统计年鉴2007年》。

企业储蓄包括净储蓄和折旧基金两部分。净储蓄是企业的未分配利润,即税后利润扣除股息和职工福利基金,它是用于扩大再生产的。净储蓄取决于企业的经营状况(利润大小)和内部的分配政策。折旧基金在未用于更新机器设备之前,也是一种储蓄。在发达国家,企业经常采取加速折旧的办法,政府也给予税收等方面的种种优惠,以扩大企业的资本积累和更新改造的能力,加速技术进步。所以,折旧基金是企业资本积累的一个重要来源,折旧基金占企业总储蓄的比例相当大。由于企业是国民经济的细胞,所以提高企业的获利能力、增加企业利润用来进行再投资,对于经济发展具有决定性的意义。

发展中国家由于经济发展水平低,缺乏健全的法律环境和资本市场,现代部门通常较小,企业储蓄也较少。此外,私营企业通常采用家庭所有形式,其税后利润转化为家庭收入,因此占国内私人储蓄的份额一般比较小。只有少数国家现代企业数量较多、规模较大,企业储蓄在全国总储蓄中占相当大的比重,如韩国和巴西。

居民储蓄和企业储蓄也被称为"自愿储蓄"(Voluntary Savings)。一般来说,发展中国家在工业化初期,自愿储蓄占收入的比率相对较低,其原因主要有:① 人民普遍贫困,缺乏储蓄能力;② 可用以储蓄的金融资产种类太少;③ 金融机构不够普遍,存款手续太多;④ 公众对本国货币缺乏信心,保有货币常会遭受贬值损失。所以,完全依赖自愿储蓄,动员国内资源,充作资本形成,速度势必相当缓慢。

发展中国家资本形成或积累方式可以企业积累为主导。根据发展中国家的经验教训,一方面,在微观层次上,私人企业根据市场需求和自身的能力,自主地决定投资、生产、经营活动,具有自我积累、自我扩张的内在动力和外部竞争压力,政府一般不加任何干预。另一方面,在宏观层次上,政府则运用财政和货币金融政策,根据社会经济发展的目标,对企业的投资活动加以引导、调节,并对那些单个企业不愿或无力投资而又具有社会效益的非营利性事业,或关系到国家长远经济利益的事业,如交通、能源、通信等基础产业,新兴高科技产业,教育与科技发展,以及社会安全与社会保障等方面,由政府直接投资,建立国有企业。这样,私人企业与政府各司其职、各尽其能、互为补充,既能保证经济的效率和活力,又能加速经济发展和维持宏观经济的稳定。

在资本主义的私有企业制度中,由于产权是明确的,企业的权利、责任和利益也是密切地结合在一起的,所以,企业具有自我约束、自我积累、自我扩张的内在动力。企业在市场竞争的压力下和追逐利润动机的驱使下,不断地开拓市场,扩大投资和生产规模,改进技术,降低成本,提高效率。所以,企业是一个充满生机和活力的经济细胞,它具有完善的自我积累与自我扩张的内在机制。

在传统的社会主义国有企业中,资产的全民所有权是虚置的,所谓"人人所有,人人都不所有"。企业只是政府行政机构的一个附属物,而不是一个"自负盈亏、自主经营、自行积累和自我扩张"的商品生产者和经营者,没有人对国有资产的增值承担真正的责任。所以,解决国有产权的虚置问题,将它落到实处,是构造企业自我积累机制的根本问题。这就要求:① 彻底地实行政企分开,即所有权与经营权分离。政府作为国有资产所有权的代表者,即国家股东,负责监督国有资产,保证它增值,防止它流失;生产与投资决策权、经营管理权则完全交给企业。② 培养和形成一个独立于政府官员之外的经理和企业家阶层,真正赋予他们明确的权利、责任和相应的利益。③ 保证企业积累的权益,即明确企业自行积累的资产的产权(例如允许企业职工和经营者持有一定的股份),以在企业内部形成积累的激励机制。

在构造国有企业的内部自我积累的有效机制的同时,还要建立一个完善的金融市场,包括直接融资与间接融资的市场,为资本的集中和企业的扩张提供良好的外部融资环境。当然,这对所有的企业,包括非国有企业,都是必不可少的。

此外,企业的积累能力与企业内部的收入分配制度也有密切的关系,其中工资的增长速度尤为重要。在工业化时期,由于存在大量的剩余劳动力,工资的增长不宜过快,应该低于劳动生产率的增长,以便增加利润率,扩大企业的积累能力,从而进一步扩大就业、吸收剩余劳动力。也就是说,应当形成有利于利润扩张和资本积累的收入分配制度。这是先进国家在起飞时期都经历过的事实。

二、政府储蓄与资本形成

为了加速动员国内资源作为资本形成,不少经济学家主张通过征税、财政赤字、通货膨胀、对隐蔽性失业劳动的充分利用等方式,实行所谓的"强制性储蓄"(Compulsory Savings)。① 事实上,很多发展中国家(特别是在20世纪50、60年代)正是主要通过这种强制性储蓄来加速进行资本积累和工业化的。

---

① 参见徐育珠:《经济发展》(第三版),台湾正中书局印行1982年版,第67页。

政府储蓄包括政府预算储蓄和国有企业上缴利润两部分。预算储蓄是政府的税收扣除经常性公共支出后的余额。除这两个正常手段之外,如果政府储蓄不足以支付政府的投资支出,即发生财政赤字,那么政府可以通过向国内公众举债(发行债券),出售国有企业的股票,或借外债,或向银行透支扩大货币发行,即通过通货膨胀等手段,来弥补赤字。政府储蓄以及财政赤字的规模都是由政府的社会经济政策决定的。

政府的储蓄与投资,是与整个财政收入及财政支出密切联系在一起的,所以下面分别从财政收入和财政支出两个方面,来论述从政府财政渠道如何促进资本形成和经济增长问题。

1. 财政收入与资本形成

政府的财政收入主要包括三个部分:一是税收收入,这是最主要的来源;二是非税收入,包括各种行政事业性收费、国有企业利润上交等;三是债务收入,包括内债和外债。

税收对资本形成的作用主要表现在两个方面:一是为公共投资筹集充足的资金,即政府储蓄;二是刺激企业把更多的收入用于投资,即企业储蓄,或是刺激国外的企业来本国投资,即国外储蓄。从前一个作用出发,应该多征税或提高税率;而从后一个作用出发,则应该少征税或降低税率。这种两难选择要求税收的轻重或税率的高低必须适度,既不能太低而使必要的公共投资缺乏财源,以至于政府不得不实行赤字财政;又不能太高而挫伤了企业的投资意愿和投资能力。因此,一个优良、有效的税收制度应该兼顾这两个方面,既能扩大公共储蓄的能力,又不降低企业储蓄的意愿。也就是说,从促进资本形成的角度看,发展中国家必须坚持适度税负的原则。

发展中国家,由于其经济落后和管理落后,一方面人均收入水平比较低下,从而税收的潜力有限;另一方面由于市场经济不发达,税收制度不完善,纳税风气不好,会计制度以及税法税务管理不健全,从而征税的效率也非常低。在大多数发展中国家,税收制度既不平等,又无效率,还不便管理,避税、逃税是常有的事。因此,发展中国家开发税收潜力的途径包括:完善税收制度,强化税务管理,减少偷税漏税。此外,还可以通过改进税收结构来挖掘税收潜力,增加税收收入。

发展中国家税收结构的特点是:① 以间接税为主,直接税为辅;② 在直接税中,发展中国家公司所得税较个人所得税重要,并且社会保险税的份额很低;③ 在间接税中,发展中国家高度依赖进出口关税(特别是进口税),税率高。发展中国家的这种税收结构虽然有其必然性,但并不就是完全合理的和没有改进余地的。许多发展中国家存在严重的收入分配不平等现象,但由于种种原因,高收入者所缴纳的税收却很少。所以,加强对个人所得税的征收,不仅可以挖掘一大批税源,还可以改善收入分配的状况。

专栏 7-2

税收改革与税收管理

英国经济学家 N. 卡尔多(N. Kalder)建议发展中国家采取四个主要的税收改革措施:① 所有的收入(包括资本收入)都应用同一方法汇总和同一累进率征税,但不要超过最大边际税率,如 50%,超过该水平的边际税率不仅可能降低对企业及个人储蓄的刺激作用,而且可能鼓励逃税和避税,从而是反生产性的;② 针对富人征收累进的个人支出税(消费税);③ 实行财产税制度;④ 实行礼品税制度。

帕金斯(Perkins)等许多发展经济学家认为,改革税收管理是发展中国家增加税收的最重要的方法。在许多不发达国家里,税收低只是由于税收条款没有得到认真执行。而实际上,由于税收管理制度落后,税收流失严重,不得不提高税率,高税率反过来又刺激了偷税、漏税和各种地下经济活动。

资料来源:〔美〕德怀特·H. 帕金斯等,《发展经济学》(第 5 版),黄卫平等译,中国人民大学出版社 2005 年版,第 12 章。

发展中国家应尽量降低公司的所得税税率,减少对企业利润的课税。消费税和财产税是增税的理想源泉,若对高档消费品、奢侈品、限制消费的产品和服务(如烟、酒、汽油、赌博等)以及土地、房产等财产征收较重的税,不仅有利于改善收入分配的状况,而且也有利于增加公共储蓄,把消费基金引导到生产投资上来。另外,发展中国家税制上的差别待遇和优惠措施(如减税、免税、退税)太多。这既使税收管理变得复杂,甚至助长腐败,又人为地制造了不公平的环境,扭曲了资源配置。因此,应该尽量减少税收优惠,实行公平税负。

为了加速资本形成,促进经济发展,税收政策应尽量对奢侈物品课以较高的消费税或关税;对非生产性的投机活动,也应课以重税;对个人收入则课以累进的所得税;而对生活必需品则少征税或免税;对生产性投资和技术创新则给予减免税或允许加速折旧的政策鼓励。

此外,政府财政收入除主要来自税收收入外,还有一部分来自非税收收入。

非税收收入一般包括三类:① 国有财产收入,如出售或出租国有土地、森林、矿山和水利资源等收入或租金;② 公营企事业赢利;③ 各种行政收费,包括行政规费、司法规费和一切公共设置的使用费、公共工程收费、特许权收费以及罚没款等。但必须指出:非税收收入是财政收入和政府储蓄的一个辅助来源,不能随便巧立名目,征收各种各样的非税收入,否则会大大损伤民间的储蓄和资本形成能力。

普利斯效应与李嘉图等价

在20世纪50、60年代,典型的发展战略的基本原则之一是,如果不付出重大努力以提高政府储蓄在国民生产总值中的份额,维持收入增长所要求的投资增加就是一句空话。发展中国家转移到政府的收入实际上能提高国家的储蓄率。因此,能够通过税收结构的重大改革,提高税收对国民生产总值的比率。

问题是:如果政府想增加税率的话,实际上能增加到什么程度呢? 在发达国家中央政府税收占国民生产总值的比率平均为25%—30%,而发展中国家大约为12%—18%,增长困难重重。

税率的增加会导致国民总储蓄的增加吗? 令人遗憾的是,有证据表明,对于一些发展中国家,政府新增税收的边际消费倾向已经很高,增加的税收非但不能增加,反而减少了国内储蓄总额。这一现象首先受到世界银行的斯坦利·普利斯(Stanley Please)的关注,被称为普利斯效应。在过去几十年中,大多数年份的情况表明,政府的消费倾向相当高,增加税率对提高政府储蓄只有很小的效应。

李嘉图认为,公共储蓄的任何增加都会被私人储蓄的等量减少抵消,从而国内总储蓄保持不变。这一理论被称为李嘉图等价。后来巴罗将这一思想正式化。

大量证据表明,李嘉图假设部分是正确的,但也只是部分正确。大多数研究表明:政府储蓄率每增加1个百分点,与之相联系,私人储蓄率将下降0.40—0.65个百分点。

资料来源:Stanley Please, "Saving through Taxation: Reality or Mirage?" *Finance and Development*, 4, No.1(March 1967), pp.24—32。

2. 财政支出与资本形成

政府财政支出由公共投资支出(资本支出)和经常性支出(公共消费支出)两部分构成。前者一般是生产性支出，包括社会投资(教育、科技、文化、卫生等)和基础设施投资(运输、邮电、通信、大型水利工程、城市公用事业等)以及直接生产投资;后者则一般是非生产性的，包括政府公务员的工资和津贴、非生产性商品和劳务购买、军事外交开支、公债利息支付、各种补贴和转移支付等支出。

由于政府在一定时期内的财政收入是既定的，所以政府经常性支出的节约，意味着可增加公共投资即生产性支出，从而增加资本形成。因此，为了加速发展中国家的经济增长，尽可能减少政府的经常性支出，增加公共投资支出是政府财政支出政策的一项重要任务。

在政府支出中，与资本形成直接相关的就是政府的公共投资或资本支出。在发展中国家，公共投资一般是通过建立国有企业或事业单位进行的。其领域主要在水、电、气等公用事业以及交通运输和通信业、金融保险业、矿产业等部门，在这些部门中，国有企业往往占支配地位。

发展中国家的经济实践表明:在公共投资支出中，政府财政应该彻底退出企业的一般性日常投资活动，而把投资的主要范围和重点集中在具有社会性、非营利性、高风险性和战略性的宏观投资活动上，包括交通、能源、通信等经济基础设施的建设，教育、科技、文化、卫生等社会基础设施的建设，国土、生态、环境的保护，以及重要资源的开发和新兴产业的创立等方面。实践证明，就是在这些重点领域，政府虽然应发挥中心作用，但也不应该是唯一的生产者，而必须引进竞争机制，允许私人企业和外资企业的适当进入，以提高公共投资的效率和公共服务的质量。

3. 财政赤字与资本形成

在发展中国家，由于自愿储蓄水平较低，可投资的资金缺乏，财政赤字主要是作为政府强制储蓄、加速资本形成的手段。当政府的财政收入满足其经常性开支后所剩不多，而政府又面临大量的投资任务，即资本支出需要时，便要借助于财政赤字来筹措建设性资金。这样，财政赤字就起着将民间储蓄或用于消费的收入转化为政府投资的作用，从而提高了资本形成率。

财政赤字政策对经济增长是积极作用大还是消极作用大，主要取决于两个方面:一是财政赤字的弥补手段，二是财政赤字的用途及其效率。

在发展中国家，由于增税的潜力有限，或阻力较大，政府通常通过发行国债和向中央银行透支(即增发货币)的手段来弥补赤字。若是通过向民众发行国债来弥补赤字，则只是将私人支出转化为公共支出，改变的只是总需求的结构，总需求的总量不变;只要债务收入来自于民间的闲置资金或本来用于消费性开支特别是奢侈性消费,那么财政赤字的作用将是积极的,对经济增长是有利的。但问题在于,在发展中国家,这部分国债收入通常是有限的,远不能满足政府的投资支出或其他开支的需要,因此,政府就不得不借助于通货膨胀的手段来予以弥补,这就形成赤字型通货膨胀。

关于第二个方面,即财政赤字的用途及其效率,很显然,如果政府把财政赤字的收入用于非生产性用途(由于经常性开支膨胀),或者即使是用于生产性投资,但投资决策失误,造成资金的大量浪费,而形不成生产能力,或者政府所建立的国有企业生产效率低下,那么财政赤字对资本形成和经济增长都将起不到积极作用。而在发展中国家这些可能性都是大量存在的。

当然,利用财政赤字应坚持通过发行国债(包括适当地举借外债),而不是靠发行货币来弥补赤字,以防止通货膨胀;应坚持只为生产性投资而不为经常性开支举债;要尽量将财政赤字控制在国力能够承受的范围之内。

4. 通货膨胀与资本形成

在发展中国家,通货膨胀是资本形成的一种特殊方式。发展中国家的政府为什么要借助通货膨胀来筹措资本呢?这是因为,发展中国家人均收入水平低下,消费倾向较高,自愿储蓄不多,政府的税收也很有限。同时,政府具有加速工业化和经济增长的政治压力和政治意图,并为此制订了雄心勃勃的发展计划,但由于缺乏有效的财政、金融体制去筹措资金,利用外资的数量又很有限,通过这些正常途径往往难以筹措到大量的发展资金。在这种情况下,政府就不得不利用手中垄断的货币发行权,通过增加货币供给,扩张银行信用,实施通货膨胀的办法,来强行地、隐蔽地动员储蓄,为公共投资筹措资本。

通货膨胀所造成的强制性资本形成效应,主要是通过以下两个收入再分配渠道产生的:第一,国民收入在政府与民众(私人部门)之间的再分配。通货膨胀必然导致货币贬值,从而无形之中将公众的一部分消费性收入转移到政府手中。这实质上是以通货膨胀的隐蔽形式向人民征缴"通货膨胀税"。政府再将获得的额外收入(增发的货币)用于生产性投资,转移到资本品的生产上。第二,收入在工资与利润之间的再分配。通货膨胀通常损害的是拿固定工资的工薪阶层,减少他们的实际收入,而相对增加的则是赚取利润的少数企业主阶层的实际收入。这样,一方面,由于高收入阶层的边际储蓄倾向一般高于低收入阶层,所以通货膨胀提高了社会的总体储蓄倾向及可贷资金总规模;另一方面,由于实际利率和实际工资等固定成本的下降,产品价格又上涨,提高了企业的利润率,所以通货膨胀又增强了对企业家的投资引诱。这两个方面结合起来,通货膨胀就会刺激企业投资,从而也会将一部分资源从消费领域转移到生产领域。

结构学派和货币学派通货膨胀理论

关于发展中国家通货膨胀的真正原因,有两种具有代表性的也是相互对立的理论解释:一是主要由联合国拉美经济委员会学者组成的结构学派的理论,二是主要由国际货币基金组织的前官员和学者组成的货币学派的理论。

结构学派认为,货币扩张只是通货膨胀的表象,并不是原因,政府预算赤字和中央银行印发钞票只是对结构刚性的反应。而发展中国家由生产结构性失衡引起供给缺乏弹性,才是通货膨胀的根本原因。这种供给缺乏弹性主要表现在粮食供给、出口产品和税收制度缺乏弹性。因此,要想制止通货膨胀,只减少政府支出和银行的货币供给量是无效的,必须打破生产结构的刚性,进行结构改革,特别是要调整以牺牲农业而片面进行工业化的政策,进行农业土地改革,促进农业和农村经济的全面发展。

货币学派则坚持通货膨胀是一个货币现象。他们认为政府的错误干预和人为的扩张政策才是通货膨胀的真正原因,供给缺乏弹性不是结构性的,而是由政府的错误政策造成的,如粮食补贴导致了粮食需求增加,利率限制引起了投资的膨胀和储蓄的减少,高估汇率和保护贸易政策造成了外贸赤字扩大。所以,减少政府对经济的不必要干预,才是提高供给弹性和制止通货膨胀的关键。要控制通货膨胀,首先必须消除预算赤字,紧缩银根。货币学派竭力主张,中央银行应使企业和政府依靠实际储蓄的增加,而不能通过制造信贷来为支出提供资金。

资料来源:A. P. Thirlwall, *Growth and Development*, Macmillan Publishers Ltd. 1999, pp. 363—366。

在短期内通货膨胀虽能起到一定的强制储蓄和投资的作用,从而能暂时刺激较高速度的经济增长;但从中长期看,由于其固有的不平衡性和不可预测性,将降低居民的储蓄和投资意愿,使价格体系扭曲,个人收入分配状况恶化,宏观经济环境出现不稳定局面。结果不仅不会有利于经济增长,反而会阻滞经济发展,延缓工业化和现代化的进程。

总之,发展中国家要想实现工业化和经济起飞,并使经济持续地增长下去,就必须坚决抛弃"通货膨胀不可避免"的错误理论和"用温和的通货膨胀支持增长"的幻想,确立"在稳定中追求经济增长"的长期经济发展方针。这就需要首先克服超越客观条件限制急于求成、急躁冒进的思想,坚持稳定货币、稳定物价的原则,执行稳健的财政金融政策,防止和控制总需求的过度膨胀。

第三节 发展中国家的信贷与金融深化

在现代市场经济中,储蓄活动与投资活动大多是相互分离的,储蓄向投资转化主要是通过金融中介机构间接进行的。所以,金融体系在资本的形成及运用过程中起着关键性的作用。市场经济越发展,对金融体系的依赖性就越大。但是,绝大多数发展中国家市场不发达,也没有将金融政策视为促进经济稳定和经济增长的重要手段。其结果是金融系统的发展大大滞后于实际经济部门的发展,并反过来严重阻碍了经济的发展。直到20世纪70年代以后,许多发展中国家才先后掀起了市场导向的经济体制改革及金融体制改革的浪潮,金融发展问题才渐渐受到人们的关注。金融方式现已成为资本形成最主要的方式。

一、发展中国家的"金融抑制"与"金融深化"

金融发展与实际经济发展之间存在着一种相互刺激和互相影响的关系。一方面,蓬勃发展的经济通过国民收入的提高和对金融服务需求的增长,将刺激金融业的扩展,加深经济货币化的程度;另一方面,健全的金融制度能将分散的储蓄有效地动员和汇集起来,并引导到生产投资活动中去,从而促进经济的发展。

一个国家的金融体系越健全,就越可以帮助一国经济克服资本的短缺,改善资源的配置,从而促进经济增长;反之,一个国家的金融体系越落后,政府对金融的管制就越严,从而会极大地抑制其经济发展。

发达的金融系统对经济增长的促进作用或"引致增长效应"(Growth-Inducing Effect)是通过两个方面发生的:一是金融系统提高了储蓄和投资的总水平。因为金融机构和金融工具提供的选择机会越多,金融服务越是便利周到,人们从事金融活动的欲望就越强烈,一些非生产性的或暂时闲置的资金就可以被吸引到生产性用途上来,从而社会资金积累的速度就越快。二是金融系统通过资本运用可提高投资的效率或边际收益。因为竞争会保证资金首先流向投资风险小、回收期短、营利水平高的产业与地区。金融机构在外部对企业的监督,也有利于企业改善经营,提高效率。

发展中国家普遍存在着"金融浅化"(Financial Shallowing)或"金融抑制"(Financial Repression)现象。① 主要表现在：政府为了刺激投资，利用行政力量人为地将利率规定在远低于市场均衡利率的水平，而且在通货膨胀时期，实际利率不断下降甚至变为负值。过低的或负值的实际利率，一方面助长了对实物资产的追逐，从而抑制了储蓄的增加和人们对金融资产的需求，导致金融系统相对于非金融系统的实际增长率和实际规模下降，最终使可投资资金减少；另一方面则刺激了不适当的投资需求，使那些边际收益率很低的投资项目变得有利可图，而且助长了资本密集型产业的发展（因为资本相对价格较低），而不利于劳动力就业的增加。由于资金供不应求，政府只好对信贷实行限额配给，结果政府所能满足的往往只是重点发展的现代部门和国有大中型企业或少数特权阶层的资金需求，而将为数众多的小企业、小商人和农户排斥在有组织的金融市场之外，它们只得靠自身的积累或在无组织的金融市场借高利贷来扩大再生产。这就加强了金融和经济的二元化倾向。另外，在外汇市场上，政府也人为地抬高了本国货币的价值，其结果是限制了出口，鼓励了进口，从而恶化了国际收支状况。总之，选择金融抑制战略对储蓄、投资、就业、收入和外贸都是不利的，是一种缺乏远见的行为，它只能使落后的经济更加落后。

要使经济真正得到稳定持久的发展，就必须抛弃"金融抑制"战略，而进行"金融自由化"(Financial Liberalization)与"金融深化"(Financial Deepening)的改革，即放弃国家对金融体系和金融市场的过度行政干预，让其自由发展。取消利率与汇率限制以及信贷和外汇的配给制，促进金融业内的竞争；降低通货膨胀率，稳定币值和物价，以使实际利率与汇率提高到反映资金和外汇稀缺程度即供求均衡的水平；打破金融市场间的障碍，使利率间的差别趋于缩小，从而有效地吸收储蓄和分配投资；使金融资产的品种及其期限多样化，其增长率与国民收入或物质财富的增长率之比逐渐上升，金融体系的规模扩大、机构增加、职能专门化。

此外，发展中国家应该追求经济自主发展，即发展中国家应该主要依靠国内的金融系统来为工业化筹措和分配资金，而不必过分长期依赖外资；反对用赤字财政与通货膨胀的办法来动员资本，因为这只会使实际利率降低甚至成为负值，从而使"金融浅化"。

推行金融深化将具有储蓄效应、投资效应、技术创新效应、就业效应和收入效应等，即有助于挖掘储蓄潜力，增加私人及政府的储蓄和国际资本的流入；有

---

① 由美国斯坦福大学的两位教授爱德华·S.肖(Edward S. Shaw)和罗纳德·I.麦金农(Ronald I. Mckinnon)同时提出，他们主张"金融自由化"和"金融深化"。

助于使来自居民储蓄方面的融资代替财政、通货膨胀和国外援助方面的融资;也有助于扩展多样化的金融市场,促进储蓄者和投资者展开竞争,优化储蓄的分配和使用,提高投资效率。因此,这些措施对加速技术创新、增加就业、提高收入、改善分配的不平等状况,以及经济的稳定增长,都起着积极的促进作用。

当然,发展中国家在实施金融自由化和金融深化方面,也有一些值得吸取的深刻教训。例如,许多东亚和东南亚国家,虽然20世纪80年代以来在金融自由化和金融深化方面已经取得了很大进展,但仍然很不彻底,突出地表现在政府主导型的融资体制(即政府指挥银行向企业融资)使金融业缺乏竞争,透明度低,造成了大量的"关系贷款"和低效投资,进而演化为银行的巨额不良资产和金融危机。事实上,这正是金融自由化和金融深化不彻底的表现。如果在金融体制还不健全、金融市场尚不成熟的条件下,过快实施金融自由化也必然造成金融风险的增大,这时政府和金融当局不仅不能放松反而应当加强对金融业的监管和风险控制。也就是说,金融自由化与金融监管之间并不是此消彼长的替代关系,而应是并行不悖的互补关系。当然,监管的方式应从以直接的行政手段为主转向以间接的经济手段为主。

专栏 7-5

中国为什么抑制金融体系

中国的国有工业部门始终都是落后国有金融体系的主要受益者,民间部门已经成为工业化和经济增长的主要动力,但是它通过金融系统获取的外部融资却非常有限。为什么国家要限制国内外私人银行的准入,来保护国有商业银行的垄断地位,实施利率管制,实行严格的法定存款准备金制度、限制债券和股票市场的发展,以及严格控制资本流动呢?

中国之所以这样做,一个重要的原因在于:政府通过维护国有银行的垄断地位确保(相对短缺的)大部分金融资源能够按政府意图流向国有企业,以实施国家工业化战略意图;同时依靠国家在金融领域的垄断地位来维持宏观经济稳定,为改革服务。特别是随着改革开放步伐的加快,在金融体系相对落后、金融监管薄弱的经济体中有条件地管制资本,可以避免金融动荡或金融危机。

金融抑制是将国有企业大亏损从政府预算转移到银行部门的一种机制,并进而将国有企业亏损的融资成本转嫁给储户(以低存款利率的形式)和普通借款人(以高利率和低贷款额度的形式)。一旦国有银行为不良贷款所拖累,政府将面临两难选择:继续维持金融体系的现状和当前的低利率,或者放弃完全依靠国有企业的发展战略。因此,改变金融抑制,不仅涉及金融政策调整,而且涉及国家发展战略的重新定位和调整,这将不可避免地造成巨大的经济、政治和社会成本。

资料来源:〔美〕James Riedel、金菁、高坚,《中国经济增长新论:投资、融资与改革》,北京大学出版社 2007 年版,第 60—62 页。

二、发展中国家的"二元金融市场"

发展中国家的金融体系不发达的另一个重要表现就是其金融结构的二元性,或"二元的金融市场",即一方面是有组织的、金融管理当局能够控制的金融机构和金融市场,它们以低利率为现代产业部门和出口部门(主要是大中型企业)提供资金;另一方面是民间无组织的、金融当局不能控制的、进行高利贷活动的资金市场,它们则满足那些被排斥在有组织金融市场之外的当地的小农场主、农户、小企业主、小商人的资金需要。

金融市场的二元性从根本上是发展中国家二元经济的反映,反过来又加剧了经济结构的二元性,使传统部门相对于现代部门更加落后,使城市和农村的差距扩大,使农业生产停滞不前,使那些占人口大多数的贫困阶层(特别是农民)的生活长期得不到多少改善。因此,消除金融的二元性,建立一体化的金融市场是十分必要的,应作为发展政策的一个重要方面。

消除落后国家金融二元性的对策是:第一,有组织部门的信用市场的官价利率必须提高到足以反映它们现存资金不足的状况。这将鼓励一个金融中心的成长,以便有效地向国内及国外吸收储蓄。它同时能够使可利用的储蓄供给等于贷款需求,包括放贷者重新贷给无组织信用市场的资金的需求。第二,一个更整合的国内市场只有在现代及传统部门都能以相同的条件自由接触时才能创立,传统部门的利率能够更有效地降低,不是由于对合作机构提供有限金额的低利率贷款,而是对合作社和放贷者在同等的条件下都给予无限制的接触,所以它们能够互相竞争以较低的利率提供给小额借款者。①

---

① 〔美〕H. 迈因特:《发展中国家经济学》,吴荣义译,台湾银行经济研究室 1984 年版,第 62 页。

> **专栏 7-6**
>
> ### 小额信贷与乡村银行
>
> 在孟加拉国,由尤纳建立的伽马银行(Grameen Bank),为居住在全国 68 000 个村庄中的大约三分之一的人提供信贷。大多数贷款额在 100 美元以下,最多也不过 200 美元。65% 的借款者是无地的妇女,而且所有接受贷款的人都是贫民。提供给每个妇女的贷款,只通过可施加还款社会压力的当地社团进行。这种贷款并没有很多补贴,而偿还率却突破了 97%。但伽马银行不仅仅是一个机构,它也提供类似家庭建房的建议及为某些借款者提供受教育的机会等服务。
>
> 在印度尼西亚,作为政府银行的人民银行(BRI),通过其在 3 000 多个村庄的分支机构,为农民、商人和小规模借款者提供贷款及储蓄存款工具等全套银行服务。BRI 采用市场利率,对贷款收取大约 30% 的年利率,对存款付大约 12% 的颇有吸引力的利率。这个比率在 1997—1998 年金融危机中经常变化,主要原因在于当时的高通货膨胀率,但是制定利率的基本原则并没有改变。当非通货膨胀时,尽管 30% 的贷款利率看起来很高,但它比非正规市场的贷款者收取的利率低得多。以这种利率,BRI 吸引了足够多的储蓄存款,超过了其贷款计划所需的资金。大约 97% 的贷款能得到及时归还。并且,该计划而非许多其面向大的生产者和借款者的信贷项目是 BRI 主要的利润来源。
>
> 资料来源:Muhammad Yunus, Grameen II, and Ohaka, Bangladesh, Grammen Bank, 2001。

总之,发展中国家的金融体系和金融政策不应该只为那些现代化的大中型企业服务,还应当促进那些在经济活动中占很大比重的小规模生产单位(小企业、小商人、小农户等)的生产发展。后者经济状况的改善,不仅有利于改善收入分配的不平等状况,增加就业,消除贫困,而且有利于增加储蓄,扩大国内市场的容量,从而对于工业的进一步扩张,特别是农村地区的工业化、城镇化,都将起到积极的促进作用。

第四节 资本形成的效率

对于发展中国家来说,除了资本的筹措以外,更为重要的问题是如何有效地使用资本。因为资本使用效率的提高,意味着一定资本的产出量增加或一定产出所需要的资本量减少,从而节约了资本并增加了收入。战后的经验表明,很多发展中国家之所以没有发展起来,往往并不是其资本不足,而是其资本使用不当,造成资本大量浪费。例如,第二次世界大战后的 20 世纪 50—60 年代,日本和中国的储蓄率都在 30% 左右,据估计两国资源的总使用量也差不多,但生产出来的国民收入却相差甚远。因此,提高资本形成的效率甚至可能比提高投资量对经济的长期增长更为重要。

资本形成的效率通常是以资本/产出比(Capital Output Ratio)来衡量的。资本配置的一般原则应该是将资本投向资本的边际收益最高(即资本/产出比最低)的生产活动。提高资本形成效率的最根本的保证在于建立一种能保证资本有效使用的体制,必须改革那种依靠行政手段直接配置资本的方式,发挥企业和金融市场在资金配置上的主导作用。同时,对资本进行有效配置,还应该注意以下几个问题:

1. 资本使用同劳动就业与产业结构的关系

资本吸收劳动的多少可用资本的劳动力吸收率或资本的就业弹性系数来衡量,即 l/k,l 表示劳动力增长率 $\Delta L/L$,k 表示资本增长率 $\Delta K/K$。显然,这一比率越高,资本创造的就业机会就越多。发展中国家和地区一般是资本稀少而劳动力过剩,因此根据新古典增长模型,在工业化初期应该重点发展那些较多使用劳动、较少使用资本的劳动密集型技术和产业,而不是耗费大量资本的资本密集型技术和产业,这对于增加就业和收入、提高消费需求、改善人民的生活是十分必要的。第二次世界大战后"亚洲四小龙"的经济起飞,就是建立在充分利用廉价的劳动力资源的优势,大力发展轻纺等劳动密集型的加工工业的基础之上的。我国改革开放后走的也主要是这条路子。

2. 资本形成与技术创新的关系

资本不仅要与劳动结合,还要跟自然资源结合才能变成真正的生产力。而技术是结合各种物质生产要素的纽带。所以,资本形成必须促进技术(特别是节约资本的技术)创新,这样才能降低资本/产出率,提高投资效益。中国自 1949 年以来的半个多世纪,经济增长方式一直是"高投入-高产出"的粗放型,至今仍未转变到集约型或效益型。要实现增长方式的彻底转变,就必须大力发展教育和科技,促进技术创新,特别是建立自主创新的体系,以提高经济增长的质量。

3. 资本配置与企业组织结构的关系

许多发展中国家只重视那些现代化的国有大中型企业,这些企业大多是资本密集型的,而忽视那些为数众多的集体经营或私营的中小企业及农户。但后者能大量地吸收劳动就业,与人民生活的关系密切。所以,在各种所有制的大、中、小型企业之间求得均衡的发展,特别是重视小企业的发展,对资本的有效配置也是非常重要的。

4. 投资项目的管理问题

大多数发展中国家的政府将注意力集中在新的投资项目的审批上,而对以前的投资项目的日常开支与维修费用不再提供足够的资金。这就导致了国有部门资本的利用不足。所以,加强对投资项目的日常监督并提供必要的追加投资,可以大大提高资本的利用率和产出率。

本章小结

资本形成是发展中国家经济发展的一个关键性的前提条件。早期发展经济学过分强调资本形成在发展中国家经济发展中的作用,甚至将其看做是唯一重要的因素,后来逐渐认识到技术进步、人力资本等其他因素的重要性。

纳克斯的"贫困恶性循环论"反映了发展中国家贫困的现实状况,并从资本形成的角度探讨了产生贫困的根源和摆脱贫困的途径,强调了储蓄、投资和资本形成对于发展中国家经济发展的推动作用。

资本来源于居民、政府和国外的储蓄总和,资本形成的方式亦即储蓄转化为投资的机制或渠道。在市场经济条件下,应建立以企业积累为主、政府财政融资为辅的资本形成体制。资本形成的方式主要包括:运用行政或财政政策进行政府融资,运用通货膨胀办法强制储蓄,通过金融机构和金融市场融资,等等。

金融方式现已成为资本形成的最主要方式,发展中国家应改革金融抑制政策,通过金融深化的改革,改变二元金融市场的现状,建立统一完善的金融市场,加快资本形成,促进经济增长。

资本使用效率的提高,意味着一定资本的产出量增加或一定产出所需要的资本量减少,从而节约了资本并增加了收入。发挥企业和金融市场在资金配置上的主导作用,是提高资本形成效率的最根本的保证。

关键概念

资本形成　唯资本主义　贫困恶性循环论　低水平均衡陷阱论　投资的互补性　规模报酬递增　大推进论　普利斯效应　李嘉图等价　自愿储蓄　强制性储蓄　二元金融市场　资本产出比　金融抑制　金融深化

思考题

(1) 资本形成与储蓄、投资的关系如何?

(2) 如何正确认识资本形成在发展中国家经济发展中的作用?为什么说从第二次世界大战后经济增长模型的演变可以看到西方发展经济学对资本形成认识的变化?

(3) 如何评价"贫困恶性循环论"和"大推进论"?

(4) 资本形成有哪些来源?评价财政融资方式的作用。

(5) 居民储蓄和个人消费是如何决定的?讨论中国储蓄率为何居高不下。

(6) 如何正确处理政府融资、企业积累、金融融资这三种资本形成方式的关系?

(7) 为什么通货膨胀是发展中国家资本形成的一种特殊方式?评价其效果。

(8) "金融深化论"对发展中国家有何意义?

(9) 为什么发展中国家的金融市场具有二元性?如何才能建立统一的金融市场?

(10) 讨论在中国发展小额信贷和乡村银行的可能性和可行性。

进一步阅读导引

关于资本形成的作用和理论,可参阅谭崇台:《发展经济学》,山西经济出版社2000年版,第四章,第121—140页;[美]拉格那·纳克斯:《不发达国家的资本形成问题》,谨斋译,商务印书馆1966年版。

关于资本形成的来源和方式,可参阅张培刚:《新发展经济学》,河南人民出版社1999年版,第12章,第186—215页;G. M. Meier and James E. Rauch, *Leading Issues in Economic Development*, 6th edition, Oxford University Press, 2000, Part IV;[英]A. P. 瑟尔沃:《增长与发展》(第六版),郭熙保译,中国财政经济出版社2001年版,第14章。

关于金融深化论和二元金融市场,可参阅[美]R. I. 麦金龙:《经济发展中的货币与资本》,卢聪译,上海三联书店1988年版;[美]E. S. 肖:《经济发展中的金融深化》,邵伏军等译,上海三联书店1988年版。

第八章 人力资本的开发与利用

本章概要

本章首先概述了人力资本的含义及其在经济增长中的贡献,然后介绍了人口数量及其增长速度对经济发展的影响,接着分析了营养和健康状况在发展中国家对人力资本积累的影响,随后探讨了教育对人力资本积累的重要影响,最后以促进人力资本积累的战略探讨作为结束。

学习目标

1. 了解人力资本的含义及其作用;
2. 了解发展中国家的人口增长对经济发展的影响;
3. 了解发展中国家的营养与健康现状及其对经济增长的影响;
4. 了解发展中国家的教育现状及其对经济增长的影响;
5. 理解人力资本形成的战略选择。

引 言

第二次世界大战后,日本和德国的物质资本虽遭到极大破坏,但它们在战后却又能够迅速发展,并在短短几十年的时间内发展成为世界经济强国。其中很重要的一个原因是,日本和联邦德国劳动者的技能、经验、所受教育和培训、身体的健康状况、工作的纪律性和献身工作的热情(即人力资本)并未遭到太大破坏,并在以后的经济增长中发挥了重要作用。人力资本在经济增长中的贡献长期受到忽视,主要有两个方面的原因:一是人力资本的贡献难以清晰地界定。其实我们很难说清楚一个人具有多少人力资本,甚至没有一个统一的度量单位来衡量它。至于经济增长中有多大比例来自于实物资本和人口的数量,有多大比例来自于人口的质量(即人力资本),就更加难以区分了。二是对人力资本的投资长期以来都被认为是个人消费支出。本章的目的就是专门探讨:人力资本的含义与作用、人力资本的形成途径和存在的问题以及人力资本形成的战略选择。

第一节 人力资本的含义与作用

一、人力资本的含义

人力资本(Human Capital)①,通常被定义为人类所拥有的知识和有效运用这些知识的能力。按照普林斯顿大学弗里德里克·哈比森(Fredrick Harbison)教授的观点,人力资本构成了国民财富的最终基础。② 物质资本和自然资源是消极的生产要素。人却能够积累资本并利用自然资源去建立社会、经济和政治组织,从而使一个国家得到发展。不能利用这种知识的国家则不可能得到发展。

那么,人力资本到底包含哪些要素呢? 一般说来,人力资本包括两个方面:① 一个人的寿命、力量强度、耐久力和精力。这种人体物质条件受到卫生条件、医疗保健水平和营养状况的影响。随着物质条件的进步,这些人体指标越来越好。各项体育运动的世界纪录频频被打破就是最好的说明。② 个人的生产能力和技能。提高个人生产能力和技能的途径有工作经验(即"干中学")、教育和培训(当然教育和培训的结果不全是生产性的,可能有一些内容是享受性的,使个人能直接从受教育中得到效用)。要从一个人的身上分辨哪些素质是与生俱来的,哪些素质是人力资本的积聚,那是很困难的,也是不必要的。我们在进行人力资本分析时,常常是从一个国家出发,看其平均水平(当然平均水平有时是一个很不好的标准,平均营养水平正常的国家可能既有大量营养不良的人,又有许多营养过剩的人)。有时,我们也可以用人力资本的增量来解释经济增长。

二、人力资本的作用

舒尔茨曾这样强调人力资本的作用:"设想一个国家拥有和美国一样的土地和包括生产技术在内的物质资本,但却受到如下条件的限制:没有人受过在职培训,没有人受过学校教育,没有人能对本职工作以外的工作有任何了解,而且人民的平均寿命为40 岁。毫无疑问,生产将严重滑坡,产出低下,经济组织极其僵化,直至人力资本得到显著提高为止。……假设由于某种奇迹,印度或

---

① 有些书上又把它称为人力资源(Human Resource),如参见谭崇台:《发展经济学》,山西经济出版社 2000 年版,第 152 页。我们在此为统一起见,使用人力资本。

② Harbison, Frederick H., and Charles A. Myers, *Education, Manpower and Economic Growth, Strategies of Human Resource Development*, New York, McGraw-Hill Book Company, 1964, p.223.

某个类似于印度的低收入国家一夜之间拥有了和美国一样的人均资源、设备和包括生产技术在内的经济结构,根据其现有的技术和知识水平,结果会怎么样呢?人力和非人力资本存量之间的巨大差别将导致资源的利用效率低下。"①

从增长核算方程来看,(索洛)残值($\Delta A/A = \Delta Y/Y - \alpha_K \Delta K/K - \alpha_N \Delta N/N$)是经济增长中不能由生产要素的投入来解释的部分,该部分也称全要素生产率。这主要源自于劳动者的素质,据舒尔茨估计,美国1929—1959年间的全要素生产率大约为3/5,其中教育的贡献占一半以上。爱德华·F. 丹尼森(Edward F. Denison)则估计出,美国1929—1982年的年均2.92%的增长率中,"索洛残差"达到1.02%,其中有60%以上来自于教育、医药卫生和知识进步。②

尽管人力资本对经济增长的贡献越来越明显,但人力资本与经济增长之间的关系还缺少理论支持。在20世纪80年代末到90年代初,许多表明人力资本投资能促进经济增长的模型不断出现。这里介绍 G. 曼昆(G. Mankiw)、D. 罗默(D. Romer)和 D. 威尔(D. Weil)在1992年构造的一个模型。③ 该模型假定产出由物质资本、人力资本、劳动和技术进步来共同创造,即

$$Y(t) = K(t)^{\alpha} H(t)^{\beta} [A(t)L(t)]^{1-\alpha-\beta}, \quad \alpha > 0, \beta > 0, 1 - \alpha - \beta > 0$$

其中,技术进步率是外生的且为常数 g,即 $dA(t)/dt = gA(t)$,劳动人口的自然增长率为 n,即 $dL(t)/dt = nL(t)$,而产出中用于物质资本投资的比例为 s_K,用于人力资本投资的比例为 s_L,即 $dK(t)/dt = s_K Y(t)$ 和 $dH(t)/dt = s_H Y(t)$。由此可推导出:

$$\ln y^* = [\alpha/(1-\alpha-\beta)]\ln s_K + [\alpha/(1-\alpha-\beta)]\ln s_H - [(\alpha+\beta)/(1-\alpha-\beta)]\ln(n+g)$$

其中,均衡有效劳动的人均产出 y^* 不仅受物质资本投资的影响,还受人力资本(这里用1960—1985年间达到工作年龄的人口中受过中等教育的比例 s_H 表示)投资的正影响。他们对这个方程的估计表明,利用各个国家的数据,人力资本可以解释经济增长中的40%以上。

三、人力资本形成的途径

按照舒尔茨的观点,人力资本形成有五个途径:① 健康设施和服务,一般说

---

① Schultz, T. W., "Reflections on Investment in Man", *Journal of Political Economy*, Supplement, Oct. 1962.

② Denison, Edward F., *Trends in American Economic Growth, 1929—1982*, Washington, D. C.: The Brookings Institution, 1985, Table 8.1, p.18.

③ Mankiw, N. Gregory, David Romer and David N. Weil, "A Contribution to the Empirics of Economic Growth", *Quarterly Journal of Economics*, May 1992. 其他有关人力资本与经济增长的模型,可参见 Lucas(1988);Kremer and Thomson(1994)等。

来包括所有影响人均预期寿命和人体体力、精力、耐久力及活力的支出;② 在职培训,包括企业组织的传统学徒式教育;③ 初、中和高级的正规教育;④ 不是由企业组织的成人在职教育,包括农村的一些推广项目;⑤ 为适应工作机会的改变而进行的个人和家庭移民。本章着重从营养健康和教育两个方面探讨人力资本的形成。①

第二节 人口增长与经济发展

一、世界人口的变化趋势

人口的增长是一个连续的历史发展过程。有关研究表明,在人类社会发展历程的绝大部分时间里,人口数量的增长都是十分缓慢的,年均自然增长率不到1%。据估计,100多万年以前,世界人口仅为12.5万。随其缓慢增长,到2.5万年前达到约334万;1万年前达到532万左右。及至公元元年,全世界人口达到3亿,其后年均增长率达到0.05%。按照平均增长率测算,大约需要1400年世界人口才能翻一番。到了公元18世纪,世界人口数量开始稳步增长,1750年世界人口达到约7.6亿。1750年至1850年的100年间,世界人口年均增长速度维持在0.5%左右。到1900年,世界人口达到16.3亿;1950年约为25.2亿;2000年已突破60亿。目前世界人口已经增加到67亿。

从以上分析可以看出,世界人口的增长是呈加速度的;从地球上出现人类起到1820年左右达到第一个10亿,经历了200多万年;但达到第二个10亿(1930年)只用了110年;第三个10亿出现在1960年前后,只用了30年;第四个10亿(1975年)只用了15年;第五个10亿在1988年达到,又缩短为13年;及至20世纪末世界人口又增加了10亿,仅用了12年。由此可见,由于人口基数不断扩大,地球上每增加10亿人所需要的时间越来越短。其中,欠发达国家的人口增加明显快于发达国家,在全世界人口总量中,发展中国家的人口比例已高达3/4。如果按照这个速度发展下去,世界人口的增长总有一天会达到极限,由此导致灾难性的后果。然而,世界人口果真会按照这种速度增长下去吗?

二、人口转变理论

关于人口增长问题,各个时期的经济学家针对当时的情况,分别从不同的角度提出了自己的看法。其中有代表性的是托马斯·马尔萨斯(Thomas Mal-

---

① Schultz, T. W., "Investment in Human Capital", *American Economic Review*, Marth 1961.

thus)的悲观主义的人口决定论、片面强调人均收入对人口增长影响的"最优人口论",以及单纯从生物学角度研究人口问题的"人口生物论"(又称为"适度人口论"),但目前广为经济学界所认同和接受的是人口转变(Demographic Transition)理论。

人口转变理论是一种以发达国家的实际人口增长数据为依据建立起来的解释人口变化趋势的理论。该理论最早由 W. S. 汤普逊（W. S. Thompson）于 1929 年提出①,后经众多学者的发展和充实,逐步完善起来。根据这一理论,每个国家的人口增长都会经历三个阶段。在第一阶段,人口的出生率和死亡率都很高,高死亡率抵消了高出生率,故人口增长率较低;在第二阶段,人口出生率依然很高,但死亡率急剧下降,结果导致人口增长率迅速上升;在第三阶段,出生率开始下降,并逐步趋近于死亡率,人口增长速度十分缓慢。

图 8-1 表明,在 19 世纪以前为第一阶段,西欧的出生率为 3.5%,死亡率在 3.0% 上下,人口增长率约为 0.5%;在第二阶段,死亡率由 19 世纪中叶的 3.0% 逐渐下降到 19 世纪末期的 2.0%;第三阶段始于 20 世纪初,出生率由 3.5% 经过 80 多年的缓慢下降,最后到达 1.5% 左右,死亡率则相对稳定在 1.2% 至 1.5% 之间。该图的意义何在？经济学家们认为,西欧发达国家所经历的经济发展过程,也是发展中国家即将经历的过程,因此,西欧发达国家的人口增长经验同样可以用来预知发展中国家的人口增长趋势和各阶段的经济发展状况。

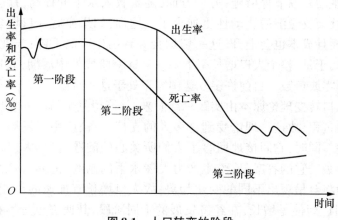

图 8-1　人口转变的阶段

具体地说,在第一阶段,主要特征是高出生率和高死亡率,人口增长率很

---

① 参见 W. S. Thompson, Population, *American Journal of Sociology*, 1929, 36(6), p.959。

低。这一时期,人口再生产没有受到人为的控制,出生率达到生理上的最大值。与此同时,由于饥荒、瘟疫和战争等因素,再加上营养不良、医疗不足等,导致了高死亡率。这一阶段在西欧大约一直持续到1840年。

第二阶段,国民经济进入快速增长时期,工农业生产力逐步提高,交通运输业得到发展,人口流动性增加,教育水平提高,收入增加,人们能够获得更好的食品,医疗卫生条件改善,这些因素促使死亡率下降。同时,随着生活水平的提高和饮食习惯的改进,人们的寿命也得到延长。但是,由于以下两个原因,出生率仍然居高不下:一是经济发展带来了更多的就业机会,子女能够为家庭挣来更多的收入,人们根本不考虑减少生育;二是由于宗教和社会文化习俗方面的原因,人们不愿意减少家庭人口。种种因素综合起来,致使出生率在保持较高水平的同时,死亡率却又下降了,于是人口增长率迅速上升,结果是人口急剧膨胀。人口急剧膨胀又会对国民经济的发展产生消极影响。这时如果国民收入增长缓慢,人均收入反而会下降,极易陷入一种恶性循环。

第三阶段,生育率逐步下降,并最终与死亡率趋近,从而人口增长率下降。在这一阶段,随着经济增长的加速,人们的收入水平开始超过生存水平,生活水平得以提高。率先增长的经济部门增长速度加快,带动其他部门的产出迅速增加。教育也逐渐发展,并扩展到社会,进而唤醒人们广泛的求知欲,激发人们的自律感和理性思维,并且关注未来。人们摒弃旧的习俗礼教和信仰,追求个人理想和价值实现,要求晚婚。原先依靠多生子女来增加家庭收入的观念也逐渐淡化,转而主动采取节育措施;另一方面,随着收入水平的提高,社会分工愈来愈专业化,社会及经济的流动性也加大了。这样,如果家庭人口增多不仅会使迁移不便,而且成本也会上升,这一切均会导致出生率的下降;与此同时,死亡率也会下降,于是,整个人口增长率下降。到这一阶段的中后期,人口增长甚至可能下降到零或负数。目前许多发达国家正处于这一阶段。

由于人口转变理论原本由实践总结而来,并能很好地解释一些国家的人口和经济发展过程,故这一理论受到许多人的支持,并被应用于发展中国家的人口政策之中。同时,它间接地回答了人们所关心的问题:世界人口是否会无休止地增长下去。它的答案是,受生产力发展水平的制约,世界人口在不同的经济发展阶段将会呈现出不同的变化趋势,故人口增长有加速的可能,也有减速的可能,而且,即使是增长,在经济发展的不同阶段,其速率也是不相同的。这样看来,人口与经济增长之间显然存在着一种相互作用的关系:一方面,经济发展会改善人们的生活环境,从而促进人口增长;而到了一定阶段之后,经济发展本身又会使人口增长率下降,甚至出现负增长。另一方面,人口的增长也会对经济发展产生促进或阻碍作用。

三、人口增长对经济发展的影响

经济发展会影响到人口数量和质量,反过来,人口的变化也会对经济发展产生一定的反作用。这种反作用可分为两类:一类是积极的促进作用;另一类则是消极的阻碍作用。而且,在经济发展的不同时期,其正副作用力的大小也处于一种动态的变化之中。

有关人口增长对经济发展的作用,人类的关心由来已久。如果加以概括,大致经历了从乐观到悲观,再到理性三个阶段。① 乐观阶段。从最初的重商主义,到后来的英国古典经济学和重农学派,均认为人口是国力和财富的象征,人口众多被看成是国家富强的象征。这一时期的经济学家一般主张国家采取促进人口增长的政策。② 悲观阶段。随着产业革命的来临,机器大工业逐渐取代了以手工为主的工场手工业,产业资本代替了商业资本,西方世界又先后发生了美国独立、法国革命、英法战争等一系列重大事件。对人口问题的认识,最终出现了以大卫·李嘉图和托马斯·马尔萨斯为代表的人口悲观论。马尔萨斯人口论主要包括以下内容:

(1) 两个公理——这是他的人口理论的出发点:第一,食物为人类生存所必需。第二,两性情欲乃是天性,且几乎会保持现状。马尔萨斯认为,食欲和情欲是人类"本性的固定法则",是超社会的自然存在,是由人类的本性决定的,因而人口增长纯粹是自然现象。

(2) 两个级数。从上述两个公理出发,马尔萨斯提出了人口增长和生活资料增长的两个级数的假设——人口在不受妨碍时以几何级数增长,而生活资料即使在最好的条件下也只能以算术级数增加。人口增长和生活资料的增长开始时差距不大,但随着时间的推移,二者的差距将越来越大。他认为,人口增殖力与土地生产力是不平衡的,人口若不受限制,25年就会增加一倍。按照这种速度,在两个世纪后,人口与生活资料的比例变为256:9,可见二者差距巨大。

他认为,出现这种情况的原因在于,一切生物的增殖有不断超过对它提供的营养的倾向。他在《人口原理》再版时,又以土地肥力递减规律来说明生活资料只能按算术级数增加,继而断言人口增长有一种必然超过生活资料增长的"自然趋势"。这就是所谓的"马尔萨斯法则"。

(3) 三个命题。根据上述两个公理,马尔萨斯又推出三个命题:一是人口增加必然受到生活资料的限制;二是生活资料增加,人口必定增加;三是占优势的人口增加,为贫穷和罪恶所抑制,致使现实的人口必须与生活资料相平衡。这三个命题后来被分别概括为"限制原理"、"增殖原理"、"均衡原理",合称为"人口原理"。

(4) 两种抑制。马尔萨斯认为,一切社会变革都无法解决人口问题,要使人口与生活资料之间达到平衡,只有在人口抑制方面想办法。于是他提出了两类抑制手段:一是积极的抑制——通过贫困、饥饿、瘟疫、罪恶、灾荒、战争等手段去妨碍人口的增加;二是预防抑制——通过禁欲(独身)、晚婚、不生育等预防人口增加,这又称为"道德抑制"。

针对马尔萨斯的人口论,后来的经济学家和人口学家提出了种种批评。最主要的批评集中在三点:其一,马尔萨斯未能分析技术进步的作用,而技术进步对于生活资料的增长具有巨大的推动作用,对于人口的增长也有一定的抑制作用。其二,马尔萨斯的一个主要假设是,人口增长率与人均国民收入水平之间存在着直接的正相关关系,这一点与事实不符。事实上,人口增长与人均收入总水平并无关系,倒是与收入分配的格局有一定的联系。其三,马尔萨斯把人均收入这一变量作为人口增长的决定因素并不正确。根据后人的研究,决定人口增长的主要因素是单个家庭的生活水平。

随着人们对人口问题关注的增多和学者们研究的深入,人口问题的研究在众多学者的努力下逐步走上理性化的道路。概括起来,现代经济学家和人口学家对人口与经济发展之间关系的研究主要包括以下几个方面的内容:

(1) 人口与人均收入。人口增长不利于人均收入的提高,它对人均收入的提高通过三个途径施加影响:一是加剧了人口与土地的比例失调;二是人口增长引起消费品生产的成本上升;三是随着家庭人口的增多,家庭支出增加,不利于资本积累。国民收入的增加常常为人口的增长所抵消。

(2) 人口与生活水平。人口快速增长会引起食品、衣物、住房等需求上升,但由于缺乏相关的要素,诸如原材料、熟练工人、资本等,这些产品的生产在短期内不可能迅速增加,其成本和价格势必上升,进而使生活成本提高。由此,本来很低的生活水平进一步下降。在这种情况下,极易陷入贫困的恶性循环。

(3) 人口与农业发展。人口增长会减少农村人均土地占有量,造成土地压力。同时,人口增长也会增加农村隐性失业人口,由此降低人均收入,而低收入使储蓄和投资水平下降。此外,人口增长也会带来食物短缺。总之,人口增长成为阻碍农业生产发展的因素。

(4) 人口与就业。人口若迅速增长,社会的就业问题就会恶化,这是因为,经济增长带来的就业机会增加会赶不上人口增长的速度。在这种情况下,除非经济保持高增长,否则,劳动力失业和就业不足将成为必然。但由于许多配套资源不够,经济增长往往不能保持高速度。

(5) 人口与基础设施。人口的增长会加剧基础设施供应的紧张。如果政府加大基础设施的投资,又会减少用于其他部门的投资。反之,如果不增加基础设施投资，基础设施又会成为经济发展的瓶颈。在这种两难困境下，政府只有力不从心地从事各部门之间的平衡工作。

（6）人口与资本形成。人口增长会导致资本形成速度下降，因为人口增长会消费掉更多的新增产品，社会可以用于储蓄和投资的资源就将减少。当国内消费增加时，用于出口的产品减少，这有可能导致国际收支的恶化。

综上所述，不发达国家如果没有高资本积累率和技术进步，人口快速增长只会使经济发展速度放慢。这就是当今一些发展中国家的实际情况。

四、人口政策

总的来说，由于人口增长迅猛，当今发展中国家的经济发展受到很大的阻碍。因此，采取切实有效的人口政策，控制人口数量的增长，提高人口的质量，是发展中国家的当务之急。但是，对于当今发展中国家的人口增长，经济学家们也有不同的看法，其人口政策观点相应有所不同。第一种观点认为，发展中国家的人口增长并不构成任何问题，因为：① 发展中国家所面临的主要问题并非人口增长问题，而是经济发展缓慢、世界资源消耗太严重和人口分布不合理等问题。在贫穷和教育水平低下困扰发展中国家的情况下，选择人口多的大家庭是一种理性的决策。只有在生活水平、国民整体素质提高以后，人口问题才会自动消失。如果说现在存在什么人口问题，也是人口分布不合理，因为许多发展中国家尚有大量可居住之地人烟稀少。② 发展中国家的人口问题纯粹是发达国家故弄玄虚捏造出来的，其根本目的就是要让发展中国家永远处于落后状态，永远成为它们的附庸而听命于发达国家，而且发展中国家人口众多对发达国家的边境安全造成压力。③ 人口增长是刺激经济发展的一个基本因素。就发展中国家而言，人口众多可增加消费需求，从而带来规模效应；还可提供充足的劳动力，以降低生产成本。更何况，许多发展中国家的农村地区人烟稀少，人口增长正好可以增加农业产量。

与第一种观点针锋相对，另有一部分经济学家认为，人口增长确已构成一个严重问题，因为：

（1）失控的人口增长是人类面临的主要危机，贫困、失业、生活水平低下、营养不良、疾病、环境恶化，以及其他一系列问题的主要原因都是人口数量太多。

（2）发展中国家的许多家庭愿意减少生育，只是缺乏必需的节育材料和设施，因此，主要的问题是帮助这些家庭获得必要的器具，普及节育知识。

（3）根据联合国1968年德黑兰会议精神，决定家庭人口数量为多少乃一项基本的人权，妇女有权决定自己生育几个子女、何时生育、堕胎或避孕等问题。

(4) 人口增长问题应当引起发展中国家的重视,它延缓了已经出生的人口提高生活水平的时间,为了给新增人口提供医疗卫生等一系列社会服务,政府原本有限的资金被消耗掉,现有人口的生活水平因而进一步下降。

第三种观点则相对温和折中,其主要内容可概括如下:

(1) 人口增长并不是发展中国家普遍存在的低生活水平、经济总量不平衡、经济发展余地小等问题的根本原因,这些问题的根本原因要从国内、国际经济和社会秩序中去寻找。

(2) 人口问题不仅仅是人口数量问题,还涉及人口质量和物质财富状况,因此,发展中国家的人口规模要与发达国家的富裕程度联系起来考虑,要与世界资源的数量、分布状况和使用情况联系起来考虑,而不能只考虑到发展中国家的内部资源。

(3) 高速的人口增长确实会加剧经济落后的各种矛盾,并使经济发展更为滞后。

(4) 与人口有关的许多问题往往不是由于人口规模大引起的,而是由于人口过于集中造成的,尤其是农村人口迁移到城市造成的。

由于经济理论界和人口学界存在着较大的理论分歧,使发展中国家的人口政策也受到影响而莫衷一是。现实情况是,一些发展中国家至今拒绝控制人口。它们的理由是:① 控制人口就是挑战既有的粗陋习俗和宗教信仰,政治风险太大,如英迪拉·甘地在 1977 年大选失利的一个原因就是其人口政策太激进。② 只要土地充足,人口快速增长有利于经济发展。③ 边境地区居民多会令邻居羡慕。④ 人口多会带来工业生产的规模经济,从而降低成本。⑤ 发达国家提倡控制人口,其实质是变相地对非白人民族实行种族灭绝政策。墨西哥、巴西等国就是在这种思想的支配下而没有控制人口。

但与之相反,另外一些发展中国家却采取了控制人口增长的政策。中国是最早采取计划生育政策的国家之一,其成就引人注目。印度、印度尼西亚,包括非洲的肯尼亚也于 20 世纪 70 年代先后实行控制人口政策,但由于种种原因,这些国家的人口政策收效不大。

针对发展中国家的控制人口计划,经济学家们提出了六条建议:① 通过媒体和教育机构进行宣传教育,说服民众少生孩子。② 推行计划生育,提供相关的医疗卫生服务和必要的节育器材。③ 有意识地采用一些经济刺激或抑制手段,如缩短或取消产假,减少福利补助或罚款等,对子女超过一定数目的家庭进行经济制裁。同时,建立老人社会保障制度,规定最低就业年龄以限制使用童工,提高教育费用,削减乃至取消中学和大学教育补贴,给子女少的家庭直接发放津贴等,强化减少人口的激励。④ 消除城乡之间的经济社会差距,引导人口向人口稀少的地区转移,实现人口分布的平衡。⑤ 通过立法,强制人们少生育。当然,这样做的政治风险很大。⑥ 提高妇女的社会经济地位。为妇女提供更多的教育和就业机会,提高妇女的知识文化水平,让她们走出家庭,融入社会,这样,她们就会改变观念,减少生育。

第三节 营养和健康与人力资本的形成

欠发达国家的政府和发展专家,一贯把提高发展中国家健康条件的目标放在次要地位;直到20世纪70、80年代,才注意到健康与经济发展之间存在相辅相成的关系,即经济的发展可以改善健康状况,而更好的健康条件则有利于经济的发展。

一、营养与健康

对大多数人来说,健康就是没有疾病和不衰弱,但这是一个过于主观的定义,一级营养不良在许多发达国家都被视为疾病,而在那些健康条件低下的国家则被认为是完全正常的。按世界卫生组织的定义,健康就是"一种完全物质的、精神的和社会的福利状况"①。

对个人的健康状况,可以由有资格的健康专家的临床考察去决定;但由于对整个人口进行健康考察,耗费巨大,所以只能用统计的方法。这样的统计有两类:死亡统计(如平均每千人的死亡人数、5岁以下每千人的死亡人数等)和疾病统计(如三级营养不良患者占总人口的比例)。另外还有一类统计指标,可用来度量健康资源,如平均每个病床要支持的人口数、每个医生要医治的人口数和每个护士要护理的人口数。发展中国家的健康资源,与发达国家相比,要落后很多,而且各个国家之间,差别很大。非洲撒哈拉沙漠以南国家的人均寿命只有39—54岁。据估计,非洲不到5岁就死亡的儿童,每年至少上百万,占所有死亡人口的一半。在许多国家中,都面临着严重的健康资源短缺。比如在孟加拉,平均每5 640人一个病床,每15 050人一个医生,每38 540人一个护士,而且这样不充足的健康资源,在城乡分布上又很不平等。

对健康资源进行投资的经济回报,也不好度量。一般是用减少或延缓一个职工死亡的成本与该职工存活下来后的未来收入相比较,或者用职工在退休之

---

① Gillis, M., D. H. Perkins, M. Roemer and D. R. Snodgrass, *Economics of Development*, 3rd edition, W. W. Norton & Company, 1992.

前死亡或身体虚弱导致的产出损失,来度量人力资本投资的收益。不论疾病是导致工作日的暂时性减少,还是导致工作能力的暂时性或永久性退化,产出的损失和医疗成本的增加,都足以抵得上预先为防止疾病的发生而进行的健康投资支出。同样,营养投资的收益,体现在如下几方面所导致的产出增加上:体弱多病的职工成为有效劳动力,延长工作年限或工作时间长度,使孩子能重返校园学习,或接受培训时能更有效地掌握所学习的内容等。

二、营养与健康投资的收益

第一,营养与健康投资的好处之一,是通过减少对医疗服务的需求而节约医疗成本。根据1968年官方统计,在37个发展中国家的医院病人中,有50万名营养不良者(实际上应该更高)。按每个病人住院90天、每天耗费7.5美元计算,治疗营养不良的医疗成本约为每年3亿至4亿美元。若包括需要营养护理的1000万名学龄儿童(对他们来说,严重的营养不良将是致命的),医疗成本高达每年68亿美元。可能有人认为,发展中国家的医疗服务严重短缺,医疗成本不可能明显减少,但把有限的病床和医疗资源用于其他需要治疗的病人,能够提高其他病人的人力资本,从而带来产出的增加。所以,很明显,预防营养不良比治疗营养不良要划算一些。

第二,发展中国家营养投资的另一个潜在好处,是减少劳动力中很大一部分体质虚弱者导致的产出损失。通过营养和健康投资,一方面可以增强劳动者的精力、忍耐力和判断力;另一方面可以促进个人的智力发育和增强个人的学习能力,并在未来适当的时候转化成生产力。这些贫穷国家通常都缺少计算体质虚弱所需要的医疗数据,即使有临床数据可用,但由于大量需要治疗的人不能就医,所以在统计上很难充分反映营养投资的全部好处。而且由于营养不良一般都伴随其他的常见病,所以营养不良患者通常都被统计到并发症之列。一个替代的度量指标,是人均摄取的热量占最低需要量的比例,或维持身体热量不足的人口占总人口的比例。从人均摄取量来看,许多低收入国家都达不到所需要的标准,有些国家只能达到50%;从热量不足人口的数量来看,第三世界人口中有1/5得不到维持身体所需要的热量。

第三,延长工作年限。营养不良的另一个成本是减少职工的工作年限,对大多数发展中国家来说,人均寿命的延长只会增加成年人的工作寿命,而不是增加他们的退休寿命。而且对于那些预期寿命特别短的国家,所增加的工作时段正是这些人工作能力和个人事业的顶峰时期。工作年限的延长,有如下三方面的经济利益:一是劳动力再生产成本的降低。以人均收入在250—500美元之间国家的人均寿命58岁为例,假设培养一个人才平均需要20年,而平均每个人在临死之前有 10 年是需要照顾和赡养的（即使没有退休，但却可能因疾病等原因而无法工作），那么平均每个人有 30 年需要社会负担，而只对社会贡献 28 年。但如果人均寿命延长到 70 岁，在同样的情况下，却可以得到 40 年的工作回报，相当于同样的社会成本却导致整个社会的生产能力提高 50%。二是减少社会的赡养负担（即人口中没有工作收入的人数与在工作中的人数之比），同样以上例而言，如果人口服从平均分布，随着人均预期寿命从 58 岁提高到 70 岁，赡养负担则从 1.1 降到 0.75。较低的赡养负担当然会提高人均收入和人均储蓄，从而促进经济增长。三是提高教育和其他投资的收益。人力资本的成本是很高昂的，所以要求的回报也是巨大的。如果把巨大的资源用于教育投资，而培养出来的人才只能在短暂的时间内为社会作出很少的贡献，那么教育投资就会减少，人力资本也就难以积累，经济增长就会趋于缓慢，人均收入也会随之降低，投资资源就会更加缺乏，从而陷入恶性循环。

值得注意的是，所有上述三种潜在的好处都要求以相应的就业为基础。如果没有可供利用的生产性工作岗位，那么，不论是提高生产能力还是延长寿命，对国民生产都将毫无贡献。贫穷国家就业机会的增加慢于劳动数量的增加，所以发展经济学家十分怀疑更好的营养与健康是否能带来经济利益。尽管许多国家都具有严重的农村季节性失业、城市公开失业和劳动得不到充分利用的隐蔽失业[①]，但营养与健康投资仍有其重要意义。首先，在低收入国家的农村地区，在收割季节或其他农忙季节，劳动存在短缺而非过剩。而且，农民不可能在收割前几个星期（收入最低、粮食价格最高）的时候开始增加营养，所以营养与健康投资在农村确实具有生产力影响。其次，城市公开失业也并不意味着生产问题能通过增加雇佣工人而得到解决。许多由工人的营养不良带来的问题不可能用增加人手来改善，特别是那些对人的体质、精力和准确性有最低要求的机器作业。[②]

第四，营养与健康投资除了具有直接的生产力影响之外，还有许多其他的好处。其一，减少某些传染病患者，可以降低其他人被传染的可能性。其二，健康职工收入的提高可以改善其赡养对象的生活水平，因此能提高他们当前的消费水平和未来的生产能力。其三，家庭妇女的劳动未被统计到国民生产总值

[①] 即 Disguised Unemployment，Joan Robinson 把它解释为："对于工业所产生的普通性的产品的需要减少，常引起劳动脱离生产力高的职业而转入生产力低的职业，这种脱离的原因——有效需求下降——正是普通所谓失业的原因，于是我们很自然地可以称被辞退的职工而另谋低下职业为隐蔽失业。"见其 Essay in the Theory of Employment, London, 1937, p.84, 转引自张培刚：《农业与工业化》，华中工学院出版社 1984 年版，第 60 页。尽管对发展中国家是否存在隐蔽失业的问题曾引起过长期的争论，但发展经济学家们普遍接受的观点是，发展中国家不论是农村还是城市，都存在大量的剩余劳动，即隐蔽失业。

[②] Meier G. M., ed., *Leading Issues in Economic Development*, Oxford: Oxford University Press, 1984, pp. 593—594.

中,但她们健康状况的改善对经济具有一系列重要影响,至少可以提高照顾幼弱者的质量。其四,提高与人类福利有关(特别是教育)投资的回报。现在低收入国家对教育的投资仅占国民生产总值的4%,但在那些存在严重营养不良的国家,教育投资的效率还会被削弱一半之多。

国民医疗健康保险实验

不仅发展中国家注重营养与健康对人力资本保存和效率的影响,就连基本不存在营养不良问题的发达国家,也十分重视通过全民医疗保障体系来保证其劳动力的质量和效率。为了了解医疗保障对劳动力的影响以及如何有效地使用医疗保障资金,美国兰德公司于20世纪70年代和80年代初期进行了一项国民健康保险实验(NHIE)。兰德团队包括经济学家、统计学家和医生。这项实验最重要的发现是,病人适当的成本分摊(限定最大支出上限)有助于降低医疗支出,但对每个人的健康状况并没有带来可以度量的变化。这种成本分摊的思想改变了美国的保险实践。在这项实验结果公布之后,使用成本分摊保险方案的大公司立即将出资比例从30%提高到63%。到2000年为止,由此避免的医疗支出的浪费高达70亿美元,而且还将继续扩大。而得到这个结论的代价即实验成本却不足1亿美元(用现值计算)。

这个大型的社会随机实验,虽然没有最终形成它们的资助者曾希望的新项目,但对以后社会政策的制定却形成了持续的正面影响。尽管取得了这些成功,但由于早期的这些努力收效甚微,所以以后还是很少进行这种社会实验。社会实验代价高昂——国民健康保险实验花了接近1.5亿美元,所以在财政拮据的时候,政府很少能够融资筹措出这么大一笔钱。但如果将国民健康保险实验的成本1.5亿美元与因为知道在医疗保险政策中使用适当的成本分摊而带来的成本节约70亿美元相比,我们或许会断定,进行这种社会实验还是划算的社会投资。

资料来源:Manning, Willard G., Joseph P. Newhouse, Naihua Duan, Emmet B. Keeler, Arleen Leibowitz, and M. Susan Marquis, "Health Insurance and the Demand for Medical Care: Evidence from a Randomized Experiment", *American Economic Review* 77, No. 3 (June 1987), pp. 251—277。

第四节　教育与人力资本的形成

对人力资本投资的途径主要有两个：一是体力投资，即对营养和健康的投资；二是智力投资，即广义的教育。经验研究表明，随着物质生活条件的日益改善，营养和健康投资对经济发展的影响远不如教育投资重要，教育对未来（甚至未来数代人）的生产力具有绵延不断的影响。因而，为了提高劳动者素质和促进人力资本的形成，发展中国家对教育已越来越重视。

一、教育的形式和作用及发展中国家教育的现状

教育有广狭二义。狭义的教育就是在学校针对青少年而进行的正规教育，这是所有国家开发人的智力和技能最为典型和普遍的教育形式；而广义的教育除包括正规的学校教育之外，还包括非学校正规教育和一些非正规教育。非学校正规教育主要是针对成年人在非学校的正规教育机构中进行的各种技术培训。非正规教育则是在教育机构之外的生活、工作和社会中得到的知识和技能。一般的研究都是针对典型的学校正规教育的，这里也不例外。

尽管普遍认为，对于同样的工作，中等或低收入国家对教育水平的要求比工业化国家要低很多。但让职工多懂得一点数学和多认识一些字，总会提高效率，特别是对刚参加工作的妇女而言，尤为如此。教育的作用涉及许多方面，但最明显、最显著和最没有争议的是：

（1）基础教育能显著提高农业的人均产出。世界银行的一份研究报告指出，同样都进行新的投入（新种子、肥料、杀虫剂和农药或修建道路等），受过4年学校教育的耕作者，比从未受过学校教育的耕作者，要多产出13%，而同样在没有新投入的情况下，产出差也能达到6%。一系列的相关研究，都肯定了教育水平与农业产出之间的正相关关系。世界银行的分析还表明，一个国家的教育水平越高，其人均产出的增长率也越高。虽然这不一定都是教育的作用，而是由于个人能力越高，其所受教育也越多，那样产出也越高，但即使存在这种可能性，以至于统计数据高估了教育的作用，但教育无疑还是能使耕作者获得更多的信息和使用更有生产力的方法。

（2）教育的回报率偏高，而且私人回报率总是高于社会回报率。J. 纽金特（J. Nugent）和 P. A. 尤塔帕洛斯（P. A. Yotopoulos）对12个高收入国家和14个低收入国家中级教育的社会回报率、大学水平教育的社会回报率和大学水平教

育的私人回报率进行了如下估计(见表 8-1)。① 低收入国家的回报率较高不足为奇,因为教育在这些国家是相对稀缺的商品,特别是大学水平的教育。

表 8-1 教育回报率的比较

		低收入国家	高收入国家
社会回报率	中级水平教育	18%	10%
	大学水平教育	13%	8%
私人回报率	大学水平教育	22%	11%

(3) 非经济影响。教育的增加会伴随着某些态度的改变。比如对政治投票的参与热情、对历史文化的意识、对国家的忠诚、团结奉献的精神等都会随之加强。以生育为例,尽管教育最初对生育率具有正影响,因为教育使妇女更健康、医疗条件更好从而降低生育的成本;但长期来看,对女孩的教育会使她们晚婚晚育并采取节育措施,而妇女受教育水平的提高使她们积极参与社会工作并理性选择养育子女的数量,从而使家庭的平均子女数有所降低。

在 20 世纪最后的几十年间,发展中国家教育的发展大大地快于人口和经济的发展。从教育投资来看,教育在 GNP 中所占的比重由 1960 年的 2.2% 上升到 1980 年的 3.9%,再上升到 1995 年的 4.5%。但由于发展中国家的教育支出基数太小,人口增长又太快,所以人均教育支出直到 90 年代也只有 30 美元左右,而与此相对照,发达国家的人均教育支出则为 468 美元。② 这表明发展中国家对教育发展作出了许多努力,但仍未从根本上改变教育落后这一基本状况。

尽管近几十年来发展中国家的入学人数和入学率都大幅提高,但高、中等教育的普及率还相当低(分别为 10% 和 50%)。其中主要问题之一就是辍学率非常之高。非洲的小学和中学辍学率分别为 54% 和 38%,拉丁美洲分别为 60% 和 18%。

发展中国家教育的另一个普遍问题是教育与实际严重脱节。农村中小学教育的目的也是为进一步的学习打好基础,而不是根据学生中多数要回到农村参加农业劳动的实际情况,讲授一些农业生产中将用到的知识、技能和思想。而且高等教育也有同样的问题,教学内容与实际生产完全脱节,所学知识不能转化成实际的生产力。

---

① Hagen, Everett E., *The Economics of Development*, The 4th edition, Irwin, 1986, p.225.
② 谭崇台:《发展经济学》,山西经济出版社 2000 年版,第 171 页。

二、个人的教育决策

20世纪60年代流行起来的教育成本-收益分析对个人和整个社会都适用,但个人的教育决策与社会的教育决策又有许多截然不同的特点,所以我们要把二者分别加以论述。这里先讨论个人的教育决策。

每个人在做出接受多少年教育的决策时,总是习惯于把教育投资的成本与未来预期收益的增加进行比较。这里要注意的问题是:① 教育投资的成本既包括直接的教育支出(学费、学习用具的费用和其他相关费用,但不包含衣食住行等生活费用,因为这些费用在不接受教育时也必须支出),也包括教育的机会成本(即不接受教育而是直接参加工作所得到的收入,有时这种机会成本是相当大的,比如有天分的童星。实际上许多人直接参加工作是理性的决策,如NBA球星布兰特在高中时放弃读书而进入职业联赛拿4 000万美元的薪金就是理性决策)。② 未来预期收益在与现在支出的成本进行比较时,要进行贴现。从经济学的角度来看,今天的一元钱和明天的一元钱不是等值的,人们总是更愿意持有今天的一元钱,因为其值高于明天的一元钱,所以越远期的未来收入增加,其贴现值就越低。如果每年的贴现率固定为r,第t年的教育收入为E_t,则n年教育收益的贴现值

$$V = \sum_{t=1}^{n} [E_t/(1+r)^t]$$

而在这n年中,因教育而发生的所有成本(显性的直接成本和隐性的机会成本)的贴现值

$$C = \sum_{t=1}^{n} [C_t/(1+r)^t] = \sum_{t=1}^{n} [(C_{et} + C_{it})/(1+r)^t]$$

其中,C_t为第t年的总成本,C_{et}为显性成本,C_{it}为隐性成本。决策的基础就是将贴现收入与贴现成本进行比较,若贴现收入大于贴现成本,则可以继续进行教育投资;若贴现收入小于贴现成本,则不值得继续进行教育投资。根据上述假定,另一种判断教育投资是否值得的方法是,比较使贴现收入等于贴现成本的贴现率(在投资经济学中被称为内部收益率)与其他投资的收益率,取收益率高者进行投资,即比较使

$$\sum_{t=1}^{n} [E_t/(1+i)^t] = \sum_{t=1}^{n} [C_t/(1+i)^t]$$

的i与其他投资机会的收益率,如果发现教育投资的内部收益率最高,则投资于教育;否则,投资于教育就不是最有效率的。

图8-2以年龄为横轴、以收入为纵轴给出美国人选择不同教育年限的一生

收入曲线。人们每次进行教育决策时,就是要将预期收入的提高与教育成本进行比较。① 图 8-1 表明:① 受教育的水平越高,预期收入也随之增加;② 年龄越大,选择继续接受教育的可能性越小,因为预期收益的增加或许不能补偿直接的教育支出;③ 贴现率越小,预期收益的差别就越大,人们就越有可能接受更多的教育;④ 政府采取义务教育计划,即减少教育成本,会鼓励更多的人接受初级教育;⑤ 社会上文盲的收入水平提高,会增加中小学的辍学率;⑥ 若考虑非现金收益(如社会地位等),则人们愿意接受更多的教育。

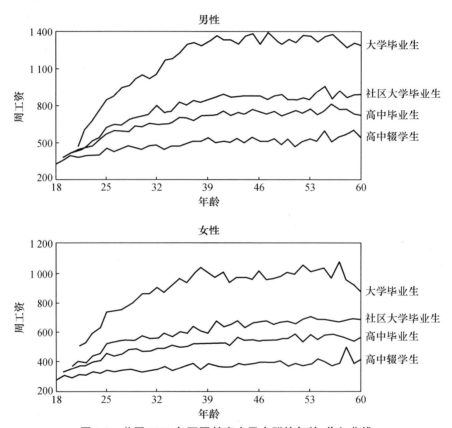

图 8-2　美国 2002 年不同教育水平人群的年龄-收入曲线
资料来源:Borjas, G. J., *Labor Economics*, McGraw-Hill, 2005, p.267。

对这个人力资本模型的批评意见也很多。首先,它将人力资本投资与其他物质资本投资进行类比,这就忽视了人力资本的特殊性。最典型的一点是,其

---

① 当然,在发展中国家这个决策还受到教育供给的影响,由于教育资源短缺,很多人愿意继续接受教育而没有机会。

他资本(包括技术)都可以通过购买而一次性提高,但人力资本却不能采用购买的办法得到(中国有句俗话:"十年树木,百年树人"),比如沙特阿拉伯和利比亚的天赐之财(石油),使它们能购买各种物质资本和技术,但却不能买来人力资本。其次,这个典型的跨时替代(Intertemporal Substitution)模型,暗含地假定了完善的资本市场对人力资本投资的无效性。自从废除了奴隶制后,就没有人能保证对人的投资能确定地得到应有的回报,所以即使这个模型适用于个人和家庭决策,也不一定适用于企业或国家的人力资本投资决策。最后,有一种观点认为,上述模型中所假定的教育会导致生产力提高,而生产力的提高又会导致收入增加,这些都值得检验。他们认为,教育体系的主要功能是信息甄别(Screening),即从职工接受教育的难易程度和水平,来判断哪些是好职工,哪些是差职工。学校体系长期的筛选过程就是要发现那些具有很高的天分、坚韧性和处理问题能力(这些都是工作中极有价值的优点)的工作者,而在教育过程中所学的内容对提高他们的生产力很少有什么帮助。①

三、国家的教育决策

上述基于个人选择的人力资本模型阐释了教育的需求理论。下面我们转向教育的供给和教育发展的实际政策问题。

首先,前面的模型分析计算的是个人的成本与收益,而排除了因外部性而带来的产出增加,以及带给受教育者之外其他人的收益。由于发展中国家的外部收益构成总收益中相当重要的一部分,所以发展中国家在考虑教育供给时,不能采用这种方法。当然,这并不是单纯从总量上讲,还要考虑教育的组合类型和质量。现在多数发展经济学家都承认教育具有外部性。

其次,教育供给方面的一个很重要的问题是教育定价问题。发展中国家的教育经费十分有限,如果完全实行免费教育,既不可行又不经济。但如果完全按市场定价,则由于教育有外部性,社会收益总是大于私人收益,从而导致教育不足。如图8-3所示,为简单起见,假定教育的边际成本为常数,社会收益因外部性而高于私人收益,我们都用直线表示。从图中可以看到,A点是市场均衡点,但从社会的角度来看,最优教育量在B点。为了使教育达到社会最优水平,就必须对教育进行补贴,使接受教育的成本降低。但如果全部免费,则均衡点会落在C点上,此时又出现了教育过度(Overeducation)的情况,导致如图中三角形所示的净福利损失。

因为教育既能产生纯私人收益,又能产生社会收益,所以政府应该进行一

---

① Kasliwal, Pari, *Development Economics*, South-Western College Publishing, 1998, p.153.

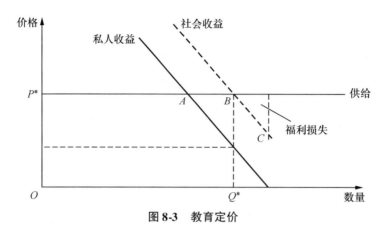

图 8-3 教育定价

定的教育投资,但从收益中分离出社会收益又十分困难,那么简单的做法就是全部由政府投资(学生贷款因行政管理成本太高而难以成功)。可是中国的九年义务教育并不属于免费性质,学生要负担教材、文具和学杂费,这些构成教育的使用者费用(User Fees),即图 8-3 中数量为 P^*Q^* 的那部分费用,从而收回了部分教育成本。对大学教育成本的收回,一方面对私人收益高而社会收益低的就业(如外资企业、出国留学或移民等)收取培养费(使用成本),另一方面对社会收益高的就业(如国家重点研究部门和国有大中型企业等)免收培养费,甚至给予奖励。当然,使用者成本也可能具有严重的负效应,赤贫者可能因支付不起使用成本而得不到最基本的教育,而能从教育中得到很大私人收益并具有很大支付意愿的人又不需要支付太多费用。

最后,国家在教育决策中要充分考虑教育的层次和类型。一方面,私人在得到中级毕业证书后,极力得到高等教育的文凭,试图由此来选择白领工作。另一方面,雇主出于个人利益而对这种雇员不冷不热,他们认为那种教育过于资本密集化,倒是一般技巧或在职培训是可以考虑的较便宜的替代选择。那么,国家就应该在初、中和高级教育之间或普通教育与职业培训之间作出合理的安排,对社会成本偏低和社会收益偏高的教育形式增加投资。

四、教育深化和知识失业

从教育的个人决策(需求)和国家决策(供给)两方面看:个人通过追求较高的教育程度来提高预期收入,国家因教育具有正(而且相当大)的外部性而扩大供给,综合作用的结果必然是教育深化(Educational Deepening)。教育深化的一个不可避免的结果就是知识失业(Educated Unemployment)。与教育深化相伴随的另一个问题是,由于私人的教育成本和收益与社会的教育成本和收益之间存有分歧,结果就带来了智力外流(Brain Drain)的现象。

前面的分析表明教育具有公共产品的特征,那么私人对教育的消费就会大于社会最优量。教育的外部性使得国家愿意提供大量的教育服务,但随着某一程度教育的普及,教育的信息甄别功能加强(比如,雇主对同样都具有大学教育的求职者,认为获得了研究生文凭者能力可能会更强一些,这样就改变了大学生和研究生的收入预期),而生产力功能降低(研究生教育可能对生产力并没有实质性的影响,此时的外部性也没有那么大),从而导致私人对继续接受教育热情不减,而且持续不断地对政策当局提出要求。但从社会的角度来看,这种教育的扩张,回报率不如初、中级或在职训练,也可能不如其他投资项目的效果,甚至边际社会成本大于边际社会收益,导致资源的浪费。

图 8-4(a)表明,由于教育信息甄别功能的存在,高级别教育的完成总是对高级别教育获得者能力的认定,从而带来私人收益的显著上升。而公共部门提供的教育,私人付出的成本虽然逐渐上升,但比起预期收益的上升要缓慢得多,从而引起私人对教育的超额需求。有一些发展中国家为了培养急需得到的人才,不仅对初、中等教育几乎免费,而且对高等教育也进行大量补贴,对在职培训反而不进行补贴,所以从个人的角度来看,尽可能地接受教育是最优决策。同时图 8-4(b)表明,教育的社会成本在基础教育阶段上升得很缓慢,而在高等教育阶段则迅速上升(与其他生产活动一样,边际成本递增),原因是高等教育投资耗费巨大和对学生的补贴逐渐增加。社会收益曲线则不同,在初等教育阶段边际收益递增,而超过一定的教育年限之后,开始出现教育的边际收益递减的情况,于是一定存在某个教育年限使得边际成本等于边际收益,即社会最优教育年限(对应于图 8-4(b)就是 OB)。私人教育需求的持续扩张和社会最优教育年限共同作用的结果,必然是出现教育深化。

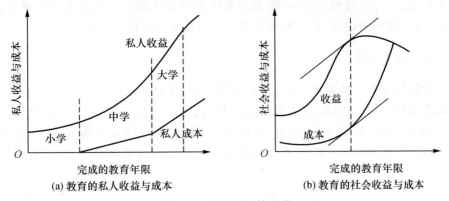

图 8-4 教育深化的形成

教育深化不仅带来明显的资源浪费,而且还导致知识失业的问题。原本受过中级教育或上岗培训的雇员就能胜任的工作,由于大家都追求更高级的教育,可能要求大学毕业生去做,甚至在这种岗位都被具有高等教育文凭的雇员占据之后,又开始要求具有更高学历的人才能稳妥地得到类似工作。于是,新一轮竞争又导致大学毕业生对这种低级职务都无法获得,从而使受过更高级教育的人陷入失业的困境。反过来看,知识失业又会导致教育的进一步深化。起初失业者主要是文盲,后来家长发现让孩子接受政府免费提供的初级教育就可以免受失业之苦,于是都会给孩子接受初级教育的机会。当社会上几乎没有文盲时,受过初级教育的人便会失业,于是家长为了让孩子将来能找到工作,就让孩子接受中级教育。当中级教育相当普及时,受过中级教育的人也没有了就业保障,从而大家开始追求大学等高级教育。如此推演下去,大学生会失业,研究生也会失业。这种受过教育者的失业就是知识失业。当然,知识失业的另一个原因,可能是那些受过教育的人不肯接受低级工作,但即使他们接受了那种无须接受那么多教育就能完成的工作,这种劳动不得其用或教育不具有生产力作用(只具有信息甄别作用)的现象本身,也说明教育过度导致了资源浪费。

当然也有人认为教育深化另有其社会价值。一方面,教育过程本身会带给受教育者非经济的收益或直接效用。另一方面,整个社会教育程度的深化,对生产力是有正面影响的。同样的工作,由受过更高教育的人来承担,产出即使不变,也更有利于技术进步和新技术的推广运用。再则,许多国家都强调机会均等,只允许少数人参加高级教育的精英教育受到越来越多的政治压力和批评,而尽量满足人们对教育的需求就只能以过度的教育供给为代价。发展中国家政府在财力许可的范围内提供尽可能多的教育机会,固然可以提高整个国家劳动力的素质,从而提高劳动生产率,促进技术进步,但教育的质量与数量的扩张不相称,教育普遍脱离实际,受教育者因失业而不能以产出的形式弥补教育成本,而且辍学率很高,另一种现象就是下一节要讲的智力外流。

五、智力外流

受过技术和职业培训的人(特别是科学家、工程师、学者和医生等)可能会在世界范围内流动,这种在本国接受教育后到收入更高的国家工作的现象,被称为智力外流。比如在1985年至1990年间,发展中国家墨西哥、菲律宾、中国、黎巴嫩、巴基斯坦、印度、萨尔瓦多和哥伦比亚每年都净移出20万人以上,而同时涌入美国的至少有 300 万人,澳大利亚和加拿大也至少移入 30 万人。①

按照传统经济理论的解释,发展中国家不会因高层次专业技术人才的移出或智力外流而遭受损失。其理由是,在一个竞争经济中,职工所得到的收入等于其边际产出,那么,当他移民国外后,一方面减少了对国民产出的贡献,另一方面又放弃了同等数量的收入,于是,对移出国而言非但没有什么损失,甚至还会改善其国民福利(因为移民者获得了更高的收入)。况且,移出者给亲属的汇款、向国内机构的捐赠都增加了移出国的外汇收入,而他们到国内访问、演讲或合作又能够促进国际间文化、经济、技术的交流与合作,从而有利于国内的经济发展。我们再从全球经济的角度来看,要素的自由流动使每种要素都达到最大产出并获得最大回报,是世界范围的有效生产安排,而要素不能自由流动则会使全球总产出降低。最后还有一种观点认为,高层次人才的移民是一种"溢出现象",即如果这些人不移民出国的话,他们在国内也不会取得什么成就,而且对国内的条件与状况也很不满意。比如巴基斯坦诺贝尔物理学奖得主萨拉姆(Salam)若不移民出国,就不可能有他在色动力学方面的研究成果,因为国内既没有研究条件,又没有同行的激励和支持。②

对上述分析,也有许多批评意见:

(1) 边际产品模型假定个人支付了其教育的全部成本。但在大多数发展中国家,教育总是颇费时间、代价高昂和受到政府大量补贴的。当受教育者移民出国时,移出国将损失其稀缺的人力资本,并明显浪费了纳税人在教育方面所承担的成本。

(2) 许多发展中国家的劳动市场都不是完全竞争的,而几乎都是被政府垄断的。在此情形下,边际产出大于工资,相应地,移出国在产出方面的损失大于其在收入方面的损失。

(3) 高水平的技术和专业、管理知识能提高资本和非熟练劳动等生产要素的生产力。因此,高级专门技术人才移民出国,将会导致其他要素的生产力降低,从而使国民产出受损。

(4) 溢出理论可能只适合于一部分移民者,而且政府可以通过鼓励学生和受训者接受与本国相关的项目而减少溢出。总之,在大多数发展经济学家看来,发展中国家的智力外流对本国的经济发展极为不利,控制人才外流应成为发展中国家的一项重要决策。

---

① Arnold, Fred, International Migration: Who Goes Where? *Finance and Development* 27, No. 2, June 1990, pp. 46—47.

② Nafziger, Wayne, *The Economics of Developing Countries*, Prentice Hall, 1990, p. 267.

（5）在国与国之间相互竞争的国际市场中，即使移民对母国没有什么坏的影响，但还是增加了移入国的产出，并帮助移入国占领国际市场，从而使发达国家与发展中国家之间的差距更加明显。

智力外流不仅表现为国际移民（从低收入国家流向高收入国家），还表现为国内的科学家、医生、建筑师、工程师、学者把眼光放在国外，不去思考和研究国内迫切需要解决的重要问题，而是把心思放在国际联系上。M.P.托达罗（M.P. Todaro）把前者称为外在的智力外流，而把后者称为内在的智力外流。

内在的智力外流在发展中国家甚至比外在的智力外流更普遍、更严重。医生专门研究前沿尖端的复杂疾病而不去考虑如何对付国内常见的地方病；建筑师热衷于现代和古典建筑风格而漠视住房和校舍等低成本工程的设计；科学家和工程师眼光盯着尖端科技而无视国内的生产条件；经济学家则对国外复杂的数理模型很感兴趣而不去关心国内贫困、失业、教育、农村等重大经济问题。托达罗认为，内在的智力外流倾向已经渗透到发展中国家全部的教育和科研机构，无疑对发展中国家的经济发展造成了极为不利的影响。[①]

随着经济的全球化，发达国家的先进企业纷纷涌入发展中国家，利用发展中国家廉价的劳动力，并占领发展中国家的强大市场。在发展中国家，国内职工对到外资企业工作的热情也很高，在中国尤为典型。有人认为，发展中国家要利用外资并向国外先进企业学习管理技能，这种内在的智力外流肯定是必要的；更何况，外资企业的本国员工把收入主要用于国内消费，从而带动国内的经济发展。但我们应该注意到，这种内在的智力外流现象不容忽视，它对发展中国家的影响不仅必然表现在其产出的损失上（他们更熟悉国内企业和市场，从而帮助外资企业在竞争中击败国内企业，占领市场，比如美国宝洁公司的产品近几年来在洗涤用品的几个领域内的市场占有率一直都是第一），而且培养了一批潜在的智力外流者。许多职工都把到外企工作看成一种能力、一种时尚和一种追求，这种消极影响甚至比外在的智力外流还要巨大。

第五节 人力资本形成的战略选择

一、实施营养方案和增进人体健康

发展中国家对营养与经济增长之间关系的认识与十年前相比已大有提高，因为在许多发展中国家，穷人的营养条件并未改善甚至恶化。严格控制的实验

---

① Todaro, M.P., *Economic Development in the Third World*, 3rd edition, London: Longman, 1985.

表明,增加食物消费量或通过其他方法改善营养,能显著增加儿童总体的体重和身高,并改善其营养状况,至少可以阻止其营养状况的恶化。而对成人(特别是农村劳动力)的营养投资,明显能减少营养不良并增加产出。所以,即使不考虑公平或人权问题,实施合理的营养战略,对发展中国家的经济发展也具有很大的正面影响。

首先,在制订营养方案时,应该注意若干原则。一方面,在评价一个国家或地区的营养状况时,不能仅从总体上来评判,而更应该注重营养状况最差的那个群体的营养条件,使社会营养状况最差者的福利最大化。因为营养对生产的贡献明显具有如下几个主要特点:在初始阶段,营养投入的边际产出不仅为正,而且递增;当营养水平达到一定程度后,营养投入的边际效用开始递减,直至为负。另一方面,要区别对待不同年龄阶段的营养投资。儿童的营养状况不仅对其生长发育具有明显影响,而且营养不良所造成的影响日后很难弥补,对其以后在学习过程中的接受能力也具有消极影响。发展中国家普遍具有二元经济结构,农村的营养状况与城市的营养水平相去甚远,所以在收割播种季节到来之前的一段时期,加强农民的营养供给对农业生产必然具有积极影响。比如在马来西亚的南吉兰丹州,在第一个七年计划时,每年都在橡胶成熟前,向居民提供营养标准所需要的各种食物。

其次,营养目标要与卫生和健康目标协调并举。营养不良和疾病的共同作用对一个人的影响,远比二者独立作用效果的总和要大得多。所以把营养战略和卫生或健康战略同时加以考虑的效果,也要比独立执行这两项战略的效果好得多。那么,把营养目标放在健康计划中考虑,就是利用有限资源的一个特别有效的方法。在健康服务机构中能随时注意到维生素或矿物质不足的证据,而且比直接提供含热量的食物更为有效、准确和节约。

最后,营养目标应与其他政策相匹配。比如以农产品价格政策为例,发展中国家由于工资低下,很容易想到采用低食物价格的政策来满足营养目标。但实际上,这恰恰事与愿违。因为营养状况最差的群体一般是在农村,农民的福利状况主要取决于农产品的价格。经济理论告诉我们,降低农产品价格对农民的收入效应(负)远大于替代效应(正)。所以,在执行营养方案时,要注意其负效应。如果执行该方案对另一个项目的负效应,比营养方案本身带来的收益还大,则不能执行这一方案,此时,要么换一种营养方案,要么执行对立方案并对营养方案的受益方给予相应的补偿。

二、提高教育投资的效率

发展中国家教育的主要问题是教育体系不健全、教育投资在各个不同层次上的安排不合适,以及教育投资的效率不高。具体表现为辍学率高、教育与生产力之间的联系不紧密,以及不同层次教育的安排不合理。

首先,应认真普及初等教育,扩张中等教育,对高等教育不宜过度发展。教育的优先顺序安排是至关重要的问题,如果教育的优先顺序不当,则确定一个整体目标就毫无意义。受教育者找不到合适的工作,不仅对国民产出毫无贡献,甚至会成为政治不稳定的根源。发展中国家的教育资本相当短缺,生产技术还很落后,所以使人民有能力去掌握生产技术是十分重要的任务。相反,如果过度发展高等教育,一方面初等教育尚未发展充分,而高等教育的成果又不能转化为实际生产力;另一方面受过高等教育的人因缺乏技术基础而一心向外。根据调查研究,一个只有 500 万人口的国家可以不拥有一所大学而获得充分发展。

其次,将发展普通教育与发展技术培训或在职教育相结合。巴洛夫(Balogh)于 1961 年在埃塞俄比亚首都亚的斯亚贝巴呼吁要扩大职业教育,但随后就被批评认为他低估了发展过程中的灵活性,从而他又呼唤发展普通教育,特别强调发展中国家不应该过分依赖职业和技术培训。而且从实践中看,受过在职训练的人,又处心积虑地再去接受高等教育,并从事白领工作;而雇主又对那些继续接受教育的雇员不冷不热,认为在职培训是一种更好的替代。实际上,根据发展中国家的实际情况,应该将普通教育与技术或在职教育相结合,在职教育应在完成初等和中等教育的基础上来进行,是高等教育的一种替代选择,每个人根据自己的实际情况来选择继续接受教育的方向。但社会在用人方面要给予相应的激励,既不能让潜在雇员片面追求在职教育,又不能让他们片面追求高等教育。

再次,改变教育的内容和教学的模式。发展中国家的教育普遍具有的一个缺点是严重脱离实际,这与其教育内容有很大的关系。比如在中国,教育的过程就是追求升学和追求文凭的过程,而所学内容与实际生产没有多大关系。一个大学毕业生参加工作后还要从头学习实践方面的东西。与此相伴随的教育模式是灌输式教育,学生被动地接受书中的知识,死记硬背,只要成绩好,一切都无所谓。教育与生产力之间的联系被割断之后,教育的功能更集中在信息甄别的层面,从而加速了教育深化和知识失业。

最后,对教育融资要进行调整。从大的方面来看,初等教育和中等教育应尽可能免费,因为此时私人收益远小于社会收益,政府只有给予足够的激励,让人们全部自觉接受教育才是最优选择。而对于高等教育,由于私人收益与社会收益相当,即使政府不去补贴高校学生的生活费,选择高等教育也是个人的理性行为。也就是说,政府只要提供高等教育就已经是足够的了,在满足激励相容和个人理性的约束下,收取一定的学费也是容许的,甚至可以使受教育者全部承担高等教育成本。从小的方面来看,教育投资要补贴那些对国民经济具有很大正面影响的专业或学校。对于培养一个医生和培养一个工商管理硕士,其外部性是很不同的,国家应该对那些私人受益较少而国家受益较大(此时私人缺乏参加这种教育的激励)的专业或学校进行补贴,而对那种私人受益较大而社会受益较小的专业或学校不进行或减少补贴。

专栏 8-2

形形色色的教育回报估计

教育影响生产力首先表现在受教育者能够获得更高的收入,因此关于教育回报的研究非常广泛,这里介绍几个比较有影响又比较有意思的研究。

(1) 歧视回报。就算教育对每个人的收入都有正面影响,但对不同性别、不同种族甚至不同长相的人却有不同的影响。1973年,亚利桑那大学的经济学家隆·瓦哈卡(Ron Oaxaca)研究了白人男性和女性之间的工资差别,普林斯顿大学的经济学家阿兰·布林德(Alan Blinder)则研究了黑人男性与女性之间的工资差别。他们在明瑟工资方程的基础上,独立地提出将工资差异分解为属性差异和歧视差异,这被称为瓦哈卡-布林德分解(参见 Blinder, Alan, "Wage Discrimination: Reduced Form and Structural Estimates", *Journal of Human Resources* 8, No. 4, Fall 1973, pp. 436—455; Oaxaca, Ronald, "Male-Female Wage Differentials in Urban Labor Markets", *International Economic Review*, October 1973, pp. 693—709)。

(2) 在估计教育回报方程时,误差项中很可能包含与个人能力有关的变量。为了消除这种遗漏变量所导致的估计偏误,普林斯顿大学的奥利·阿申费尔特(Orley Ashenfelter)和塞塞莉娅·劳斯(Cecelia Rouse)在俄亥俄州特温斯堡(意为双胞胎城)的双胞胎节对双胞胎进行调查,并分析了同卵双胞胎的教育回报估计值(参见 Ashenfelter, Orley and Cecilia Rouse, "Income, Schooling, and Ability: Evidence from a New Sample of Identical Twins", *Quarterly Journal of Economics* 113, No. 1, February 1998, pp. 253—284)。

(3) 为了回答教育到底能否带来生产力的问题,美国经济学家喀麦隆和赫克曼研究了美国的一般等价考试(General Equivalency Diploma, GED)与高中毕业的区别。即使没有高中毕业,经过这项考试合格者也将颁发 GED 证书,从而使得一个人在不经历 12 年教育的情况下获得高中文凭。但研究结果显示,这种文凭的获得者与没有高中毕业的人具有类似的收入预期,而且与高中毕业生的收入预期存在着明显差异。由此看来,仅通过自身条件通过这项考试还不能取代读书生活(参见 Cameron, Stephen V. and James J. Heckman, "The Non-equivalence of High School Equivalents", *Journal of Labor Economics* 11, January 1993, pp. 1—47; or Tyler, John H., Richard J. Murnane and John B. Willett, "Estimating the Labor Market Signaling Value of the GED", *Quarterly Journal of Economics* 115, May 2000, pp. 431—468)。

(4)接受教育能够带来预期收入的提高,那么,一个自然的问题是,人们在读大学时就不用考虑就读的学校和专业了吗?戴尔和克鲁格通过分析 1976 年被美国 30 所大学接受和拒绝的 6355 个人在 1995 年的收入状况,对这个问题作出了全面的回答。他们通过比较同时能够被名牌大学(私立)和一般大学(州立)但被不同大学录取的学生样本在 15 年后的收入,发现名牌大学的学生总体上比一般大学的学生具有更高的平均收入,但有资格就读名牌大学而后来实际就读了一般大学的学生,与名牌大学学生具有相似的收入前景。比如,著名的电影制片人兼导演斯蒂芬·斯皮尔伯格当初申请南加州大学和加州大学洛杉矶分校的电影学院都被拒绝,后来被加州州立大学长滩分校录取,但这并没有影响他成为世界最著名的导演之一。这就说明,影响一个人收入的因素主要是他的雄心壮志和艰苦奋斗,没有必要花冤枉钱到普林斯顿学习在哪个大学都能学会的高等数学。

资料来源:Dale Berg and Alan B. Krueger, "Estimating the Payoff to Attending a More Selective College: An Application of Selection on Observables and Un-observables", NBER Working Paper, No. 7322, August, 1999。

三、减少知识失业和智力外流

如前所述,发展中国家普遍对知识失业和智力外流持否定态度,它们一般会采取相应的对策来限制知识失业和智力外流。

其一,为了减少知识失业,应该使教育需求与实际生产力相联系。发展中国家的教育与实践脱节的现象,是产生教育深化和知识失业的根本原因。试想一下,如果教育与生产力成正比,那么失业者只可能是受教育较少的群体。随着教育程度的提高,不仅失业的可能性降低,而且预期收入水平也比较高。具体而言,可以采取在生产中增加学习,或在学习的过程中增加实践环节的方式。

其二,限制智力外流,或设法使受教育者愿意留在国内,为国民经济的发展作贡献。目前发展中国家主要靠各种限制手段来阻止智力外流,如对出国留学者收取教育补偿费、只对在国内接受教育和培训者给予资助(对到国外学习与本国发展密切相关的技术的人除外)等。但实际上,真正有效的办法是给这些潜在的移出者以适当激励,使他们觉得,留在国内也是个人的最优决策。比如,政府对在国外读书的学生提供有条件的贷学金,为其提供国内就业保证,并尽可能提供优厚的工作条件等。

本章小结

人力资本已经被认为是生产函数中能促进经济增长的一个重要因素,而发展中国家的人力资本普遍较为贫乏,于是如何形成和储备人力资本就成为发展中国家面临的重要问题。本章从营养健康和教育两个方面,来考察人力资本的形成,从知识失业和智力外流这一发展中国家的普遍现象,来看待如何控制人力资本的流失。

发展中国家的营养与健康状况较发达国家远为落后,但营养与健康却又是人力资本中最为基础、最具有前提性的一部分。营养与健康状况既直接决定了劳动者的生产力水平的发挥,又显著地影响着劳动者其他人力资本投资的效果(比如对教育的接受能力等)。人力资本投资中营养与健康投资的生产力收益取决于就业机会的多少和质量,但无论如何,营养、卫生和健康条件的现代化是一个国家和民族充分发展的基本前提。

教育在人力资本形成中的作用有两个方面:一方面,从需求的角度来看,人力资本投资被视为个人基于成本和收益而进行的决策,这些成本和收益的总和也成为计算教育的社会回报率的基础。教育的信息甄别功能对这种人力资本模型提出挑战,认为教育的生产力效应值得怀疑,但实践中的教育深化等现象更支持信息甄别功能。另一方面,教育的外部性使得教育投资至少应部分由政府承担。完全免费的教育导致教育资源的浪费和教育过度深化,而完全由个人承担教育的费用则可能导致接受教育的数量低于社会最优教育水平,所以教育应由个人或用人单位承担一部分使用者费用,其余部分由国家进行补贴,这样可以部分减轻国家教育成本的压力。

教育深化和智力外流,是发展中国家教育与实践脱节以及私人与社会的成本收益分歧带来的必然结果。出现教育深化的根本原因,是个人从教育中得到的收益比在接受教育时支付的成本多,而从社会的角度看又存在一个最优教育年限。教育深化的直接后果是教育的生产力功能被弱化,而其信息甄别功能得到加强,从而导致任何教育水平都不足以保证就业,即存在知识失业。智力外流本身是个人理性的决策,但从发展中国家政府的角度来看,它们承担了这些人在国内受教育的大部分成本,却又不能享受教育的成果,同时国内又急需这种人才,所以控制或吸引这些受过教育者在国内作贡献,是减少国内人力资本流失的重要方面。在发展中国家,到外企工作已成为一种品位和时尚,这种内在的智力外流,比普通内在的智力外流甚至比外在的智力外流的消极影响都要大。

一个国家在人力资本形成方面的战略可从两个方面着手:一方面是对人力资本进行投资以增加人力资本存量,其中包括对营养与健康的投资和对教育的投资。营养与健康目标是十分复杂的,当它与其他目标冲突时,要认真权衡利弊,否则可能造成相反的影响。另一方面,对国内内在和外在的智力外流,都要尽力挽留,甚至需要确定适当的政策,吸引国外的人力资本到国内来工作。

关键概念

马尔萨斯人口陷阱　人力资本　教育　健康　人力资本投资　社会回报率　教育过度　教育深化　知识失业　智力外流

思考题

(1) 世界人口经济增长经历了哪几个发展阶段?每一个阶段的特点如何?

(2) 人口增长与经济发展的关系如何?

(3) 简要叙述人口的转变理论。大多数发展中国家大约处于这种转变的什么阶段?请解释。

(4) 在发展中国家,扩张初等教育使富人的利益向穷人再分配,而扩张高等教育则将穷人的利益向富人再分配,那么,你认为应该对何种教育收取完全成本?

(5) 通常认为第三世界国家的教育机能不良,即不能真正适应经济发展的社会和经济需要,你是否同意这种观点,为什么?

(6) 营养不良对生产力和经济发展有何影响?

(7) 请解释为什么发展中国家高等教育的成本和收益都远比发达国家高。

(8) 为什么说教育需求是高收入现代部门工作机会的引致需求?为什么许多发展经济学家认为在发展中国家家庭和个人对教育的需求是消费需求而不是投资需求?

(9) 为什么在许多发展中国家初等教育的投资回报率比中高等教育的投

资回报率高？预计随着经济的发展，教育投资的回报率会有哪些变化？

（10）发展中国家发展在职培训或业余教育的社会回报率明显高于高等教育的社会回报率，但为什么它们还是大力发展高等教育，而长期忽视在职教育？

进一步阅读导引

关于家庭的理性决策可参阅〔美〕G. 贝克尔：《家庭经济分析》，彭松建译，华夏出版社 1987 年版；关于营养和健康与经济发展的联系，可参阅〔美〕吉里斯·帕金斯等：《发展经济学》（第四版），黄卫平译，中国人民大学出版 1998 年版，此书第一版中"健康与营养"一章曾第一次在发展经济学教材中探讨了这个重要问题。

对人力资本形成的个人决策模型和教育融资分析感兴趣的同学可参阅 Bedard, Kelly, "Human Capital versus Signaling Models: University Access and High School Dropouts", *Journal of Political Economy*, August 2001, pp.749—775。

关于教育信息甄别功能的探讨，可参阅 Spence, A. M., "Job Market Signaling", *Quarterly Journal of Economics* 87, 1973, pp.355—374; Arrow, K. J., "Higher Education as a Filter", *Journal of Public Economics* 2, 1973, pp.193—216; Stiglitz, J., "The Theory of Screening, Education, and the Distribution of Income", *American Economic Review* 65, pp.283—300; Jaeger, D. A. and M. E. Page, "Degrees Matter: New Evidence on Sheepskin Effects in the Returns to Education", *Review of Economics and Statistics* 78, 1996, pp.733—740; Wolpin, K., "Education and Screening", *American Economic Review* 67, 1977, pp.949—958; Angrist, J. and A. B. Krueger, "Does Compulsory Schooling Affect Schooling and Earnings", *Quarterly Journal of Economics* 106, 1991, pp.979—1014; Ashenfelter, O. C. and A. B. Krueger, "Estimates of the Economic Return to Schooling from a New Sample of Twins", *American Economic Review* 84, 1994, pp.1157—1173; Card, D., "The Causal Effect of Education on Earnings, In Orley Ashenfelter and David Card", ed., *Handbook of Labor Economics* Vol. 3A, Amsterdam: Elsevier, 1999, pp.1801—1863; Card, D. and A. B. Krueger, "Does Schooling Matter? Returns to Education and the Characteristics of Public Schools in the United States", *Journal of Political Economy* 100, 1992, pp.1—40; Heckman, J. J., L. J. Lochner and P. E. Todd, *Fifty Years of Mincer Earnings Functions*, NBER Working Paper No. 9732, May 2003; Willis, R. J. and S. Rosen, "Education and Self-Selection", *Journal of Political Economy* 87, 1979, S7—S36。

第九章 技术进步

本章概要

人类社会的经济发展史表明,经济增长水平总是伴随着人类社会技术水平的提高而增进的。资本、劳动两种生产要素投入的增长,并不足以解释全部的经济增长事实;技术进步也是促进人类社会经济增长的关键性因素。技术进步的获取途径是技术创新、技术模仿和技术扩散。技术转移和技术引进作为对技术扩散的另一种角度的表述,对发展中国家的技术进步与经济发展来说,具有更为重要的现实意义。本章的主要内容为:技术进步的概念和类型,测度技术进步的方法,技术进步的获取途径——技术创新与技术扩散,发展中国家的技术引进、技术转移与技术选择问题。

学习目标

1. 掌握技术和技术进步的有关概念;
2. 掌握测度技术进步的方法;
3. 掌握技术进步的有关原理;
4. 了解发展中国家技术引进的类别和途径;
5. 了解有偏的技术进步与技术选择原理。

引 言

正如第二章所分析的,技术变动从人与物的关系上说,这种要素结合方式就是技术,而能增进利益的要素组合方式的变动就是技术变迁(Technological Change)。简单地讲,技术是用来生产商品和劳务的手段与方法的总和,既包括生产工艺、技能和生产工具,也包括组织管理方法和决策手段。技术进步泛指技术所涵盖的各种形式知识的积累与增进,表现为技术的各个构成因素及其组合方式的变化,反映了科学技术和生产技术的任何可能的变革。它包括从科学的发明和发现到研究开发成果对生产性的应用,以及被引入市场和商业化的一系列科学、技术和生产、经营活动的全过程。

技术进步对于推动人类文明的进步功不可没,但人们较长时间以来一直没有真正认识到它的重要作用。直到20世纪中叶,技术才被纳入正统经济学的分析框架之中。经济学对技术的重新认识是第二次世界大战以后随经济增长理论的兴起而开始的,其中索洛的研究最为出名。索洛的研究表明,美国在1909—1949年间产出增长的近90%并不能由劳动和资本等因素的增长来解释,这一部分被索洛称为技术进步,但无法从经济学原理上予以说明。直到20世纪80年代中期,以罗默和卢卡斯为代表的新增长理论出现,技术的作用才真正被用经济学语言较完整地表述出来。在技术进步的内生决定机理上,他们把经济体系中的教育和研究开发活动视为技术进步的源泉。罗默模型表明,政府对知识生产提供补贴可以促进技术进步和经济增长;卢卡斯认为,鼓励人们进行人力资本投资的政策有利于经济的长期稳定增长。进入20世纪90年代以后,学者们更着重探讨了产品品种增加和产品质量改进这两种表现形式的技术进步,出现了三种基本类型:其一是产品品种增加型内生增长模型;其二是产品质量升级型内生增长模型;其三是综合考虑产品多样化与质量改进的内生增长模型。可以说,自索洛以来增长理论的发展主要是围绕技术进步展开的。

但问题是:如何测度技术进步?技术进步如何获得?尤其是发展中国家如何利用后发优势获得技术进步?为此,本章的前四节将围绕这些问题展开介绍。

从本质上讲,技术实际上就是生产要素的组合方式。采用不同的技术,可以由不同的要素投入得到相同的产出。怎样才能充分利用现有的资源条件获得最大产出,这就涉及技术选择问题,即根据资源的相对稀缺程度选择最优的要素投入比例。不仅如此,技术选择还会对就业、环境以及经济的长远发展产生影响。为了提高经济增长的效率、缓解失业和环境污染问题,发展中国家应该对技术选择予以重视,特别是在技术引进中要选择那些最有利于经济和社会发展的技术。本章在最后一节讨论这一问题。

第一节 技术进步的含义与类型

一、技术进步的含义

技术进步有狭义和广义之分。狭义的技术进步主要指在硬技术应用的直接目的方面所取得的进步。它包括技术进化与技术革命。当技术进步表现为对原有技术或技术体系的改革创新,或在原有技术原理或组织原则的范围内发明创造新技术和新的技术体系时,这种进步称为技术进化,如自动控制技术与传统生产线相结合,改造为自动化生产线。当技术进步表现为技术或技术体系发生质的变化时,就称为技术革命,比如第二次技术革命时电能的运用等。技术革命的结果往往使原来的社会、经济结构发生巨大变革,劳动生产率获得极大提高。

广义的技术进步是指产出增长中扣除劳动力和资金投入数量增长的因素后,所有其他产生作用的因素之和,又称为全要素生产率。广义技术进步的内涵由六类因素组成:① 资源配置的改善。资源经过优化配置后,可以在投入一定的情况下有更多的产出。劳动力、资本等由低生产率部门向高生产率部门转移的产业结构升级过程就是如此。② 生产要素的提高。人力资源素质的提高可以在人力资源数量一定的条件下提高产出水平。③ 知识进步。基础科学的进展推动应用科学的发展,进而推动技术进步和生产率的提高。④ 规模经济。在一定范围内,商品的成本将随企业规模的扩大而降低。⑤ 政策的影响。⑥ 管理水平。后两者是软因素,但对生产率的提高也有十分重要的作用。

技术进步既需要发明、创造等硬技术,也需要管理、政策等软因素,因此广义的技术进步对技术进步的理解较为全面。

技术进步有三种具体表现形式:① 给定同样的投入可以生产更多的产品,即生产率的提高;② 现有产品质量的改进;③ 生产出全新的产品。

二、技术进步的类型

根据技术进步对收入分配影响的不同,可将技术进步区分为中性技术进步、节约劳动型的技术进步和节约资本型的技术进步三种。中性技术进步是指使得利润和工资在国民收入中的分配比率不发生变化的技术进步。节约劳动型的技术进步使得国民收入的分配有利于资本,即资本要素的所得——利润——在国民收入中的比重相对增加。而在国民收入分配中有利于劳动要素的技术进步,则被定义为节约资本型的技术进步。

中性技术进步有三种不同的定义。这三种定义之间的区别源自于它们各自所设定的讨论前提的不同。

1. 希克斯中性技术进步

希克斯中性技术进步,是指在资本-劳动比($k=K/L$)不变的条件下,使得利润和工资在国民收入中的分配比率不发生变化的技术进步。在图 9-1 中,我们可以通过比较 a、c 点来描述它。

设 $MP_K(0)$ 和 $MP_L(0)$ 分别为技术进步前资本与劳动的边际产量,$MP_K(1)$

和 $MP_L(1)$ 分别为技术进步后资本与劳动的边际产量。

则有：$\dfrac{MP_K(1)}{MP_L(1)} = \dfrac{r(1)}{w(1)}$，$\dfrac{MP_K(0)}{MP_L(0)} = \dfrac{r(0)}{w(0)}$

（1）如果 $\dfrac{MP_K(1)}{MP_L(1)} = \dfrac{MP_K(0)}{MP_L(0)}$，则技术进步并不改变国民收入分配的比例，因此根据定义，该技术进步为希克斯中性的；

（2）如果 $\dfrac{MP_K(1)}{MP_L(1)} > \dfrac{MP_K(0)}{MP_L(0)}$，那么技术进步使得 $\dfrac{r}{w}$ 提高了，即技术进步使得国民收入分配变得有利于资本要素，也就是说，相对于资本而言，劳动较以前变得相对充裕了，因此该技术进步被称为节约劳动型的；

（3）如果 $\dfrac{MP_K(1)}{MP_L(1)} < \dfrac{MP_K(0)}{MP_L(0)}$，那么技术进步则为节约资本型的。

由于假定资本-劳动比不变，所以希克斯中性技术进步在实施效果上等同于同等地扩大了资本和劳动的投入。因此，希克斯中性技术进步的总量生产函数可表述为 $Y = A(t)F(K,L)$。

2. 哈罗德中性技术进步

哈罗德中性技术进步，是指在资本-产出比（K/Y）不变的条件下，使得利润和工资在国民收入中的分配比率不发生变化的技术进步。在图9-1中，可以通过 a、d 点的比较来描述它。如果资本的边际产量 MP_K 在技术进步前后保持不变，则称该技术进步为哈罗德中性技术进步；如果 MP_K 在技术进步之后增加（减少）了，则称该技术进步为节约劳动型（节约资本型）的技术进步。由于假

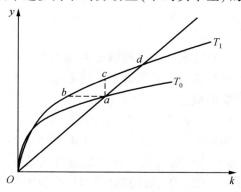

图9-1 技术进步的类型

说明：T_0 曲线描述技术进步之前的生产情况，T_1 曲线描述技术进步之后的生产情况。a、c 两点的资本-劳动比相同，a、d 两点的资本-产出比相同，a、b 两点的劳动-产出比相同。

定资本-产出比不变,所以哈罗德中性技术进步等同于扩大了劳动的投入。因此,哈罗德中性技术进步的总量生产函数可写为 $Y=F(K,A(t)L)$。

3. 索洛中性技术进步

索洛中性技术进步,是指在劳动-产出比(L/Y)不变的条件下,使得利润和工资在国民收入中的分配比率不发生变化的技术进步。在图9-1中,可通过比较 a、b 点来表示它。如果劳动的边际产出 MP_L 在技术进步前后保持不变,则该种技术进步称为索洛中性技术进步。由于假定劳动-产出比不变,所以索洛中性技术进步等同于扩大了资本的投入,因此可将其生产函数表示为 $Y=F(A(t)K,L)$。

由 $Y=A(t)K^{\alpha}L^{\beta}=A(K^{\alpha}L^{\beta})=(AK^{\alpha})L^{\beta}=K^{\alpha}(AL^{\beta})$,可知柯布-道格拉斯生产函数同时满足希克斯中性、哈罗德中性和索洛中性的定义,这是许多经济增长模型将其作为分析基础的一个重要原因。在经济增长模型的理论讨论中,一般采用哈罗德中性技术进步的定义,即我们常见的 $Y=F(K,AL)$ 形式,这是因为在传统的增长模型中,只有哈罗德中性技术进步符合稳定状态增长的要求。在经验研究中,一般采用希克斯中性技术进步的定义,因为它的生产函数设定较简单。

第二节 技术进步的实证测度

对技术进步在经济增长中贡献的实证测算方法作出贡献的主要有索洛、丹尼森、乔根森等人。本节将简要介绍他们的研究工作。

一、索洛余值法

索洛余值法是早期对技术进步进行测度的基本方法。它是索洛于1957年在其外生技术进步经济增长模型的基础上发展起来的。在该方法中,全要素生产率(TFP)是一个重要的概念。这个概念最早是由丁伯根(Jan Tinbergen)于1942年提出来的,它等于产量与全部要素投入量之比。之所以提出全要素生产率这个概念,是因为单要素生产率(产量与某一特定投入量——劳动或资本——之比)只能衡量一段时期内某一特定要素投入效率的变化,而不能表示生产效率的全部变化。一般来说,资源的配置状况、技术创新的扩散程度、规模经济、管理水平、人力资源及自然资源的状况等因素也都对生产效率有着显著的影响,而这些因素却不能在单要素生产率的变化中反映出来。索洛余值法的关键就是将全要素生产率的增长视为技术进步。

索洛余值法的基本框架,是一个讨论产出增长率、要素投入增长率与全要素生产率增长率三者之间关系的模型。该模型采用的是总量生产函数。总量生产函数的概念由道格拉斯提出,我们常用的柯布-道格拉斯生产函数便是它的具体形式之一。丁伯根在资本和劳动投入的函数中,添加了一个时间因子 t,用以表示"效率"水平,由此便构成了经济增长理论常使用的总量生产函数形式:$Q = F(K,L;t)$。为了便于计量研究,这里一般采用希克斯中性的技术进步概念,故而生产函数常取下面的这种特殊形式:

$$Q = A(t)F(K,L) \tag{9.1}$$

其中,$A(t)$ 为一段时间内技术变化的累积效应。

定义 $W_K = \dfrac{\partial Q}{\partial K} \cdot \dfrac{K}{Q}$,$W_L = \dfrac{\partial Q}{\partial L} \cdot \dfrac{L}{Q}$,由(1)可推知

$$\frac{\dot{Q}}{Q} = \frac{\dot{A}}{A} + W_K \frac{\dot{K}}{K} + W_L \frac{\dot{L}}{L} \tag{9.2}$$

式(9.2)即为索洛增长方程。其中,$\dfrac{\dot{Q}}{Q}$ 为产出增长率,$\dfrac{\dot{A}}{A}$ 为全要素生产率增长率,$\dfrac{\dot{K}}{K}$、$\dfrac{\dot{L}}{L}$ 分别为资本投入和劳动投入的增长率,W_K、W_L 为产出对资本投入和劳动投入的弹性。$W_K + W_L = 1$,表示模型的规模收益不变。式(9.2)表明,全要素生产率增长率等于产出增长率减去劳动和资本的增长率。这一差额又被称为索洛余值(残值),索洛余值法由此而得名。

索洛余值法为技术进步测度工作的开展奠定了基础。索洛运用该方法研究了美国1909—1949年的经济增长情况,所得出的结论是:这段时期美国的人均总产出翻了一番,其中技术进步的贡献占了87.5%,而其余的12.5%则是依靠资本投入量的增加获得的。其他运用索洛余值法所作的实证研究也都证明了技术进步是经济增长的主要源泉。

全要素生产率增长核算的对偶方法

赫斯(2002)在乔根森和格里切斯(Jorgenson and Griliches,1967)的基础上,探讨了一种新的方法——对偶法(Dual Approach),主要根据要素价格的变化而不是要素数量的变化核算索洛余值。对偶法可以由产出和要素收入方程($Y = $

$RK+wL$)推导出。

由于 $Y/Y = sk(R/R + K/K) + sl(w/w + L/L)$,因此

$$TFP = Y/Y - sk(K/K) - sl(L/L) = sk(R/R) + sl(w/w)$$

上式中中间项为索洛估计(基本估计),右式为对偶估计。赫斯(2002)运用对偶估计重新计算了杨(Young,1995)关于"亚洲四小龙"的 TFP 变化,结果如下表所示。

国家/地区	基本估计	对偶估计
中国香港地区(1966—1991)	0.023	0.027
新加坡(1972—1990)	-0.007	0.022
韩国(1966—1990)	0.017	0.015
中国台湾地区(1966—1990)	0.021	0.037

资料来源:Hsieh,Chang-tai(2002),"What Explains the Industrial Revolution in East Asia? Evidence from the Factor Markets", *American Economic Review*,92,June,pp. 502—526。

二、丹尼森的经济增长因素分析方法

20世纪60年代后,索洛余值法受到了一些经济学家的质疑。一种意见认为,其将余值部分全都归因于技术进步因素,排除了其他因素的影响,夸大了技术进步的作用;另一种意见认为,其假定资本的投入和劳动的投入是均质的,这是不合实际的。爱德华·F.丹尼森(Edward F. Denison)把索洛余值部分称为单位投入产出的增长,以区别于要素(资本、劳动)投入的增长部分。

对索洛方法的改进之一,便是对这部分增长的解释因素进行了具体的分类分析。这一部分增长的主要源泉有资源配置的改善、规模经济效益、知识进步及其他因素。其中,资源配置的改善、规模经济效益可以通过实证测算求得,而所剩余的项即为知识进步及其他因素的混合贡献。

对索洛方法的改进之二,是立足于对劳动多样性的考虑来研究劳动投入的贡献。在总量层面上把劳动区分为160多种,在综合考虑了诸如年龄、性别、教育程度、职业状况等因素的基础上,对劳动投入进行了深入探讨,细化了对劳动要素在经济增长中的贡献的认识。

丹尼森的结论是:经济增长的变化主要来源于劳动和资本投入扩充的变化,而并不是单位产出的变化,即索洛所说的余值项。以他对美国1948—1969年经济增长情况的实证研究为例,我们可以清楚地看出两者的分歧所在。该研究结果由表9-1给出。

表 9-1　美国 1948—1969 年经济增长因素分析

	产出增长	所有投入要素		单位投入产出			
		工作量增加	资本增加	资源配置改善	规模经济	知识进步与其他	不规则因素
增长率	3.85%	2.1%		1.75%			
		1.3%	0.8%	0.3%	0.42%	1.19%	-0.15
贡献率	100%	54.5%		45.5%			
		33.8%	20.8%	8%	10.9%	30.9%	-3.9%

资料来源：丹尼森,《资本在工业国家战后增长的贡献》,载〔美〕罗伯特·M. 索洛等,《经济增长因素分析》,商务印书馆 1991 年版,第 201 页。

三、乔根森的研究方法

戴尔·W. 乔根森(Dale W. Jorgenson)在丹尼森的经济增长因素分析方法的基础上,进一步探讨了资本投入的多样性问题。他在总量层次上分别度量了 169 种资本投入对经济增长的贡献,从而进一步缩小了残值的大小。在方法论上,乔根森在 20 世纪 70 年代提出了超越对数总量生产函数的新概念,把技术进步的测算方法提高到了一个新高度。美国劳工统计局 1995 年起开始采用的测算方法便是综合了乔根森研究成果的索洛模型。现在,各国经济学家对本国经济增长因素的分析也大多采用乔根森的方法。

乔根森模型建立在对总量生产函数的批判和发展的基础之上。乔根森认为,总量生产函数把起伏不定的丰富信息都涵盖在一个单一的研究框架内,对经济系统中各个产业部门的生产模式设定了非常严格的假定,即对所有部门而言,生产函数必须是完全相同的。基于以上认识,乔根森模型力图从各个产业部门的层面上来分析经济增长的源泉,即在各部门层次上结合中间投入、资本投入和劳动投入的增长来分析整个经济系统的增长。

乔根森为每个部门设定了各自的生产函数：

$$Q_i = F^i(M_i, K_i, L_i, T)$$

其中,M_i 表示部门 i 的中间投入,K_i 和 L_i 为该部门的资本和劳动投入。全要素生产率增长率等于所有部门生产率增长率的加权和,其中的权数是每一部门的产出值占所有部门增加值的比例。另外,它的变化还依赖于部门间的增加值、资本投入的重新配置和劳动投入的重新配置等因素的作用。

乔根森还认为,总量生产函数模型对于经济增长趋势问题的研究是适合的,但不适合于较短周期的增长因素分析。乔根森模型的引入,也使得对各部门生产率的分类研究成为可能。

乔根森的研究结论是：1947—1985 年间，美国经济发展背后的主要驱动力量是资本和劳动投入的增长（如表 9-2 所示）。其中，资本投入的增长是促进产出增长的最重要的因素，劳动投入的增长是第二位的因素，而生产率的增长相对来说重要性是最小的。

表 9-2 美国 1947—1985 年增长因素分析

变量	增加值	资本投入贡献		劳动投入贡献		生产率增长率	部门生产率增长率	增加值重新配置	资本投入重新配置	劳动投入重新配置
		资本质量贡献	资本存量贡献	劳动质量贡献	劳动小时贡献					
增长率（%）	3.28	1.45		1.12		0.71	0.88	-0.19	0.05	-0.03
		0.58	0.88	0.39	0.73					
所占份额	100%	44.2%		34.2%		21.6%				

资料来源：李京文等，《生产率与中美日经济增长研究》，中国社会科学出版社 1993 年版，第 235 页。

专栏 9-2

68 个发展中国家的经济增长因素分析（1960—1987 年）

世界银行考察分析了 1960—1987 年间 68 个发展中国家或地区的经济增长因素。在这 68 个国家或地区中，撒哈拉以南非洲（以下简称非洲）有 27 个，东亚有 9 个，拉丁美洲有 15 个，中东和北非有 8 个，南亚有 4 个，另外还包括几个高收入国家。其研究结果如下表所示。主要分析结论有：① 按照经济增长绩效的不同，可以把这 68 个国家或地区分为两类，一类属于高投入、高效率、高产出的经济增长型，如东亚地区；一类属于高投入、低效率、低增长的类型，如非洲、南亚和拉美国家。② 在影响发展中国家经济增长的所有因素中，资本投入的贡献最大，可见发展中国家的经济增长主要依赖于资本的积累。③ 除东亚地区以外，技术进步在其他国家和地区中起着极其微弱的作用，这也是东亚地区的经济增长率比其他区域高的主要原因。

指标 地区	GDP 增长率(%)	资本投入 增长率(%)	劳动投入 增长率(%)	全要素生产率 增长率(%)
非洲	3.3	6.3	2.2	0
东亚	6.8	10.2	2.6	1.9
中东、南欧、北非	5.0	7.6	1.7	1.4
拉美	3.6	6.3	2.6	0
南亚	4.4	7.7	2.1	0.6
68个国家	4.2	7.2	2.3	0.6

资料来源:世界银行,《1991年世界发展报告》,史清琪译,中国财政经济出版社1991年版,第43页。

第三节 技术进步原理:创新与扩散

技术进步的实现一般要经过发明、创新和扩散三个步骤。技术进步的主要获取途径主要有三种方式:① 政府部门提供支持的研究与开发活动。基础性科学技术知识的创造大都是采用这种方式进行的。② 私人部门为了经济利益而进行的研究与开发活动。应用性的技术知识主要来自于此类研究与开发活动。③ 实践经验积累。阿罗(Arrow)将这种知识积累方式称为"干中学"。本节将对技术创新和技术扩散两个领域的基本研究理论分别作一个介绍。

一、技术创新

1. 创新的概念及分类

约瑟夫·A.熊彼特(Joseph A. Schumpeter)认为,创新就是"建立一种新的生产函数",也就是说,把一种从来没有过的关于生产要素和生产条件的"新组合"引入到生产体系中去。此类新组合有以下五种基本情况:① 引进新产品;② 采用新技术或新的生产方法;③ 开辟新的市场;④ 控制原材料的新供应来源;⑤ 引入新的生产组织形式。"创新"与"发明"的区别在于,"发明"是为了改进设计、产品、工艺或制度而提出的思想、图纸或模型,"创新"则是指首次被引入商业贸易活动的那些新产品、新工艺、新制度或新设备。因此,"创新"是一个经济概念,而"发明"则是一个技术概念。研究表明,发达国家的发明与创新之间的平均时滞为10—15年。

英国苏塞克斯大学的科学政策研究所(SPRU)认为,技术创新主要可划分为四种基本类型:① 渐进性创新:这种创新指对已存在的一组产品或其生产过程的改进。② 根本性创新:指在观念上有根本性突破的创新。其特点是常常伴随着产品创新、过程创新和组织创新的连锁反应,可在一段时间内引起产业结构的变化,而且这种创新是不连续的。③ 技术系统的变革:指将产生深远意义的变革。它影响经济的几个部门并伴随着新兴产业的出现,不仅包括根本性的、渐进性的创新,而且会有技术相互关联的创新群出现。④ 技术-经济范式的变革:该种变革不仅伴随着许多根本性的创新群的出现,而且包含着许多技术系统的变革,几乎对所有经济分支的经济决策产生影响,并改变人们的常识。其中,第三类和第四类技术创新又被统称为技术革命。

2. 技术创新的诱导因素

(1) 企业家的利润动机和企业家精神。创新活动的主体是企业家,根本动机来源于其对超额经济利润的追逐。除了利润动机外,企业家精神也是企业家进行创新活动的主要动机。所谓企业家精神,主要体现在五个方面上:企业家的首创精神;企业家的成功欲;企业家甘冒风险、以苦为乐的精神;企业家的精明、理智和敏捷;企业家的事业心。

(2) 生产要素的稀缺性。生产要素相对价格的变化,将激励那些能更经济地利用那些价格相对昂贵的要素的发明。这些价格相对昂贵的要素,就是相对稀缺的要素。也就是说,生产要素相对稀缺程度及其相对价格的变化情况决定着技术发明、创新的方向。一般认为,发展中国家由于市场不健全、价格体系扭曲,要素市场的价格变化是无法诱致出有效的技术创新的。然而,只要技术投入市场不受限制,上述假说同样适用于那些初级要素(土地和劳动)的市场交换受到禁止的经济。这是因为,如果一个经济中的一种要素(土地或劳动)在一定时期内变得相对稀缺,该要素的边际产品就会增加。尽管初级要素市场的交换受到禁止,而且它们的相对价格也不存在,但一种要素边际产品的增加所传递的信号与市场经济中该要素相对价格的变化所传递的信号有相同的效果,因此,收入最大化动机仍会诱使人们去发展能节约日益稀缺要素的技术类型。所以,只要经济活动者的行为是理性的,要素稀缺性的诱导作用在发展中国家也具有有效性。

(3) 技术推动与市场拉动。科学技术和市场的关联关系是复杂的、互动的、多方向性的,主要的创新驱动力因时间的不同、产业的不同而有很大的差异。科学技术作为根本性的、发展着的知识基础,与市场需求的结构一道,在创新活动中以一种互动的方式共同起着重要的作用。影响市场需求的因素主要有市场的地理范围、人口数量、人均收入和收入分配格局等。相对而言,在不发达条件下,后两个因素对市场需求的影响不具有决定性的意义,而市场范围的扩张尤其是对外贸易的扩张,则会对发展中国家产生巨大的创新诱导作用。

(4) 社会需求和社会资源。技术发明刺激社会需求的增长,社会需求的增长导致社会资源的紧张;面临社会资源的紧缺问题,创新活动便会受到刺激而展开。

3. 国家创新体系

所谓国家创新体系,就是公共和私人部门中的组织结构网络,这些部门的活动和相互作用决定着一个国家扩散知识和技术的能力,并影响着国家的创新业绩。国家创新体系是以政府为主导、充分发挥市场配置资源的基础性作用、各类科技创新主体紧密联系和有效互动的社会系统。它应该是由国立研究机构、地方研究机构、大学研究机构、企业研究开发机构和民间科技中介机构等组成的有序结构,分别发挥知识创新、技术创新、知识传播、知识应用等各有侧重的作用。政府和市场将分别在资源配置、战略引导、政策调控、法制保证、文化环境和舆论建设等方面发挥其作用。政府主要的职能在于制定科技政策和长远的宏观发展战略,增加和引导社会对科技的投入,支持基础和战略性研究发展,改善科学和教育基础设施建设,发展教育,培养人才,对科技活动进行宏观的监督和评估。在全社会营造尊重知识、尊重人才、鼓励创新的舆论和文化氛围,推动科学的普及,弘扬科学精神,提倡科学方法和高尚的科学道德。社会需要和市场将对科技发展尤其是高技术发展和转化起主导作用和基础作用。企业是技术创新的主体和投入的主体。社会需求和市场需求也是政府制定科技政策和规划的主要依据。

国家创新体系是一个宏大的有机网络系统,是互相紧密联系又分工合作的有机整体,并需要社会法律、政策、科技价值观、舆论和文化氛围的保证和配合。教育体制、创新人才、全球化的信息网络和必要的科技投入是国家创新体系的资源基础。该理论将创新视为一种国家行为,认为国家在推动企业创新中起着十分重要的作用。国家创新系统的制度安排是一个国家创新活动的重要影响因素。

一国在经济追赶和发展的过程中,为实现技术进步的目标,仅依靠自由竞争的市场经济是不够的,它需要政府提供一些相应的规划、政策和直接支持。日本的国家创新体系是政府主导型的,其特点是政府直接介入创新活动,并制定许多创新政策和创新策略;而美国的国家创新体系则是市场调节型的,政府的作用只在于为企业创造一个良好的创新环境,市场是调节企业创新活动的主要力量。

中国特色国家创新体系建设重点

一是建设以企业为主体、产学研结合的技术创新体系,并将其作为全面推进国家创新体系建设的突破口。只有以企业为主体,才能坚持技术创新的市场导向,有效整合产学研的力量,切实增强国家竞争力。只有产学研结合,才能更有效地配置科技资源,激发科研机构的创新活力,并使企业获得持续创新的能力。必须在大幅度提高企业自身技术创新能力的同时,建立科研院所与高等院校积极围绕企业技术创新需求服务、产学研多种形式结合的新机制。

二是建设科学研究与高等教育有机结合的知识创新体系。以建立开放、流动、竞争、协作的运行机制为中心,促进科研院所之间、科研院所与高等院校之间的结合和资源集成。加强社会公益科研体系建设。发展研究型大学。努力形成一批高水平的、资源共享的基础科学和前沿技术研究基地。

三是建设军民结合、寓军于民的国防科技创新体系。从宏观管理、发展战略和计划、研究开发活动、科技产业化等多个方面,促进军民科技的紧密结合,加强军民两用技术的开发,形成全国优秀科技力量服务国防科技创新、国防科技成果迅速向民用转化的良好格局。

四是建设各具特色和优势的区域创新体系。充分结合区域经济和社会发展的特色和优势,统筹规划区域创新体系和创新能力建设。深化地方科技体制改革。促进中央与地方科技力量的有机结合。发挥高等院校、科研院所和国家高新技术产业开发区在区域创新体系中的重要作用,增强科技创新对区域经济社会发展的支撑力度。加强中、西部区域科技发展能力建设。切实加强县(市)等基层科技体系建设。

五是建设社会化、网络化的科技中介服务体系。针对科技中介服务行业规模小、功能单一、服务能力薄弱等突出问题,大力培育和发展各类科技中介服务机构。充分发挥高等院校、科研院所和各类社团在科技中介服务中的重要作用。引导科技中介服务机构向专业化、规模化和规范化方向发展。

资料来源:《国家中长期科学和技术发展规划纲要(2006—2020年)》。

二、技术扩散

1. 技术扩散的概念及其重要性

技术扩散指一项新技术的广泛应用和推广。它不仅包括对生产技术的简单获取,而且还强调技术引进方对自身技术能力的构建活动。技术扩散是在技术发明与技术创新后才发生的,并且与技术创新在市场上的推广传播过程有关,而创新则是指那些第一次被引入到商业贸易活动中的新发明。这是技术扩散与技术创新、发明二者之间的根本不同。比较重要的技术扩散模型有埃德温·曼斯费尔德(Edwin Mansfield)的传染病模型、斯通曼(Paul Stonman)等人建立的贝叶斯学习模型及戴维的概率模型等。刺激企业采用某一项技术的社会、经济诸因素存在一个临界值,超过该临界值,企业便采用该技术创新,否则企业将沿用原有技术。影响企业采用新技术的刺激因素主要有企业的规模、新技术的收益、采用成本等。

从人类历史来看,技术扩散在技术进步过程中起着至关重要的作用。一项技术创新,除非得到广泛的应用和推广,否则它将不以任何物质形式影响经济。舒尔茨指出,没有扩散,创新便不可能有经济影响。从一般意义上来说,技术扩散能促使创新在更大范围内产生经济效益和社会效益,推进一个国家产业技术的进步和产业结构的优化,促进国民经济的发展。

2. 技术扩散的溢出效应

技术扩散的溢出效应就是技术扩散的外部性。技术扩散的溢出效应一般有如下几种表现:① 技术领先企业的示范效应、技术落后企业的模仿效应;② 人力资本的流动;③ 联系效应。

模仿是指企业通过逆向工程(Reverse Engineering)等手段,仿制生产创新者的产品。逆向工程,又称反求工程,是指从产品入手,在广泛搜集产品信息的基础上,通过对尽可能多的国外同类产品的解体和破坏性研究,运用各种测试、分析和研究手段,反向探索该类产品的技术原理、结构机制、设计思想、制造方法和原材料特性等,从而达到由原理到制造,由结构到材料全面系统地掌握产品的设计和生产技术的目的。技术模仿在技术扩散过程中发挥着越来越大的作用。有研究表明,韩国的许多化学、水泥、纸张和钢铁生产厂商大多数是通过交钥匙工程,后经逆向工程才得以迅速发展起来的。而日本在第二次世界大战后的发展之初更被称为模仿大国。

人力资本的流动也是技术扩散溢出效应的主要形式之一。这里的流动有多层含义,既包括了人力资本的有形转移,也包括了人力资本的无形转移。前者指通过人员的流动而发生的技术溢出,后者指并不需要通过人员的流动,而只需借助于信息的非自愿流动而发生的技术溢出。在现代高科技行业中，人力资本的无形转移所产生的技术扩散作用非常显著。对发展中国家的一些研究表明，跨国企业对技术引进国的最大贡献，并不仅仅体现在所谓的新技术、新产品的开发上，还体现在其对各层次员工的培训上。当受过培训的雇员由跨国公司子公司流向其他企业时，其所掌握的各种技术也随之外流，这大大加速了发达国家的专有经营管理技术向发展中国家的扩散进程。

联系效应是指企业间不通过纯粹的市场交易而发生的技术扩散。学者们一般从外国直接投资（FDI）的角度来考察这种联系效应。其基本观点是：跨国公司通常拥有信息和技术上的优势，当其子公司与当地的供应商或客户发生联系时，当地厂商就有可能从跨国公司子公司先进的产品、工序或市场知识中"免费搭车"，获取溢出的先进技术，从而发生技术扩散的溢出效应。根据溢出效应作用对象的不同，联系效应可以分为前向溢出和后向溢出。前者指发生在跨国公司子公司与其产品的客户、分销商之间的溢出效应，后者指发生在跨国公司子公司与其上游产业的供应商之间的溢出效应。

第四节 技术转移与技术引进

发展中国家的经济发展具有赶超的性质。要实现赶超任务，无论是在微观经济活动中，还是在宏观经济运作方面，发展中国家都不可能也没有必要亦步亦趋地探索原生性的技术创新，来推进本国的技术进步。在发展中国家的发展之初，技术转移与技术引进是其实现技术进步的一个主要途径。

一、概念与分类

联合国制定的《国际技术转移行为守则》认为，技术转移是关于制造某种产品、运用某项工艺流程或提供某种服务所需的系统知识的转让，但不包括货物的单纯买卖或租赁。从历史上来看，技术转移范畴最初是用来探讨发达国家向发展中国家转移技术现象的，因此技术转移一般是指国际间的技术转移，而技术扩散对技术传播现象的界定则更具有一般性的意义。我们讨论发展中国家的技术转移，主要是探讨发达国家与发展中国家之间发生的有意识的技术扩散问题。技术引进是指从技术引进国的角度来看技术转移现象，因而两者在本质上并无区别。

按照技术引进国所引进技术在技术移出国使用层次的不同，技术转移可分为两类：① 垂直技术转移，是指将 A 国的基础科研成果转用于 B 国的应用科学中，或将 A 国的应用科研成果转用于 B 国的生产中。② 水平技术转移，是指将

A 国已被应用于生产的新技术转用于 B 国的生产领域。

按照技术引进国对所引进技术的吸收程度的不同,技术转移又可分为:① 简单的技术转移,是指某项先进技术由 A 国转移到 B 国,而不管 B 国在采用这项技术后能否再将其复制出来。② 技术吸收,是指某项先进技术由 A 国转移到 B 国后,B 国能将其复制出来,所以这类技术转移又被称为真正的技术扩散。

根据技术转移目的的不同,技术转移又可分为物质转移、设计转移和能力转移。物质转移的目的就是单纯地获得部件、设备、机构或包括某种技术的工厂。设计转移的目的就是获得生产某种产品的能力,该产品原来是由他方设计和开发的,这里引进方所获得的除了专业设备和机械外,还包括创建指定生产能力所需的软件转移(如设计、图纸、工艺等)。能力转移的目的不仅是获得生产能力,而且还包括采纳引进技术并使其适应当地条件,以及获得进行小规模改进以至于最终开发出新产品或新的生产程序的能力。在这三类转移中,物质转移最容易,所耗资源最少,能力转移最困难,但其生产力最高。在初期发展阶段,发展中国家主要从事物质和设计转移,但如果希望减少技术依赖,就必须进行能力转移。

发达国家垄断着现代科学技术的绝大部分成果,发展中国家通过研究与开发活动来独立地获取这些技术所花费的成本,比引进别国现成的同类技术所花费的成本要大得多。据测算,日本通过技术引进来掌握先进技术的过程,较其他发达国家(技术创新国)大约节省了 2/3 的时间和 9/10 的研究开发费用。另外,发展中国家进行自主的技术创新活动,还面临着自身研究开发能力低下、资金不足、创新机制缺乏等困境。据统计,在全世界每年用于发展研究的资金中,发达国家占97%,发展中国家仅占3%,考虑到人口分布状况,两相比较,富国和穷国的人均发展研究费用比为 100∶1。因此,发展中国家如果想借助于自身的力量来获取技术进步,就只会进一步拉大与发达国家之间的差距。可见,发展中国家既无能力又无可能开展原生性创新。在这种情况下,技术引进就成为必然。

二、技术转移方式

一些较为重要的技术转移方式有:① 专项的贸易方式,如补偿贸易、来料加工、组装出口等;② 咨询、技术贸易方式;③ 合作生产;④ 许可证贸易;⑤ 交钥匙工程;⑥ 国外直接投资。

根据技术接受方与提供方在交易中权利和义务的不同,我们可以将技术转移方式分为一揽子交易方式和非一揽子交易方式。一揽子交易方式包括许可证交易、国外直接投资和交钥匙工程等方式,其特点是技术提供方作为总承包人行事,负责转移与该技术有关的全部要素总和,包括服务、软件、硬件等。采用一揽子方式进行技术转移一般出于以下三种原因:① 供给方意图以此控制该项转移技术的使用;② 所转移技术较复杂,技术接受方在操作大型投资项目和大规模生产管理方面缺乏经验;③ 所转移的技术中包括技术提供方的注册商标或公司牌号所有权。一揽子交易方式的不足之处是,有可能延长接受方的技术依赖时间,不利于促进当地技术能力的开发;有可能形成转移价格,即由于在利润的分配上给予技术供给方很大的机动余地而增加的技术转移成本。

非一揽子交易方式的特点是技术接受方与多个供应方打交道,向它们分别购买所需技术中的各种不同要素。非一揽子交易方式可以为技术接受方提供更多的实践学习机会和更多的外部经济——溢出效应,但也可能存在以下弊端:由于本地工程技术人员缺乏经验而延长了工程竣工所需的时间;或者是已完工的工厂仅能以较低的效率运行,或仅能生产较低等级的产品。

在技术引进的实践中,根据所引进技术的不同,技术引进又被划分为成套生产技术引进、关键设备引进、专有技术或专利技术引进、智力引进和技术人才引进四个层次。成套生产设备的引进,尤其是直接用于生产目的的组装生产线的引进,是其中的最低层次,体现了早期的进口替代战略的思想。经济技术落后国家要想通过技术引进来不断地提高自身的技术水平,以获得独立成熟的技术开发创新能力,就需要循序渐进地提升其技术引进的层次,由初级的成套设备引进过渡到较高等级的后续几个阶段。

专栏9-4

日本技术引进的方式变化

日本的技术引进随着工业化进程而不断调整方式。20世纪50年代前期,其所引进的技术,大部分属于填补国内空白的欧美国家半新半旧的技术,引进方式以成套设备为主;50年代下半期,开始强调对引进技术的消化吸收,引进方式转向以许可证贸易方式为主,主要引进软件技术和关键设备;60年代上半期,除了继续引进基础性产业的新技术以外,还开始注意引进高新技术,如半导体和电子计算机技术、通信技术、核能技术等;60年代中期以后,开始采用购买尚处于实验阶段的技术的引进方式;到70年代初,这种引进方式的比重已达到总数的30%。

第五节 技 术 选 择

一、技术类型的划分

按占用各种资源的相对量来划分,技术可分为以下几种类型:

(1) 劳动密集型技术。指占用和消耗劳动较多的技术。这种技术能够容纳较多的劳动力,占用资本较少。劳动力的技术装备程度较低,劳动生产率也较低。

(2) 资本密集型技术。指占用和消耗资本较多的技术。其特点是:占用资本较多,周转较慢,投资回收期长,容纳的劳动力较少,但一般具有劳动生产率高、生产成本低、竞争能力强等优点。

(3) 技术密集型技术。指机械化、自动化程度较高的技术。这种技术对劳动力的熟练程度和知识水平要求较高,可以完成传统技术、常规技术无法完成的生产活动,取得更多、更新的产品,增强企业的国际竞争力,但通常也要占用和消耗大量资本。由于当代经济中资本投入量的增加总是伴随着技术含量的提高,资本密集型技术和技术密集型技术的界限趋于消失。两者常被统称为资本–技术密集型技术。

(4) 知识密集型技术。指高度凝结先进的现代化科学成果的技术。使用这种技术的多为中高级科研技术人员和管理人员,连操作人员也都需要具备较多的科学技术知识与管理知识。这种技术装备复杂、投资费用高,但占用劳动力少、消耗材料少、环境污染少。采用这种技术还可以为国民经济各部门提供新材料、新能源、新工艺、新设备,促进产业结构的调整,加快技术进步。随着现代科学技术的迅猛发展,知识密集型技术越来越成为一个国家获取长期竞争优势最主要的来源,成为社会经济可持续增长的重要推进器。

按使用效果划分,又可把技术分为以下几种类型:

(1) 资本节约型技术。这种技术通过较多地使用自然资源和劳动力来达到节约资本投入的目的,简单实用、易于推广,特别适合人均收入低、资本严重缺乏的国家和地区。

(2) 节能型技术。指能够减少能源使用量的技术。这种技术对于能源缺乏的国家和地区具有特别重要的意义,对于能源充足的国家也是长期的技术发展战略方向,因为地球上的自然资源是有限的,许多能源资源属于不可再生资源,必须节省使用。

(3) 环保型技术。随着世界各国环境问题的日益突出和人们环保意识的增强,能够降低自然资源耗费、减少环境污染的环保型技术越来越受到人们的欢迎。采用环保型技术已经成为增强产品国际竞争力的重要手段。环保型技术是今后技术发展的主要方向之一。

二、技术选择的经济含义

作为一种经济行为,技术选择实际上就是对不同要素投入组合的成本进行比较。如图 9-2 所示,图中 QQ' 为等产量线,该曲线上每一点所代表的劳动和资本的投入组合都可以得到相同的产量。KL 或 $K'L'$ 是价格线。等产量线和价格线的切点 C 和 D 是实际上可选择的要素投入组合,射线 I 和 II 代表仅有的两种技术手段。若不计成本,I 与 II 两种技术手段是无差异的。但生产要素是稀缺的,其稀缺程度反映在生产要素的价格上。如果劳动要素相对充裕,其价格就会较为便宜,就应该选择技术 II,在价格线 $K'L'$ 与等产量线 QQ' 的切点 D 进行生产;反之,就应该选择技术 I,在切点 C 进行生产。

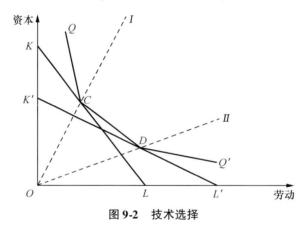

图 9-2 技术选择

但在实际生产中,除了成本以外,技术选择往往还会受到其他因素的影响。例如,发展中国家的劳动力相对充裕,资本严重不足,本应选择劳动密集型的生产技术。然而大量的经验研究表明,这种倾向并不明显。对于同一种产品的生产方法,发展中国家与发达国家看来并无重大的差异。发展中国家的经济增长效率低,资本增加是产出增加的主要源泉。发展经济学家对此的解释是:① 发展中国家的市场不完善,要素的价格不能正确反映其稀缺程度。制度的、结构的因素使工资率难以下降,而资本则由于人为的补贴而变得相对便宜。② 现代技术进步一般总是意味着更为密集的资本投入,它使原有的劳动密集型技术变得无利可图。③ 与资本密集型技术相比,劳动密集型技术对劳动力技术水平和熟练程度的要求更高,而发展中国家的劳动力数量虽多,素质却比较差。④ 由于本国缺乏研究开发能力,发展中国家不得不依靠向发达国家引进技术。发达国家的技术主要是资本密集型的。此外,强烈的赶超意识也促使发展中国家引进较为先进的技术,建立和发展现代工业部门。

不同层次的技术选择所考虑的成本范围也有所不同。企业所进行的微观技术选择是站在企业的立场上,只考虑经济成本;而站在国家的高度所进行的宏观技术选择则是以经济和社会发展的长远利益为目标,除了直接的经济成本以外,还要考虑社会、环境等各方面的成本。微观技术选择和宏观技术选择有时会出现不一致。比如,企业从自身的内外部条件和发展目标出发选择了资本-技术密集型技术,就会导致对劳动力的需求减少,失业人数增加;或企业因能源价格低而选择了高耗能技术,结果不利于经济的可持续发展。国家可以通过制定法律、政策将一些外部成本内部化,如使企业承担环境污染成本来缩小不同层次的技术选择的差异。

三、技术选择的标准

经济学家提出的技术选择的标准主要有以下几种:

(1) 高产出量标准。该标准认为应优先选用在规定投资资本条件下使产出最大的技术。这种技术选择标准特别适用于资本匮乏的国家。

(2) 社会极限性生产标准。该标准认为,即使在一定的资本条件下选择的技术能使产出最大化,但是如果超出了社会的承受能力,也不能说是选择了最佳技术。对发展中国家来说,外汇支付能力是一项重要约束,如果采取某种技术需要增加原材料进口,使国际收支情况恶化,就不符合社会极限性生产标准。

(3) 高积累率标准。该标准认为,一个国家的经济发展并不限于技术进步,而依存于资本的积累率,应选择能使经济长期增长的资本积累率较高的技术。

(4) 时间系列标准。也就是说,根据一定发展时间内的条件变化,对上述各种标准加以综合选择。如在发展初期资本和外汇特别匮乏的时候采用社会极限性生产标准,有了一定的资本积累以后再采用高积累率标准。

(5) 技术进步关联作用标准。该标准认为,一项技术不应只孤立地为一个企业、一个部门服务,而要有较强的关联度和推广能力,对相关部门的发展起到带动作用。

(6) 相容性原则。该标准认为,为某一系统中的子系统引进的技术要能与其他子系统的技术相容,以使整个系统获得最大的经济效益。

四、发展中国家的技术选择和技术战略

如何选择所引进的技术,是发展中国家进行技术引进活动时所面临的另一重要问题。因为并不是把发达国家的先进技术全部照搬来,就能获得相应的生产效率的增进和社会的进步。实践表明,片面、盲目地引进国外的所谓先进技术,反而造成了一些发展中国家对西方不适用技术的严重依赖,加剧了其国内两极分化、城乡对立、环境污染、生态危机等一系列社会经济问题的恶化。因此,发展中国家不应简单盲目地模仿、照搬发达国家的先进技术,而是要结合本国的具体国情对所引进技术有所选择。

一些发展经济学家认为,与劳动力充裕、资本匮乏的资源结构相适应,发展中国家应优先选择和引进中间技术或适用技术。

E. F. 舒马赫(E. F. Schumacher)在 1973 年出版的《小的是美好的》一书中批评了现代大型化工业生产技术的弊病,提出应当发展小型机构,进行适当规模的生产,推广中间技术。所谓中间技术,是指介于初级与高级、原始与现代之间的一种技术。它具有以下特点:① 属于劳动密集型技术,适合于小型企业,不占用过多资本,利于就业。② 中间技术与粗糙的土技术相比,生产率要高得多;与资本高度密集的现代工业技术相比,又要便宜得多。③ 中间技术在应用、管理和维修方面的问题都容易解决,能顺利地适应发展中国家的环境。因此,它是一种适合于在贫穷落后的发展中国家普遍推广的技术。舒马赫认为,发展中国家应该不遗余力地发展中间技术,因为这种技术有许多优点。首先,中间技术富于人性和创造性。其次,小规模生产对自然环境的危害也很小。最后,中间技术有助于解决严重的失业问题。中间技术可以在短期内提供大量的就业机会,缓解失业的压力。当然,发展中国家要想缩短与发达国家的经济和技术差距,靠中间技术是不行的。中间技术常常造成产品质量低下,并要求工人有较高的技能,生产效率难以提高。提倡中间技术不利于改变现有的国际经济秩序。

适用技术论是印度经济学家雷迪(Reddy)于 1975 年提出的。所谓适用技术,就是既能满足技术引进国发展经济的技术需要,又考虑到了引进国的生产要素现状、市场规模、社会文化环境、目前的技术状态以及技术的吸收创新能力等因素,能够使得引进国从中获得最大效益的那类技术。它既可包括适用的先进技术、尖端技术,又可包括适用的中间技术或原始技术。总之,适用技术论强调的不是什么具体的技术,而是技术选择和发展的战略思想。适用技术的选择应满足三重目标要求:① 环境目标。适用技术应该能够节约能源,循环使用各种材料,减少环境污染,保护生态环境。② 社会目标。适用技术应该最大限度

地满足人类的基本需要,提供富有创造性和引人入胜的工作,能与传统文化相交融,促进社会和睦,并赋予群众较大的自主权。③ 经济目标。适用技术应该广泛提供就业机会,采用地方资源并生产地方消费品,取得较高的经济效益并促进经济平衡发展。适用技术的内涵比中间技术更加丰富、灵活,但二者的基本思想是一致的,都认为发展中国家应选择符合本国实际情况的技术。然而在现实中,发展中国家的政府常常出于赶超先进国家的目的,采取扶持政策,鼓励企业选择资本-技术密集型技术。近几十年发展中国家经济发展的实践证明,这样的企业在自由竞争的市场中是没有自生能力的。政府为了提供政策性扶持,不得不以税收优惠、改变要素价格等方式扭曲经济环境,致使整个经济的运行效率降低。相反,选择适用技术有利于发挥比较优势,使企业更有竞争力,投资的回报率更高,储蓄的意愿也更强,更有利于经济的发展。从技术引进的角度来看,选择适用技术,所要引进的技术和现有的技术比较接近,学习成本较低,技术引进的成本也会较低,技术升级会比较顺利。

发展中国家的技术战略应该遵循三条原则:① 坚持技术引进与技术创新、技术扩散相结合。以技术引进方式为主来推进本国的技术进步,只能是发展中国家在发展之初的权宜之计,因为通过技术引进并不能从根本上使发展中国家具备独立、成熟的技术创新体系和能力,相反,只会使发展中国家产生对发达国家的技术依赖性,造成发展中国家与发达国家的技术差距的永恒化和扩大化。发展中国家只有在技术引进的同时,注重对所引进技术的二次创新及相应的技术扩散,才能逐渐摆脱对发达国家的技术依赖,构建本国的创新体系。② 注重自身技术能力的培养、提高,技术转移以能力转移为根本目标。一国要想获得持久、稳定的技术进步,就必须具备独立的技术创新能力。技术能力包括生产能力、投资能力和革新能力。革新能力指创新能力和将技术进行工业化生产或改造原有生产工艺的能力。通常情况下,一项新技术的技术能力的发展进程是由革新到投资,再到生产;而在技术引进的情况下,技术能力的发展过程则是由生产到投资,再到革新。因此,发展中国家要想借助于技术引进来超越技术引进阶段,达到能独立进行技术创新的目的,就必须以获取技术能力、实现能力转移为其技术引进活动的根本性目标。③ 在技术引进的同时重视国内的研究开发工作,并以此为核心构建本国的技术进步体系。一国国内的研究开发工作是该国提升技术创新、技术进步能力的基石,是提高该国技术能力的基础。发展中国家只有在技术引进的同时注重本国自主的研究开发活动的开展,才能做到技术引进与技术创新并重,才能借助于技术引进不断促进本国技术能力的提高,并因而更好地消化吸收引进的技术。

本章小结

技术进步就是指技术所涵盖的各种形式的知识的增进与积累。它来源于政府及私人部门的研究和开发活动,有三种表现形式。技术进步根据其对收入分配的影响不同,可以分为中性技术进步、节约劳动型的技术进步和节约资本型的技术进步三种。

对技术进步因素在经济增长中贡献的实证测算,是经济增长因素分析的重要内容。随着分析方法的日趋进化、规范和对经济增长因素认识的具体化,学者们对技术进步因素在经济增长中贡献问题的分析也日趋科学。他们的实证研究结果均表明技术进步是促进经济增长的一个重要因素。

技术进步的获得途径是技术创新与技术扩散。技术创新是企业家追求利润的动机、生产要素的相对稀缺性、技术供给及市场需求等因素诱导的产物。技术创新还受企业的外部市场结构、企业的内部特征及国家创新体系等因素的影响。技术扩散在技术进步过程中起着重要的作用。技术扩散的外部性及技术扩散的溢出效应,对发展中国家来说具有重要意义。

技术转移与技术引进对发展中国家来说具有重要的意义。但发展中国家在引进技术时要解决好所引进技术的选择、技术引进方式的选择等问题,并处理好技术引进与本国技术创新活动的关系。

发展中国家的资源禀赋结构是劳动力充裕、资本匮乏,一些学者建议应优先选择和引进中间技术或适用技术。这些技术内涵丰富,包括经济、社会、环境以及人类自身发展等多方面的内容。

发展中国家的技术战略应该遵循三条原则:坚持技术引进与技术创新、技术扩散相结合;注重自身技术能力的培养、提高,技术转移以能力转移为根本目标;在技术引进的同时重视国内的研究开发工作,并以此为核心构建本国的技术进步体系。

关键概念

希克斯中性　哈罗德中性　索洛中性　外生技术进步　内生技术进步　索洛余值法　技术扩散　国家创新体系　溢出效应　技术转移　技术选择　技术能力　自主创新

思考题

(1) 什么是技术进步？技术进步的表现形式有哪几种？

(2) 什么是希克斯、哈罗德和索洛中性技术进步？它们的区别与联系是什么？什么是节约劳动型的技术进步和节约资本型的技术进步？

(3) 比较测算技术进步在经济增长中的作用的三种方法。

(4) 什么是发明、技术创新和技术扩散？辨析三者之间的区别。

(5) 技术创新的诱导因素和影响因素有哪些？发展中国家技术创新的诱导机制有什么特殊性？

(6) 简述技术扩散的溢出效应。

(7) 辨析技术扩散、技术转移和技术引进的异同。

(8) 简述发展中国家引进技术的必要性、可能性及重要意义。

(9) 发展中国家应如何选择所引进的技术才能实现最大的收益？

(10) 发展中国家应如何选择技术？技术战略应遵循什么原则？

(11) 比较中国内地、日本及"亚洲四小龙"进行技术引进的实践，分析中国内地技术引进的经验教训，以及日本、"亚洲四小龙"等国家和地区的实践经验对中国内地的借鉴意义。

进一步阅读导引

关于新古典经济增长理论、早期内生技术进步的增长模型及新增长理论的各种模型的详细介绍，可参阅朱勇：《新增长理论》，商务印书馆1999年版；朱保华：《新经济增长理论》，上海财经大学出版社1999年版；舒元、谢识予、孔爱国、李翔：《现代经济增长模型》，复旦大学出版社1998年版；〔美〕海韦尔·G.琼斯：《现代经济增长理论导引》，郭家麟译，商务印书馆1994年版；〔美〕罗伯特·J.巴罗：《现代经济周期理论》，方松英译，商务印书馆1997年版等。

关于技术进步的测算方法和实证研究，可进一步参阅〔美〕罗伯特·M.索洛：《经济增长因素分析》，史清琪译，商务印书馆1991年版；〔美〕D.乔根森：《生产率与美国经济增长》，李京文译，经济科学出版社1989年版；李京文等：《生产率与中日美经济增长研究》，中国社会科学出版社1993年版；姜钧露：《经济增长中科技进步作用测算》，中国计划出版社1998年版等。

关于技术创新经济学的基本理论可进一步参阅傅家骥、姜彦福、雷家：《技术创新》，企业管理出版社1992年版；柳御林：《技术创新经济学》，中国经济出版社1993年版;〔美〕范·杜因:《经济长波与创新》,刘守英、罗靖译,上海译文出版社1993年版;张建华:《创新、激励与经济发展》,华中理工大学出版社2000年版;〔美〕R.库姆斯、P.萨维奥迪、V.沃尔什:《经济学与技术进步》,中国社会科学院数量经济技术经济研究所技术经济理论方法研究室译,商务印书馆1989年版等。

关于技术扩散的基本理论可参阅李平:《技术扩散理论与实证研究》,山西经济出版社1999年版;武春友、戴大双、苏敬勤:《技术创新扩散》,化学工业出版社1997年版等。

要了解中国、日本、韩国、巴西等国的技术引进的实践可参阅陈慧琴:《技术引进与技术进步研究》,经济管理出版社1997年版;李志军:《当代国际技术转移与对策》,中国财政经济出版社1997年版;何保山、顾纪瑞、严英龙:《中国技术转移和技术进步》,经济管理出版社1996年版等。

第十章 对外贸易

本章概要

对外贸易能促进一国经济的发展,这在理论上不断得到论证,并且在发达国家经济发展的历史经验中也得到了证实。但是,对于发展中国家而言,采取自由放任的贸易政策显然是行不通的。针对发展中国家的实际情况,新的国际贸易理论和战略政策相继被提出,并付诸实践。近年来,经济全球化的趋势不断增强,发展中国家的对外贸易战略和政策也应作出调整,以适应新的国际经济环境。

学习目标

1. 了解传统贸易理论关于贸易与发展关系的观点;
2. 理解关于解说发展中国家贸易的理论;
3. 了解幼稚工业论、贸易条件的概念和中心-外围理论的基本内容;
4. 掌握进口替代和出口促进战略的含义、主要政策手段及影响;
5. 掌握经济全球化条件下发展中国家贸易战略和政策的调整。

引 言

1944年布雷顿森林国际货币体系的建立,对战后国际贸易的恢复和发展起到了重要的促进作用。1948年关税与贸易总协定开始生效,在一定程度上减少了贸易壁垒。自此之后,世界贸易规模除了在石油危机期间受到影响以外,一直在迅速扩大,增长速度远快于同期世界经济的增长速度。自20世纪80年代特别是90年代以后,经济全球化加速进行,世界贸易组织正式启动运转、乌拉圭回合协议全面实施、各国市场逐步开放,这些均为世界贸易的发展创造了一个更加开放和自由的环境。

从总体上看,发展中国家在世界贸易中所占的地位正在逐渐提高。自1986年至今,发展中国家在世界商品贸易总额中所占的份额持续增加(1998年因受亚洲金融危机的影响而例外),2000年已达30%,为50年来的最高值。不仅如此,发展中国家正在摆脱对初级产品出口的依赖,在世界制成品出口总额中所占的比重也在逐渐增加。从1990年到2000年,发展中国家制成品出口额由占世界制成品出口总额的17%上升到了27%。不过,大多数发展中国家仍以出口初级产品为主。

许多发展中国家从对外贸易的发展中大大获益。近几十年来东亚国家(地区)的经济增长一直在全世界处于领先地位,这与这些国家(地区)出口的迅速增长是分不开的。据世界贸易组织统计,2000年全世界前20名的出口国家和地区中,有12个发展中国家和地区(其中将欧盟看做一个经济体):中国内地、中国香港地区、韩国、墨西哥、中国台湾地区、新加坡、马来西亚、沙特阿拉伯、泰国、印度尼西亚、巴西、印度。但也有一些发展中国家远远落在后面,比如撒哈拉以南非洲国家,其在过去30年中在世界贸易中所占的比重有所减少,经济增长速度也一直比较慢。

对外贸易对发展中国家究竟起着什么样的作用?在什么条件下,贸易能帮助发展中国家取得它们的发展目标?发展中国家应该采取怎样的贸易政策?按照过去的经验和对未来发展情景的判断,发展中国家应采取外向型政策(Outward-looking Policy),还是内向型政策(Inward-looking Policy)?很显然,由于发展中国家在资源禀赋、经济和社会制度以及增长潜力等方面各不相同,上述问题难以有统一的答案,但却值得我们经常加以考虑和探讨。在这一章中,我们将初步探讨有关贸易和发展的几个问题:① 关于贸易与发展关系的观点;② 关于解说发展中国家贸易的理论;③ 发展中国家的贸易战略与政策;④ 经济全球化条件下发展中国家的经贸发展问题。

第一节 对外贸易与经济发展的关系

对外贸易在一国经济中占有非常重要的地位。主流经济学在对外贸易方面进行了大量的研究,形成了多种国际贸易理论,从不同角度解释了贸易利益的来源。发展经济学则更加注重研究对外贸易对长期经济发展的作用。

一、主流国际贸易理论中有关对外贸易作用的解释

亚当·斯密的绝对利益理论最早论证了对外贸易对经济发展的一般利益。斯密认为,如果两个国家在某些特定商品的生产上各自占有绝对的优势,按照分工原则,两国各自从事不同商品的生产将是最有效的,两国之间的贸易将会给双方都带来利益,无论是顺差还是逆差。首先,国际分工通过自由贸易能促

进各国劳动生产率的提高,从而有利于经济增长。这和国内各个生产部门内部和外部之间的专业分工是同一个道理。其次,对外贸易可以使一国的剩余产品实现其价值,从而鼓励人们去提高劳动生产率,努力提高产品的产量。再次,国际贸易还能增进消费者的利益,从而有利于经济的增长和发展。基于以上观点,斯密主张自由贸易,反对各种贸易限制。

在绝对利益理论的基础上,李嘉图提出了国际贸易的比较利益理论。李嘉图证明,即使一个国家在任何一种产品的生产上都没有绝对优势,但只要生产各种商品的相对成本与贸易伙伴并不完全一样,就一定会在某种商品的生产上占有比较优势。各国都应专业化生产本国相对成本较低的商品,这样就能通过国际贸易获得比较利益。不受干涉的自由贸易不仅使一国,而且使各国的资源都得到最有利于本国的配置,从而有利于全世界。因此他主张自由贸易模式。

要素禀赋理论则认为,贸易的产生不是因为不同国家具有不同的劳动生产率,而是因为不同国家具有不同的要素禀赋。资本相对丰富的国家,资本要素相对便宜,该国就在密集使用资本要素生产的商品上成本较低,因而具有比较优势;劳动相对丰富的国家,劳动要素相对便宜,密集使用劳动要素生产的商品成本较低,具有比较优势。各国按照比较优势进行专业化生产,出口自己具有比较优势的商品,都能从贸易中获利。

按照要素禀赋理论,对外贸易可以改善国内的收入分配状况。例如,发展中国家原来劳动力过剩、资本短缺,因而工资水平低、利息率高,但通过扩大对外贸易、增加劳动密集型产品的产量,对劳动力的需求上升了,工资水平得到了提高,而对资本的需求则相对下降,利息率有所下降。这样国内收入分配状况就会得到改善。不仅如此,在生产要素不易在国际间流动的条件下,国际贸易作为要素流动的替代物还具有优化要素配置、促进经济增长的功能。

专栏 10-1

列昂惕夫之谜

比较利益理论和要素禀赋理论是传统贸易理论的核心,对当时的世界贸易提出了许多有用的见解。但是随着时代的前进,国际贸易中出现了许多难以用传统贸易理论解释的现象。

瓦西里·列昂惕夫(Wassily Leontief)在 20 世纪 50 年代对美国进行了投入

产出分析,发现了一个不符合要素禀赋论的现象:美国作为世界上资本最丰富的国家,按理应主要出口资本密集型产品、进口劳动密集型产品,而实际情况却与此相反,美国出口商品的资本-劳动比率,低于进口商品的资本-劳动比率。这被称为列昂惕夫之谜。

人们为了解释列昂惕夫之谜提出了种种假说:第一,可能是美国人对资本密集型产品的偏好特别高,以至于本国产品还不能满足国内需求。第二,所谓劳动密集型产品也不能一概而论。美国生产的劳动密集型产品主要是人力资本密集型产品,其中凝结着高水平的知识和技术,与一般发展中国家生产的劳动密集型产品不可相提并论。这也是被广泛接受的一种解释。第三,现实中某种产品到底是哪种生产要素密集型产品并不像初看上去那么一清二楚。比如同样是粮食,美国生产的粮食就是资本密集型的,而泰国生产的就是劳动密集型的。生产要素的密集度还跟生产要素的价格有关。如果利率相对于工资很高,粮食就有可能是资本密集型的。第四,要素禀赋理论可能不适合解释自然资源基础上的出口。比如,出口石油的国家要开采石油,必须先期投入大量的资金,这就使石油这种产品显现为资本密集型,但出口石油的国家原本并非资本丰富的国家。

资料来源:W. W. Leontief, "Factor Proportions and the Structure of American Trade: Further Theoretical and Empirical Analysis", *Review of Economics and Statistics* 38, 1956, pp. 386—407。

第二次世界大战后,主流经济学中出现了多种有关国际贸易的新观点,从产品生命周期、偏好等不同角度对国际贸易的基础和利益作出了新的阐释。其中,克鲁格曼于1979年提出的规模经济和垄断竞争贸易理论的影响最大。

现代工业的突出特点是规模收益递增。从供给角度看,规模收益递增导致生产规模大的企业处于优势地位,后来者难以在价格上与之竞争。于是,生产差异产品成为企业获得对市场价格的操纵权或控制权的主要途径。从需求角度看,随着收入水平的提高,消费者对差异产品种类的需求也不断增加。供给因素和需求因素共同导致了垄断竞争的局面。然而在一国市场范围内,规模经济和垄断竞争是矛盾的,因为追求规模收益要求大批量生产同质产品,而追求差异产品要求小批量生产异质产品。解决这一矛盾的最佳途径是开展国际贸易,使批量生产的产品分布在不同国家的市场上。按照规模经济和垄断竞争贸易理论,各国之间即使不存在技术水平和要素禀赋的差异,国际贸易仍然可以存在。

1983年,克鲁格曼等人又提出了国际贸易的相互倾销模型,指出各国的寡头垄断厂商会将增加的产品产量以低于本国市场价格的价格销往国外市场。尽管从表面上看,在国外市场上产品的销售价格降低了,但是从销售全部产品所获利润最大化的角度,如果这种销售不影响在本国销售的其他产品的价格,厂商所获得的总利润水平还是提高了。这种相互倾销行为所形成的国际贸易,既非源于产品成本及要素禀赋的差别,也非源于生产者和消费者对差异产品的追求。

二、关于贸易是增长的引擎的争论

贸易利益的存在是毋庸置疑的,但对发展中国家来说,眼前的贸易利益与长远的经济发展是什么关系呢?两者是相辅相成,还是彼此冲突?关于这个问题,主流经济学家认为自由贸易不仅能带来短期的静态利益,而且具有长期的动态利益,因而贸易是增长的引擎;而一些发展经济学家则认为贸易利益在发达国家和发展中国家之间的分配不是均等的,对外贸易不利于发展中国家的长期经济增长。近些年来,一种介于上述两种观点之间的折中性观点日渐盛行,即认为对外贸易促进发展中国家的经济发展是有条件的,必须根据各国的具体情况采取恰当的贸易政策。

1. 引擎论

古典和新古典经济学家历来认为自由贸易有利于经济发展。对外贸易不仅直接促进世界生产力得到更有效的利用,还间接地通过市场扩张促进了分工发展和技术进步,从而有利于长期的经济增长。在发展的早期阶段,对外开放所带来的新观念、新事物往往能够促进技术进步并唤起企业家精神,这对经济发展的作用也是不容忽视的。20世纪30年代,D. H. 罗伯逊(D. H. Robertson)明确提出:在19世纪,对外贸易是经济增长的引擎。

现代贸易引擎理论把关注的重点转移到了发展中国家,认为发展中国家的出口增长不仅与其自身的经济增长密切相关,还取决于发达国家的经济增长速度,这两者从长期来看存在着一种稳定的关系。刘易斯在1979年诺贝尔经济学奖的受奖演说词中指出,较发达国家控制欠发达国家的增长速度的主要环节是贸易。从1873年至1919年及1973年之前20年世界贸易的情况看,欠发达国家初级产品出口的增长速度稳定在发达国家工业生产增长速度的0.87倍左右。这一观点得到其他一些经济学家理论上和经验分析上的支持。在现代贸易引擎论者看来,贸易起着一种把发达国家的增长动力传送给发展中国家的作用,正是在这种意义上,贸易被称为增长的引擎。

然而,第二次世界大战后发展中国家对外贸易的实际情况却使人们不得不对这部引擎的作用产生怀疑。20世纪50年代以来,世界贸易的增长主要表现为发达国家之间工业制成品贸易的增长,而发展中国家与发达国家之间的初级产品贸易比重反而下降了,发展中国家已难以依靠发达国家对初级产品的需求来带动经济增长。纳克斯因此认为贸易是经济增长的一部"颤抖的引擎"。刘易斯也指出,贸易的引擎作用在下降,要使这个引擎维持一定的速率,必须改变其"燃料"的来源。新的"燃料"来源就是发展中国家之间的贸易。

2. 桎梏论

有学者从发展中国家的角度出发,否定了自由贸易对经济增长的引擎作用。普雷维什等人指出:传统的国际贸易理论所论证的贸易利益是静态的,不利于后进国家的长期发展。发展中国家的比较优势是建立在绝对劣势基础上的,集中在农产品、矿产资源等初级产品上,以至于形成了发达国家主要生产和出口制成品、发展中国家主要生产和出口初级产品的国际分工格局。与制成品相比,初级产品的附加值低,技术进步缓慢,生产率长期停滞,甚至有时表现出下降的趋势,使发展中国家的贸易条件恶化。世界市场上对初级产品的需求增加得也比较缓慢,使发展中国家的出口很难扩张,出现对外贸易与国际收支逆差。从产业发展的角度看,初级产品生产部门积累资本的能力和对其他产业的带动作用比较差,使发展中国家的制造业尤其是资本和技术密集型制造业难以发展起来,于是不发达状态长期得不到改变,只能继续停留在国际分工体系的底层。因此,自由贸易非但不是经济增长的引擎,反而是发展中国家经济不发达的重要原因。要改变贸易条件不断恶化的局面,发展中国家必须采取保护主义措施和进口替代的贸易政策。

3. "侍女"论

事实上,对外贸易对经济发展的作用不能一概而论。20世纪50、60年代,有些国家和地区(如日本和"亚洲四小龙")的出口扩张成功地带动了经济增长,但在更多的发展中国家,出口没能起到类似的作用。欧文·克拉维斯(Irving Kravis)在1970年指出,19世纪经济发展较为成功的国家几乎都不是出口导向型的,而一些经济发展不成功的国家在19世纪却有过相当大的出口扩张。他认为,经济增长主要应依赖国内因素,在把国内资源转化为既能用于投资又能用于消费的商品或劳务的过程中,对外贸易起着辅助作用。所以,应该把贸易扩张形容为成功增长的"侍女",而不是引擎。许多发展经济学家接受了这一观点,并就发展中国家所应采取的贸易政策作了探讨,比如,实行出口导向政策应具备哪些条件,在出口导向政策下怎样实现国内产业结构升级,怎样协调贸易利益与经济、社会的全面发展,等等。

第二节 关于发展中国家贸易的理论

发展经济学家对传统的以比较利益为核心的国际贸易理论基本上有两种看法:一种认为它既适用于发达国家,也适用于发展中国家;另一种则认为它不适用于发展中国家。20 世纪 50 年代以来,持后一种观点的发展经济学家提出了一系列发展中国家的国际贸易理论。

一、贸易与资源增长:南-北不平等贸易模型

我们知道,现实的世界经济是快速变化的。生产要素的数量和质量,都不像新古典贸易理论所假定的那样,是固定不变的;相反,物质资本和人力资源都会随着经济的发展而逐步积累。贸易通常是不同国家生产资源不平衡增长的主要决定因素。这对那些对增长和发展起决定作用的资源而言(如物质资本、企业家能力、科学能力、进行技术研究和开发的能力、劳动技能的提高等),尤其如此。

因此,相对要素禀赋和比较成本并不是给定不变的;相反,它们都处于不断的变化中,而且,这种变化是由国际分工的性质和特征所决定的,而不是相反。在穷国与富国的不平等贸易中,这意味着,任何初始的资源禀赋不平等,都会因为按照要素禀赋理论所建议的贸易模式开展贸易而更趋恶化。特别是,如果富国(北方)因为历史的原因,相对富有资本、企业家能力、熟练劳动等关键性生产要素,那么,它们持续密集使用这些要素专业化于加工品生产,就能为其进一步增长创造必要的条件和刺激;相反,发展中国家(南方)拥有过剩的非熟练劳动供给,专业化生产密集使用非熟练劳动的产品,其世界需求前景和贸易条件都极为不利。静态效率变成了动态无效率,累积的过程使得不平等贸易关系更趋恶化,贸易利益大量向那些富人分配,从而进一步恶化了发展中国家物质资源和人力资源的不发达状况。正如一位著名的发展中国家学者所说:"极少例外,发达国家与发展中国家之间的技术差距正在不断扩大,新古典贸易理论假定不同国家生产不同产品的生产函数相同,把技术差距问题给假定掉了。"[1]

南-北贸易模式(North-South Trade Model)特别强调富国与穷国之间的贸易关系,而传统贸易理论认为其原理具有普遍适用性。例如,典型的南北贸易模式认为,北方国家工业中较高的初始资本禀赋,使得这些国家在制成品生产中

---

[1] Manmohan Singh, "Development Policy Research: The Task Ahead", Proceedings of the World Bank Annual Conference on Development Economics, 1989, p. 12. 发表这一言论时,Singh 是日内瓦南方委员会(South Commission)的秘书长。

产生外在经济和高额利润,这与垄断力量相结合,通过更进一步的资本积累,就刺激了北方国家经济的进一步增长。其结果,快速增长的北方进一步积累了相对于增长较慢的南方国家的比较优势。如果我们进一步考虑需求收入弹性的差别(北方国家生产的资本品相对于南方国家生产的消费品有更高的需求收入弹性),以及资本的流动性(资本由南方逃往北方),就会进一步加强贸易悲观主义的基础。

没有哪个国家愿意自己专门从事劳动密集型活动,而让其他国家享受熟练劳动、高技术、资本密集型活动的利益。虽然某些国家和地区,像"亚洲四小龙",成功地实现了从非熟练劳动密集型生产,向熟练劳动密集型进而向资本密集型生产的转变,但对大多数穷国而言,要通过贸易本身实现经济结构的类似转变,则显得遥遥无期。

迈克尔·E.波特(Michael E. Porter)在其名著《国家竞争优势》一书中认为①,标准贸易理论只考虑了未开发的实物资源和非熟练劳动这些基本要素,而对那些更专业化的、具有专门技能和知识资源的先进要素,如政府、私人研究机构、主要的大学、主要的产业协会等,标准理论则未予考虑。波特指出,发展中国家的中心任务,就是要从那种自然资源、廉价劳动、本地要素和其他基本资源优势等这类要素驱动的国家优势中解脱出来,因为这种基本要素优势,只能提供脆弱的、转瞬即逝的出口能力;而且,这种出口不能经受汇率和要素成本的波动。许多这类工业通常也是不具有增长势头的,因为发达经济中资源密集的工业衰落了,其需求趋于复杂化。因此,创造先进要素应当成为发展中国家的首要任务。

二、失业、资源非充分利用与剩余的出路贸易理论

传统贸易理论的充分就业假定,与微观经济学中的完全竞争均衡模型一样,不符合发展中国家的实际。发展中国家普遍存在失业和就业不足。从这一实际出发,我们可以得到两点结论:第一,未被利用的人力资源创造了一种可能性,即通过为出口市场生产本地没有需求的商品;第二,出口产业的建立可以为发展中国家提供进一步发展的机会,即以较低的成本扩大生产能力和提高GNP。因此,通过贸易可以为一国的剩余资源提供被利用的出路,这就是通常所说的"为剩余提供出路的贸易理论"(Vent-for-surplus Theory of International Trade),简称剩余的出路贸易理论。这一理论首先由亚当·斯密提出,而后由缅甸经济学家迈因特用于解释发展中国家的贸易。②

---

① Michael E. Porter, *The Competitive Advantage of Nations*, New York: Free Press, 1990, pp. 675—680.
② Hla Myint, *The Economics of the Developing Countries*, 5th ed., Australia: Hutchinson and Co. (Publisher) Ltd., 1980.

剩余的出路贸易理论,为偏僻的农业社会打开了世界市场,并不像传统贸易模式所说的那样,是对已经充分就业的资源进行再配置,而是对以前未被充分利用的土地和劳动资源进行利用,为国外市场生产更大的产出。剩余的出路贸易理论可以用图10-1来说明。在贸易之前,在封闭经济条件下,某一发展中国家的资源未能充分利用,表现为该国生产发生在生产可能性曲线以内的点 V,生产和消费 OX 数量的初级品和 OY 数量的制成品。该国打开国外市场以后,就给那些未被利用的资源的利用(通常是过剩的劳动和土地)提供了刺激,从而使可出口的初级品生产从 OX 数量向 OX' 数量扩张,国内生产由生产可能性曲线的内点 V 向生产可能性曲线上的点 B 移动,表明国内资源已经充分就业。给定国际商品比价 P_a/P_m,则 XX' 数量的初级品出口换回 YY' 数量的制成品进口。其结果,最终消费达到点 C,从而该国在消费与以前同样多的初级品的同时,可以进口 YY' 数量的制成品。把剩余资源转化为进口能力,不仅有可能扩大该国的消费可能性(进口消费品),而且有可能扩大其生产可能性(进口资本品)。迈因特认为,与比较成本学说相比,剩余的出路贸易理论更能解释19世纪发展中国家出口的快速增长。因为,第一,如果没有未利用的资源,扩张过程就不可能持续;第二,比较成本理论不能解释为什么两个相似的国家,一个能发展出重要的出口部门,而另一个则不能,剩余的出路贸易理论则提供了一种可能的解释;第三,剩余的贸易出路理论更适合于解释贸易的开始,因为我们很难想象,一个没有剩余的小农会按照比较利益法则参与专业化分工,以期达到更高的消费可能性。剩余的贸易出路理论更适合于解释贸易的原始基础,而比较成本理论则能解释贸易的商品类型,前者在这一方面缺乏解释力。

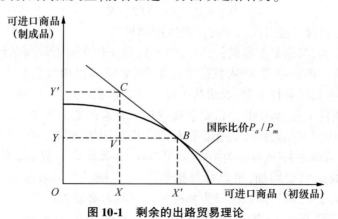

图10-1 剩余的出路贸易理论

三、贸易条件理论

贸易条件(Terms of Trade,TOT)通常是指出口商品与进口商品的价格之比,也就是商品贸易条件(Commodity Terms of Trade)或纯易货贸易条件(Net Barter Terms of Trade)。此外,还有收入贸易条件(Income Terms of Trade)和要素贸易条件(Factor Terms of Trade)。收入贸易条件表明一国出口创造进口的能力。如果以 P_x/P_m 表示商品贸易条件,其中 P_x、P_m 分别为一国出口商品和进口商品的价格指数(在出口和进口商品都只有一种时,可以用出口价格和进口价格计算,但通常情况下,一国进出口商品都不止一种,因此需要采用价格指数),那么,收入贸易条件可以表述为如下公式:

$$I_{tot} = (P_x/P_m)Q_x$$

其中,Q_x 为出口数量指数。

要素贸易条件又分为单要素贸易条件(Single Factor Terms of Trade)和双要素贸易条件(Double Factor Terms of Trade)。单要素贸易条件表明一国包含于出口商品中的每一单位要素所能换取的进口商品的数量,用公式表示为:

$$S_{tot} = (P_x/P_m)E_x$$

其中,E_x 为包含于出口商品中的要素生产率指数(即一国出口部门的要素生产率指数)。

双要素贸易条件表明一国包含于出口商品中的每一单位要素交换包含于进口商品中的国外要素的数量,它在单要素贸易条件的基础上,再考虑包含于进口商品中的要素生产率指数(即贸易伙伴的出口生产率指数)。其计算公式为:

$$D_{tot} = (P_x/P_m)(E_x/E_m)$$

其中,E_m 为包含于进口商品中的要素生产率指数。

一般认为,与商品贸易条件相比,收入贸易条件和要素贸易条件更为重要。因为对发展中国家而言,收入贸易条件上升,表明其以出口为基础的进口能力增加;单要素贸易条件上升,表明其单位出口要素换取进口商品的能力增加;双要素贸易条件上升,表明其出口要素换取进口要素的能力增加。进口能力的提高,对发展中国家的经济发展有着重要的作用。例如,假定一国以1999年为基础,其商品贸易条件 P_x/P_m 为100,如果2000年该国商品贸易条件下降为85,但其出口商品数量增加,出口数量指数为120,则其收入贸易条件为102,比1999年上升2%,即该国以出口为基础的进口能力增加2%。进一步,如果该国出口部门的要素生产率上升,其指数为130,则该国的单要素贸易条件为110.5,单位出口要素的进口能力增加10.5%。如果贸易伙伴的要素生产率下降,进口要素生产率指数为90,则该国双要素贸易条件为122.78,表明该国单位出口要素换取进口要素的能力增加22.78%。由此可见,收入贸易条件和要素贸易条件更具有重要意义。

普雷维什和辛格以中心-外围理论来解释发展中国家贸易条件恶化的现象。他们认为,世界经济体系呈现出一种中心-外围格局,少数发达国家处于中心,大多数经济落后的发展中国家处于外围。中心国家使用现代化的生产技术,已经形成多元化的生产结构,生产覆盖了资本品、中间产品和最终消费品等相对广泛的领域。外围国家的技术水平和生产率高低不一,既有糊口型农业,也有现代化的制造业,但生产结构单一,很少有不同行业间的多元化经营,也几乎没有行业内的垂直一体化和部门之间的相互补充。

贸易条件理论,即人们通常所说的普雷维什-辛格假定(Prebisch-Singer Hypothesis),是由普雷维什和辛格于1950年几乎同时提出的。① 他们认为,发展中国家的贸易条件呈现出下降的长期趋势。因为发展中国家出口初级产品,进口制成品,而初级产品需求的收入弹性低于制成品,同时,发达国家人工合成替代品的生产以及节约原材料的技术进步,使发展中国家初级品出口的需求处于不利地位,再加上发展中国家初级品生产与发达国家制成品生产之间的市场结构差异,一方面,发展中国家初级品出口受到发达国家的买方垄断,另一方面,发展中国家制成品进口又受到发达国家的卖方垄断,因而造成发展中国家在贸易条件上处于不利地位。为了扭转贸易条件下降的趋势,改变不利的国际贸易地位,发展中国家应当发展进口替代工业。

关于发展中国家贸易条件的争论

对"发展中国家贸易条件恶化"这一命题,主流经济学家大多持反对态度。不少学者认为,普雷维什所使用的数据实际上无法支持这一结论。普雷维什使用的是出口的离岸价和进口的到岸价,有些学者认为这一时期运输成本大幅度下降,造成前者相对于后者上升,从中不能推出初级产品价格下降。还有学者

---

① R. Prebisch, *The Economic Development of Latin America and Its Principal Problems*, New York: United Nations, 1950; H. W. Singer, "The Distribution of Gains between Investing and Borrowing Countries", *American Economic Review*, Papers and Proceedings 5, Supplement, May 1950.

认为英国的情况在欠发达国家的工业化贸易伙伴中不具有代表性。另外一些学者认为如果再多用一些1870年以前的数据,或者使用第一次世界大战后到20世纪50年代的数据,普雷维什的结论就无法成立。但最近的实证研究表明,在第二次世界大战前的70年间和之后的30年中,普雷维什的假说是正确的。

对于中国贸易条件的影响,有研究表明:90年代以来,中国经济增长的同时贸易条件没有恶化,原因是产业结构得到了优化升级。由此推理:一些发展中国家出现贸易条件恶化,并不是经济增长所带来的必然恶果,可能只是由于其产业结构的优化升级落后于经济增长、落后于世界产业结构优化升级的速度。

资料来源:董国辉,《"贸易条件恶化论"的论争与发展》,载《南开经济研究》,2001年第3期;张建华、刘庆玉,《中国贸易条件影响因素的实证分析》,载《国际贸易问题》,2004年第6期。

中心国家和外围国家在生产结构上的差异构成了传统国际分工的基础。中心国家出口制成品、进口初级产品,外围国家出口初级产品、进口制成品。当实际收入增加时,对制成品的需求会有较大幅度的增加,而对初级产品的需求增加的幅度比较小。因此,发达国家对原材料等初级产品的需求从长期来看不会有较大增加,相反,有可能随着技术的进步和资源利用效率的提高而下降。所以,世界市场上初级产品的价格在长期趋于下降,发展中国家的贸易条件不断恶化。

中心国家的生产技术领先且技术进步较快,在国际贸易中处于有利地位,是国际贸易中的获利者。外围国家现代生产技术渗透缓慢,非均质和单一化的生产结构长期得不到改变,其平均收入水平与发达国家的差距不断扩大。初级产品出口的增长很难吸纳落后领域的剩余劳动力,因此结构性失业长期存在。贸易条件的恶化,使对外贸易赤字成为发展中国家的痼疾。可见,在既有的世界经济体系中,发展中国家不能指望对外贸易带动经济发展,以传统的国际分工为基础的外向型增长战略是行不通的,只能以政府规划与协调下的工业化促进发展,也就是实行进口替代工业化战略。

专栏10-3

不平等交换与依附论

1969年,希腊经济学家A.伊曼纽尔(A. Emmanuel)提出了不平等交换理论。这一理论以劳动价值论为基础,认为发达国家和发展中国家之间的贸易交换是不平等的。由于资本可以在国际间自由流动,中心和外围国家的利润率将趋于均等。但劳动力不能在国际间自由流动,因而工资水平的国际差异是持久的。发达国家的出口商品含有较高的工资成本,而发展中国家的出口商品含有较低的工资成本。这就使得标价相同的商品中,发展中国家的出口商品含有更多的价值(劳动)。发达国家与发展中国家按照市场经济的等价交换原则进行贸易,但实际上交换的价值是不等的,发展中国家的剩余价值被发达国家榨取。这就解释了外围国家经济停滞不前的原因:即使假定有完全的竞争,即使发展中国家出口制成品,也一样会处于不利的贸易条件下,而发达国家也一样能够从贸易条件中获利。

20世纪70年代,埃及经济学家阿明在中心-外围理论和不平等交换理论的基础上,进一步论述了发展中国家的不发达问题和对发达国家的依附。阿明认为,不平等交换理论忽视了国际间的生产率差异,但伊曼纽尔提出的不平等交换情况还是存在的,因为在许多部门中,发展中国家与发达国家的工资率差异远大于劳动生产率的差异。阿明认为,建立在不平等交换基础上的国际贸易使发展中国家的经济依附于发达国家,这种依附包括贸易、金融、技术等多方面的依附。

发展中国家在垄断资本主义的全球积累中以廉价劳动力为基础发挥着双重功能:提供廉价的出口商品,并保证发达国家的资本输出获得高利润率。发展中国家现代部门生产率的提高伴随着非现代部门的贫困化,导致经济的高度二元化。也就是说,发展中国家非现代部门的贫困大众承担着全球不平衡发展的社会代价。为了求得发展,发展中国家应该与世界资本主义体系"脱钩",斩断与帝国主义的联系。上述几种理论尽管并不完善,并受到了不同经济学流派的批评,但毕竟对发展中国家的对外贸易政策起到了一定的指导作用,在国际谈判中也产生了广泛的影响,例如在20世纪70年代联合国贸易与发展会议上就曾倡议建立国际经济新秩序等。

资料来源:A. Emmanuel, *Unequal Exchange*:*A Study of the Imperialism of Trade*, New York:Monthly Review Press, 1972; S. Amin, *Accumulation on a World Scale*:*A Critique of the Theory of Underdevelopment*, Monthly Review Press, 1974。

四、幼稚工业保护理论

19世纪30、40年代,德国经济学家李斯特(List)根据当时的德国国情和国际环境,论述了相对落后于英、法两国的德国应如何发展成为工业强国的问题,提出了贸易保护主义的主张。他认为,工业特别是制造业的进步是经济发展的核心。一国在制造业发展初期,来自工业强国的竞争有可能妨碍本国制造业的成长,这种情况下应当采取贸易保护政策扶植新兴工业,直到建立起制造业部门和工商业的竞争优势。李斯特并不完全排斥自由贸易。那些未开化或处于畜牧业阶段或农业发展初期的国家,实行自由贸易能促进经济繁荣和文化进步;已经具备了发达的制造业和强大的经济实力的国家,实行自由贸易可以获得廉价的工业原料和消费品。在经济发展的一定阶段实行贸易保护政策,主要目的是促进制造业成长。因此,贸易保护政策不能一刀切,应视不同部门的特点而有所差异。保护的重点应放在国民经济中必不可少的关键部门,如棉、麻、毛等纺织部门。对农业、高档奢侈品生产行业则应该不保护,或只征收最低限度的关税。对复杂机器的进口则应免税,或征收极轻微的进口税。

类似李斯特的观点,当代学者提出幼稚工业保护理论,即认为自由贸易理论与政策不符合发展中国家的利益,为了保护本国新建的工业部门,发展中国家应当对进口品征收高关税,或实行进口限额等措施,直到新兴工业成熟起来再撤销。

幼稚工业保护理论得到了学习效应理论的支持。所谓学习效应(Learning Effect),又称"干中学"(Learning by Doing),是指生产一个单位产出所要求的资源数量随着累积产量的增加而递减的现象。这是因为随着生产的持续进行,工人和管理人员对工作任务的熟悉程度提高,工作方法和工作流程得到改进,废品和重复工作的数量减少,随着工作重复次数的增多,对技术工人的需要也将减少,等等。学习效应包含两方面的内容:第一,一个企业或一个行业生产一种产品的时间越长,其生产率就越高,单位成本就越低;第二,一种产品的生产历史越长,其成本继续下降的空间就越小。

图 10-2 描述了发展中国家某工业部门的成长过程。图中 ABC、AY 均为学习曲线,表示平均成本与累积生产额之间的关系。随着累积生产额的增加,单位产品的平均成本逐渐下降,但下降的幅度逐渐减小。P_W 表示该产品在世界市场上的价格。$P_W(1+t)$ 是征收关税后的价格。关税对国内产业起到了保护作用。在产业发展初期,生产率低下,平均成本为 OA,高于世界市场价格水平。如果实行自由贸易,按 P_W 的世界价格出售产品,行业在一段时间内将亏损。理论上可以通过金融体系筹集资本来度过这段时期。但发展中国家的实际情况是金融体系不发达,新兴工业若要靠自己的力量与发达国家的同类产品竞争,难逃夭折的命运。因此,由政府来实行贸易保护政策是必不可少的。假如政府对进口同类商品征收的关税税率为 t,就把该类商品的价格抬高到了国内该行

业的平均成本以上,这样一来,新兴工业就可以继续发展下去了。如果学习曲线为 ABC,国内平均成本将随着累积产量的增加而逐渐下降。到达 B 点以后,平均成本下降到世界市场的真实价格以下。到那时,发展中国家的新兴产业就成熟了,保护关税也就可以撤销了,否则就会造成比较利益的损失。

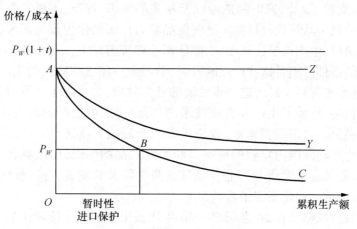

图 10-2 幼稚工业与学习效应

然而,许多发展中国家现实中的学习曲线往往不一定是 ABC,而是 AY 甚至 AZ,保护关税将永远完不成它的历史任务。这是因为国内企业在关税保护下无须提高生产率就能获得利润,也就没有动力去努力降低成本。由于国外竞争者被拒之门外,国内企业的生产率长期低下,不得不继续依赖贸易保护政策。因此要使幼稚工业顺利地成长起来,贸易保护应该是暂时的,同时还应实行适当的配套政策,促使学习效应顺利地发挥作用。

第三节 发展中国家的贸易战略与政策

发展中国家在经济发展初期,由于工业基础薄弱,不得不以初级产品出口来换取工业制成品,这种发展道路很难积累起足够的资本建立本国工业,改变贫困落后的状态。为了尽快实现工业化,发展中国家应当实行一定的贸易战略。典型的内向型贸易战略是进口替代战略,典型的外向型战略是出口促进战略。关于这两种战略,发展中国家已经积累了不少经验和教训,许多发展经济学家也对这两种战略进行了探讨。

一、进口替代战略

进口替代(Import Substitution)是指用本国生产的工业制成品来替代从国外

进口的工业制成品。进口替代战略需要实行贸易保护政策,通过高关税或进口限额等措施排斥来自国外的竞争,建立起本国的工业体系。可见,进口替代战略是一种内向型的工业化战略。

进口替代一般要经过两个阶段:第一个阶段,先建立和发展一批最终消费品工业,如食品、服装、家电制造业以及相关的纺织、皮革、木材工业等,以求用国内生产的消费品替代进口品。这些商品具有广阔的国内市场需求,而且生产技术比较简单,生产规模比较小,主要使用非熟练劳动力,适合发展中国家在工业化初期的条件。随着这些产业的发展,学习效应使这些商品的生产成本逐渐降低,而且带来有利于经济进一步发展的外部效应,如培训了一批劳动力,培养了企业家精神,传播了生产和管理技术,等等。当国内生产的消费品能够替代进口商品满足国内市场需求时,就进入第二个阶段。在这个阶段,进口替代由消费品的生产转向国内短缺的资本品和中间产品的生产,如机器制造、石油加工、钢铁工业等资本密集型工业。经过这两个阶段的发展,进口替代工业日趋成熟,为全面的工业化奠定了基础。

进口替代战略是在20世纪50—60年代提出来的。支持者认为,实行进口替代战略有利于减少进口,节约外汇,平衡国际收支;发展本国幼稚工业,实现工业化,减少对发达国家的依附;发展现代工业,吸收农村剩余劳动力,改变二元经济结构,等等。许多拉美、南亚、中东欧国家实施了进口替代战略。

发展进口替代工业可以采取多种形式,如国家投资、私人投资、引进外资、合资、合作、建立经济特区等。对进口替代工业的保护措施主要有:第一,关税保护,即对最终消费品的进口征收高关税,对生产最终消费品所需的资本品和中间产品的进口征收低关税或免征关税。第二,进口配额,即限制各类商品的进口数量,以减少非必需品的进口,并保证国家扶植的工业企业能够得到进口的资本品和中间产品,降低它们的生产成本。第三,使本国的货币升值,以降低进口商品的成本,减轻外汇不足的压力。第四,进行外汇控制和配给,以控制进口总量,并配合进口配额制度。第五,其他保护措施,如资本、技术、价格、税收等方面的优惠政策。

关税和配额是进口替代战略中最主要的保护措施。按照主流经济学的观点,任何对自由贸易的干预都会降低资源配置的效率,导致社会福利的损失。如图10-3所示,图中 DD 和 SS 分别代表某种工业品的国内需求和供给曲线,P_W 是这种商品的世界市场价格,P_T 是征收关税后的国内价格。$D'D'$ 是实行进口配额之后的国内需求曲线。某商品的国内均衡价格高于世界市场价格 P_W,在自由贸易下,国内市场价格等于世界市场价格,国内需求为 OB,国内供给为 OA,进口为 AB。为了把进口数量减少到 CD,政府可以对该商品征收关税,把国

内市场价格抬高到 P。此时国内需求为 OD，国内供给为 OC，进口为 CD。或者实行进口配额，发放数量为 CD 的进口许可证。其余的需求通过购买国内商品来得到满足，国内需求曲线向左移动到 $D'D'$，平移距离为 CD。这时国内市场价格为 P_T，国内需求与国内供给都是 OC。

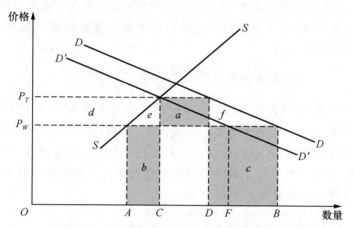

图 10-3　关税和进口配额造成的社会福利损失

关税或进口配额使国内价格上升，消费者的福利受到了损失。按照微观经济学原理，消费者的福利损失应等于消费者剩余的减少，在图 10-3 中为 $d+e+a+f$ 的面积。同时，价格上升使国内厂商得利，生产者剩余的增加为 d。如果是征收关税，政府可以获得关税收入，等于进口数量乘以单位税率，相当于图中的 a。全社会的净福利损失为 $e+f$。如果是实行进口配额，则全社会的净福利损失为 $e+a+f$，大于关税下的福利损失，而且在进口配额的分配过程中还容易产生腐败现象。所以主流经济学家认为，最好不要实行贸易保护政策，如果非实行不可，也应该尽量少用进口配额。

名义保护率与实际保护率

关税对国内工业的保护作用到底有多大呢？表面上看，关税税率本身就能够直接说明保护程度，这就是名义保护率。

$$名义保护率 = \frac{税后商品价格 - 税前商品价格}{税前商品价格} = 关税税率$$

例如,一辆汽车的世界市场价格是 20 万元,关税税率为 10%,则税后价格是 22 万元,名义保护率是 10%。

但是,国内工业要使用从国外进口的中间产品,国内企业生产的并不是最终产品的全部价值,而且中间产品也被征收关税。考虑到这些因素,实际保护率就和名义保护率不同了。

$$实际保护率 = \frac{税后增加值 - 税前增加值}{税前增加值}$$

仍以汽车为例,假定无关税时生产一辆汽车需要投入 16 万元的中间产品,则税前增加值为 20 - 16 = 4 万元。现在假定汽车的中间产品的进口税税率是 5%,则税后增加值为 20×(1+10%) - 16×(1+5%) = 5.2 万元。实际保护率为 1.2÷4 = 30%。可见由于最终产品的进口关税高于中间产品的进口关税,实际保护率通常大于名义保护率。

然而,发展中国家的幼稚工业并没有在贸易保护下成功地发展起来。进口替代战略在实践中逐渐显示出许多缺陷。20 世纪 60 年代末 70 年代初,进口替代战略受到许多学者的批评。1970 年,利特尔、希托夫斯基、斯科特考察了 6 个国家和地区(巴西、印度、墨西哥、巴基斯坦、菲律宾、中国台湾地区)的工业化发展经验,认为进口替代战略严重降低了经济效率,抑制了出口,加剧了失业,导致了国际收支的恶化。

第一,进口替代工业缺乏活力,经济效率低。企业在严密的保护措施下丧失了降低成本、提高效率的动机,缺乏竞争意识,经营管理水平低,产品价格高,只能继续依赖政府的保护。而且,许多发展中国家进口替代工业所需的资本品和中间产品是从国外进口的,对国内产业发展和经济增长的带动效应不大。

第二,进口替代不利于出口发展,造成国际收支恶化。高估本币是为了扩大投入品的进口,但同时也提高了本国出口品的价格,阻碍了传统初级产品的出口,外汇短缺日益严重。随着国内工业规模的扩大,需要进口越来越多的资本品和中间产品,进口替代战略难以为继。

第三,进口替代不利于解决发展中国家的失业问题。大多数发展中国家劳动力充裕而资本缺乏,但进口替代工业使用的是从国外进口的节约劳动型的机器、设备和技术,生产中的资本密集程度不断提高,提供的就业机会十分有限。

第四,进口替代加剧了发展中国家经济和社会发展的不均衡。高估本币使农产品出口受阻,农民的收入水平下降。而为了支持高资本密集度的进口替代工业的发展,政府又加重对农业的榨取,农民的处境长期得不到改善,国内对工业品的需求也因此而受到抑制。进口替代工业集中在城市地区,成为传统经济中的"孤岛",致使城乡差距不断扩大。受政府扶植的少数工业部门享受各种优惠政策,造成部门之间的发展不平衡,劳动力收入水平的差距大。

二、出口促进战略

随着进口替代战略暴露出越来越多的缺陷,一些国家和地区开始转向更加开放的贸易战略。巴西、墨西哥等拉美国家采取了鼓励出口与国内生产并举的政策,对出口企业给予补贴。但出口企业所使用的投入品仍然是由国内进口替代工业企业在保护政策下生产出来的,出口补贴的刺激相对来说小于国内市场保护带来的利益,因此总体来看这些国家还是倾向于进口替代战略。而亚洲的日本、韩国、新加坡、中国台湾地区等国家和地区在经过一段时间的进口替代工业化过渡后,不遗余力地采取了出口促进战略。

出口促进战略一般也要经历两个阶段:第一个阶段,以轻工业产品出口替代初级产品出口,主要发展劳动密集型工业,如食品、服装、纺织品、一般家用电器制造业等。这类商品的生产技术比较简单,投入要素较易获得,在国际市场上有一定的需求容量,容易起步发展。随着生产规模的扩大和国际市场环境的变化,就将进入第二个阶段,以重化工业产品出口替代轻工业产品出口,致力于发展资本密集型和技术密集型工业,如机械、电子、石油化工等行业。此后,极少数发展中国家和地区开始着手建立知识和信息密集型高科技工业,力图在高科技工业产品的世界出口贸易中占据一席之地。

出口促进战略的实施过程实际上是一个利用本国的比较优势发展相关产业,并根据比较优势的变化而及时进行产业升级换代的过程。在第一个阶段,发展中国家可以利用本国劳动成本低的优势,通过扩大劳动密集型产品出口来增加外汇收入,带动经济增长,增加就业。与国际市场的密切联系还有利于发展中国家引进和吸收新技术、新观念,提升人力资源素质,为进一步工业化奠定基础。随着收入水平的提高,劳动力成本也将上升,劳动力优势丧失,但经过前一个阶段的发展,已经具备了一定的资本和技术基础,此时应及时实施产业调整政策,鼓励资本和技术密集型工业的发展。在出口促进战略下,一国经济在很大程度上融入世界经济之中,国际竞争压力对国内企业形成了有效的激励,国内企业必须不断提高生产效率、改善管理、开发新技术、培训员工,才能在激烈的国际竞争中求得生存,这使得整个经济充满活力。

实施出口促进战略也需要一定的贸易保护、补贴和汇率政策。第一,对出口企业给予优惠,如税收减免、低息贷款、补贴等。第二,对出口企业需从国外进口的资本品、中间产品和技术专利等实行减免税,放宽进口配额。第三,使本国货币贬值,以降低本国出口商品以外币计算的价格,增强在国际市场上的竞争力。有些国家或地区的政府还对出口业绩最好的企业给予奖励,使企业之间形成一种竞赛关系,推动出口增长。

出口促进战略虽然有不少优点,但也存在许多问题:

第一,这种战略受到国际市场的极大限制。迄今为止,成功进入出口促进战略第二阶段的发展中国家和地区只有"亚洲四小龙",它们的共同特点是经济规模较小,采取出口促进战略较早。国际市场对劳动密集型工业品的需求有限,随着更多的发展中国家采取外向型贸易战略,各国之间的竞争日趋激烈。再加上发达国家的贸易保护主义政策,发展中国家的出口扩张面临着越来越大的困难。而且对于像中国这样的发展中大国而言,单靠出口增加也难以带动经济全面、持续发展。

第二,实行出口促进战略使一国经济的开放度大大提高,国内经济容易受到外部经济冲击的影响,如汇率、利率、贸易条件、债务条件的变动,国际游资的袭击等。发展中国家的经济实力比较薄弱,市场体系不够发达,监督和管理制度也不健全,缺乏抵御外部经济冲击的能力,一旦危机发生,会对经济发展产生非常严重的不利影响。

第三,出口促进战略也需要实行一些保护措施,这些措施也会扭曲市场价格体系,降低资源配置效率。比如,金融体系的功能本应是使资本流向投资回报率最高的地方,但为了服务于出口促进战略,资本被强制流向出口企业,而且贷款利息被人为压低,整个金融体系被扭曲了。此外,大量的补贴和税收优惠必然加重政府的财政负担,不利于其他部门的发展。因此,出口促进战略的一个不利后果就是容易引起产业发展失衡,形成畸形的经济结构。

三、进口替代战略和出口促进战略的比较

在过去几十年中,发展经济学家和发展中国家对贸易战略的看法发生了戏剧性的转变。20世纪50、60年代,进口替代战略盛行;70年代以后,出口促进战略又一度被视为落后国家摆脱贫困的灵丹妙药。

从根本上说,两种与贸易相关的发展战略之间的区别在于,进口替代的倡导者认为,发展中国家应当在高关税和配额的保护下,首先进行对以前进口的简单消费品的国内替代生产(第一阶段进口替代),然后进行范围广泛的更复杂的制成品的国内替代生产(第二阶段进口替代)。从长期来看,进口替代的倡导者具有双重目标,一是国内产业的多样化(平衡增长),二是通过规模经济、低劳

动成本和干中学,使原来受保护的国内制造业取得出口的竞争优势。与之相反,出口促进的倡导者强调从自由贸易和竞争中获得的效率和增长,强调更大的世界市场取代狭小的国内市场的重要性,强调保护所引起的价格和成本扭曲以及东亚出口导向经济大量的成功经验。

在实际中,进口替代与出口促进战略的区别,并不像理论倡导者所说的那样巨大。大多数发展中国家都曾经在不同时期采用过不同的战略。进口替代战略虽然有很多缺陷,但也曾在许多国家的经济发展过程中起到重要作用。要在较短时期内建立起国内工业的雏形,奠定进一步工业化的基础,内向型发展阶段是必不可少的。日本和"亚洲四小龙"都是在实行一段时间的进口替代战略之后转向出口促进战略的。出口增加对经济增长的带动作用似乎是毫无疑问的。近三十年来,几乎所有经济高速增长的国家(或地区)的出口占 GDP 的比重都不断上升,包括中国内地、"亚洲四小龙"、东盟国家。但这真的足以证明出口促进战略的优越性吗?罗德里克(Rodrik)分析了包括东亚在内的多个发展中国家的投资、出口与增长情况,认为最终推动经济增长的还是国内投资,而不是出口贸易。①

可见,这两种贸易战略并没有绝对的优劣之分,关键是各个发展中国家如何选择适合本国国情和目前国际环境的贸易战略。

第四节 经济全球化条件下发展中国家的经济贸易发展

一、经济全球化的特点与内容

全球化(Globalization)一词出现在 20 世纪 80 年代。目前,对全球化尚缺乏统一的定义。国际货币基金组织在其 1997 年的报告中称:全球化是指跨国商品与服务贸易及国际资本流动规模和形式的增加,以及技术的广泛迅速传播使世界各国经济的相互依赖性增强。简而言之,经济全球化一般是指资本、商品、服务、劳动、信息以及人才超越国界,在全球范围内进行扩散的现象。经济全球化进程就是各国的国内市场与国外市场从分割状态过渡到融为一体。经济全球化将分割的市场融为一个全球大市场,使资源互补,资源在全球范围内优化配置;使市场中买方和卖方的数量增加,促进竞争,不但在地理意义上扩大市场的广度,而且在经济意义上增加市场的深度。所谓"地球村"便是全球化的必然

---

① 〔美〕丹尼·罗德里克:《让开放发挥作用:新的全球经济与发展中国家》,王勇译,中国发展出版社 2000 年版。

结果。

全球化有四大支柱:市场经济是全球化的本质动力,跨国公司是全球化的急先锋,资本流动是全球化的载体,高新技术是全球化的助推器。经济全球化的主要内容和特征表现如下:

(1) 以贸易推动市场全球化。国际贸易既是全球范围内首先实现多边协议的领域,又是经济全球化的根本推动力量。以商品贸易为主的格局正在被打破,服务贸易异军突起,已超过总额的20%;发达国家的经济占主导地位,但发展中国家已成为新的增长源;跨国公司和直接投资正在重组国际贸易,70%以上的国际贸易发生在产业内或跨国公司内部。随着各国在经济、贸易与金融领域的相互联系和相互依存程度不断加深,发达国家和发展中国家市场开放的幅度均在不同程度上日益扩大。市场不再仅仅是国家的,而且还是全球的。

(2) 伴随金融自由化的资本全球化。当今世界,由于金融自由化、国际化的趋势在不断加强,各国纷纷逐步放宽对金融业的限制,取消外汇管制,扩大金融市场开放的范围。生产要素在全球范围内流动和配置,引起资本在国际间大规模流动,促进了国际金融市场的发展,为广大企业筹资融资从事跨国生产和经营提供了极大的便利,也使国际游资通过国际金融市场套利成为可能。

(3) 以跨国公司为主角的生产全球化。随着以产品专业化、零部件专业化、工艺专业化为主要内容的部门内与部门间国际分工日益深入发展,国家之间工业生产过程中的协调和联合趋势加强,形成了世界范围内新的生产体系,以企业内部分工国际化为特征的跨国公司得到了蓬勃发展。企业生产活动的空间扩及全球,形成了数以万计的跨国公司群体,这些公司的足迹遍及世界各个角落,推动了全球生产体系的形成,大大促进了世界经济的发展。

(4) 国际经济组织发挥巨大作用。要解决贸易、金融和投资的全球化问题,在相当程度上依赖于全球性的机制安排。目前,国际货币基金组织、国际复兴开发银行(世界银行)和国际贸易组织,在全球经济活动方面提供了组织基础和法律框架,在推动贸易投资自由化中的作用重大。当代的贸易自由化主要由两股力量推动:一是区域性贸易自由化协定。据统计,在世界贸易组织登记的区域性贸易协定有109个,这些协定有力地推动了地区内部贸易的实现;二是世界贸易组织的运行对形成一个全球性的商品和劳务市场起到了关键性的作用。在这个规范化和法制化框架的约束和指导下,国际贸易将实现更高水平的自由化,并加强国际协调和有效的规范管理,而多层次、多领域的贸易自由化又会促进全球市场规模的扩大和国际投资与贸易的发展。

二、经济全球化对发展中国家的影响

随着经济全球化的发展,越来越多的发展中国家加入了这一进程,经济全球化对发展中国家来说既存在机遇,又存在风险和挑战。

1. 经济全球化对发展中国家经济的积极影响

(1) 经济全球化为发展中国家提供了难得的发展机遇,有利于发展中国家利用资金、管理、技术等外部资源,发挥后发优势。经济全球化加速了国际资本流动,外资可以弥补国内资金的不足。经济全球化加速了技术转让和产业结构调整的过程,世界产业结构不断升级和调整,有利于发展中国家引进先进技术和设备,实现技术发展的跨越、产业结构的升级与外贸结构的优化,从而缩小与发达国家的技术差距。经济全球化也有利于发展中国家学习先进的管理经验,培养高素质的管理人才。一些最不发达国家还可以利用全球化过程中科技扩散、产业结构转移的机会,消除贫困,为摆脱不发达状态创造条件。

(2) 经济全球化促进了发展中国家跨国公司的发展,使其在世界市场中的竞争力逐渐增强。发展中国家的跨国公司广泛兴起于20世纪80年代以后,其发展极不平衡,有的刚刚起步,有的则发展较快,开始参与国际市场的竞争。但是目前的发展水平较低,主要表现是投资规模普遍较小、生产规模不大、产品技术含量低。经济全球化的发展,有利于发展中国家的跨国公司抓住机遇,在更广泛的领域内积极参与国际市场竞争,并不断向纵深方向发展。

(3) 经济全球化有利于发展中国家发挥比较优势,发展对外贸易。经济全球化的发展、贸易自由化程度的提高、范围的扩大、贸易壁垒的不断下降,有利于发展中国家开拓国际市场、发展对外贸易。发展中国家虽然技术落后、资金匮乏,但却拥有较为丰富的劳动力资源、基础原材料资源和市场优势,可以发挥比较优势,扬长避短,使技术资源不足、经济发展水平低的发展中国家从经济全球化中获得好处。同时,发展中国家为了适应经济全球化的需要,必须根据国内外的市场需要,不断调整产业结构,生产适销对路的出口商品。

2. 经济全球化对发展中国家经济的消极影响

经济全球化把市场经济消极的东西也同时全球化了,污染全球化,移民全球化,疾病传染全球化,生态破坏全球化,毒品泛滥也全球化。这个全球化是以美国为首的西方发达国家主导的全球化,发展中国家是被动地被纳入其中的。全球化给这个世界造成了一系列新问题、新矛盾。

(1) 加剧了经济发展的不平衡。经济全球化导致和加剧了经济发展的不平衡,这种不平衡主要表现在发达国家与发展中国家之间的差距继续扩大。

由于西方发达国家在资金、技术、人才、管理以及贸易、投资、金融等方面都占有优势,因而成为经济全球化的最大受益者,发展中国家则在全球化的国际经济关系中处于受支配地位,不可避免地造成发展中国家与西方发达国家的贫富差距不断扩大。仅占世界人口13%的发达国家,其GDP占全球的近80%,而人口近半数的低收入国家还不到6%。

经济全球化不利于发展中国家发展高新技术产业和加快科技进步。这是因为随着产业结构在国际范围内的调整,发达国家利用技术垄断优势和技术梯度差异,把不是最先进的技术或者过时的技术和产品生产向发展中国家转移,造成发展中国家对发达国家技术依赖的加深,形成了国际分工中新的依赖关系。

在经济全球化过程中,贸易保护主义的隐蔽性更强。发达国家在鼓吹自由贸易的同时,一方面反对向发展中国家开放本国市场,另一方面又竭力反对发展中国家以传统贸易保护主义理论为依据保护自己的民族产业。同时,发达国家还制定了一些技术标准、卫生标准等,以此来阻止发展中国家的商品进入发达国家的市场。比如,美国总是打着自由贸易的旗号,表面上平均关税只有3%,但实际上其市场并不全面开放。美国有三百多种反倾销税,还有配额补贴、法律阻碍、繁文缛节、手工艺拖延等手段。这就导致发达国家与发展中国家在贸易上的差距不断扩大。

更为不利的情况是,经济全球化还对最不发达国家造成了巨大的冲击,使其越来越边缘化,难以在经济全球化进程中找到自己的位置。

(2)发展中国家的主要产业乃至整个经济命脉有可能被跨国公司和国际经济组织控制。跨国公司是经济全球化的主要推动力。跨国公司对发展中国家进行技术转让的条件苛刻,其投资往往会损害东道国的利益。因此,跨国公司在经济全球化过程中,在为发展中国家经济注入活力的同时,也在冲击着发展中国家的市场,使它们的民族经济面临越来越大的压力和挑战。另外,跨国公司从全球范围内来规划自己的生产和销售活动,其投资目的并不在于促进东道国的出口,是否出口要从它们的全球目标着眼,而不是遵从东道国的意愿,这就会在一定程度上不利于发展中国家的出口。

(3)使发展中国家的经济安全受到威胁。发展中国家在扩大利用外资时,由于金融自由化、国际化的趋势在不断加强,往往被要求逐步放宽对金融业的限制,取消外汇管制,扩大金融市场开放的范围。而发展中国家由于经济实力比较弱,立法不健全且执法不严,金融领域至今没有一套行之有效的管理制度,为投机提供了方便之门。因此,如果发展中国家对国际资金的使用和防范不当,就容易对其金融市场造成冲击,甚至可能导致金融危机,威胁到发展中国家的经济安全。无论是1994—1995年的墨西哥金融危机还是1997年的东亚金融危机,都是与相关发展中国家在积极参与经济全球化进程中过快开放金融市场、利用和防范外资不当有关系的。

(4) 使发展中国家生态环境和可持续发展的矛盾日益尖锐。经济全球化已经和正在导致一种新的全球性分工格局:发达国家主要发展知识密集型的高技术产业和服务业,而将越来越多的劳动和资源密集型产业以及污染环境的企业向发展中国家转移。广大发展中国家除继续作为原材料、初级产品的供应者外,还成为越来越多的工业制成品的生产基地。这虽然在一定程度上使发展中国家的劳动和资源密集型产品得到较大发展,但自然环境却受到了污染,生态平衡遭到了破坏,造成资源的严重浪费,社会成本负担日益加重,影响了发展中国家的可持续发展。

总之,经济全球化对发展中国家来说,影响既有其积极的一面,也有其消极的一面,是一把收益与风险并存的双刃剑。全球化是任何国家都无法回避和扭转的大趋势。参与全球化,是发展中国家后来居上的必由之路。

三、重建国际经济新秩序

国际经济秩序是指国际范围内各种类型的国家之间的经济关系,以及全部国家经济体系与制度的总和。不同的时代有着不同的国际经济秩序,但它的基础总是当时的基本国际经济关系。现存的国际经济秩序主要涉及南北关系,在这个关系中,发展中国家的地位在上升,但仍然处于不平等的地位,南方对北方有着一定的依附性,发达国家希望发展中国家的经济能够有一定程度的发展,但又希望发展中国家的经济能够服务于发达国家经济的增长,因此又对其经济进行不平等的控制。

由于经济全球化趋势仍然是在国际经济旧秩序没有根本改变的情况下形成和发展的,因此目前国际经济的"游戏规则"虽然有符合全球共同利益的一面,但总体上是在西方发达国家主导下制定的,国际经济和金融组织也都控制在以美国为首的西方发达国家手中。它主要反映的是发达国家的基本愿望和要求,几乎没有考虑到发展中国家的利益,发展中国家的发言权不大。同时,国际经济组织主要由大国控制,发展中国家为参与经济全球化、遵循以发达国家为主导制定的"游戏规则",在特定的领域内,必须服从于国际机构的领导或协调,往往要或多或少地作出让步,这势必在某种程度上使国家主权受到侵蚀。此外,在国际经济全球化过程中,霸权主义、殖民主义思想的存在,使经济全球化对发展中国家产生了一系列的消极影响。发展中国家并不反对全球化,它们反对的是全球化中不合理的规则和秩序。

面对经济全球化趋势,发展中国家与发达国家都认识到重新建立双方都可以接受的国际经济新秩序非常必要,有着重要的意义。因此,必须对现有的国际经济秩序进行调整和改革,建立公正、合理的国际经济新秩序。人类需要共赢的、平等的、共存的全球化。

国际经济新秩序需要各国之间相互协调,制定规则,对各自的行为加以规范,以此来约束参与者的行为。这就必须增强国际经济组织的协调功能。世界贸易组织取代关贸总协定,标志着世界市场进入了统一化、法制化、秩序化的新阶段。现在全球贸易总额中90%以上是在以世界贸易组织为代表的多边贸易体系内完成的。这表明世界各经济主体在全球性"游戏规则"的指导和制约下,进一步相互参与、相互渗透、相互融合,一个新的世界统一大市场正在加速形成之中。但是,在世界贸易组织举行的新一轮贸易自由化多边谈判中,发达国家主张将谈判的重点逐步从边境措施转向国内立法,从贸易壁垒转向市场壁垒,从贸易自由化转向生产要素自由流动,从贸易问题转向技术标准、环保标准、劳工标准等经济社会政策问题。发展中国家必须进行必要的斗争,维护自己的合理正当利益。

当然,新的南北关系和秩序,最终取决于经济实力的对比。因此,发展中国家必须抓紧全球化机遇,发展自身经济,按国际规则和惯例办事,加入国际组织,融入国际社会。

建立国际经济新秩序是个长期的过程,当前要尽快建立有利于稳定全球经济的新规则和新机构,加强国际金融监管,因势利导,兴利除弊。在这方面,发达国家和发展中国家都负有不可推卸的责任。

四、比较优势阶梯与保护性出口促进战略

目前国际经济形势变幻莫测,在这样的经济背景下,何种贸易战略可以有效地推进经济发展?如何在国内稳定增长的同时,参与国际竞争,实现内部均衡与外部均衡的互相促进?经验表明,许多成功的东亚国家实际上追寻的是一种以保护幼稚产业为基础的、出口导向的综合性战略,而不仅仅是通常人们设想的那种静止的、以比较优势为基础的出口促进战略。

1. 利用国际产品生命周期攀登比较优势阶梯

产品生命周期理论最早是由雷蒙德·弗农(Raymond Vernon)于1966年提出的。[①] 根据这一理论,凡制成品都有一个生命周期。在这一生命周期中,产品的创新国在开始时出口这种新产品,但随着产品的成熟和标准化,创新国逐渐

---

① R. Vernon, "International Investment and International Trade in the Product Life Cycle", *Quarterly Journal of Economics* 80, May 1966, pp.190—207.

丧失了优势,最后变成这种产品的进口国。产品生命周期分为引入期、成长期、成熟期、销售下降期和衰退期五个阶段。在第一阶段,发达国家的厂商创新一种新产品,并开始在国内生产和销售,创新厂商对这种产品具有技术垄断优势。随着厂商生产和国内需求的扩张,厂商取得规模经济优势,开始向其他具有相似收入水平的国家出口这种产品,开始产品生命周期的第二阶段。当进入产品生命周期的第三阶段时,产品在国外较为普及,产品的销售收入也增加到最高点,对产品大量的国外需求,引起其他发达国家的企业家和公司开始进入这一产品的生产和销售市场,与产品创新国在第三市场开展竞争。随着国外市场竞争的激化,产品创新国开始在劳动成本较低的国家进行直接投资,建立生产设施。当第一批国外竞争者成长壮大,能够以更低的成本生产时,产品生产趋于标准化,进入产品生命周期的第四阶段。在产品生命周期的第五阶段,产品变得如此普及,以至于产品生产不需要熟练劳动和高技术,劳动成本成为决定产品成本的主要因素,从而发展中国家具有生产该产品的竞争优势,技术优势被劳动成本优势取代,比较优势发生变化,产品开始由发展中国家向原创新国出口,原创新国则变成该产品的净进口者,产品生命周期结束。

产品生命周期理论对第二次世界大战后的制成品贸易模式和国际直接投资作出了令人信服的解释,它考虑了比较优势的变化,对发展中国家利用直接投资和劳动成本优势发展制造业生产,具有重要的意义。落后国家开始时进口一种创新产品,然后在国内进行该产品的进口替代生产;随着进口替代生产效率的提高,落后国家就可以获得这种已经成熟的产品生产的比较优势,从而变成这种产品的出口国。日本的经济学家把这种比较优势在不同国家之间的变化,概括为亚洲经济发展的"雁行模式",杰拉尔德·M.迈耶(Gerald M. Meier)则称之为"爬梯"(Ladder and Queue)。[1]

随着经济的发展,一国就像在比较优势的梯子上向上前进一样(如图10-4所示),从开始时出口资源密集型商品,进而出口非熟练劳动密集型商品,再出口熟练劳动密集型商品、资本密集型商品,最后出口知识密集型商品。在比较优势梯子的最底部,是基本生产要素占统治地位的李嘉图型(Ricardo-type)商品和俄林型(Ohlin-type)商品,它们以自然的比较优势为基础。在梯子的最顶部,则是先进要素占统治地位的商品,为了创造这种类型产品生产的比较优势,一国必须对人力资本和物质资本以及知识产权进行较长期的投资。而且这类产品大多受规模经济的制约,其市场具有不完全竞争的特性,其生产的比较优势

---

[1] Gerald M. Meier, *Leading Issues in Economic Development*, 6th edition, Oxford University Press(New York, Oxford), 1995, pp.456—458.

是一种创造的比较优势。这类产品也称为波特型(Porter-type)和克鲁格曼型(Krugman-type)产品。

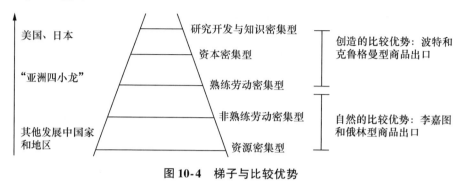

图10-4 梯子与比较优势

2. 保护性出口促进战略

把保护主义政策融入出口导向型战略,作为出口导向型战略的有机组成部分,采取保护性出口促进战略(Protected Export Promotion,PEP),是一种有意义的新型贸易战略。

从概念上讲,一个社会的经济可以分为三个部门:出口部门(X)、进口部门(M)和非外贸的国内部门(H)。既然贸易政策不仅影响两个外贸部门间的相对价格,而且影响外贸部门与国内部门之间的相对价格,因此,在三部门框架下定义贸易战略,就显得更为恰当。

系统的政策刺激措施反映了贸易战略的取向,而实际贸易形式是政策运作的结果。在此,我们根据政策刺激结构而不是贸易形式,把刺激结构划分为互相排斥的五种,相应地,也出现了五种贸易战略选择,一并列在图10-5中。横轴代表对进口替代活动的刺激(+)或非刺激(-),纵轴代表对出口促进活动的刺激(+)或非刺激(-),中心正点实际上不存在任何刺激。图中象限Ⅰ代表纯粹的出口促进战略,即保护和促进出口活动,但不鼓励进口替代,这是正面的出口刺激与自由进口政策的结合,也就是传统上定义的那种出口促进。象限Ⅳ代表典型的进口替代战略,其中存在明显的进口限制和强烈的反出口倾向。中心点E则代表真正的自由贸易战略,即不论出口还是进口替代活动都得不到任何刺激,亦即外贸中性。

值得强调的是,在图10-5中,有两种贸易战略在现实生活中很重要,但传统分类又未予以反映。一种情形是象限Ⅱ中同时并存对进口替代和出口促进的正面刺激,可称为保护性出口促进战略。该战略的关键是对出口和进口替代双管齐下地促进,国内厂商一方面在本国市场受到保护,另一方面又在政策激励

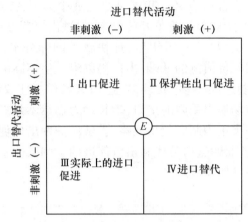

图 10-5 刺激结构与贸易战略的划分

下参与国际竞争。对此战略下文还将进一步说明。另一种情形是象限 III 中出现的既不鼓励进口替代又不主张出口,实际上则是推进进口而又限制出口的情形。它似乎是在寻求出口极小化和进口极大化,以提供国内吸收所需的资源的刺激,可称为实际上的进口促进战略。在国内仍有闲置资源的条件下,这种战略可能有助于短期增长,但许多国家由此而陷入国际收支失衡和债务危机的困境中。

对于多数发展中国家,出口促进战略意味着扩张其具有典型比较优势的初级品产业或低附加值的半加工业,而进口替代战略却对技术较先进的加工业部门给予更大优惠。那么,保护性出口促进战略结合了进口替代战略的行业导向与出口促进战略的市场导向,即以进口竞争产业为主导产业,以培养出口能力为发展目标,努力在资源配置最优化与促进适意的结构变化和开发未来的战略资源这两种需要之间达成平衡。其新意不在于采取何种前所未有的刺激措施,而在于它在出口促进和进口替代两套刺激体系之间进行了协调,从而更大限度地推动了生产、出口和经济增长。越来越多的研究表明,包括"亚洲四小龙"在内的强烈外向型国家和地区的成功发展,与其说是单纯出口促进的结果,不如说是奉行保护进口竞争与推进出口完美结合的典范。

当然,值得注意的是,这种新型战略绝不是出口促进与进口替代板块式的拼接,而应当是两者的有机结合。对这种新型战略的不恰当运用,是有着经验教训的。例如,阿根廷政府曾试图在鼓励进口替代和出口促进方面有所作为,但政策措施缺乏协调,结果造成经济停滞、实际有效汇率与国际收支状况不断恶化,直到 1987 年仍被世界银行列为强烈内向型国家。

保护性出口促进战略的成功,尽管目前只在"亚洲四小龙"等经济体中得到验证,但它采取的适应世界市场变化、以一体化贸易政策推进工业化与经济增长的指导思想,却不乏普遍意义。我国是个发展中大国,传统的闭关主义内向型发展道路已为实践所摒弃。改革开放以来,促进出口逐渐引起理论界和实践界的重视。我国加入世界贸易组织后,加快融入国际分工体系和全球生产体系,但总体上处于国际价值链的低端,出口仍以附加值不高的初级加工品为主,具有国际竞争力的制造品不多;此外,发达国家新保护主义盛行,贸易大战频繁,如果单纯依赖市场潜力受限的出口,增长动力显然不足。因此,面对经济全球化新形势,我们必须正确制定贸易战略,尝试保护性出口促进战略,同时关注国内、国际两个市场,兼顾进口替代和出口促进两个刺激体系,并保持较强的灵活性,推动经济贸易良性发展。

专栏 10-5

中国的对外贸易战略

自 1978 年以来,中国一直坚持对外开放政策,鼓励出口发展。30 年来,中国的对外贸易发展迅速,目前全国进出口贸易总额占 GDP 的比重已达 40% 以上,对外贸易成为拉动经济增长的重要力量。出口商品结构也在不断优化,成功地实现了从主要出口初级产品向主要出口工业制成品的转变。

中国作为一个发展中大国,可采取温和的外向型贸易战略,即在国内市场和国际市场之间轻微地偏向前者。中国国内市场的需求潜力很大,就全局而言,经济发展应主要立足于国内。与此同时,应采用一切行之有效的手段来鼓励和扶植出口企业的发展,从而积极稳妥地增加经济中的外向成分。

加入 WTO 之后,中国经济进一步融入世界经济。中国已处于 WTO 后过渡期,未来的方向是继续向以外资企业为主的高新技术产品出口部门过渡呢,还是向以自主知识产权(自主创新)、自主品牌、自主国际营销渠道为基础的本地新兴出口部门过渡呢?是在引进国外先进技术、管理经验和高素质人才的基础上,逐步转向外资经济与本地经济和产业的结合互动,激活自主创新、自主品牌和自主国际营销渠道的发展,还是继续推动在华外资经济的转型升级呢?是继续外向型经济发展模式,还是开始探索中西部内陆地区发展开放型经济的新模式呢?广阔的中西部内陆地区在 WTO 后过渡期的发展亮点是什么?这些都是我们在加入 WTO 后过渡期必须要面对和解决的矛盾和问题。

本章小结

按照传统贸易理论,对外贸易的利益主要来自于各国的比较优势,而比较优势又来自于要素禀赋的差异。自由贸易能使资源在国际间得到最优配置。自由贸易不仅能给各国带来静态利益,也有利于长期的经济增长。随着世界经济的发展,传统贸易理论表现出越来越大的局限。20世纪80年代以来的新贸易理论较好地解释了第二次世界大战后的一些贸易现象。

关于贸易与发展中国家经济发展的关系,两种观点针锋相对。引擎论认为,发达国家的经济增长带动发展中国家的出口扩张,进而带动发展中国家的经济增长,贸易起着一种传动作用;贸易引擎论的反对者认为,自由贸易使发展中国家长期处于不利的贸易地位,阻碍了经济发展。现在被广为接受的看法是,对外贸易是经济增长的"侍女"。经济增长主要靠国内因素,对外贸易起一定作用,但不是最根本的作用。

现实经济中,生产要素的数量和质量不是固定不变的,而是处于不断的变化中;而且,这种变化是由国际分工的性质和特征所决定的,生产技术也是随着经济的发展而不断变化的。在穷国和富国的不平等贸易中,若按照要素禀赋理论所提出的贸易模式开展贸易,只会加剧南北的不平等。传统贸易理论的充分就业假定与发展中国家的实际不符,发展中国家普遍存在失业和就业不足,可以通过贸易为剩余找到出路。发展中国家在顺应世界贸易自由化潮流的同时,要采取必要的措施,发展国内生产和出口,促进贸易条件的改善。

主张发展中国家进行贸易保护的主要理由是保护国内的幼稚工业。幼稚工业在初建时期的平均成本较高,需要贸易保护排除来自国外的竞争。以后由于学习效应的存在,平均成本将逐渐降低,当幼稚工业成熟后,贸易保护就可以撤销了。

由于对最终产品和中间产品征收的关税税率不同,关税的实际保护率通常大于名义保护率。

进口替代战略在实践中显现出很多弊端:降低经济效率,恶化国际收支,无力增加就业,加剧经济发展的不均衡等。出口促进战略的主要优点在于,能够利用本国的比较优势,改善国际收支;对外开放能带来新技术、新观念;国际竞争对国内企业形成有力的激励。但它也有缺点,如受国际市场的限制大,易受外来经济的冲击,易引起产业发展失衡等。

出口促进和进口替代战略各有利弊,因此发展中国家不应在两种战略之间作出非此即彼的选择,而应根据国际、国内的具体条件和环境,灵活采用两种政

策及其组合,促进经济发展。

经济全球化是不可阻挡的世界潮流,对发展中国家既是机遇,也是挑战,发展中国家必须积极应对,以发展求生存,并为建立公平合理的国际经济新秩序而奋斗。

保护性出口促进战略是一种有意义的新型贸易战略,它结合了进口替代战略的产业导向与出口促进战略的市场导向,努力在资源配置最优化与促进适意的结构变化和开发未来战略资源这两种需要之间达成平衡。

关键概念

比较优势　要素禀赋　贸易条件　学习效应　规模收益递增　剩余的出路　产品生命周期　进口替代　出口促进　经济全球化　比较优势阶梯　保护性出口促进

思考题

(1) 西方主流国际贸易理论关于贸易与发展之间关系的主要观点有哪些?

(2) 简述规模收益递增、重叠需求理论的贸易理论及其对发展中国家的意义。

(3) 简述南-北贸易模型的不平等性。

(4) 简述幼稚工业保护论的依据。为什么保护幼稚工业的政策往往收不到预期的效果?

(5) 进口替代战略和出口促进战略各有哪些利弊?试对中国的贸易战略提出自己的看法。

(6) 简述经济全球化的内容及其对发展中国家的影响。

(7) 阐述发展中国家利用比较优势阶梯的可能性。

(8) 简述保护性出口促进战略及其新意。

进一步阅读导引

关于传统的国际贸易理论,请参阅〔美〕迈克尔·P. 托达罗:《经济发展》(第6版),黄卫平等译,中国经济出版社1999年版,第十二章;John Hicks, *Essays in World Economics*, Oxford: Clarendon Press, 1959。

关于发展中国家的贸易理论,请参阅张培刚:《发展经济学通论》(第一卷),湖南人民出版社 1988 年版;Hollis Chenery and T. N. Srinivasan, ed., *Handbook of Development Economics*, Vol. 2, Amersterdam:Elsevier,1989, Chapter 22,23;Michael E. Porter, *The Competitive Advantage of Nations*, New York: Free Press, 1990;张培刚:《农业与工业化》,华中工学院出版社 1984 年版;Michael P. Todaro, *Economic Development*, 5th edition, Langmam Group Limited (New York), 1994, Chapter 12;Gerald M. Meier, *Leading Issues in Economic Development*, 6th edition, Oxford University Press, 1995, Chapter Ⅸ。

关于新贸易理论,请参阅 Gerald M. Meier, *Leading Issues in Economic Development*, 6th ed., Oxford University Press, 1995, Chapter Ⅸ;张培刚、刘建洲:《新贸易理论及其与发展中国家的关系》,载《经济学家》,1995 年第 2 期,转载于《张培刚选集》,山西经济出版社 1997 年版,第 712—739 页。

关于发展中国家的贸易战略,请参阅 Paul P. Streeten, "Trade Strategies for Development: Some Themes for the Seventies", *World Development*, June 1973;谭崇台:《发展经济学》,山西经济出版社 2000 年版,第九章。

第十一章 外部资源利用

本章概要

利用外资是发展中国家加速资本形成的一种重要方式,既可以解决资金不足、外汇短缺问题,又可以引进先进的技术和管理方法,从而促进发展中国家实现工业化与现代化。然而,20 世纪 80 年代以来一些发展中国家发生的债务危机和金融危机,表明外资有时也有很大的负面影响乃至破坏作用。因此,如何有效地吸收和运用外资,尤其是外国直接投资,是发展经济学研究的一个重要问题。

学习目标

1. 理解发展中国家为什么需要外资;
2. 理解外国直接投资的动机、类型、作用与影响;
3. 总结发展中国家利用外资的经验教训;
4. 认识利用外资的策略。

引　言

每个人成长的过程中都或多或少接受过这样的教育:"要自立","自强不息","父母不能包办一辈子,更多的事情需要自己完成",这些质朴或老套的话每个人都熟悉,也确实是至理名言,这意味着个人需要更多地依靠自己的努力来达到预期目标。同时,每个人都清楚地知道,"单枪匹马"似乎永远只能在传奇小说中出现,而无法实现现实目标。因为个人的能力总是有限的,需要朋友帮助、良师指点迷津,唯有如此,成长才能更快。

同样,在经济发展过程中,"自力更生"也曾经是非常重要的政策导向,中国曾经主动或者被动地拒绝外部资源。时至今日,更客观地说,在更加紧密相连的一体化经济背景下,封闭经济无法取得快速健康的发展。所幸,当前除了极少数国家还采取封闭的发展模式之外,更多的国家都采取了开放的发展策略,在全球高度细化的分工链中寻找最适合自己的业务。

因而无论是个人还是国家,借助外部资源在当今世界已成为一种理所当然的发展策略。然而,物极必反,一味依赖外部资源而忽略了自身能力的建设也将是极度危险的。每个人都清楚地知道,现实生活中每个人都有自己的利益,因而完全靠外部资源或者他人的援助将必然陷入困境,"没有免费的午餐"是经济学的基本原理。

同样,在国际经济往来中,除了少数援助是出于人道援助之外,更多的外部资源是有利益动机的。趋利是外部资本的主要目的,因而如果一国经济没有实现自我健康的良性发展,必然会被国际资本抛弃。这在国际经济和金融中屡见不鲜,通常所表现出来的就是金融危机。当前的金融危机通常以一国的货币由于资本大量流出而大幅度贬值为形式,给当地经济带来倒退几十年的致命打击,危害可想而知。

因而,外资的引入是一把双刃剑,随着资本在全球范围内的大范围流动,以获利为主要目标的规模庞大的私人资本流动会对流入国的经济产生负面影响:不仅可能对本国的生产和资本产生排挤作用,同时可能对金融体系不健全的发展中国家带来灾难,20世纪80年代以来一些发展中国家发生的债务危机和金融危机,表明外资有时也有很大的负面影响乃至破坏作用。

因此,如何有效地吸收和恰当地运用外资,尤其是外国直接投资,是发展经济学和经济发展过程中一个重要的问题。比如,不恰当地借高利贷是危险的,一国的经济发展过程中过度依赖外资也将面临巨大的风险和灾害。所以有必要多角度分析和研究外部资源、它的价值、风险及其合理利用问题。

第一节 发展中国家为何需要外部资源

外部资金和内部资金都是经济增长和经济发展过程中的重要因素,对发展中国家来说,利用外资是加速资本形成并加快增长步伐的一种重要方式。外资的引入可以直接缓解资金不足和外汇短缺问题;同时,在外资引进过程中通常可以引进先进的技术和管理方法,并且通过溢出效应和加强企业竞争等途径促进企业和行业技术和管理水平的提高,驱动生产效率的提升,从而带动发展中国家的经济实现工业化与现代化。

一、外资类型

一国的外资通常分为两种类型:一种是国外的援助,简称外援(Foreign Aid);另一种是外国投资(Foreign Investment)。外援是通过让与条件(而不是市场条件)所形成的国际转让,一般指不需要偿还的赠予和具有优惠条件的贷款。它们大多由外国政府、国际组织等官方机构提供,因此外援具有无息或低息、偿还期长、非商业性或无偿性等特点。外国投资主要由私人来源的直接投资、证券投资、商业银行贷款和出口信贷构成,但也包括官方来源的按市场条件提供的贷款和投资。外国投资通常又分为外国直接投资(Foreign Direct Investment, FDI)和外国间接投资,前者是指外商以合资或独资形式在本国直接从事的生产经营活动;后者则包括外资购买本国的股票、债券等证券形式的投资和外国提供的商业贷款和出口信贷等,简称国际证券投资和国外贷款。表11-1详细列举了发展中国家各种形式的资本流动,从表中可以看到发展中国家随着时间的推移,资本流动规模整体呈现快速增长态势,债务和资产流入规模也不断扩张。

表11-1 发展中国家的资本流动(2000—2007) 单位:百万美元

流动类型	2000	2001	2002	2003	2004	2005	2006	2007
经常项目账户	36.3	12.8	62.0	116.9	164.3	309.5	431.0	425.9
FDI 流入	165.5	173.0	160.7	161.9	225.5	288.5	367.5	470.8
FDI 流出	21.0	18.0	23.7	39.1	63.5	80.0	140.1	183.6
FDI 流入减流出	144.5	155.0	137.0	122.8	162.0	208.5	227.4	287.2
组合资产流入	13.5	5.6	5.5	24.1	40.4	68.9	104.8	145.1
组合资产流出	7.4	11.4	7.0	9.9	8.7	13.8	25.8	47.8
组合资产净流入	6.1	-8.5	-1.5	14.2	31.7	55.1	79.0	97.3
股权流入	179.0	178.6	166.2	186.0	265.9	357.4	472.3	615.9
股权流出	28.4	29.5	30.7	48.9	72.2	93.8	165.8	231.4
股权净流入	150.6	149.1	135.5	137.1	193.8	263.6	306.5	384.5
债务流入	-0.4	4.5	8.9	72.8	128.8	152.4	217.5	413.0
债务和资产流入	178.6	183.1	175.1	258.8	394.7	509.8	689.8	1 028.9
债务流入和净资产流入	150.2	153.6	144.4	209.9	322.6	416.0	524.0	797.5
准备金变化	42.6	80.4	166.5	292.4	402.4	390.8	634.2	1 090.7
公司间贷款	20.9	19.6	18.0	21.8	19.6	41.1	73.4	62.2
平衡项目	172.3	115.5	70.6	83.2	156.6	428.5	486.7	360.2
减去资产流出	43.9	86.0	39.8	34.3	84.4	334.7	320.8	128.8
和公司间贷款	123.0	66.5	21.8	12.5	64.8	293.6	247.5	66.6

资料来源:Global Finance Development 2008。

事实上,随着国际商品和劳务交流的日益紧密,流向发展中国家的外部资源越来越多,比如以FDI为主要形式的国际资本流动有一部分是流向发展中国家的。从表11-2中可以看到国际之间的FDI流动。当然,发达国家之间的流动还占据着绝大部分的比重,欧洲在 FDI 的流入存量上占据了最大的比重,比如在 2006 年,欧洲的 FDI 存量所占的比重将近 50%,美洲也占据了超过 15% 的比重。发展中国家的 FDI 存量在数额上不断增加,但比重大体不变,在 2006 年所占的比重为 26.3%,其中中国内地在发展中国家的 FDI 存量中所占的比重为 9.3%,而在全球的比重为 2.4%。

表 11-2 各国(经济体)的 FDI 流入存量(1980—2006)

单位:百万美元

区域/经济体	1980	1985	1990	1995	2000	2005	2006
全球	551 221	804 195	1 779 198	2 761 271	5 810 189	10 048 015	11 998 838
发达国家	410 865	581 633	1 414 394	2 073 304	4 031 327	7 121 532	8 453 853
欧洲	234 964	287 377	796 883	1 221 396	2 293 833	4 690 424	5 717 202
欧盟	219 872	269 695	749 838	1 144 972	2 180 717	4 455 248	5 434 329
其他发达国家	15 092	17 682	47 045	76 424	113 116	235 177	282 873
北美	137 209	249 272	507 754	658 734	1 469 583	1 944 518	2 174 274
其他发达国家	38 692	44 985	109 758	193 174	267 912	486 589	562 377
发展中国家	140 356	222 562	364 683	675 233	1 707 639	2 621 615	3 155 856
非洲	39 836	41 717	59 518	86 635	153 221	271 476	315 128
北非	10 791	14 711	23 420	31 508	45 568	84 784	115 796
其他非洲各国	29 045	27 006	36 098	55 127	107 652	186 692	199 332
西非	4 955	8 003	13 994	23 505	33 252	49 825	56 666
中非	2 097	3 487	3 988	4 226	6 003	19 434	23 220
东非	1 043	1 235	1 701	2 602	7 112	13 434	15 835
南非	20 950	14 280	16 414	24 794	61 286	103 999	103 611
拉丁美洲和加勒比	35 059	61 732	104 599	171 416	481 017	816 206	908 575
亚洲与大洋洲	65 461	119 113	200 566	417 183	1 073 401	1 533 932	1 932 153
亚洲	64 262	117 846	198 053	413 679	1 069 188	1 529 047	1 926 949
西亚	14 463	44 215	45 839	51 270	68 851	187 961	242 603
东亚、南亚和东南亚	49 799	73 632	152 214	362 409	1 000 338	1 341 086	1 684 346
东亚	28 782	40 598	84 065	200 798	708 511	911 569	1 191 291
中国内地	1 074	6 060	20 691	101 098	193 348	272 094	292 559
中国香港地区	21 175	26 639	45 073	70 952	455 469	523 186	769 029
中国澳门地区	2 801	2 809	2 809	2 802	2 801	5 164	5 903
中国台湾地区	2 405	2 930	9 735	15 736	17 581	42 962	50 386
南亚	2 081	3 055	4 984	13 261	28 406	60 807	72 862
东南亚	18 936	29 979	63 165	148 349	263 421	368 710	420 192
大洋洲	1 199	1 267	2 513	3 504	4 213	4 886	5 204
东南欧洲和转型经济	0	0	121	12 734	71 222	304 869	389 130

资料来源:UNCAD 数据库检索。

二、外资对发展中国家的经济发展的作用和影响

为何发展中国家需要外资？这与外资对发展中国家的经济发展的作用和影响直接对应。

1. 资源需要补充——"双缺口"模型

宏观上，外部资源能够弥补发展中国家的资源短缺困境，这在发展中国家的发展初期表现得尤为突出。发展中国家在发展初期，资本通常比较短缺，在基础设施和教育等方面的投资较少，急需大量的资金以实现经济的起飞。

在解释发展中国家为什么需要利用外资来加快经济发展的问题上，早期的发展经济学家 H. 钱纳里(H. Chenery)和 A. M. 斯特劳特(A. M. Strout)于 1966 年提出了"双缺口"模型。① 该模型就发展中国家引进外资的必要性进行了较为系统的分析。

"双缺口"模型(Two-gap Model)的中心论点是，发展中国家实现经济发展目标所需的资源数量与其国内的有效供给之间存在着缺口，利用外资可以有效地填补这些缺口。

钱纳里等人认为，发展中国家在其经济发展过程中主要受到三种形式的约束：① 技术约束，又称吸收能力约束。它是指发展中国家由于缺乏必要的技术、企业家和管理人才，无法有效地利用可以获得的各种资源。② 储蓄约束，又称投资约束，是指国内储蓄不能满足投资的扩大。③ 外汇约束，又称贸易约束，是指本国的出口收入小于进口支出，有限的外汇不能满足进口的需要。一般而言，发展中国家最初遇到的约束是技术约束，其次是储蓄约束和外汇约束。发展中国家只有依次克服这些约束，才能顺利地实现经济发展。"双缺口"模型主要考察了储蓄约束和外汇约束。

根据经济均衡发展的要求，储蓄缺口必须等于外汇缺口，即国内投资大于储蓄时，必须用外汇缺口即进口大于出口来平衡。但是，在"双缺口"模型中，由于储蓄、投资、进口和出口这四个变量都是独立变动的，即储蓄由家庭或个人决定，投资由企业决定，进口由国内的经济增长决定，出口则取决于国外的经济增长，因此，这四个变量的数量是各不相等的，储蓄缺口不一定恰好等于外汇缺口，这就需要对两个缺口进行恰当的调整，促成两个缺口的平衡。

调整两个缺口的方法有两种：

(1) 不利用外资条件下消极的调整。这种调整又可分为两种情况：第一种

---

① H. Chenery and A. M. Strout, "Foreign Assistance and Economic Development", *American Economic Review*, Aug. 1966, pp.679—734.

情况,当储蓄缺口大于外汇缺口时,可以通过减少国内投资或者增加国内储蓄来实现两端的平衡,前一种办法显然会降低经济增长率,后一种办法则在短期内难以做到;第二种情况,当外汇缺口大于储蓄缺口时,可以通过减少进口或者增加出口来实现两个缺口的平衡,但前一种办法也会降低经济增长率,后一种办法一时也难以实现。

(2) 利用外资条件下积极的调整。如果两个缺口不具有互补性,那么就不宜采用压缩国内投资和削弱进口的方法,而应采用利用外资的办法,使两个缺口在促进经济增长率提高的情况下实现平衡。引进外资来平衡两个缺口具有双重效应:若一笔外资以机器设备的形式转移到发展中国家,则一方面,从供给来看,它表示从国外进口了资本,而这笔进口不需要用增加出口来支付,这就减轻了外汇不足的压力;另一方面,从需求来看,这笔进口又是投资品,而这笔进口的投资品不需要用国内储蓄来提供,这就减轻了国内储蓄不足的压力。所以,利用外资来平衡这两个缺口,既能解决国内资金不足的问题,又能减轻外汇不足的压力,从而满足国内经济增长对投资和进口的需求。

一般而言,发展中国家都存在储蓄不足和外汇短缺的问题。"双缺口"模型针对这两个问题,论证了利用外资的必要性,对发展中国家的经济发展具有较大的理论指导意义。具体有以下三个方面:

(1) 该模型说明了发展中国家实行对外开放、积极引进外资的重要性。发展中国家只有积极利用外资,才能解决储蓄不足和外汇短缺的问题,实现经济发展的目标,而其他方式如增加储蓄或扩大出口在短期内难以做到,减少投资或进口的方式又要降低经济增长的速度,这有悖于发展中国家快速发展经济的要求。

(2) 该模型说明了发展中国家对外资实行政府调控的必要性。根据"双缺口"模型的分析,引进外资不仅要填补两个缺口,而且还要保持两个缺口的平衡,以实现国民经济的均衡发展。这就需要根据经济发展的目标和计划,来确定引进外资的数量,以便使国外引进的资源和国内需要追加的资源数量相符合。过多地引进外资会造成资源的浪费,增加债务负担;过少地引进外资又难以填补缺口,不能发挥外资的作用。因此,政府对外资规模的宏观调控是十分必要的。

(3) 该模型也提示了发展中国家进行经济改革、调整经济结构的必要性。从长远来看,发展中国家要填补两个缺口,必须最终依靠增加出口、提高国内储蓄水平来解决,这就要求发展中国家大力发展外向型经济,增加出口创汇的能力,同时提高国内投资效率,增加国民收入。为此,发展中国家必须改革经济体制,调整经济结构,最大限度地发挥外资的作用,增强自我发展的能力,逐步减少对外资的依赖。

但是,"双缺口"模型的分析也有不足之处:① 它过分强调了引进外资的作用,而忽视了发展中国家挖掘国内资源填补两个缺口的潜在能力。② 它的分析方法是总量分析,缺乏对两个缺口的结构分析,因此无法确定引进外资的具体类型及其数量。③ 它只分析了储蓄缺口和外汇缺口,而未分析更为重要的技术约束或吸收能力约束。事实上,发展中国家最缺乏的是技术知识、管理和企业家的才能。因此,必须在引进外资时,注重对国外的适宜技术、管理知识和人才等软件的配套引进。④ 它只强调了利用外资的积极作用,而没有看到外资对经济发展的不利影响。事实上,利用外资有利也有弊,发展中国家既有成功利用外资的例子,如东亚一些国家和地区,曾经利用外资成功地实现了经济起飞,有的已步入新兴工业化国家和地区的行列;但也有利用外资不成功的例子,如拉美的一些国家曾陷入严重的债务危机之中,1997 年 7 月发生在东亚的金融危机也暴露出东亚一些国家在利用外资上存在的问题。

2. 溢出效应及其对竞争和技术提高的效应

竞争是发展的一种微观机制,同时也是社会进步的潜在需要。外资的进入通常能带来更多的竞争,从而扩大分工,提高服务水平,同时也能带来技术引进和技术进步。简单的技术转移通常是困难的,更多的技术转移是通过外资实现的。

FDI 对发展中国家的经济除了"双缺口"模型所说的补充资本并缓解外资不足的直接作用外,对流入的东道国还具有提高生产效率的溢出效益。由于 FDI 以厂商投资形式出现,这些厂商通常拥有较高的技术和较高的技能,会以一定的途径传导给东道国的厂商乃至行业,具体的渠道和途径包括:

第一,和东道国的企业有着内在的关联。因为有着直接的业务来往,通常会改变关联企业的技术要求和管理水平,比如跨国公司要求东道国的企业提供一定的商品,那么必然会要求国内企业的质量和管理水平相应提高。

第二,直接溢出给当地的企业。比如 FDI 是以合资的形式,合资会直接提高东道国企业的生产技术和管理水平,对东道国企业的影响直接而明显。

第三,FDI 的进入会直接提高竞争强度。这种竞争在短期内可能产生挤出效应,因为对于发展中国家的企业来说,很难直接与经营占优势的跨国公司在价格和技术等方面竞争,短期内可能会受到巨大的冲击,乃至破产。但竞争会提高社会福利,特别是消费者的福利,更为重要的是,竞争会最终提高社会的效率:FDI 将发展中国家的分工一定程度上纳入国际分工范畴,那些在政府保护和封闭经济环境下生存的相对落后的产品和技术将难以生存下去,为了自身的生存和发展,国内的企业唯有通过提高竞争能力才能与以 FDI 为形式的跨国公竞争。比如，可以看到，早先中国的银行业是高度保护和封闭的行业，中国的商业银行业的发展水平远低于国际先进银行业，中国商业银行的服务态度、内部管理水平和经营状况都低于国际银行，但是外资银行以战略投资者身份或者直接设立法人银行等途径进入中国市场后，逐步动摇了中国商业银行业的经营理念，各家商业银行都感受到了竞争压力，并尽力提高自身的服务水平，加强金融产品的开发和销售，改善内部法人治理结构并调整经营方式等。可以说，FDI是将国际竞争以显性形式引入发展中国家，对发展中国家的竞争环境有着巨大的冲击效应。在诸多发展中国家，封闭和落后共存，而开放之后改善了竞争状况，从而提高了生产和资源的利用效率，最终能够加快经济增长和提高居民的收入水平。

第四，通过大学和研究机构的关联和相互合作能够促进发展中国家的研发和创新能力的提高。在竞争中，发展中国家虽然在技术和管理上不占明显的优势，但通常而言，东道国在本土化等方面存在优势，最终也能在创新方面有所作为。通过不断地与跨国公司合作，发展中国家会不断地模仿，并逐步转化为自身的创新能力，从而增强自身从事技术创新的能力。比如一些跨国巨头早期在发展中国家投资设立分公司，只是销售其在他国开发的产品，但随着时间的推移，特别是发展中国家的人力资本能力的提高，其已经能够更多地参与新产品的研发，因而将更多的核心开发业务移到发展中国家，甚至在发展中国家直接设立研发中心，从而使发展中国家从作为销售市场逐步转变为销售和研发中心并重的区域。在这个转变过程中，发展中国家作为东道国，它的研发和创新能力无疑得到了巨大的提升。

第五，FDI能够在一定程度上促进作为东道国的发展中国家改进税收制度、提高行政效率。发展中国家在吸引外商投资过程中会不断学习和调整，比如为了吸引更多的外商投资，东道国会迎合外商需求而改变繁杂的行政程序，也有可能降低原先较高的税收水平，从而在一定程度上推动发展中国家的行政效率改善。同时，跨国公司引入的产品、技术和管理方式也会给发展中国家带来更多的观念冲击，促使其了解更多新的知识。

因而FDI在短期内带来显性的资金和产品的同时，在长期内会通过隐性的溢出效应，改变东道国的消费者行为偏好、厂商生产方式、社会（企业家）的创新能力和政府的行政效率等。从本质上看，短期内的资金增加并不会带来真正的增长效应，不能带动发展中国家的经济发展，但通过这些溢出效应，有可能改变东道国的技术创新能力并推动制度创新，从而带来实质的经济增长效应和推动发展中国家的经济发展。

专栏 11-1

中国和印度 FDI 的差异巨大

中国和印度无疑是最大的两个发展中国家,两个国家的人口规模庞大,经济增长势头强劲,但是印度和中国的 FDI 差别巨大,中国占 FDI 的比重逐渐超越 8%,而印度则不到 1%。同时,由于中国的 FDI 占比低于购买力平价衡量的产出占比,可以预计中国 FDI 所占的比重还将进一步提高;而印度在 FDI 比重上明显低于其产出的比重。

表 11-3 中国和印度占全球产出、贸易、人口和 FDI 比重对比(%)

所占比重	2001		2002		2003		2004		2005	
	中国	印度	中国	印度	中国	印度	中国	印度	中国	印度
FDI	5.1	0.6	6.7	0.8	7.2	0.7	6.9	0.7	8.3	0.7
GDP(市场汇率)	4.2	1.5	4.5	1.6	4.5	1.6	4.7	1.7	5.0	1.8
GDP(购买力平价)	11.3	5.6	11.8	5.7	12.4	5.9	13.0	6.1	13.7	6.3
出口额	4.2	0.7	5.0	0.8	5.7	0.8	6.4	0.8	7.2	0.9
人口	20.7	16.8	20.6	16.8	20.5	16.9	20.3	16.9	20.2	16.9

资料来源:World Investment Prospects to 2010:Boom or Backlash。

第二节 外国直接投资的目的、类型及其影响

为什么资本可以从一些国家直接投向另外一些国家?特别是外国直接投资为什么投向发展中国家?外国直接投资的主要形式有哪些?它们的发展现状如何?它们对发展中国家会产生何种影响?本节试图回答这些问题。

一、外国直接投资的目的、方式与类型

从投资者角度看,对外投资的动机不外乎是为了获得更高的收益或是为了分散风险。历史经验表明:以跨国公司为主要执行载体的 FDI 在发展中国家快

速扩张的主要动机包括:获取效率、获取资源、获取市场和创造财富。例如,有的投资者看重资本投资效率,即主要是以获取更高投资回报率为目的而进行对外投资;有的投资者具有一定的技术领先优势,通过跨国投资将技术优势在国外获得更广泛的应用,并以此获得更高的收益;有的侧重获取其他国家的资源,特别是原材料、能源等资源而进行跨国投资;有的主要侧重获取本国以外的市场,通过直接投资进入他国市场,能够在一定程度上避免关税和非关税壁垒,并且有效降低运输成本。

跨国公司在实施跨国投资时,会采取不同的形式。这些具体形式的选择部分根据自身的实力,部分则是根据投资国的实际法律等情况。从实现形式上则有如下几种方式:

(1)外商投资。完全通过设立独立的分公司或者子公司来进行,新投资设立的公司完全受母公司掌控。它具有完全的独立性,可以很好地保持跨国公司本身的企业文化,母公司容易掌控,但时常会产生水土不服现象。

(2)合资。通过股权、技术、资金等形式,借助本地的资源并结合跨国公司的优势,成立合资公司,彼此实现资源互补。这是早期外资进入当地市场通常所采取的形式。两者能够较好地实现互补,但两者之间的融合却很难保证。

(3)参股。跨国公司借助东道国既有的资源,通过技术或者资金入股,达到进入东道国的目的。参股通常意味着不获取主导权。

根据不同的投资目标,亚洲的外国直接投资大体上可以分成四种类型,即外设基地型、躲避贸易壁垒型、市场和技术渗透型、借名套利型。[①]

(1)外设基地型的投资,即把投资地区作为海外生产基地,这一直是经济发达国家的公司在发展中国家投资的最主要的目标。比较发达的国家和地区在产业结构调整的过程中,在转向新的产业的同时把日益衰落的产业迁移到不发达国家。这种类型的投资在劳动密集型产品生产领域(如纺织品生产和电子产品组装等方面)是很普遍的。这方面的生产有分期分批从比较先进的国家和地区向发展中国家转移的趋势,其动机是追求比较低的生产成本。

(2)躲避贸易壁垒型的投资,就是要用就地生产来代替从投资国向接受投资国出口商品。许多发展中国家都采取在给予外国直接投资以优惠待遇的同时征收高额进口税的办法,以促进新生的本国工业的发展。不言而喻,这种类型的投资是以大规模的当地市场或潜在的大规模市场为前提的。日本、韩国和

---

① 参见 Dilip K. Das, *Emerging Growth Pole: The Asia-Pacific Economy*, New York: Prentice Hall, 1996, Chapter 7。

中国台湾地区的公司在美国和欧洲的大部分投资可以归入躲避贸易壁垒型,日本的对华投资也越来越多地采取这种方式。

(3) 市场和技术渗透型投资,即旨在接近接受投资国的市场和技术的投资,在发达国家中非常普遍。这种类型的投资通常集中在批发和零售贸易等服务部门以及研究和开发领域,而不是生产部门。其目的就是要培育市场和收集新颖的主意。许多日本公司一直根据这种投资计划在美国建立销售网络和研究开发机构。韩国和中国台湾地区的公司也纷纷步日本人的后尘从事市场和技术渗透型投资。

(4) 借名套利型投资,指的是假借外国投资的名义所进行的国内投资,目的是获取在某个特定国家中只有外国投资者才能得到的财税和其他方面的好处。比如,在中国的外国直接投资中具有这种性质的投资比重在上升:来源于中国内地的投资资本流入中国香港特别行政区,然后以外资的名义重新进入中国内地。

除了外设基地型投资以外,强调打入当地市场的投资也变得越来越重要了。亚洲发展中国家的高经济增长率与各工业国的持续经济衰退形成了鲜明的对比,使得亚洲作为最终产品市场越来越具有吸引力。越来越多的以当地市场为目标的投资项目得以付诸实施。尽管与其他投资项目相比其生产成本较高,但这些成本可以通过关税的节省和需求的上升得到更多的补偿。因此,这类投资项目的确定可以超出接受投资国的经济发展水平。日本在东盟各国汽车工业的投资以及在中国高级家用电子产品上的投资是比较典型的例子。

二、以跨国公司为载体的 FDI 的发展

外商直接投资通常是以跨国公司为载体的,而这几十年来,跨国公司不断扩张,影响越来越大。如表 11-4 所示,从 2007 年全球 500 强的前 20 强公司看,这些跨国公司的母体大多为发达国家,美国的跨国公司在规模上占据较大的优势,前 10 强中,有 5 家为美国公司;在行业上,石化、汽车和金融占据了很大的比重。

表 11-4　2007 年全球 500 强的前 20 强公司总部所在地及其业务

排名	公司标志	中文常用名称	总部所在地	主要业务	营业收入（百万美元）
1	WAL★MART 沃尔玛	沃尔玛	美国	一般商品零售	351 139.0
2	ExxonMobil	埃克森美孚	美国	炼油	347 254.0
3		皇家壳牌石油	英国/荷兰	炼油	318 845.0
4	bp	英国石油	英国	炼油	274 316.0
5	GM	通用汽车	美国	汽车	207 349.0
6	TOYOTA	丰田汽车	日本	汽车	204 746.4
7	Chevron	雪佛龙	美国	炼油	200 567.0
8	DAIMLERCHRYSLER	戴姆勒-克莱斯勒	德国	汽车	190 191.4
9	ConocoPhillips	康菲	美国	炼油	172 451.0
10	TOTAL	道达尔	法国	炼油	168 356.7
11	GE 通用电气公司	通用电气	美国	多元化	168 307.0
12	Ford	福特汽车	美国	汽车	160 126.0
13	ING	荷兰国际集团	荷兰	保险	158 274.3
14	citigroup	花旗集团	美国	银行	146 777.0
15	AXA	安盛	法国	保险	139 738.1
16	VW	大众汽车	德国	汽车	132 323.1
17	中国石化 SINOPEC	中国石化	中国	炼油	131 636.0
18	CA	农业信贷银行	法国	银行	128 481.3
19	Allianz	安联	德国	保险	125 346.0
20	FORTIS	富通	比利时/荷兰	银行	121 201.8

资料来源：http://www.ahbofcom.gov.cn/，每年的更新可参见 http://www.fortunechina.com/fortune500/。

三、跨国公司发展的一个动向:不断渗入能源等采掘业

当前,跨国公司的一个发展动向是,不断渗入采掘业,包括铁矿、石油等能源行业。

这些行业具有一定的特殊性:第一,这些投资通常是资本密集型的,并且具有很高的风险,投资需要较长的周期;第二,采掘业会产生环境和社会影响,特别是石油和天然气,通常被认为是战略资源,在决策中可能蕴涵经济以外的动机。

跨国公司不断进入采掘业具有如下动机和驱动因素:

第一,获取资源(Natural-resource-seeking)。跨国公司为了满足下游产品的需要,必须不断控制更多的自然资源,特别是随着经济的发展,对能源等的需求不断提高,势必要在全球范围内获取更充足的自然资源。

第二,获取市场(Market-seeking)。主要是对这些初始的挖掘业进行控制,从而获得市场控制能力,以确保在消费市场上获取长期的战略优势。同时,将上游和下游产业进行关联,能在一定程度上分散利益波动的风险。

第三,获取效率(Efficiency-seeking)。类同于获取市场动机,通过跨国的组合,能够减少运输成本,使得产品更靠近消费市场。

第四,获取战略资源(Strategic-asset-seeking)。这在当前的能源短缺背景下尤为突出。包括发展中国家在内,不断在其他国家获取更多的石油等战略资源,以保证其国民经济发展的需要。

四、跨国公司对东道国的影响

这种影响包括经济、环境和社会政治等方面。

1. 经济影响

经济影响包括直接的经济影响和间接的经济影响,具体而言,有着如下效应:

第一,直接的影响。包括:① 产出效应。促进了当地经济的发展。由于有资本进入,通常能在一定程度上促进当地经济的发展,这在发展水平较低的地区尤为明显。② 技术贡献。一定程度上提高了当地的技术水平。③ 劳动贡献。同时,由于跨国公司会在当地招收部分劳动力,因而能提高就业率。④ 促进出口。跨国公司在当地的生产有较大比重是立足国际市场的,因而可以促进当地的出口。⑤ 增加政府收入。

第二,间接的效应。① 提高了居民的福利,比如会强化基础设施的建设,从而提高当地居民的生活水平。② 具有竞争效应,一方面促进当地企业的发展,促使本地企业提高技术和管理水平;另一方面会降低当地企业的生存空间,可

能会导致部分企业破产。

第三,逐渐可能会有垄断势力,影响当地经济和社会的其他方面。会获取更多的当地市场空间,达到一定程度之后可能形成相当的垄断势力。

2. 环境影响

跨国公司,特别是能源行业的跨国公司会对发展中国家的环境产生影响。比如卫生和安全,不仅会对劳工的身体状况产生直接影响,也会通过大气和水污染等途径影响居民的身体健康,能源企业在这方面表现得尤为突出。

3. 社会和政治影响

势力强大的跨国公司会控制当地的资产和工作岗位,进而会在各个层次的政治决策中施加影响。有时采取贿赂手段腐蚀政府高层,或提供政治献金去颠覆东道主国家的现行政府。

专栏 11-2

民族工业之争

在对待外资和跨国公司上,最容易听到的一种声音是,要保护民族工业或者民族产业。比如早先中国加入 WTO 之时,就有反对的声音,认为脆弱的农业无法应对强大的发达国家的冲击。

时隔多年,中国加入 WTO 之后,似乎并没有看到大量农户破产的局面。

这种论断在其他产业同样存在,比如金融业。金融业开放的步伐较为缓慢,其中一个原因就是认为,中国的金融业先天不足,无法和外资银行直接竞争。然而开放之后,同样没有看到大量的外资商业银行大批量地进入,更没有看到大量的中资银行倒闭。

因而似乎有必要对所谓的保护民族产业论断进行再次思考。第一,为何要保护?其真实原因是什么?第二,即使要保护,是否真有恰当的政策能够达到预期效果?第三,需要反思的是,在开放的环境下,是否真有所谓的"民族产业"?

第三节 发展中国家利用外资的经验教训

物极必反。过度或者不恰当地利用外资将可能给一国带来灾难,这可以在许多发展中国家经济发展的过程中得到印证。发展中国家利用外资主要集中在东亚和拉美两个地区。但这两个地区先后发生了几次震惊世界的债务危机和金融危机,而且与外资都有一定的关系。由此可见,外资在带来经济发展的同时,也带来风险和危机的可能。本节剖析在不同时间段的几个典型案例,总结发展中国家利用外资的经验教训。

一、20 世纪 80 年代初的拉美债务危机与外资利用

20 世纪 70 年代,拉美一些国家推行加速工业化和进口替代的经济发展战略,对内实行通货膨胀政策,对外大量举借外债,经济曾经一度快速增长,甚至被称为"奇迹"。然而,好景不长,80 年代这些国家纷纷陷入了债务危机,经济严重下滑,以至整个 20 世纪 80 年代出现了"停滞的 10 年",教训非常深刻。从表 11-5 看,20 世纪 80 年代初拉美国家的负债率(债务/GDP 比率)、债务/出口比率、偿债率(还本付息额/出口比率)均远远超过了可承受能力,同时经济增长率为负,通货膨胀率为百分之几十甚至几百,其经济可谓内外交困。

导致拉美债务危机的原因主要有[1]:

(1)举借外债规模过大。巴西、墨西哥和阿根廷是当时发展中国家中最大的三个债务国。从表 11-5 可见,拉美国家的负债率为 30%—40% 左右,普遍高于 20% 的国际"警戒线";偿债率 1981 年高达 200%—300% 左右,远远超过 25% 的国际"警戒线"。可见,其外债的绝对数和相对规模均超过了其经济的承受能力。

表 11-5　拉美国家债务状况和宏观经济状况(1970—1984)

国家	GDP 年平均增长率		通货膨胀率		1970—1980 年累计经常项目赤字(占 1981 年 GDP 比例)	1981 年债务/GDP 比率	1981 年债务/出口比率	1980—1983 年的偿债率
	1970—1981	1981—1984	1970—1981	1981—1984				
阿根廷	1.6	-0.1	130.8	340.4	2.3	31.6	334.7	214.9
巴西	7.6	0.8	40.5	142.2	22.8	26.1	298.7	132.6
智利	2.8	-3.2	42.7	18.8	19.8	47.6	290.0	153.3
墨西哥	6.7	-0.9	17.5	74.4	13.9	30.9	258.8	161.8
秘鲁	3.4	-2.3	33.8	94.0	19.3	44.7	223.5	122.2
委内瑞拉	3.7	-2.2	9.1	9.3	-7.5	42.1	134.0	117.8
加权平均数	5.6	-0.4	46.3	137.9	13.6	31.3	271.5	153.8

资料来源:转引自黄苏,《发展中国家的外债:情况和经验》,商务印书馆 1990 年版,第 172、182 页。

---

[1] 参见张培刚:《新发展经济学》,河南人民出版社 1999 年版,第 430—436 页。

（2）过度扩张的赤字财政政策造成严重的通货膨胀和货币贬值。表中拉美国家的年通货膨胀率70年代就很高,超过了30%,80年代初更为严重。这表明其宏观经济政策是很不稳健的。

（3）错误的汇率和贸易政策。拉美债务国家普遍实行高估币值的汇率政策和进口替代的发展战略,存在浓厚的反出口的贸易保护主义倾向,外债大多用于非出口和低收益的进口替代部门,致使其经常项目赤字严重。

（4）缺乏防范外部经济冲击的措施。以美国为首的西方国家在80年代初为了治理高通货膨胀率,采取了高利率的紧缩政策,而拉美国家的外债中大多为浮动利率,利息负担因此急剧加重;同时,西方国家的经济紧缩致使拉美国家的出口锐减,经常项目赤字剧增。

总之,20世纪80年代初拉美债务危机表明,发展中国家如果过分依赖外债,国内宏观经济政策和外贸政策又失当,那么最终是要丧失偿债能力的,并将危及经济增长和社会稳定。

二、20世纪90年代中期以来的金融危机与外资利用

20世纪90年代中期以来,发展中国家又连续发生了三次震惊世界和影响深远的金融危机,即1994年年底、1995年年初爆发的墨西哥金融危机,1997年下半年爆发的东亚金融危机,以及1998年年底、1999年年初爆发的巴西金融危机。这三次金融危机均有内外两大方面的复杂原因,但它们都发生在对外开放度较高的东亚地区和拉美地区,这说明它们与这两个地区在对外开放方面(包括对外贸易和利用外资)的一些失误是有一定关系的,也说明发展中国家在对外开放、发展外向型经济的过程中面临着外部冲击和巨大的金融风险,这里仅就外资利用与金融危机的关系做一些分析。

1. 墨西哥金融危机与外资利用

过分依赖外资和外资结构不合理是墨西哥金融危机的罪魁祸首。80年代以来,为了控制严重的通货膨胀,墨西哥政府有意将其货币比索的汇率高估,如1988—1994年墨西哥比索的实际汇率上升了40%,同时单方面降低进口关税,开放国内市场,鼓励外国商品进口以弥补国内生产的不足和压低国内市场的价格。这种高汇率政策虽然达到了抑制通货膨胀的目的,但由于刺激了进口而抑制了出口,使外贸逆差扩大。从1990年到1994年的5年内,墨西哥累计外贸逆差约850亿美元。为了弥补巨额的外贸逆差和国内储蓄的不足,墨西哥大量引进外资和举借外债,至危机爆发前,墨西哥吸收和利用外资的金额为730亿美元。从1993年起,墨西哥的外资结构开始变得很不合理,外资大量投向证券市场和货币市场。据统计,1990—1994年流入墨西哥的国际私人资本总额为950

亿美元,其中直接投资占 25%,即 240 亿美元;股票和债券投资占 75%,为 710 亿美元,其中短期政府债券就占 45%,达 430 亿美元。再加上对外资的管制较松,使外资很容易变现和流出。因此,当墨西哥政府 1994 年 12 月 2 日突然宣布比索贬值后,外国投资者信心动摇,疯狂抛售比索、抢购美元,迅速大量撤资。这更加剧了比索汇率的急剧下跌,从 1994 年 12 月 1 日至 1995 年 2 月 1 日,比索对美元贬值达 70% 以上。同时,为了支付境外投资者的利润和对外债还本付息,政府不得不动用外汇储备,致使外汇储备流失严重,从 1994 年 12 月 1 日的 180 亿美元下降到 1995 年 1 月底的 35 亿美元。股票市场亦随之狂泻不止,国内物价水平直线上升,抢购商品的风潮迭起,墨西哥经济陷于严重的金融危机,并波及拉美和全球其他金融市场。①

2. 东亚金融危机与外资利用

1997 年 7 月从泰国开始爆发的东亚金融危机也与外资利用的失误密切相关。20 世纪 80 年代,泰国、马来西亚、印度尼西亚、菲律宾等东南亚国家采取了外资主导型的外向型经济发展模式②,即以外资流入带动外贸发展,以外资投入带动国内投资增加,以促进经济的高速增长。外资成为经济增长的主要推动力。为了吸引外资,东南亚国家先后开放国内商品市场和金融市场,对进出口和外资出入未加限制。因此,从 80 年代中后期起,外资大量涌入东南亚国家。如 1987 年外资在新加坡制造业投资总额中所占的比重达 83%;马来西亚 1987—1993 年间共计引进外资 200 多亿美元,占其投资总额的 60% 左右;泰国 1987—1990 年的"新经济腾飞期"中,外国直接投资年均递增高达 74.6%,外国其他投资(主要是贷款)年均递增 122.6%,庞大的外资维持着泰国每年 40% 以上的总投资率,1990—1996 年,泰国的外债规模由 280 亿美元迅速上升到近 900 亿美元,1996 年外债占 GDP 的 50%。这为金融危机的生成埋下了种子。

首先,以外资为推动力的贸易体制对泰国、马来西亚、印度尼西亚、菲律宾东盟四国的国际收支产生了三方面的不良后果:第一,东盟四国的外资主要来自日本和"亚洲四小龙"。这些外资进入的目的是要利用这里廉价的劳动力和土地资源,加强自己在国际市场上的价格竞争力,并以此摆脱美欧国家对其直接出口产品的限制。因此,外资首先流向了那些投资少、见效快的劳动密集型产业,如纺织、制衣、电子装配等工业以及服务等第三产业上。90 年代初期以来,虽然这些国家的技术密集型行业有所发展,但却以来料加工为主,中间产品

---

① 参见刘建洲:《从墨西哥金融危机看我国的外资利用》,载张培刚等:《发展经济学与中国的经济发展》,经济科学出版社 1996 年版,第 355—362 页。
② 参见徐长生、张菌:《东亚两种对外开放模式的比较研究》,载《世界经济》,1999 年第 1 期。

制造业不发达,出口行业所需的机械设备和零部件严重依赖进口。在这种加工贸易型进出口商品结构下,进口的增长并不表明出口会相应扩大,而出口的扩大却要求进口必须增长,这必然会给贸易收支带来负面影响,再加上外资利润汇出的压力,东盟四国的经常项目均出现了持续赤字,成为金融危机的重要诱因。第二,产业结构调整过分迎合外资流向,不仅导致了东盟国家本国的出口集中系数高,还造成各国与其周边国家的产业结构趋同,电子、汽车、机械等传统行业出现严重的生产能力过剩。同时,由于外资主要面向欧美市场进行生产,各国的出口市场也高度集中,更加剧了经常项目的赤字风险。第三,外国直接投资的技术含量不高,即使是对技术密集型产业的投资也只限于低附加值工序。跨国公司垄断了零部件与生产设备的生产,使外资企业与本国企业的有机关联极少,成为投资国的"经济飞地"。国内资本由于产业发展空间受到限制,被迫进入股市、楼市,造成"泡沫经济",而出口和经济增长均依赖外资。当外国直接投资不能继续增长时,就会发生国际收支失衡、资金周转不灵等一系列问题,从而引发金融危机。

其次,对外资"来者不拒"的资本积累体制造成了外资规模的过度膨胀,其表现形式是:第一,生产要素的价格迅速攀升。大量涌入的外资刺激了对劳动力和土地等生产要素的需求,而由于人口城市化水平低、教育发展相对滞后和少数大城市的过度城市化等原因,东盟四国要素供给的弹性较小,未能跟上迅速扩张的需求。于是,工资成本大幅度上升,地价飞涨,出口竞争力大受打击。第二,信贷膨胀与高利率。外资流入的快速增长必然引致货币发行量的增加。为了遏制由此可能带来的通货膨胀,各国普遍实行高利率政策。在资本市场尚未开放的条件下,抬高利率既可以增加国内储蓄、控制消费需求,又能减少效益低下的投资、控制投资需求。但是,在货币在资本项目下可自由兑换并允许外资进入证券市场的情况下,高利率对总需求的作用机制却发生了很大改变,产生了两方面的负面效应:其一是外资对国内储蓄的替代效应,其二是非生产性投资对生产性投资的替代效应,结果是国内储蓄率下降,经济泡沫化。第三,生产能力过剩。由于投资过度,自 1996 年起东南亚地区已由原来的需求增长过快转为需求不足,实际需求增长率低于实际总产值增长率[①],东亚正在成为"世界的工厂"。由上可见,外资规模过度膨胀是造成货币危机的重要原因。

最后,过早过快对外开放的金融体制从两个方面促成了金融危机的生成:第一,金融市场开放造成了外资流动性上升,是外部冲击生成的前提。20 世纪 90 年代以来,东盟国家纷纷开放本国的金融市场,对外国直接投资不加限制,对

---

① 国际货币基金组织:《世界经济展望》,1997 年 10 月。

本国金融机构也不实行外债规模控制,允许企业自由对外借债和国际收支资本项目的可自由兑换。这样,外资流入加快,而且在东盟四国 90 年代引入的外资中,短期外债与证券投资所占的比重很大。泰国 1996 年短期外债在外债总额中的比重达 40%,1994 年、1995 年证券投资的年流入金额均高达 60 多亿美元。此类外资的投资目的多为套利、价格投机,受心理预期因素的影响大,不稳定性极高,一旦市场出现波动,很容易引发"羊群效应"。而且东盟四国的市场规模偏小,即使进行冲击的资金数额不大,也可能引致市场剧烈波动。第二,金融市场开放加剧了金融体系的脆弱性,降低了抵御外部冲击的能力。这是因为:① 由于长期债券市场不发达,国内投资者较少利用长期债券筹资,而主要依靠银行贷款,而且往往是短期贷款,造成资本结构的不合理。② 大量外资涌入使国内货币充斥,银行的可贷资金相应急剧膨胀,无论是银行自身还是金融监管当局对此都还没有足够的心理和技术准备。此外,还存在着官商勾结和银行的非商业性行为等问题。于是,在银行贷款规模扩张的同时,其不良资产率也随之上升。③ 开放金融市场也使银行危机更加严重。在危机中,银行受到了双向夹击,即货币贬值使外债负担变重,证券、地产狂泻使银行担保化为乌有,本已脆弱的银行体系更加岌岌可危。而鉴于银行在这些国家金融体系中的主宰地位,当银行陷入困境时,整个金融体系便无法正常运转,并造成连锁反应式的信用恐慌与崩溃。

3. 巴西金融危机与外资利用

1998 年年底、1999 年年初爆发的巴西金融危机也与对内对外举债过度有关。危机发生前,巴西的内外债务均已达天文数字。在内债方面,巴西国债由 1995 年 12 月底的 1 080 亿雷亚尔增加到 1998 年年底的 3 440 亿雷亚尔(约 2 915 亿美元),约占 1998 年巴西 GDP 8 500 亿美元的 34%,而且 60% 的内债的利率不是按期初(存款时)利率而是按期末(到期时)利率计算的,因此一旦市场利率上扬,国债利息负担必将加重。不幸的是,东亚金融危机爆发以后,为了防止资本外逃(1997 年 10 月、11 月就有 100 多亿美元外汇外逃),巴西的银行利率不断升高,由 1996 年 12 月 20% 的年利率上升到 1997 年 10 月的 40% 以上,而外债比内债增长得更快,从 1995 年到 1997 年,官方统计的外债额从 1 590 亿美元上升到 1 930 亿美元,其中 354 亿美元是短期外债,1998 年又猛增至 2 500 亿美元左右。另外,1997 年年底,以美元名义发行的内债至少有 350 亿美元,这实际上也是外债。还有,1997 年在巴西设有分支机构的外国银行向巴西国内市场的贷款高达 400 亿美元,实际上又是一笔外债。也就是说,1997 年年底巴西的实际外债金额高达 2 680 亿美元。而到 1998 年 9 月,实际外债额更高达 4 810 亿美元。如果加上 1998 年 11 月 13 日国际货币基金组织牵头借给巴西的410亿美元,则为5 220亿美元。①

如此庞大的债务使国内债权人无不担忧,因此巴西资本便大量外逃。1997年7月泰国刚爆发金融危机时,巴西政府曾宣称有740亿美元的外汇储备,不到两个月,就只剩下500亿美元,即外逃了240亿美元。为了阻止金融危机的爆发,巴西政府不得不强行大幅度削减政府预算,并实行私有化,出售国有股票;中央银行大幅提高利率,同时向银行系统注入大量流动资金,从1997年1月到1998年1月,基础货币增长了63%,从206亿雷亚尔增加到335亿雷亚尔,并在外汇市场出售美元(1998年下半年共达400亿美元)以稳定雷亚尔与美元的固定汇率。国际货币基金组织在美国的主导下于1998年11月向巴西紧急贷款410亿美元。这些措施虽然曾经一度有所见效,但是最终阻止不了巴西国际收支的恶化和外汇储备的进一步下降。最终迫使雷亚尔贬值,实行浮动汇率,并引发金融危机。②

三、金融危机与外资利用的经验教训

从以上四次严重的债务或金融危机中,我们可以看出,尽管吸引外资可以给发展中国家带来前述的种种好处,因此是十分必要的,但如果外资过多,超出本国经济的承受能力,而且使用不当,也将会带来很大的风险,这主要表现在以下几个方面:① 外资的大量流入增加了本国的货币供给量,加大了通货膨胀的压力,并使中央银行部分地丧失了制定和执行货币政策的独立性,从而影响国内宏观经济的稳定;② 外资引进过多,使得本国的工资水平以及土地价格、地租等生产要素的价格过快上升,从而扩大了收入分配的差距,并可能与国内同行企业过度竞争,形成过剩的生产能力;③ 金融性资金的过多流入易使房地产和证券市场出现虚假繁荣、资产膨胀,导致泡沫经济;④ 外商直接投资过多流入会导致本国经济命脉由外国资本控制和操纵,短期资金的过多流入可能会给金融市场带来突发性甚至灾难性冲击,尤其是大量投机性短期资金的流出流入将破坏本国的金融秩序。

因此,根据战后几十年来特别是20世纪80、90年代发展中国家利用外资的正反两方面经验,对于外资的引进和利用,既要积极,又要慎重。一方面,要看到外资对本国经济发展的积极推动作用,采取各种优惠措施吸引外资;另一方面,也要认识到外债最终是要还本付息的,外国私人投资是以营利为动机的,

---

① 以上数字转引自狄荫清:《巴西:迈向大萧条的最后一道门槛?》,载《中国经济时报》,1999年1月20日。

② 同上。

并要考虑到国际经济形势的变化可能带来的风险性,所以对外债的规模、结构、期限、种类以及用途等,都要认真加以考虑,权衡利弊,使外债的借、用、还掌握在一个合理的范围内。

首先,要严格掌握与有效控制外资利用的总规模。发展中国家要想发展,必须首先立足于国内储蓄和投资,对外资的引进应持积极而又慎重的态度。外资并不是越多越好,而是要适度。按照国际上通行的惯例,一国的负债率,即还本付息的债务余额占国内生产总值的比率,不能超过20%的警戒性;一国的偿债率,即当年还本付息的债务额与商品和劳务出口收入的比率,应保持在15%—20%为宜,最高不能超过25%的警戒线。利用外资在规模上的失控,不仅将造成偿还上的重负,并将被迫接受外国投资者的许多苛刻条件,而且还会因盲目引进而造成资源的浪费,冲击国内经济,妨碍本国科学技术的发展,更会产生不注重吸收、消化先进技术而单纯依赖国外资金、技术、装备等弊端。

其次,要注意选择外资的方式和债务结构,尽量避免风险。例如,世界银行等国际金融组织以及外国政府的官方贷款,一般期限长、利率低、风险小,应该尽力争取;而对利率高、期限短、风险大的私人商业性贷款应持审慎态度,尽量少借或不借,特别是对短期投机性的证券投资要严格限制;对外国私人直接投资,只要符合国家产业政策,就应该加以鼓励。同时,对国际金融市场汇率的变化要加强研究,提高预测能力,借用外债的币种和出口创汇的币种也要协调一致,尽量使外资来源多样化,防范利率和汇率风险。

再次,外资应主要用于本国力所不及的生产建设方面,有利于本国产业结构的改善升级,特别是要把重点放在出口创汇产业和企业,放在交通、能源、通信、原材料等基础设施建设和基础产业,以及引进先进适用的技术,对国内现有企业的技术装备加以更新改造等急需的方面。因为外资的引进要么能直接增加出口,要么能提高国内的生产能力和国际竞争能力,间接地增加出口,否则将来的还本付息总是要出问题的。另外,还要注意引进的国外先进技术、设备、工艺必须与国内现有的吸收能力相配套,以免造成闲置浪费。还有,对外债和外资使用的整个过程,必须加强日常管理和监督的工作。

最后,一定要谨慎、循序渐进地实行金融自由化和开放本国的金融市场,特别是资本项目的自由化应慎之又慎。如果国内金融体系还没有自由化,还存在利率限制和金融管制,那么开放资本项目就会导致大量资本流出。资本账户应该最后自由化。

总之,发展中国家在外资的吸收和利用问题上,要始终坚持"自力更生为主,争取外援为辅"的方针。"任何发展中国家,特别是大国,经济发展的资金应该主要靠国内储蓄和国民财富的积累;即便是小国,也不能全靠举借外债,否则不但使本国经济难以起飞和发展,甚至还要使它从此陷入负债的深渊。"①

改革开放以来,我国利用外资从无到有,逐渐成为主要的外资吸收国,居发展中国家之首,外资对推动我国经济发展起到了重要作用。在肯定这些成绩的同时,我们必须从上述东亚和拉美国家的金融危机中吸取教训,继续实行我国在吸引外资和对外开放方面的一些谨慎且较为成功的做法,如保持国内政治稳定和宏观经济的稳定,严格控制外债的规模、结构和用途,保持经常项目的顺差和充足的外汇储备,并且暂不实行资本项目的可自由兑换,以及实行有管理的浮动汇率制等。同时,正视可能面临的风险,加强外资的借、用、还整个环节的监管。

第四节 发展中国家利用外部资源的策略

发展中国家的发展显然不能在封闭条件下进行,当前,在信息技术推动下,国际一体化格局越来越明显,国际间的商品和劳务贸易不断加强,分工越来越细,因而发展中国家显然要有全球视野,尽可能地应用外部资源,积极吸收外资,以此推进发展中国家的经济发展。国际间的经济往来随着全球经济一体化而越来越频繁,国际间的关联也更为紧密,对于外资,发展中国家必须以积极和谨慎的态度面对。积极的态度意味着发展中国家要尽可能地吸引外资以获得在发展过程中急需的资本,为摆脱贫困陷阱创造条件;而谨慎则意味着对外资不能过于盲目,对外资的流入和流出必须采取恰当的监控,特别要防止过度依赖外资的发展策略。

外商直接投资可以在短期内直接缓解发展中国家的资金短缺状况,但同时也会挤占国内资本,因而重点是如何通过外商直接投资提高本国的生产技术和生产效率。从资本层面看,引进外资并不能成为长期经济增长和经济发展的决定因素,更重要的是应该通过外资促进效率的提升。

同时,由于外商投资除了营利之外,获取市场份额也是其重要动机,因而对外商投资的税收优惠可能意义不大,必要性不是很强,在政策选择上,给予外资正常的待遇将是更为主要的策略。应该注意外商直接投资对本国市场的控制和对本国可能产生的负面影响,从这个层面上看,促进竞争和技术的有效吸收应用才是对外商直接投资应持有的基本态度。

发展中国家的自身实力依然是问题的关键,需要借助外资提升自我发展的能力。从政策导向上说,对外资的合理利用必须着眼于提高本国资源的有效利

---

① 张培刚:《发展经济学通论》(第一卷),湖南出版社1991年版,第360页。

用,同时,不断完善发展中国家的投资环境,比如公开透明的税收政策、健全的法律法规和更为稳定的政策等,提高本国政治效率将更能吸引外资。通过这些途径才能真正有效吸引外资并利用外资。而根本的策略应该是,借助外资,着重提高技术的吸收和改进,从而真正意义上提高本国的技术水平并以此促进生产效率的提高。

专栏 11-3

"走出去"发展战略

中国政府提出了"走出去"的开放战略,比如,2007年中国共产党"十七大"报告提出,"创新对外投资和合作方式,支持企业在研发、生产、销售等方面开展国际化经营,加快培育我国的跨国公司和国际知名品牌"。"拓展对外开放广度和深度,提高开放型经济水平。坚持对外开放的基本国策,把'引进来'和'走出去'更好结合起来,扩大开放领域,优化开放结构,提高开放质量,完善内外联动、互利共赢、安全高效的开放型经济体系,形成经济全球化条件下参与国际经济合作和竞争新优势。"

"走出去"战略的主要内容是:鼓励和支持有比较优势的各种所有制企业走出国门开展国际经济技术合作,开展跨国经营,通过开展境外投资和对外承包工程劳务合作,带动商品和劳务出口,充分利用国内、国外两个市场、两种资源,进而推动整个国民经济跃上新台阶,形成一批有实力的跨国企业和著名品牌。"走出去"是资本、技术、管理方法、原材料和市场资源在国际范围内的优化组合,是绝对优势和比较优势的综合发挥。

在这种背景下,中国政府和相应的企业实施了一些国际化经营策略。

案例一:中国工商银行斥资约55亿美元收购了南非标准银行(Standard Bank Group)20%的股份,成为该行的最大股东,此举也成为中国企业迄今为止规模最大的海外收购。

案例二:中投——海外投资失意。美国时间2008年7月23日,黑石集团股价报收于17.86美元,较前一交易日的17.26美元上涨了3%,但这一价格相对于2007年中投公司买入的29.605美元/股,已经下跌了近40%。这也意味着中投早期的"走出去"战略投资亏损在40%左右。

值得研究的几个问题:① 对"走出去"战略作一政策评价,看该政策导向的真实效应;② 如何从企业本身分析它的多元化和国际化发展策略,其原因和动机何在;③ 何种方式最能够达到预期效果。

资料来源:http://www.gov.cn/node_11140/2006-03/15/content_227686.htm,http://mnc.people.com.cn/BIG5/7569877.html。

专栏 11-4

市场换技术策略能否奏效

在吸引外资上,市场换技术曾经成为中国流行的策略,各地纷纷出台相应的税收和土地等优惠政策吸引外资。

将近三十年过去了,中国的市场上有诸多跨国公司,事实上很多行业中跨国公司占据了相当大的比重,市场主要由跨国公司主导,而国内的技术有没有实质上的提高呢?

以汽车行业为例,强调自主开发,显然也没有取得相应的效果,国产的汽车和国内企业的研发能力滞后于国际先进水平,引入外资和跨国企业之后,市场被挤占了,但核心技术仍然在跨国企业手中。跨国公司在中国汽车零部件市场已经占到60%以上的份额,而在轿车零部件行业,估计会达到80%以上。此外,在汽车电子等高新技术产品以及发动机、变速箱等核心零部件等关键领域,跨国公司控制的市场份额甚至高达90%。有专家甚至告诫,作为汽车产业链上游的零部件供应商,一旦丧失了市场的主体地位,则很可能意味着本土汽车工业被"掏空"。

2002年中国邀请了通用电气、三菱重工、西门子等跨国公司投标总价值数十亿美元的采购合同——向6家地区性公用事业公司提供23台发电轮机。政府明确提出,中标的前提条件之一是:与中国国有电力公司成立合资公司并转让技术。具体到与通用电气的谈判,中方要求通用电气向新合作伙伴转让其投入5亿多美元开发出来的尖端9F涡轮机技术和制造工艺。通用电气在轮机技术方面一直领先,它的涡轮机技术是由其飞机发动机部门、动力系统部门和美国能源部共同开发的。

尽管通用电气很不情愿,但几乎别无选择。2003年3月,通用电气赢得了13台高级9F燃气轮机、价值9亿美元的大订单。按照合同,通用电气同意让哈尔滨动力设备公司装配这批燃气轮机,此外该轮机上不太复杂的零部件大多也由该公司生产。同时,通用电气还与沈阳黎明航空发动机制造公司组建了合资公司,并将向该合作伙伴转让发动机燃烧系统的技术,包括关键的冷却系统的技术图纸和旋转片采用的先进的冶金技术。在这次竞标中,三菱重工也获得了 10 台订单。遵照合同,三菱重工同意与中国合作伙伴分享有关技术。

但是,即使在中国的强烈要求下,最核心的技术仍然保留在通用电气手中,包括冷却系统的设计、第一排旋转片以及这些旋转片热保护层方面的技术均没有转让。这是因为美国国家贸易法规禁止美国公司出口某些关键技术。没转让成的这些技术还可以应用于飞机发动机的制造,因此属于这些禁止出口的关键技术之列。在这一法规保护下,美国也一直禁止英特尔公司在中国建立一个生产具有较高技术含量的晶圆工厂。通用电气 CEO 伊梅尔特说,作为合资公司最大的股东,通用电气希望能够保留最敏感的技术。他补充说,即使把这些最敏感的技术转让给中国,中国的工程师也还没有能力完全消化利用,等他们先消化完现在得到的这些技术再说吧。而即使是这一步,也还需要有些时间。

参与谈判的中国工程院动力机械专家梁维燕承认,即使中国可以生产燃气轮机,也将不得不从外国公司购买关键的零部件。另外一位参加了三菱重工谈判的官员补充说:"外国人现在同意告诉我们在哪儿钻个洞、怎么钻,但我们仍然不明白为什么要在那里钻个洞。"

有意思的是,在《华尔街日报》2 月 26 日的头版报道了相关新闻后,通用电气的董事长兼 CEO 伊梅尔特随即更正说,他们卖给中国的涡轮机其实比自己已经掌握的涡轮机技术"至少要晚两代"。即使是在落后两代的产品的技术转让中,通用电气也是一百个不情愿,而且还保留了最关键的技术。而这种态度是所有在进入中国市场后不得不合资的外资公司的共同选择。

中国自 1992 年提出以市场换技术的策略,希望通过吸引外国直接投资来推动中国工业,尤其是国有工业企业的技术进步和产业成长。在 1994 年中国第一次出现大量银行存差(银行存款大于贷款的差额)之后,这就成为吸引外资最重要的理由。

在改革开放早期资金短缺的时候,中国引进的资金实际上非常少。而真正大规模、持续不断地引进和利用外资是在银行资金出现相对过剩的 1994 年之后。数据表明,1984—1993 年的 10 年,中国引进的 FDI 为 601 亿美元;1994 年实行外汇体制改革以后,中国的金融机构第一次出现大量存差(当年达到 3 338 多亿元人民币),此后存差一直持续增加;到 2003 年年底银行存差已高达 39 624 亿元人民币,比 1994 年扩大了近 11 倍。同时,外汇储备余额也一路攀升到 2003 年年末的 4 033 亿美元。也就是在存差不断高企的 10 年(1994—2003 年)间,流入中国的 FDI 达到 4 379 亿美元,是前 10 年的 7.29 倍。在 20 世纪 90 年代资金充裕的情况下 FDI 仍然大量涌入,一方面说明中国的投融资体系有很大问题；另一方面也说明政策层希望用市场换技术，并学习先进的管理经验。

但是，十几年的实践证明事实远不如人所愿。中国在借助 FDI 成为制造大国的时候，却并没有靠以市场换技术策略成为制造强国。

给你图纸，告诉你在哪儿钻个洞、怎么钻，外方的技术转让义务也就基本结束了。但是像"为什么在那里钻"这样属于缄默知识的问题是一定要自己去消化吸收的。否则，即使引进了先进技术，如果我们只是一味地依葫芦画瓢，自主开发能力的培养也无从谈起。

中国工程院副院长邬贺铨把中国以市场换技术策略不成功的原因归结为重产品引进、轻产品技术的消化吸收。他指出，在韩国、日本等国，引进技术消化吸收的费用是引进投入费用的 3—10 倍，而我国的该项费用还不到引进项目费用的 4%，计算机设备消化吸收与引进费用之比仅为 1:100。平均而言，中国企业的研究开发经费中，只有 4% 来自政府投资，剩下的都来自企业自身或自筹，所以企业的研发往往受制于企业的效益，此外还取决于管理层的意识和决心。

当北京第一机床厂 2003 年宣布与日、德合资，斥资 10 亿元在北京顺义兴建国内最大、最先进的数控机床生产基地时，该厂原总工程师杨楚保并不感到多么兴奋。他说："不是一合资，机床的问题和中国制造业的问题就解决了。假如我们水平高一点，技术上不断提高，走一条自己发展的路子，就能较好地发展。但现在差距依然很大，人家的发展我们还是跟不上，为什么？一个重要的原因就是企业的研发不稳定，往往随经营情况的变化而变化。"

但另一方面，虽然很多合资企业利润丰厚，按道理搞研发有足够的"粮草"供应，但事实上合资多年后中方仍未能培育起自己研发能力的事例也比比皆是。

电信业咨询顾问公司 BDA 中国的咨询师迪恩说，包括诺基亚和爱立信在内的著名电信业跨国公司过去都曾被迫或按照要求与中国公司成立合资企业，在中国生产电信设备。但是合作协议到期后，许多中方合作企业仍然无法独立继续经营，由于手机和电信技术的发展日新月异，中方公司先前得到的技术早已过时。

而电信设备以市场换技术的情形几乎在各个领域重复，特别是中国的汽车企业，已经掉进了"落后—引进—再落后—再引进"和"能力弱—依赖—越依赖能力越弱"的双重怪圈。

资料来源：邓瑾，《发展策略：市场能否换回技术?》，载《经济观察报》，2004 年 4 月 5 日。

发展经济学

本章小结

引进外资可弥补发展中国家的储蓄不足和外汇不足,从而加速经济发展。20世纪90年代以来,发展中国家的外资流入特别是国外直接投资出现了不断加快的趋势。发展中国家要吸引更多的外资,除了提供优惠的政策外,更重要的是要改善投资的软环境。同时,要想有效地利用外资,防止外部不利冲击,必须执行稳健的宏观经济政策,保持物价稳定,举债适度,使汇率具有弹性,鼓励出口,慎重开放资本项目,对国际短期资本流动予以严格监控。

跨国公司的国外直接投资已成为发展中国家利用外资最主要的形式,发展中国家必须在吸引跨国公司投资的同时,防范其损害本国的经济利益。

关键概念

外资　国外直接投资　国外间接投资　金融危机　跨国公司

思考题

(1) 发展中国家应当如何吸引外资?

(2) 从拉美和东亚金融危机中,可以得出哪些发展中国家利用外资的经验教训。

(3) 解释外国直接投资的动机。外商直接投资如何才能提高本国的生产效率?

(4) 外资是如何影响东道国经济的?有哪些途径?

(5) 对于一个发展中大国,如何权衡本国市场与技术获取、开放与自我发展能力之间的关系?

进一步阅读导引

对于资本流动及其效应的一般性分析,建议参考 Daron Acemoglu, *Introduction to Modern Economic Growth*, Princeton University Press, 2008。该书对资本流动进行了非常规范的理论分析。

关于外国直接投资和跨国公司的状况,可参阅 Sanjaya Lall, "Less Developed Countries and Private Foreign Direct Investment: A Review Article", *World*

Development 2(1974), pp. 43—48; Paul P. Streeten, *World Development* (1975); Ricard Caves, *Multinational Enterprise and Economic Analysis*, 2nd ed., Cambridge University,1996。

关于发展中国家利用外资的经验教训,可参阅〔美〕J.萨克斯、F.拉雷恩:《全球视角的宏观经济学》,费方棫译,上海三联书店1997年版,第22章,第990—1036页;于宗先、徐滇庆:《从危机走向复苏:东亚能否再度起飞》,社会科学文献出版社2001年版,以及其他关于东亚和拉美金融危机的论著。

关于外国直接投资和跨国公司,可参阅〔美〕克鲁格曼、奥伯斯法尔德:《国际经济学》,海闻、刘伟、秦琦译,中国人民大学出版社1998年版,第158—171页。值得提醒的是,就国际研究前沿看,FDI并不是当前的热点。对于跨国公司的相关状况,建议访问 http://unctc.unctad.org/aspx/index.aspx。

对于最新的外商直接投资的状况,可参考每年的 *World Investment Report*,UNCTAD提供了1991年以来每年的 *World Investment Report*,其数据每年及时更新,并可以全文免费浏览,链接为:www.unctad.org/wir。

第四篇

结构转换与城乡发展

第十二章 工业化与结构变动

本章概要

从经济发展的历史看,工业化是推动一个国家或地区从不发达到发达的重要动力。随着工业化的推进,收入水平迅速提高,经济结构不断变动和调整,一个传统农业社会逐渐演变为现代工业社会。工业化在实践中有不同的发展模式,根据不同情况和条件应采取不同的工业化战略。在工业化进程中,产业结构的演进具有一定的规律性。产业结构作为以往经济增长的结果和未来经济增长的基础,成为推动经济发展的根本因素之一。本章将主要探讨工业化理论与实践模式、产业结构演变的一般规律、工业化战略选择、产业结构演变的动因及形态与机制以及第三产业发展等问题。

学习目标

1. 理解狭义和广义的工业化内涵;
2. 理解在实践中发展中国家工业化战略的转变;
3. 掌握工业化进程中产业结构演变的一般规律;
4. 解释工业化战略与基础设施投资的关系;
5. 理解工业结构演变的动因、形态与机制;
6. 了解第三产业的发展与信息化的规律。

引 言

工业化起源于西欧 18 世纪后期的工业革命。到 20 世纪中期,西欧、北美等地的一些国家已经进入成熟的高度工业化阶段。自第二次世界大战结束以来,工业化和现代化也开始成为众多发展中国家竞相实施的大政方针和计划宏图。极少数发展中国家和地区已初步取得了成功,而更多的国家和地区仍在苦苦探索工业化发展道路。但工业化真实的含义是什么,具体包括哪些内容,人们的认识似乎并不十分清楚。许多人把工业化简单等同于工业(特别是制造业)的快速发展,因而在实践中甚至出现了重工轻农的战略倾向。显然,我们有必要正确认识工业化的本质。

工业化是一个结构变化的过程。这一结构变化无论在产业之间还是产业内部都会呈现一定的规律。长期以来,人们总是试图把握这些工业化规律,并根据它们来制定适合本国或地区特点的工业化战略。例如,制造业的比重如何变化?重工业和轻工业之间又如何变动?第三产业有何变化规律?产业变化的动力机制是什么?有哪些因素起主导作用?对于这些问题,人们一直在努力探求。尤其是最近半个多世纪的时间里,许多有价值的理论分析和经验研究为我们提供了很好的参考答案。在此领域,代表性的人物包括:霍夫曼、罗森斯坦-罗丹、赫尔希曼、张培刚、库兹涅茨、罗斯托、钱纳里、赛尔昆以及世界银行的一些经济学家。本章将围绕上述问题,简要介绍这些理论和经验分析成果。

第一节 工业化问题:理论与经验模式

一、工业化的含义和基本特征

关于工业化(Industrialization)的含义,向来有着不同的理解和解释。按照涉及范围的宽窄,大致分为两种工业化定义。

1. 狭义的工业化定义

这种观点把工业看做是农业的替代性产业,因而认为工业化就是工业(特别是制造业)的发展,表现为工业产值比重和就业人口比重不断上升,农业产值比重和就业人口比重不断下降的过程。换言之,如果一个国家工业部门的产值和就业人口比重在国民经济中达到优势地位,就被认为实现了工业化。例如,权威的《新帕尔格雷夫经济学大辞典》对工业化的定义是:"工业化是一种过程。首先,一般来说,国民收入(或地区收入)中制造业活动和第三产业所占比重提高了;其次,在制造业和第三产业就业的劳动人口的比重一般也有增加的趋势。在这两种比重增加的同时,除了暂时的中断以外,整个人口的人均收入也增加了。"著名发展经济学家刘易斯、钱纳里、库兹涅茨等人也都持相同或类似的观点。

这种定义概括了工业化过程的主要特征,但不能将农业的工业化包括在内。发达国家不仅有现代化的工业,也有现代化的农业。例如,新西兰、澳大利亚和加拿大靠农业发展起来。较窄的工业化定义在实践中容易产生误导。按照这种观点,有些人甚至因此而忽视了农业的发展及其在工业化过程中的重要作用。同样,按照这种思路,当现在出现独立的专门从事信息的生产、传输和享用的信息产业部门时,信息化就会成为一个替代工业化的新的经济发展目标。这种工业化定义虽然不能说是错的,但是还不够全面和完善。

2. 广义的工业化定义

这种观点认为:工业是一个广义的产业概念,既包括制造业,也包括农业和新的产业形式,因此,工业化并不一定是农业部门向非农业部门的转变,实际上是指整个经济的现代化。本书主编张培刚提出:所谓工业化,就是指国民经济中一系列基要的生产函数(或生产要素组合方式)连续发生由低级到高级的突破性变化(或变革)的过程。根据这一定义,工业化不仅包括工业本身的机械化和现代化,而且也包括农业的机械化和现代化。工业化的基本特征,可以概括为以下几点:

第一,工业化首要的和最本质的特征,就是以机器(包括之后的电脑等日益先进的工具形式)生产代替手工劳动,是一场生产技术革命,从而也是社会生产力的突破性变革;同时,它还包含着生产组织和国民经济结构各层次相应的调整和变动。

第二,工业化引起且包含了整个国民经济的进步和发展。因为基本生产要素组合的变化,不仅表现为制造业及农业上机器的发明和应用,而且会引起现代工厂制度、市场结构及银行制度兴起等组织上的变革。这种变化将对农业、制造工业等生产结构产生巨大的影响。

第三,规模报酬递增的产业或部门,无论是产值比重还是劳动力就业比重都将逐渐在国民经济中达到优势地位,规模报酬递减的产业或部门的地位则逐渐下降。

第四,工业化必须能够引起整个经济体制或社会制度的变化,以及人们的生活观念和文化素质的变化。

显然,广义的定义包括了狭义工业化的内涵。随着工业化的推进,还会引发更广泛的变化——现代化。从历史角度看,现代化是指人类社会从工业革命以来所经历的一场急剧变革,这一变革是以工业化为推动力,导致传统的农业社会向现代工业社会的全球性大转变过程。它使工业主义渗透到政治、文化、思想等各个领域,并引起深刻的变化。概括地说,现代化应首先包括工业化的基本内容;此外,它还包括政治思想、生活观念、文化修养等许多方面的更新与进步。其中,许多内容又是由工业化这一变革过程所必然引起而发生的。

二、工业化的经验模式

不同国家由于历史条件、经济环境、社会制度等差异很大,因此工业化实施道路也各有特色。根据工业化发动主体和资源配置方式,各国工业化模式可划分为三种不同类型。

1. 演进型工业化模式

典型代表是英国、法国和美国等。主要特点是：

第一，工业化的发动主体是民间力量，即由个人或私人发动，与自由市场经济的发展进程相一致。市场机制引导资源配置，政府的作用仅是为工业化创造有利的条件和环境，工业化进程总体上是渐进的。

第二，这种工业化的起步和进程大多是消费品发展导向的。例如，早期从纺织或食品工业开始，再发展轻工业，然后发展重工业。演进型的工业化过程划分为三个阶段：① 消费品工业占优势；② 资本品工业相对增加；③ 消费品工业与资本品工业达到平衡，而资本品工业渐占优势地位。从消费品工业占优势转变为资本品工业占优势，是农业国工业化这一历史转变的基本标志。但这种转变并不是突然的，而是逐渐达到的。

第三，这种自发工业化进程相对缓慢。例如，英国确立机器大工业体系花费了一百多年的时间，美国和法国也花费了70年。

2. 革命型工业化模式

典型代表是实行转轨体制前的苏联、东欧和中国等。主要特点是：工业化的发动主体是政府，它由计划经济体制来保障。采用国有化、集体化和中央指令计划。这种工业化的起步和进程大多是资本品工业发展导向的。这种模式能在较短时间内集中资源，迅速建立起现代工业体系。例如，苏联在建立社会主义体制后的二十多年时间内就形成了与西方工业大国相抗衡的工业力量，中国从20世纪50年代起在不到30年的时间里就建立了完整的工业生产体系。

这种模式的缺陷也相当明显：个人激励不足，信息处理问题层出不穷，资源配置效率低下，经济的长期发展缺乏活力；过度剥夺了农业积累，阻碍了农业发展；优先和偏重重化工业发展，消费品发展不足，人民生活水平长期得不到提高。

3. 混合型工业化模式

许多后起的工业化发达国家和发展中国家均采用这种模式。成功的典型代表是德国和日本。这种模式的特点是：第一，由政府和私人共同发动，政府在工业化发动和演进进程中的作用十分突出，起主导作用，市场机制在资源配置中仍起基础作用；第二，政府和市场相互协调，政府投资优先发展重工业以建立基本完整的工业化体系，民间着重根据市场需求发展消费品工业，再由轻工业到重工业循序发展。

三、当代发展中国家工业化的战略转向

纵观几十年的发展,凡是取得了较为成功发展的发展中国家或地区,在工业化战略取向和道路选择方面,无一例外地实行了重大战略转向。这种工业化战略转向,尤其自20世纪70年代后期以来,已发展成为一种世界性的潮流和趋势,极大地影响和推动着当代广大发展中国家和地区的工业化实践和经济发展进程。概括起来,主要表现为如下几点:

第一,由过分强调计划化和国家干预转向更为重视市场机制和市场制度的基础性作用。实践表明,计划化和国家过分干预经济运行十分不利于工业化进程,实施市场化取向改革、更加重视市场机制的作用成为一种必然选择,伴随着更加市场化的工业化战略转向,许多发展中国家采取了更为自由的经济政策,鼓励和保护市场竞争,维护市场制度建设,结果市场机制在这些国家和地区发挥了基础性的作用,充分调动了经济个体的积极性和创造性,民间与日俱增的消费和投资潜能,推动了市场繁荣和经济发展。近些年来,市场制度以及相关的制度创新和体制重构问题,引起了诸多发展中国家舆论界和实践领域越来越多的关注。

第二,由优先发展重化工业的片面工业化转向更加重视农业发展和农村建设的全面工业化。苏联国家优先发展重化工业的工业化战略,是相当片面的,是以牺牲农业和乡村发展为代价的。忽视农业和排斥乡村发展,对一个以农业社会为主体的发展中国家来说无疑是十分有害的,由此只会强化二元经济结构,阻碍社会经济结构转型。实施重视农业和农村发展的工业化战略转向,就必须把农业和工业、城市和乡村作为一个经济整体看待,逐步深化对发展中国家农业的地位和作用的认识,通过农业产业化、乡村工业化、城市一体化、新农村运动等战略实施,彻底改造二元经济结构,以谋求全面的工业化,改善穷人的生活状况,保证基本需求的满足,创造更多的就业机会,实现较公平的收入和财富分配,促进社会进步。

第三,由强调采取进口替代和贸易保护的内向型工业化转向十分重视外贸外资的作用乃至主张贸易自由化和金融自由化的外向型工业化。战后拉美和东亚国家的工业化形成了鲜明的对比,后者由于尽早实施了这一战略转向,从而取得了巨大的增长奇迹,成为一种成功的工业化模式。目前,发展中国家已普遍意识到,对外开放已成为当今全球化背景下的一种必然选择,积极利用国际市场和外部资源对于一国工业化是十分有益的,而且在开放条件下通过技术学习、制度模仿、产业联系和市场扩张,发展中国家有可能提升竞争力,实现经济追赶和快速发展。

第四,由单纯重视资本积累和要素投入的原始增长型工业化转向更加重视人力资本和技术进步作用的内生增长的工业化。过去曾流行一种观点,即经济发展的主要制约因素是物质资本的稀缺,因此物质资本积累和要素的充分投入是工业化的关键。20世纪60年代以后,新古典增长理论逐渐引起关注,80年代以后新增长理论流行,人们认识到:知识的进步、劳动者技能和素质的提高,即人力资本的形成,对于增长和发展至关重要;与此同时,对于发展中国家来说,通过技术引进、技术学习模仿和技术开发,实现技术进步,可持久地推动工业化进程。目前,主张人力资本和技术进步作为主要投入增长源的增长方式已成为当代发展中国家工业化战略的重要组成部分,科教兴国也成为一条必经之路。

第五,由单纯追求经济本身的增长转向重视经济生态环境和社会发展之间协调和谐的可持续增长。人口爆炸、不可再生资源耗竭、生态环境恶化等全球性的工业化副产品,引起了国际社会的共同关注。无论是发达国家还是发展中国家,在追求经济发展的同时,保护和改善环境已成为人类共同需要的目标,尤其对于当代发展中国家,改变传统增长方式,追求经济、环境和社会协调的可持续发展十分重要,这不仅关系着当代人的发展,而且还关系着子孙后代。

第六,当代发展中国家又面临着一次信息化技术和经济全球化冲击下的新型工业化浪潮。从本质上讲,工业化的实质就是生产技术革命下的产业结构变革和社会经济转型。20世纪90年代以来,以美国为首的西方发达国家已经率先进入了信息化和知识经济的新时代,信息化已经成为世界经济和社会发展的一种新潮流。发展中国家的工业化面临着新的发展趋势,这就是:一方面,继续奉行既定的产业结构演进规律,使以农业为主体的经济转化为以制造业和服务业为主体的经济,这也是传统意义上的工业化;另一方面,以信息化赋予传统工业化崭新的内容和现代含义,运用现代信息技术改造和提升传统产业,促进产业结构优化升级。

第二节　工业化进程中的结构变化

一、工业化进程中产业结构演变的一般规律

1. 产业结构与三次产业

产业结构(Industrial Structure)指各产业部门之间、各产业部门内部、各行业及企业之间的构成及相互制约的联结关系。产业结构有狭义和广义之分。前者指产业间的关系结构,后者不仅包括产业间的关系结构,还包括产业间不同

企业间相互关联的结构。产业结构的实质是社会生产力的空间结构,也是国民经济发展的空间结构。

现在国际上通用的产业分类是三分法,即把社会经济部门划分为三次产业。我国从 20 世纪 80 年代中期也开始采用三次产业划分法:第一产业包括农、林、牧、副、渔;第二产业包括采掘业、制造业、自来水、电力与煤气的生产以及建筑业;第三产业包括所有其他部门。第三产业又分为两大部门:流通部门(包括交通通信、商业、饮食、物资供销和仓储业)与服务部门(金融、保险、地质勘察、房地产、公用事业、居民服务和各种生产性服务业、公共服务、教育、文化、广播电视、科学技术研究、卫生、体育和社会福利事业等)。①

2. 配第-克拉克定理

早在 17 世纪,英国经济学家威廉·配第(William Petty)就发现世界各国的国民收入水平差异和其形成不同的经济发展阶段的关键在于产业结构的不同。比起农业来,工业的收入多,而商业的收入又比工业多,即工业比农业,服务业比工业的附加价值高。科林·克拉克在配第的发现的基础上,对产业结构的演进趋势进行了考察。克拉克的研究表明:随着经济的发展、人均国民收入水平的提高,劳动力首先由第一产业向第二产业转移;当人均国民收入水平进一步提高时,劳动力便向第三产业转移。这一产业结构演变的基本趋势被人们称为配第-克拉克定理。

克拉克认为,劳动力从第一产业转向第二、第三产业的原因是由经济发展中各产业间出现收入(附加值)的相对差异造成的。人们总是从低收入的产业向高收入的产业移动。这不仅可以从一个国家经济发展的时间序列分析中得到印证,而且还可以从处于不同发展水平上的国家在同一时点的横截面比较中得到类似的结论,即人均国民收入越高的国家,农业劳动力在全部劳动力中所占的比重相对来说就越小,而第二、第三产业中劳动力所占的比重相对来说就越大,反之亦然。

库兹涅茨根据人均国内生产总值从横向、纵向考察总产值结构变动和劳动力分布结构变动,揭示了产业结构变动的总方向,进一步证明了克拉克的发现,用事实说明了具有普遍意义的产业结构变动的一般趋势。钱纳里运用库兹涅茨的统计归纳法,对产业结构变动的一般趋势进行了更加深入的研究。结果发现:在工业化起点,第一产业的比重较高,第二产业的比重较低。随着工业化进

---

① 我国的分类与库兹涅茨分类的主要不同在于,库兹涅茨把交通通信划入第二产业,而我国把该部门作为第三产业,因此,在比较分析各国产业结构时,应注意统计口径的差别,参见国家统计局:《中国统计年鉴1996》,中国统计出版社 1997 年版,第 60 页。

程的推进,第一产业的比重持续下降,第二和第三产业的比重都相应有所提高,且第二产业比重的上升幅度大于第三产业,第一产业在产业结构中的优势地位被第二产业取代。当第一产业的比重降低到20%以下时,第二产业的比重高于第三产业,工业化进入中期阶段;当第一产业的比重再降低到10%左右时,第二产业的比重上升到最高水平,工业化进入到后期阶段,此后第二产业的比重转为相对稳定或有所下降。在整个工业化进程中,工业在国民经济中的比重将经历一个由上升到下降的倒 U 形变化。

总之,随着工业化过程的推进,人均收入水平提高,第一产业在总产值和劳动力就业构成中的份额会显著下降,第二产业和第三产业的产值份额和就业构成份额都会增加。这些模型进一步揭示了产业结构变动过程中大量相互关联的情形,并能描述不同类型的国家产业结构变动过程的特征及差异性,大大深化了对产业结构变动及其一般趋势的认识。

专栏 12-1

中国三次产业比重变化(1952—2006)

图 12-1 显示了 1952—2006 年中国三次产业就业结构的变化趋势。如果将 1958—1961 年受自然灾害影响的时期排除在外,中国第一产业就业人数的比重呈现出逐年下降的趋势;第二产业就业人数开始时逐渐上升,直至 20 世纪 90

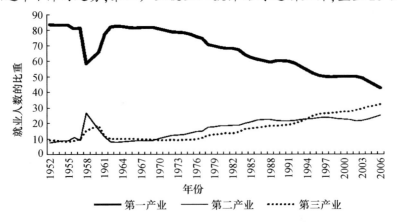

图 12-1 中国三次产业就业结构演变趋势

年代末趋于稳定;改革开放以来,随着人民生活水平的提高,第三产业就业人数的比重迅速增加。

图12-2显示了1952—2006年中国三次产业产值结构的变化趋势。第一产业产值比重基本上呈逐年下降趋势,至2006年,第一产业产值比重仅为11.7%;第二产业产值比重在1952—1980年期间明显上升,随即经历了20年左右的调整期,自2002年以来这一比重又再次提高;而第三产业产值比重大体上呈现出逐年上升的势头,近年来已达到40%左右。可以看出,中国三次产业产值结构基本上符合库兹涅茨总结出来的一般规律,且根据这一规律中国目前正处于工业化中后期阶段,第一产业产值比重即将降至10%以下,第二产业产值比重接近历史最高位,同时第三产业产值比重有继续上升的势头。

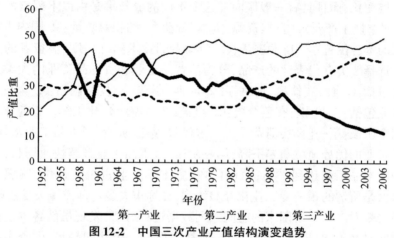

图12-2 中国三次产业产值结构演变趋势

资料来源:《中国劳动统计年鉴2007》、《中国统计年鉴2007》。

二、工业化进程中工业部门结构变动的一般规律

工业化不仅是一个国家农业部门向非农业部门转化的结构变动过程,而且也是工业部门内部结构的变化过程。各国在工业化和现代化过程中,工业部门之间的结构变动具有明显的阶段性和规律性。一般认为,工业发展过程正常地要经历三个阶段。在第一阶段,初级消费品工业如食品加工、纺织、烟草、家具等工业是主要的工业部门,并且比资本品工业如冶金、化学、机械、汽车、钢铁等部门以更快的速度发展。在第二阶段,资本品工业的增长加速进行,资本品工业产值在工业总产值中的比重趋于上升,但这时消费品工业在产值和速度上都仍然占有主导地位。在第三阶段,资本品工业比消费品工业以更快的速度增

长,并渐占优势。

一般而言,在工业化过程中工业结构变动的主要原因是需求结构变化和技术变化。在工业化初期,轻工业如食品加工、纺织业是满足人们最基本需要的部门。只有当基本需要得到满足之后,人们才有可能把更多资源投资于其他工业。另外,发展中国家在发展初期,资本、技术和熟练劳动力十分稀缺,而非熟练劳动力极为丰富。在这种条件约束下,发展中国家不可能迅速发展需要大量资本、技术和管理人才的资本品工业,只可能发展劳动和原料密集、需要较少资本和技术的消费品工业。但随着工业化程度的提高、资本的不断积累、技术水平的不断提高,资本品工业必须加速发展。

工业化进程中各工业部门的成长率并不相同,因而形成了工业部门间的特点的结构变化,而且具有一般倾向。这个不同的成长率是由以下因素的相互作用引起的:①生产要素(自然资源、资本、劳动力)的相对数量;②国内市场与国际市场的资源配置;③技术进步;④劳动者的技术熟练程度、消费者的兴趣爱好等。选择8类有代表性的产品,分为消费品工业和资本品工业两大类。消费品工业包括:①食品、饮料、烟草等;②布匹、制鞋;③皮革制品;④家具等。资本品工业包括:①生铁、有色金属;②机械;③车辆;④化工等。工业化进程可分为四个阶段:第一阶段,消费品工业占优势;第二阶段,资本品工业迅速发展,消费品工业的优势地位渐趋下降;第三阶段,资本品工业继续快速增长,消费品工业与资本品工业达到平衡;第四阶段,资本品工业占主要地位,实现了工业化。这就是所谓的霍夫曼工业化经验法则,亦称霍夫曼定理或霍夫曼法则。

霍夫曼对二十多个国家的时间序列数据进行分析,发现虽然各国进行工业化的时间早晚不同且发展水平各异,但都表现出一个共同趋势,即资本品工业净产值在整个工业净产值中所占的份额稳定上升,并呈现出大体相同的阶段性质(如表12-1所示)。

表12-1 霍夫曼工业化阶段指标

	霍夫曼比率(消费品工业净产值/资本品工业净产值)
第一阶段	5(±1)
第二阶段	2.5(±1)
第三阶段	1(±0.5)
第四阶段	1以下

资料来源:Per-kang Chang, *Agriculture and Industrialization*, Harvard University Press, 1949, pp. 101—105。

根据该经验法则,从20世纪20年代末看,当时达到第三阶段的国家有:英国、瑞士、美国、法国、德国、比利时、瑞典等国;进入第二阶段的有:日本、荷兰、丹麦、加拿大、澳大利亚等国;处于第一阶段的有:智利、印度、新西兰等国。盐谷佑一根据产业关联理论测算的霍夫曼比率,不仅论证了霍夫曼工业化经验法则的适用范围(重工业化阶段,即大体是工业化初中期),而且还揭示了随着经济和技术的进步在现实经济生活中出现的新倾向,即在消费资料生产与资本资料生产品比率稳定的情况下,重工业化率却在上升。

从历史上看,曾出现过重工业产品只用于满足基本建设和军事物资的需要的情况,在这样的历史背景下,霍夫曼的观点是符合实际的。但是,随着科技进步,工业化进程进入中、后期,即工业部门结构从以原料为重心转向以加工组装工业为重心后,重化学工业产品广泛用于制造消费资料,尤其是进入耐用消费品的发达阶段时更是如此。这样,随着机械工业中耐用消费品生产的迅速增长,产业的供求关系发生了结构性的变化,重工业内部消费资料生产的比重日益增大,因而从总体上看,消费资料工业和资本资料工业的比率不是继续下降,而是趋于稳定。

钱纳里和泰勒发现,制造业的发展受人均国民生产总值、需求规模和投资率的影响大,受工业品和初级品的输出率的影响小,并将其分为早期工业、中期工业和晚期工业三类。[①] 这一分类更加明确地表明了工业部门发展的时序性。早期工业,即指在经济发展初期对经济发展起主要作用的制造业部门,如食品、皮革、纺织等部门。这些部门的产品主要用于满足基本的生活需要,具有较强的最终需求性质,且需求的收入弹性小,生产技术简单。中期工业,是指在经济发展中期对经济发展起主要作用的制造业部门,如非金属矿产品、橡胶制品、木材及木材加工、石油、化工、煤炭制品等部门。这些部门的产品既包括中间产品又包括最终产品,需求收入弹性很高,因此,这些产品的生产在发展中期增长得较快,但只是稍快于总量 GNP 的增长。后期工业,即在经济发展后期对经济发展起着主要作用的制造业部门,如服装和日用品、印刷出版、粗钢、纸制品、金属制品和机械制造等部门。这些部门的产品需求收入弹性很大,产业关联效应强。这些制造业部门在发展的晚期增长速度加快,大大超过 GNP 的增长速度,致使这些工业在国民经济中渐占优势。但是,当经济发展到相当高的水平时,这些工业的发展速度开始下降,甚至低于 GNP 的增长。而其他一些新发明出来的产品和新兴工业将取代重工业而迅速发展起来,如 IT(信息技术)工业就是一个很好的事例。该工业在发展早期是不存在的。

---

① H. Chenery and L. Taylor, "Development Patterns: Among Countries and over Time", *Revienv of Economics and Statistics*, Vol. 50, No, 4(1968), pp.391—415.

以上所分析的产业间结构的变动以及工业部门结构的变动,是许多已实现工业化的发达国家和正在实现工业化的发展中国家工业化进程中所表现出来的一般趋势。但这并不一定意味着,所有的发展中国家都一定遵循这一模式,因为各国的资源条件、历史条件、制度条件、人口条件、地理条件、发展战略和开放程度都是不同的。不过,研究工业化进程中结构变动的一般规律对制定发展战略是有重大参考意义的。

中国的重工业化与再度重工业化

在各国工业化和工业现代化进程中,工业内部的结构演变具有明显的阶段性和规律性。一般是从轻工业起步,随着工业化的进行,开始向以基础工业为主的重工业转移,即进入以原材料工业和燃料动力工业为重心的发展阶段。然后在基础工业发展的基础上,重心又向加工组装工业转移,这就是我们常说的重工业化过程。图12-3利用重工业化指数(重工业产值占工业总产值的比重)反映出中国1952—2006年间重工业化发展历程。

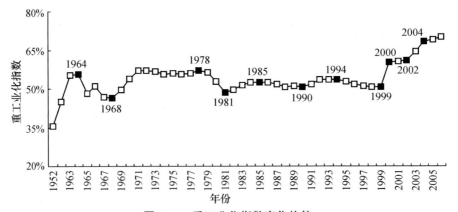

图12-3 重工业化指数变化趋势

结合我国工业化的道路和工业结构调整的历史,可以将我国重工业化发展历程分为三个阶段:

第一阶段为1952—1978年,即单纯依靠国家力量,实行计划经济和优先发展重工业时期。在1952—1964年的短短12年间,伴随三年"大跃进",中国重工业化指数由35.5%快速上升至55.7%。

第二阶段为1978—1999年,中国的工业化道路从优先发展重工业的倾斜战略转变为农轻重并举的均衡发展战略。可以看到,经过1978—1981年短短3年的时间,中国的重工业化指数由56.95降至48.5%,说明大量资源(资本、劳动等)由重工业流向效率更高的其他行业。在此之后,中国的产业结构又经历了一系列以"补短"为特征的政策调整,至1996年,终于结束了长期存在的"短缺经济"。1981—1999年,重工业化指数一直在50%—54%的区间内上下波动。

第三阶段为1999年至今,中国的重工业化指数再次开始上升。金属冶炼及压延加工业、煤炭开采和洗选业、石油和天然气开采业、金属矿采选业和部分装备制造业产值比例的迅速增长成为带动中国重工业化指数再次上升的重要原因。

总之,1952—1978年间中国经历了以计划经济为主导的第一次重工业化时代,建立了完备的工业体系,但同时也造成了工业内部结构的严重扭曲。随后经过20年调整优化,工业内部结构(特别是轻重工业比重)逐步趋于合理。1999年至今中国经历了第二次重工业化阶段,此次工业内部结构的演变主要是由市场机制所主导的,在这一时期中国的基础工业、原料工业得到了长足的发展。可以预见,中国还将经历第三次甚至第四次重工业化阶段,也就是以加工工业和高新技术装备制造业为主导的重工业大发展时期。

资料来源:李博,《中国工业结构优化升级的进程分析与实证测度》,华中科技大学博士论文,2008年6月。

三、工业化进程中的卡尔多增长规律

世界上有三个国家靠农业变富,即新西兰、澳大利亚和加拿大。其他中等及以上收入国家则把20%—40%的资源投入工业,生活水平也随之提高。这似乎说明:工业尤其是制造业扮演着增长的发动机的角色。GDP增长的差异主要由劳动生产率增长的差异来说明,因此,工业的增长与劳动生产率的增长必定存在联系。原因有两点:第一,如果工业存在静态的和动态的规模报酬递增,那么,工业的产出增长和工业劳动生产率的增长之间的关系就存在。静态的规模经济是由大规模生产带来的,动态的规模经济是指产出增长对资本积累和资本中包含的新技术进步的诱导效应,劳动生产率随着产出的增长通过边干边学提

高。第二,如果工业之外的活动是报酬递减的,那么随着工业的扩张,当资源从这些活动转移到工业部门时,非工业活动的劳动平均成本就将上升。工业增长、生产率增长和 GDP 增长的关系,被叫做卡尔多增长规律。

卡尔多发现:有三个增长规律在发达国家和发展中国家通过使用截面数据和时间序列数据得到了广泛的检验。第一个规律:制造业产出的增长和 GDP 的增长之间存在一个强的正相关关系;第二个规律:制造业产出的增长和制造业生产率增长之间存在一个强的正相关关系;第三个规律:制造业产出的增长和非制造业生产率增长之间存在一个强的正相关关系。

卡尔多增长规律包含一些附带的命题:第一,当报酬递增活动中吸收劳动的余地耗尽时,GDP 的增长就会放慢。第二,工业增长的速度取决于需求,在发展早期,需求主要来自农业部门;在发展后期,正是出口需求在推动经济。第三,出口和产出的快速增长能够建立一个增长的良性循环,其他国家如果不作特别努力和保护是很难打破的。所以,卡尔多教导学生三件事情:第一,发展中国家必须工业化;第二,它们只能通过保护才能实现工业化;第三,任何人谈一些别的事情都是骗人的。

第三节 产业结构演变的动因、形态与机制

产业结构转换(Transformation of Industrial Structure)是指一个国家(地区)的国民经济各产业及整个产业结构发生质变的过程。随着一个国家的经济发展,技术进步速率不断加快,收入增长,资源配置状况发生变化,新产业不断涌现,产业结构会发生相应的转换。由于新产业是在原有产业母体中产生的,因此产业结构转换是一个有序的过程。一般来说,新旧产业更替和转换序列主要有:① 从生产要素的密集度上看,存在着由劳动密集型向资金密集型,向资金技术密集型,再向知识技术密集型演变的顺序;② 从采纳新技术革命成果的能力上看,存在着由传统产业向新兴产业,再向新兴与传统相结合产业转换的顺序;③ 从三次产业变动看,存在着由低附加价值向高附加价值,再向更高附加价值演变的顺序,等等。一个国家产业结构的转换既是一定经济发展阶段的客观要求,又是一定时期内经济增长的任务。

一、产业结构演变的动因

在经济增长过程中,引起产业结构变动的因素较多,其中起决定性作用的因素主要是部门劳动生产率、需求结构、供给结构、国际贸易和技术进步。

1. 部门劳动生产率差异

在经济发展初期,各个部门的劳动生产率差距很大:农业部门由于存在着大量的过剩劳动力且专业化程度低,其劳动生产率在三个部门中是最低的;工业部门尤其是制造业部门由于人均资本占有量大和专业化程度高,其劳动生产率最高,在制造业中,重工业的劳动生产率又比轻工业高;服务业的劳动生产率处于两者之间。随着经济的增长,三个部门的劳动生产率差距开始逐步扩大。劳动生产率差异特别是相对劳动生产率(某一给定部门在总产值中的份额/该部门在总劳动力中的份额①)差异是劳动力在产业间流动的直接动因。这是因为,对劳动者而言,由于相对劳动生产率高的部门每个工人创造的产值大,每个工人的收益就要高于相对劳动生产率低的部门,从而形成部门间的收益差。劳动者追求较高收益的动机推动着劳动力从低收益部门向高收益部门流动,导致产业间就业结构和产业结构的变动。

2. 需求结构变动

生产的目的是满足人们的需求,因此,需求的结构变化影响产出的结构变化。人的需要是多种多样的,这种无限多样的需要按照对人们的重要程度可以划分为不同的层次(如生存需要、享受需要和发展需要等),需求结构就是按照人们需要等级的先后次序排列的有机构成。这里的需求是指有效需求即有支付能力的需求,因而它受人们可支配收入的制约,是可支配收入的函数。

当收入水平较低时,人们自然将有限的收入用于购买满足最基本需要的商品,以解决生存问题;随着收入水平的提高,便有可能将增加的收入用于购买满足更高层次需要的商品。因此,现实的需求结构是随着收入水平的提高而不断变化的,并且在满足基本生活需要的基础上逐步向更高层次的需要转移。恩格尔定律反映了收入水平和需求结构变动的这种对应关系。② 需求结构随收入水平的提高而变动,需求结构的变动又会引导产业结构发生变动。

在工业化初期,人均收入低,人们的需要主要是解决生存的需要,对农业和轻纺工业产品的需求最大。同时,由于人均产值低,也无力发展资本有机构成高的产业。因而在当时的产业结构中农业和轻工业占较大份额,成为该时期占主导地位的产业。随着工业化的进行,人均产值和收入水平提高,人们在基本解决温饱之后,便向享受需要层次过渡,尤其对耐用消费品的需求迅速增长,从而拉动以耐用消费品生产为中心的基础工业和重加工工业的发展,推进产业结

---

① 〔美〕西蒙·库兹涅茨:《各国的经济增长:总产值和生产结构》,常勋等译,商务印书馆 1985 年版,第 216 页。

② 详见张培刚:《农业与工业化》,华中工学院出版社 1984 年版,第 32—36 页。

构从以农业、轻纺工业为重心向以基础工业、重加工工业为重心转换。当然,这次产业结构的重大转换,没有轻工业的充分发展和农业生产率的大幅度提高是不可能实现的。在实现工业化进入人均产值和人均收入水平更高的阶段后,由于物质相当丰富,人们的需要又进一步向发展需要层次过渡,物质生活和精神生活的要求都大大提高,在满足多样、新颖、高质量物质产品需求的同时,在社会分工日益深化下现代服务性产业又成为人们需求的重心,以信息为中心的高科技产业又逐步取代重加工工业的主导地位,这就实现了又一次产业结构的重大转换。

3. 供给结构变动

供给方面的因素,一般指作为生产要素的劳动力、资本和自然资源等状况,它们的供给程度和相结合的效益如何,能否提高劳动生产率和降低成本等,这些都关系到产业的发展。因此,供给因素的变动或相对成本的变动会推动产业结构的变动。

在一定的需求水平下,供给方面的变化主要是由技术进步和市场竞争引起的。技术进步会出现新的生产工具、新的生产工艺和新的材料,以至大幅度提高现有生产的劳动生产率,降低生产供给有关资源(资本、劳动力、原料等)的消耗水平,从而导致现有生产的相对成本下降。在市场经济中,相对成本低的产业会有更强的竞争能力,吸引资源向该产业部门流动,使其获得迅速增长,从而推动产业结构的变动。此外,由于技术进步会开发新的产品,形成新兴产业,这时,新兴部门由于自身潜力或在幼稚时期的政府扶植下,总会在市场上赢得一席之地。这也必然引起产业结构的变动。

4. 国际贸易

这是外部从需求和供给两方面影响产业结构变动的因素。一般来说,各国间产品生产的相对优势的变化,会引起各国进出口结构的变动,从而影响其产业结构的变动。各国产品生产的相对优势,往往是建立在该国生产要素的丰裕优势基础上的。在一定时期,由于某些生产要素的价格和投入费用低,从而能在国际贸易中获得比较利益。这种建立在生产要素赋予优势基础上的国际贸易,必将导致出口国家和需求国家的产业结构发生变化。其具体情况可归纳为以下两种:

(1) 一般在国内开发的新产品,先是依靠国内市场促其发展,一旦国内市场趋于饱和状态,便开拓国外市场,出口产品。随着国外市场的形成,进一步出口有关技术和输出资本,促进资本、技术与当地廉价资源(劳动力、自然资源等)的结合,再把这种产品以更低价格打回本国市场,以促进国内这一产业的收缩或转向其他产品的开发。这是当今多数经济发达国家所采取的方式,经过如此周而复始的良性循环,不断地推动国内产业结构的演进。美国学者 R. 弗农(R. Venon)提出的产品循环说就论证了这一点。

(2) 后起的国家一般在开始时实行进口替代政策,借助进口产品来开拓国内市场,诱发该产业的成长。该产业发展到一定程度后,利用规模经济和本国资源(如劳动力资源)丰裕的优势,使生产成本显著下降,形成比较利益,开始扩大国际市场。随着该产品的国际市场的形成,需求扩大,促使国内产业结构发生变动。

5. 技术进步

技术进步对产业结构的影响可以从以下几方面分析:

(1) 技术进步影响需求结构,从而导致产业结构的变化。具体表现为,技术进步使产品成本下降,市场扩大,需求随之变化;技术进步使资源消耗弹性下降,使可替代资源增加,改变了生产需求结构;技术进步使消费品升级换代,改变了消费需求结构。

(2) 技术进步影响供给结构,从而直接导致产业结构的变化。具体表现为:技术进步的结果是社会劳动生产率提高,导致产业分工的加深和产业经济的发展;技术进步改变国际竞争格局,从而影响到一国产业结构的变化。技术进步促进产业结构变化的机理是:当某一产业的产品需求价格弹性较小时,技术进步使得其产出大量增加,而生产部门的收益即有所下降。在这种情况下,该产业的某些生产要素就会流向其他产业。相反,当某一产业的产品需求价格弹性较大时,技术进步使得其产出大量增加,也能提高该部门的收益。于是,生产要素就会有一部分从其他产业流向该产业。新的要素流入又促进了该产业部门的发展并加快了需求价格弹性小的产业部门的衰退及其效益水平的提高。

二、产业结构演变的形态:产业间优势地位更迭

产业结构演变是一个有序的、高级化的过程。产业结构高级化即产业结构从低度水准向高度水准发展的过程,也就是新旧产业优势地位不断更替的过程。产业一般都会经历一个兴起—扩张—减速—收缩的过程。产业的兴起往往与新产品的开发或原有产品的极大完善相联系。随着新产品的优点逐渐被人们认识,对它的需求日益增大;同时,创新又成功地大幅度降低了该产品的成本。需求和供给两方面的推动使该产业迅速扩展,进入一个高速增长阶段。但当这种高速增长达到一定的临界点后,便开始出现减速增长的趋势。这是由于在一定时期内,具有购买力的有效社会总需求总是一个定值,从而社会对某一类产品的需求也是一定的。随着某一产业产品需求量的增加,将逐步达到饱和,需求量将趋于稳定。由于同一需求可以有不同的满足方式,达到不同的满足程

度,因此,当新的更有效的方式随科技进步出现时,原来的方式就会逐步衰退,直至让位。由于各产业生命周期的起点不同,因而在同一时点上各产业之间的增长速度就存在差异性。如果我们以产业部门增长率为标准,就可以判断出各产业在其结构中所处的地位。在前一时期大体接近平均增长率,而在后一时期却远远高出平均增长率的称为"发展产业";其增长率在两个时期都超过平均增长率的称为"成长产业";在前一时期其增长率高于平均增长率,而在后一时期大体与平均增长率相等的称为"成熟产业";在两个时期中与平均增长率不相上下,或都低于平均增长率的称为"衰退产业"。

从一个确定的时点看,这四种类型的产业部门都是同时存在的。但如果从时间序列上看,这四类产业部门又是一个连续发展的过程:原有的老的产业增长缓慢,被新的高增长的产业取代;在历次的发展进程中,潜在的高增长产业又将跑到前面,代替原来高增长的产业。正是以上这种产业间优势地位的更迭,形成了产业结构的有序转换和高级化。

三、产业结构演变的机制:主导产业转换

虽然产业之间优势地位的更迭使产业结构的变动呈现有序性,但在那些同属于较高增长率的产业部门中又可以分为不同的种类,它们在结构成长中的地位和功能是不同的。在经济发展某一特定阶段的产业结构中客观地居于主导地位,起着前波后及、带动一大批产业发展作用的产业,被美国经济学家罗斯托称为主导产业或主导部门(Leading Sectors)。

主导产业应具备以下特性:① 依靠科学技术的进步获得新的生产函数;② 形成持续高速增长的增长率;③ 具有较强的扩散效应,对其他产业乃至所有产业的增长起着决定性的影响。这三个特性反映了主导产业的素质和特有的作用,它们是有机的整体,缺一不可。在这里,高增长率并不能说明主导产业的特有作用,因为其他产业也能保持高增长率,只有少数兼备较强扩散效应的产业,才构成主导产业。主导产业除了吸收科技进步、引入新的生产函数和保持高速增长的一般特性外,其扩散效应成为区别于其他产业的最重要的特性。这一点也正是识别主导产业的重要标志。

扩散效应具体表现在三个方面:① 回顾效应,指主导部门增长对那些向自己供给生产资料的部门产生的影响;② 旁侧效应,指主导部门成长对它周围地区在经济社会发展方面起到的作用;③ 前向效应,指主导部门成长对新兴工业部门、新技术、新原料、新能源的出现的诱导作用,以便解决生产中的瓶颈问题。

随着科学技术的进步和社会生产力的发展,特别是社会分工的日益深化,带动整个产业发展的已不是单个主导产业,而是几个产业的共同作用,罗斯托

将此称为主导部门综合体。他认为,主导部门综合体是由主导部门和与主导部门有较强后向关联、旁侧关联的部门组成的,如最能体现技术进步的主导部门——机械和与其有较强的后向关联和旁侧关联的钢铁、电子、化工、电力、石油、汽车等部门组成的主导部门综合体。

主导部门及主导部门综合体不是一成不变的,在经济增长的不同阶段,都有与之相适应的主导部门及主导部门综合体。经济增长总是先由主导部门采用新技术开始,由于它最早采用新技术,因此降低了成本,扩大了市场,增加了利润和积累,然后通过扩散效应,带动整个国民经济的发展。但是,一旦它的先进技术及其效应已经扩散到各个有关部门和地区,经济增长便会失去冲力,它的使命也就完成了,这时就要有新的主导部门来代替旧的主导部门的位置。新的主导部门采用新技术,再次影响其他部门,带动经济继续增长,并过渡到下一个增长阶段。旧的主导部门的衰落和新的主导部门的形成,标志着经济增长和产业结构成长的不同阶段。

然而,主导部门的更迭序列不是任意的,而是具有技术的、经济的内在逻辑,呈现出有序的方向性。罗斯托把纺织工业说成是起飞阶段古典式的主导部门,钢铁、电力、通用机械等是成熟阶段的主导部门,汽车制造业则是群众性高消费阶段的主导部门。主导部门这种有序演变实际上反映了产业结构高级化的趋势。因为产业结构高级化本质上并不是指某些部门比例的上升或下降,而是指技术集约化。因此,只有引入新的生产函数,出现对其他部门增长有广泛的、直接或间接影响的主导部门的更迭,才能提高整个产业的技术集约化程度,导致产业结构向高级化方向演进。因此,产业结构变动的方向性是由创新在某一产业内迅速、有效地积聚,并通过部门间的技术联系发生扩散效应来决定的。可见,以创新为核心的主导部门的更迭正是产业结构高级化的作用机制。

中国的新型工业化道路与产业结构优化升级

产业结构是生产要素在不同部门、不同区域配置的比例关系,它既是以往经济增长的结果,又是未来经济增长的基础和新起点。一国的产业结构调整、优化升级既要解决资源配置的平衡问题,消除结构性短缺或结构性过剩,保证经济协调和稳定增长,更要促进生产要素向效率更高的部门转移,推进产业升级,

发展经济学

提高资源配置效率和国际竞争力。换言之,既要实现结构合理化,又要不断高度化。

目前我国整个工业化发展还面临着许多问题和矛盾。主要有:三次产业发展不协调,第一产业的比重还比较大,第三产业尤其是生产服务业发展滞后;农村剩余劳动力向非农产业转移的任务艰巨,就业压力加剧;区域经济发展不平衡;出口产业结构是以加工贸易和轻纺产业为主,出口增长主要靠数量扩张,在国际分工中处于价值链低端,国际竞争力不强,等等。这些问题和矛盾在很大程度上是直接或间接与现行产业结构不合理和低度化相关联的。因此,解决这些问题的重要途径在于:走新型工业化道路,推进产业结构优化升级,形成以高新技术产业为主导、基础产业和制造业为支撑、服务业全面发展的产业格局。

走新型工业化道路,就是坚持以信息化带动工业化,以工业化促进信息化,走出一条科技含量高、经济效益好、资源消耗低、环境污染少、人力资源优势得到充分发挥的新型工业化路子。为此,必须采取以下必要措施:① 优先发展信息产业,积极发展高新技术产业。高新技术产业的特点是科技含量高、发展速度快,对国民经济和社会生活的渗透和带动作用强。② 坚持用高新技术和先进适用技术改造提升传统产业,大力振兴装备制造业。处于工业中心地位的制造业,特别是装备制造业,是国民经济持续发展的基础,是国家工业化、现代化建设的发动机。国民经济各行业的生产技术水平和竞争能力的高低,在很大程度上取决于制造业提供的技术装备的性能和水平。③ 加快发展服务业特别是现代服务业。服务业的兴旺发达是现代经济的一个显著特征。大力发展服务业是加快工业化、现代化的必然要求。这对于促进国民经济协调发展、提高经济效益和效率、扩大劳动就业、加快城镇化进程、改善人民生活,都有重大作用。

资料来源:张培刚、张建华、罗勇、李博,《新型工业化道路的工业结构优化升级》,载《华中科技大学学报(社会科学版)》,2007年第2期。

第四节 工业化战略与基础设施投资

工业化战略是指发展中国家选择什么样的途径来实现工业化。包括工业化的模式选择、阶段顺序安排、资本积累方式和产业导向政策制定等。本节关注发展中国家建立工业体系的方法,即为了尽快实现工业化,应如何把资源分配到各产业部门和生产单位中,以求获得最大的经济效益,促进经济发展。发展中国家在建立工业体系的过程中,通常面临行业或项目的优先选择的问题。

可供选择的主要有平衡增长战略和不平衡增长战略。工业化战略运用的一个重要领域是基础设施的投资，而基础设施在工业化中又具有特殊的地位和作用。

一、平衡增长与不平衡增长

1. 平衡增长

所谓平衡增长(Balanced Growth, BG)，是指在整个工业或整个国民经济各部门中，同时进行大规模的投资，使工业或国民经济各部门，按同一比率或不同比率全面地得到发展，以此来彻底摆脱贫穷落后面貌，实现工业化或经济发展。平衡增长可以分为三种类型：一是强调投资规模的平衡增长理论，其核心是要通过大推进式的投资来克服经济中存在的不可分性，以推动各工业部门的全面增长，实现工业化的目标。二是强调经济发展如何起步、走什么样的发展路线的平衡增长理论，其核心是要求将资源配置到国民经济各个部门(包括工业在内)中，使整个经济全面地实现增长，以摆脱贫困恶性循环，实现经济发展。三是既强调投资规模，即解决"不可分性"，又强调国民经济总体都同时全面增长，这是一种折中类型。

根据这些类型，平衡增长又可以相应地分为三种形式：

(1) 极端的(Extreme)平衡增长。主张对各个工业部门同时、按一定比率进行大规模投资，以克服资本供给的不可分性，使整个工业按同一速率全面增长，实现工业化。这一派的主要代表是罗森斯坦-罗丹。他认为，发展中国家要从根本上解决贫穷落后问题，关键在于实现工业化，必须实行大推进战略，在各个工业部门全面地进行大量投资，使各种工业部门都发展起来，才能相互依赖，互为市场，克服不可分性，实现工业的大发展。同时，在全面发展工业的过程中，为了避免一些工业发展过快、产品过剩，必须在投资时做到：按同一投资率对各个工业部门进行投资。只有这样，才能保证各工业部门之间发展协调、比例均衡，按同一增长速度向前发展，使产品的生产与需求达到平衡。

(2) 温和的(Moderate)平衡增长。主张对工业、农业、外贸、消费品生产、资本品生产、基础设施等国民经济各部门，同时但按不同比率进行大规模投资，以摆脱贫困恶性循环，使整个国民经济各部门按不同速率全面增长，实现经济发展。持这种观点的代表人是R. 纳克斯(R. Nurkse)。他特别强调了市场容量狭小对经济增长的限制，以及大幅度扩大市场容量对经济迅速增长的决定性作用，认为只有同时、全面地投资于工业、农业、消费品生产、资本品生产等国民经济各部门，才能形成广大而充足的市场，产生足够的投资吸引力，为投资规模的进一步扩大、经济的进一步增长创造条件。但他并不主张各部门都按同一比率发展,而是主张按不同的比率来投资和发展各个部门的生产,以各部门产品的需求价格弹性和收入弹性的大小来确定不同的投资比率。

(3) 完善的(Perfect)平衡增长。主张以萨伊定律为依据,按照产品的价格弹性与收入弹性的大小选择国民经济各部门的增长比率,并以温和的平衡增长的方式将现有资源全面地分配于国民经济各部门,在总供给与总需求平衡(主要表现为新创造出来的收入恰好吸收尽新生产出来的产品)的基础上,实现经济发展。持这种观点的代表人是 P. 斯特里顿(P. Streeten)。一方面,他既强调扩大投资规模对克服供给方面的不可分性与增强需求方面的互补性的重要作用,也强调取得工业、农业、消费品与资本品等国民经济各部门间平衡增长的重要性;另一方面,他既主张国民经济各部门按不同的比例全面发展,实现平衡增长,也主张在达到平衡增长的过程中,依据各个产品的需求弹性来安排不同的投资率和增长比例,通过个别部门的优先发展和快速增长,来解决经济发展中的梗阻问题,最终实现国民经济各部门按适当的比例平衡增长。

平衡增长理论过分强调国内市场的形成和各部门的平衡增长,从而存在一些局限性:第一,在可利用资源为既定的情况下,各部门之间的关系往往表现为竞争性而不是互补性,平衡增长受到资源不足、技术水平和管理水平低下的限制。第二,平衡增长没能把握住发展中国家主要问题的实质,发展中国家的主要问题不是由于市场狭小的限制造成投资吸引力不足,而是由于人均收入水平低和储蓄不足,造成资金短缺或资本供给缺乏弹性。第三,平衡增长理论的一个致命的弱点是缺乏实际的操作性,因而受到了广泛的批评。

2. 不平衡增长理论

不平衡增长(Unbalanced Growth, UG)理论的形成,是以赫尔希曼的著作《经济发展战略》在1958年的出版为标志的。这种理论的主要观点是,发展中国家应当集中有限的资源首先发展一部分产业,以此为动力,逐步扩大对其他产业的投资,带动其他产业的发展。

赫尔希曼认为,发展中国家的资源稀缺、资本有限,要在短时间内筹集到大量的资本并解决资源稀缺的梗阻问题是不可能的,因而平衡增长的计划难以实施;即使实施了,投资项目也难以建成或不能发挥应有的效率,因为发展中国家最稀缺的资源不是资本,而是企业家和管理能力,从而使资源得不到合理的配置。赫尔希曼接着用引致投资最大化原理和联系效应理论,论述了如何实行不平衡增长。在赫尔希曼看来,发展中国家真正缺乏的不是资源本身,而是运用资源的手段和能力。因此,他认为,投资项目系列中的偏好应当是引致决策最大化,即能通过自身发展引致其他项目最快发展的投资项目。接着赫尔希曼用一个关于社会分摊资本和直接生产活动之间的关系的模型来说明引致决策最大化原理。而联系效应是指在国民经济中,各个产业部门之间存在着某种关系,这种关系决定了各产业部门之间相互联系、相互影响、相互依存。一个产业联系效应的大小,应该用该产业产品的需求价格弹性和收入弹性来度量,价格弹性和收入弹性大,表明该产业的联系效应大;价格弹性和收入弹性小,则表明该产业的联系效应小。一个国家在选择适当的投资项目优先发展时,应当选择具有联系效应的产业,而在具有联系效应的产业中,又应当选择联系效应最大的产业优先发展,而联系效应最大的产业就是产品需求价格弹性和收入弹性最大的产业。这就是产业部门发展优先次序选择的技术标准,是不平衡增长理论的核心。

对于如何实现不平衡增长,许多经济学家都作过深入的讨论。在部门优先次序上,普雷维什和辛格主张优先发展进口工业,费尔德曼主张优先发展重工业,罗斯托主张优先发展主导部门工业,也有些经济学家主张优先发展外贸部门等。在地区发展优先次序上,佩鲁提出了发展极理论,缪尔达尔提出了地理上的二元经济结构理论,等等。

平衡增长和不平衡增长看似对立,实则相互间有着密切的联系。不平衡增长是从资源有效配置的角度,考虑经济发展的初期如何把有限的资源分配于最有生产潜力,即联系效应最大的产业中,通过这些产业的优先发展,来解决经济发展的瓶颈问题,并通过它们的发展来带动其他产业的发展。但是,当经济发展进入高级阶段时,从工业化和快速发展的角度来看,国民经济各部门的发展需要一定的协调,使其保持一定的均衡,因而平衡增长就成为必然。不平衡增长的目的还是要实现更高层次和更高水平的平衡增长,只不过平衡增长是目标,不平衡增长是手段。

二、发展中国家基础设施发展战略

基础设施(Infrastructure),又称为"社会分摊资本"(Social Overhead Capital, SOC),与私人资本或直接生产性活动(Directly Productive Activities, DPA)相区别。基础设施是指为直接的生产活动以及满足人们的生活需要,实现可持续发展提供共同条件和公共服务的设施与机构。基础设施有广义和狭义之分。狭义的基础设施专指提供有形产品的部门,如交通部门和动力部门。广义的基础设施还包括教育、科研、环境和公共卫生,以及整个司法、国防和行政管理系统,它们是提供无形产品的部门。随着技术的进步和社会的发展,基础设施的范围也在不断地发生变化。

基础设施是涉及经济增长、环境保护、生活质量和社会可持续发展的基础性产业。基础设施的状况如何,决定着一个国家和地区经济结构的优劣,进而决定其经济发展的水平和速度以及现代化的进程。然而,由于基础设施的资本系数高,技术上具有不可分性,建设周期较长,投资规模大,具有基础性和先行性,许多发展中国家的基础设施投资往往滞后,从而在一定程度上制约了经济发展。因此,发展中国家要加快经济发展,就必须注重基础设施的建设,发挥基础设施的作用。

对基础设施发展战略的选择,主要有两种观点:一是"超前论",即优先发展基础设施,使其生产能力过剩,从而引致对直接生产活动的投资;二是"压力论",即优先投资直接生产活动,使基础设施处在短缺的状态下,迫使对基础设施进行投资。

从基础设施与直接生产活动的时序关系来看,存在五种基本形式[①]:

第一种类型是基础设施超前于直接生产活动。一般认为英国早期基础设施的发展是这种类型的代表。英国及其稍后的其他国家对铁路等基础设施的大规模投资推动了经济增长,这一史实曾给早期的发展经济学家提供了理论依据,以至"唯资本论"和"大推进理论"曾风行一时,但因发展中国家不再具有早期工业化国家的一系列外部环境和条件,所以现在很少有发展中国家再采取这种战略。

第二种类型是基础设施与直接生产活动同步发展。也就是基础设施的形式和供给能力与直接生产活动的发展保持平衡适应状态。一般认为美国是这种模式的典型。发展中国家由于资源贫乏、资本短缺,一般也很少采取这种战略。

第三种类型是基础设施滞后于直接生产活动的发展。中国和广大发展中国家都属于这种模式。在一些滞后程度比较严重的国家和地区,基础设施的短缺成为制约经济发展和增长的瓶颈。

第四种类型是基础设施和直接生产活动交错发展。也就是在一定的时间内,基础设施优先增长,待基础设施形成后,满足直接生产活动在一定时间内的发展需要;当基础设施的能力饱和时,再重新扩张基础设施。这种类型与第一种类型不同的地方在于:基础设施不是始终处于先行地位。这种模式在发展中国家比较常见。

第五种类型与第四种类型相仿,但不是优先发展基础设施,而是优先发展直接生产活动,即当直接生产活动提供的剩余积累到一定规模时,再用于基础设施的发展。这种模式在发展中国家很常见。

以上五种类型各有不同的特点。在基础设施的超前或同步发展中,都要求

---

① 陈文科、林后春:《农业基础设施与可持续发展》,载《中国农村观察》,2000年第1期。

社会预先有可供基础设施发展的投资品,而这些投资品又是由直接生产活动生产出来的。因此,究竟是直接生产活动优先增长,还是基础设施优先增长,颇有点儿像"鸡和蛋哪个先出现"的问题。如果从经济效果和社会效果来看,第一、第二种类型都是比较良好的,第三、第五种类型较差,第四种类型在什么时间或什么条件下开始交错,虽然可以进行一定的量化研究,但实际上并不是一件容易把握的事情。

多数基础设施不是纯公共物品,只是具有一定的公共性,那么政府就没有必要独揽基础设施的投资,而应该广泛吸引民间资本参与。事实上,许多发展中国家都逐步实施了基础设施的投资体制改革。具体来说,对于不同类型的基础设施,吸引民间资本的方式有所不同。

第一,对于电信、铁路、机场、港口、城市公交等既具竞争性又有排他性的基础设施,政府可以进行民间资本参股、控股甚至独资经营。

第二,对于竞争性弱但是排他性强的基础设施,如果有利可图、私人企业愿意投资,那么政府应该引导民间资本介入,而不应该禁止其参与。例如,收费的高速公路、桥梁、隧道等,政府应该制止垄断高价以保护消费者的利益,同时限制恶性竞争以维护投资人获得合理回报,但不能以此为理由禁止民间参与。

第三,对于入不敷出、无利可图的基础设施项目,政府可以给予一定的补贴或者补偿,使投资者愿意参与。通常采用的办法有免税、赠与土地和财政补贴。

第四,对于纯公共物品,如果能对使用者强制收费,则民间资本仍然可以参与。

世界银行建议对基础设施的经营管理进行改革,对那些明显属于纯私人物品或外部效应较小的基础设施如电信、电力和港口等交由私人投资经营,或将已经由国家经营但属于纯私人物品的基础设施进行私有化;至于仍须由国家经营的基础设施,则应遵循商业化和市场化原则。当然,市场机制并非万灵药,引入市场机制可以解决很多问题,但不是全部。例如,市场不能解决基础设施生产活动对环境的影响,对部门间和部门内的相互协调关注不够。因此,政府的作用仍是重要的。但是,政府对基础设施服务的举办、管理和干预,应作全方位的改革:第一,向地方政府分权。把具有地方性的基础设施服务的规划与投资权,下放到地方政府。第二,确保穷人能够享受到基础设施的服务。

第五节 第三产业的发展与知识经济的兴起

第三产业的兴起是工业化进程中产业结构转换的另一个重要内容。当今的许多发展中国家,第三产业还很不发达,这一方面反映了物质生产的落后,另

一方面也阻碍了工业化的继续向前推进。因此，如何制定正确的产业结构调整政策，把握知识经济发展带来的机遇，就成为发展中国家工业化进程中的又一个重要任务。

一、第三产业的特点与作用

第三产业主要不是对有形产品进行加工，而是以其为条件，生产非实物形态的产品，而且生产与消费同时进行，生产者与消费者的距离最近。第三产业的兴起是工业化进行到一定高度的必然产物；而第三产业一旦兴起，又会促进工业化向更高层次发展。从发达国家的经验来看，在工业化开始时，第三产业在国民经济中所占的比重一般不大；随着工业化的推进，第三产业逐步发展，其增长速度与国民生产总值的增长速度基本一致；到工业化接近完成时，第三产业在经济中已占据重要地位；而到了所谓的后工业社会，第三产业则进入大发展的黄金时代，其产值占国民生产总值的比重开始超过50%。

第三产业的发展与工业化的进程阶段密切相关，即工业化进行到一定阶段时，第三产业一定要相应地发展起来。第三产业的发展不可能过早，也不可能过晚。这是因为物质生产的发展与第三产业的发展之间存在着一种需求创造供给、供给又创造需求的因果关系。一方面，随着工业化的向前推进，物质生产的发展增加了社会对第三产业活动的需求，造成增加第三产业产品供给的压力，由此导致第三产业的发展。比如，第三产业的许多活动，如交通运输、商业、物资供销、仓储业、广告业、咨询业、金融业等，都是直接为物质生产服务的，物质生产部门的发展将直接扩大对这些活动的需求，刺激这些活动的增加。另一方面，随着工业化的推进，国民收入水平逐渐提高，也需要第三产业的兴起，以满足居民不断扩大和不断高级化的生活需求。一般而言，收入越高，居民需求越是转向非物质方面，即转向文化、教育、娱乐等精神方面。这些需求就要依靠第三产业的发展来满足。于是，第三产业的另一部分，即为居民生活提供服务并提高其生活质量的部分，如旅游、电视、电影、饮食、教育、美容等行业，也就应时而生。由此可以看出，物质生产越发达，或工业化的程度越高，人们的收入水平越高，社会对第三产业活动的需求也就越大。所以，工业化进程的推进，通过收入水平的提高和居民需求结构的转变，也造成了第三产业发展的压力。

第三产业的发展大大推动和加速了工业化进程。第一，通过联系效应或引致效应，使物质生产部门具备了扩张的能力，因而大大刺激和推动了物质生产部门的发展。结果一方面增加了产量，提高了效率；另一方面使物质生产部门的结构优化、产业升级，最终提高了国民经济的总体效率。第二，大量吸收劳动力就业，有助于解决社会就业问题。第三，提供生活服务设施，方便居民生活，有利于改善人民的生活质量,从而提高劳动力素质和劳动效率。

此外,在发达国家,第三产业的发展还有助于减缓经济周期波动的幅度,使经济处于更稳定的状态。其原因在于,第三产业具有一种内在的稳定性,较少受到经济危机的干扰,因为第三产业的许多活动如公共交通、煤气供水、饮食、修理等即使在经济萧条时依然有很大的需求。

二、第三产业的发展与产业结构的转换

从产业结构来说,第三产业的发展不仅使社会经济从原来主要由第一、第二产业组成的产业结构,转变成由第一、第二、第三产业组成的产业结构,而且使各个产业升级换代,使各个产业内部的结构以及各个产业之间的结构发生变化。从社会经济的格局和性能来说,第三产业的兴起和进一步发展,使服务业在经济中占据了越来越重要的地位,促使国民经济日益软化。结果,正如一些学者所断言的:就像产业革命使农业经济过渡到工业经济一样,第三产业革命将使工业经济过渡到服务经济。

发达国家工业化的经验表明:在工业化过程中,工业的迅速扩张是产业结构转变的主要动力。这表现为,随着工业化的进行,农业在国民经济中所占的比重持续下降,工业在国民经济中所占的比重持续上升,而服务业所占的比重则呈现逐渐上升的倾向。当工业化进入较高阶段时,服务业的迅速扩张应成为推动产业结构变化的主要力量。其结果是,工业在经济中所占的比重相对下降,服务业则急剧上升。

在工业化的不同阶段,第三产业在经济中所起的作用是不尽相同的。工业化进程的推进及其完成,使服务业在经济中起着越来越重要的作用,最后成为产业结构转换的主要推动力量。与此同时,第三产业内部的结构也会发生变化。

三、第三产业发展的途径

对大多数发展中国家来说,第三产业的发展不仅大大落后于西方发达国家,而且与自身本已落后的物质生产和本已低下的人民生活水平很不适应。这主要体现在:① 第三产业的就业人数很少;② 第三产业的门类不全,活动范围有限;③ 第三产业的效率低,服务质量差。发展中国家的第三产业之所以落后,其原因是多方面的。发展中国家第三产业的发展对策包括:

第一,要大力培育市场,建立和完善市场机制。改革产权制度,使产权明晰,确立市场发展的基本前提;消除地区之间的封锁,促进商品和劳务、生产要素和技术在地区之间的自由流动,逐步形成统一的国内市场;制定推动自由交

换和自由竞争的新经济体制,促进市场的发展和市场机制的完善。

第二,采取切实有效的措施,真正重视知识和人才。提高知识产品的价格,建立知识产权的保护制度,保障发明者的正当收益;直接提高知识分子的待遇,改善工作条件,为其创造施展才华和发挥作用的场所与环境。

第三,革新观念,切实重视第三产业的发展。政府要把第三产业的发展摆在重要位置,相应地制定促进第三产业发展的政策,在税收、贷款、市场进入、行业管理等方面给第三产业以优惠,扩大第三产业的对外开放,鼓励和推动第三产业的发展。

总之,发展中国家第三产业的发展是一项长期而艰巨的任务,只有通过政府和市场两方面的力量,才有可能取得相应的成效。

四、知识经济背景下发展中国家的工业化发展战略

知识经济(Knowledge-based Economy)是以知识为基础的经济,是建立在知识和信息的生产、分配和使用之上的经济。在第三产业的迅速发展中,以知识和信息为基础的现代第三产业,或称"第四产业"的发展,则是发达国家近年来经济结构转化的重要趋势。在知识经济迅速兴起的当代,发展中国家的工业化又必须加入促进知识经济发展的新内容。

与传统经济相比,知识经济具有如下特征:

(1)以高新科技产业为其主导产业,带动其他知识密集型产业,从而推动整个知识产业的规模迅猛扩张,又以知识的共享效应和收益递增效应推动整个产业的结构优化和不断高级化,最终使整个社会经济得以持续增长和发展。

(2)知识经济的核心是加工处理信息、创新并运用新的知识,其实质是创造"新组合"、"新处方",表现为收益递增规律,即一旦拥有就不断拥有。这种递增效应,在传媒业、电脑业、移动电话业和软件业等全球知识型产业普遍存在。

(3)组织结构是网络形态。在网络中,不同行为主体交换着各种创新资源,实现着协同创新。与传统的工业企业的组织结构不同,在知识产业中,人才都是高素质人才,非常有利于彼此相互交流激发、相互作用、相互学习,形成一个非正式但非常有效的系统,构成一个有效的区域创新网络。

(4)从社会再生产过程和流通系统来看,知识经济是一种以数字网络化的通信系统为主渠道、实现产销直接联动的经济。

在知识经济兴起的时代,发展中国家需要审慎制定其工业化发展的战略:

第一,继续推动农业经济向工业经济的转变,加速实现工业和农业的现代化。知识经济是以成熟的工业经济为前提的,没有高度发达的工业经济基础,

是不可能跨入知识经济时代的。

第二，坚持走市场化和开放发展的工业化道路。工业化是专业化分工不断深化的过程，而专业化分工的发展离不开市场的发展。发展中国家只有走市场化和开放的道路，才能促进经济的专业分工发展，取得规模收益递增的利益，而开放发展既是市场化发展深化的条件和结果，又是获取国外先进的经验和知识、缩小与国外知识和信息差距的有效途径。

第三，重视教育和科研，依靠人力资本积累和技术进步促进经济的可持续发展。根据新增长理论的观点，现代经济持续增长的动力源是人力资本投资和研发投入，因此，发展中国家的工业化必须通过加速人力资本形成、增加研发投入来推动，走内涵发展的道路。

第四，加快信息基础设施建设，尽量缩小与发达国家的知识和信息差距，推动国民经济的信息化进程，为向知识经济的过渡奠定基础。

第五，实行平衡协调与不平衡带动相结合的发展战略。经济发展和工业化是一个动态的过程，是由不平衡走向新的平衡的过程。在这一过程中部门之间、地区之间的发展总是不平衡的，要根据各部门、各地区的实际，能快速发展的就要快速发展，要通过快速发展的部门或地区带动整个国民经济的增长，促进各部门、各地区的技术扩散和效益的提高。

总之，在知识经济蓬勃兴起的历史条件下，工业化仍然是发展中国家面临的主要任务，只不过这项任务将变得更为艰巨。

专栏 12-4

如何理解信息化时代的工业化

第一次产业革命的标志是 200 多年前由英国发端的蒸汽机的发明与实用化，第二次产业革命的标志是 100 多年前由美国兴起的电气和内燃机的发明与实用化。20 世纪 90 年代以来，西方发达国家出现了一次信息技术革命，其基本特征是互联网和计算机技术的普及应用，并引起了一次新的产业革命。这次产业革命正在改变第一、第二次产业革命以来所形成的一整套产业系统、社会系统乃至既得权益体制，形成了一次远远超出技术范畴的全方位的"创造性的破坏"。它不仅意味着全新的信息网络产业的兴起，而且还包括信息技术与传统工业相融合所导致的传统工业的"进化"，进而为"基因革命"——很可能是下一次更大的产业革命奠定基础。

如果仅仅按狭义的工业化理解,即工业化是工业(特别是制造业)的发展和地位的上升,那么在信息技术革命和经济全球化的时代,发展中国家经济发展的目标就不再仅有工业化,而且还有信息化的任务,甚至应直接用信息化取代传统意义上的工业化发展。

然而,按照广义的工业化定义,由于信息化的实质仍然是一场社会生产力和产业结构的变革,因此它不过是传统意义上工业化的深化和拓展。一方面,传统的工业化(狭义的工业化)是信息化的基础,是发展新经济的前提。从历史上看,发达国家的经济发展经历了从以农业为主体的经济到以工业为主体的经济,再到以服务业或第三产业为主体的经济,最后到以信息和知识产业为主导的经济,这一转变过程是循序渐进的、从低级到高级提升的,符合社会分工和经济发展的客观规律。因为工业的基础和源泉更在于农业,而第三产业的基础又在于工业和农业;同样,信息和知识产业生长的基础在于工业、农业和服务业。当代广大发展中国家尚处于从农业社会向工业社会的转变之中,传统工业化的任务还远未完成。从整体上讲,如果不首先实现工业化(包括农业的工业化或产业化),就不可能实现真正的信息化,也就不可能直接从传统的农业社会逾越到当今发达国家那样的信息化社会或知识经济时代。另一方面,信息化是工业化的最新发展阶段,它赋予工业化崭新的内容和现代的含义。在当今经济全球化时代,信息技术已成为工业、农业和服务业等各个产业竞争力的基本支撑。发展中国家如果走传统的工业化道路,把信息化发展作为将来的事,那么它们就会在激烈的国际竞争中处于更加劣势的地位,与发达国家的差距愈拉愈大。因此,发展中国家必须实现与信息化相结合的现代工业化,以工业化培育和推动信息化,运用现代信息技术改造和提升传统产业,促进产业结构调整升级,以信息化带动和促进工业化。

资料来源:冯昭奎,《互联网革命的五大意义》,载《新华文摘》,2000年第9期;徐长生,《信息化时代的工业化——兼论发展经济学的主题》,载《经济学动态》,2001年第2期。

本章小结

产业结构一般划分为三次产业或三个部门,即第一产业、第二产业和第三产业,或农业、工业和服务业。在工业化进程中,产业结构的演变具有一定的规律性,即第一产业的相对地位下降(产值比重和就业比重都下降),第二产业和第三产业的相对地位上升(产值比重和就业比重均上升)。

随着工业化程度的提高,工业部门的内部结构也有规律地发生变化。首先是初级消费品工业更快地发展,在工业部门中占很大比重,然后是资本品工业的发展速度加快,最终在工业中占优势。工业部门内部结构的这种变化趋势不仅得到理论上的证明,而且也得到经验分析的支持。

产业结构的转换受部门劳动生产率、需求结构、供给结构、国际贸易和技术进步等制约。产业间优势地位的更迭,旧产业不断消亡,新产业不断产生,构成产业结构演变的形态。而产业结构演变的机制就是主导产业及主导产业综合体的更迭。

发展中国家工业化可供选择的主要有平衡增长战略和不平衡增长战略。平衡增长是指整个工业或整个国民经济各部门中同时进行大规模的投资,使工业或国民经济各部门按同一比率或不同比率全面地得到发展,以此来彻底摆脱贫困,实现工业化和经济发展。不平衡增长是指发展中国家集中有限的资源首先发展一部分产业,以此为动力逐步扩大对其他产业的投资,带动其他产业的发展。

工业化战略运用的一个重要领域是基础设施的投资,而基础设施在工业化中又具有特殊的地位和作用。对基础设施发展战略的选择,主要有两种观点:一是"超前论",即优先发展基础设施,使其生产能力过剩,从而引致对直接生产活动的投资;二是"压力论",即优先投资直接生产活动,使基础设施处在短缺的状态下,迫使对基础设施进行投资。

第三产业是适应工业化的客观要求而产生和发展的,与此同时,第三产业的兴起和发展,又大大推进和加速了工业化的进程。当今,知识经济的兴起,使发展中国家面临更加严峻的挑战,发展中国家如何利用后发优势、加快工业化的步伐,是一项非常艰巨的任务。

关键概念

工业化　产业结构　产业结构转换　恩格尔定律　卡尔多增长规律　产业关联　主导产业　基础设施　平衡增长　不平衡增长　引致投资最大化联系效应　第三产业　知识经济

思考题

(1) 比较两种工业化定义的不同。结合发展中国家工业化的经验教训,谈谈应如何理解工业化战略。

(2) 什么叫产业？产业是怎样划分的？比较各种不同的划分法。

(3) 产业结构演变的一般规律是什么？中国的工业化进程是否符合一般规律？

(4) 如何理解卡尔多增长规律？请运用实际数据检验这一规律是否存在。

(5) 影响产业结构演变的因素有哪些？这些因素对产业结构演变的作用有什么不同？

(6) 什么是基础设施？基础设施的特点和作用分别有哪些？

(7) 简述平衡增长和不平衡增长理论。如何选择基础设施的发展战略？

(8) 发展中国家基础设施的投资经营中存在哪些问题？如何改革？

(9) 为什么要发展第三产业？发展中国家怎样才能发展好第三产业？

(10) 什么是知识经济？有哪些特征？如何理解信息化时代的工业化？

进一步阅读导引

关于工业化的定义，可参阅《新帕尔格雷夫经济学大辞典》（第 2 卷），经济科学出版社 1992 年版，第 861 页；张培刚：《农业与工业化》，华中工学院出版社 1984 年版，第 70—71 页；张培刚：《发展经济学通论》（第一卷），湖南出版社 1991 年版，第 190—192 页；张培刚：《新发展经济学》，河南人民出版社 1999 年版，第八章。

有关产业结构及其演变规律，可参阅 H. Chenery and M. Syrquin, *Patterns of Development*, 1950—1970, Oxford, 1975, 101；杨治：《产业经济学导论》，中国人民大学出版社 1985 年版；刘伟、杨大龙：《中国产业经济分析》，中国国际广播出版社 1987 年版；〔美〕H. 钱纳里等：《工业化和经济增长的比较研究》，吴奇等译，上海三联书店 1995 年版；周振华：《产业结构优化论》，上海人民出版社 1992 年版。

关于基础设施的特点、作用，可参阅张培刚：《新发展经济学》，河南人民出版社 1999 年版，第十五章；关于平衡增长与不平衡增长，可参阅谭崇台：《发展经济学》，山西经济出版社 2000 年版，第八章；关于基础设施的发展战略，可参阅 P. N. Rosenstein-Rodan, "Problems of Industrialization of Eastern and South-Eastern Europe", *Economic Journal*, June – Sep., 1943, pp. 202—211；〔美〕赫尔希曼：《经济发展战略》，曹征海、潘照东译，经济科学出版社 1991 年版。

关于基础设施投资和经营管理体制改革，可参阅世界银行：《1994 年世界发展报告》，中国财政经济出版社 1994 年版。

互联网信息：中华人民共和国发展改革委员会网。

第十三章 传统农业的改造与乡村转型发展

本章概要

农业是国民经济中基础性的部门,其他部门的存在与发展,都离不开农业的贡献与支持。农业在国民经济中所占的比重,往往反映了该国农业的生产力水平以及工业化程度。对于广大发展中国家而言,农业在一国国民经济中仍占重要的比重,而且,经济越落后,农业所占的比重越大。要实现整个国家的工业化和现代化,就必须改造传统农业、推进乡村经济结构转变与乡村社会发展。乡村发展面临一些重要问题,包括土地制度、乡村工业、乡村金融以及政府作用。

学习目标

1. 认识农业在发展中国家工业化进程中的地位和作用;
2. 理解发展中国家农业的特点和改造的原理;
3. 理解发展中国家农业现代化乡村转型发展的必要性;
4. 理解发展中国家政府在农业发展和乡村发展中的作用。

引 言

农业和农村的重要性无论怎么强调都不过分。这是因为:在发展中国家,尤其是最不发达的国家,70%—80%的人口生活在农村,收入和生活水平严重低于城市,是贫困人群最为集中的地方。启动农业经济、促进农村发展将大大改善农民的生活状况,减轻贫困,实现人类的发展目标。然而,农业和农村的转变与发展是一个漫长的过程,尤其是实现从农业国到工业国的结构转变任务十分艰巨。因此,如何从工业化演进的角度客观认识农业和乡村发展的作用和地位就显得尤其重要。

事实上发展中国家农业的作用并没有得到应有的保障。在20世纪50年代,工业化(狭义)被许多发展中国家当做其追求的首要目标,农业部门的作用在于促进工业化,农业和农村发展本身被完全忽略了。许多发展中国家的战略取向是重工轻农和城市偏向,大量资源投入工业(特别是制造业)和城市部门,对农业不予重视,有的国家甚至以牺牲农业来发展工业。例如,工业农业产品定价的剪刀差,榨取农业剩余。其结果,发展中国家几乎普遍出现了农业危机,经济发展受阻。

20世纪60年代以后,农业的重要性才逐渐为人们所认识。一些学者论证了农业的特殊功能和内在价值。例如,拉尼斯和费景汉提出,农业部门提供劳动力和农业剩余产品,是工业扩张的前提;舒尔茨认为,农民的行为是有效率的,低收入国家农民贫困往往因为国家政策错误,而不应该归咎于天灾、本性或其他原因。传统农业只有改造成现代化农业,才能为经济增长作出重大贡献。在实践上,一些国家开始重视农业,并取得成效。

对农业重要性的认识转变是否有其合理性?为此,我们需从理论上予以解答。

当然,从发展中国家过去几十年的发展历程来看,许多国家虽然在总体上取得了长足的进步,但传统农业改造和农业现代化的任务还很艰巨;乡村发展却相对滞后,城乡之间的差距还在不断扩大,乡村经济发展面临的问题仍然十分突出。例如,在农业发展方面,合理的粮食政策、粮食保障体制和措施、农业产业化、农业生态保护、农业技术政策以及农业补贴问题;在乡村发展方面,土地制度改革、农户生产激励、乡村工业和乡村金融发展、乡村建设规划以及政府如何有效发挥作用。因此,本章的一个重要任务,就是寻找改造传统农业和乡村发展转型的有效途径。

第一节 农业在工业化进程中的地位与作用

农业是国民经济的基础。随着农业现代化水平的提高,农业贡献的绝对量将增加,而其在国民经济中的相对量则会大幅度下降。但是,工业化过程中需要农业的支持,经济的现代化不能没有农业的现代化。如果农业发展得不到应有的重视,就会严重遏制工业化和经济发展。

一、农业在工业化进程中的地位

农业在工业化和经济发展中的地位,可以从两个方面体现出来:一方面,农业在工业化中具有基础地位;另一方面,农业在整个国民经济中的比重随工业化进程动态变化。

1. 农业在国民经济中具有基础性地位

这种基础地位,可以从社会分工的演进过程、工业化的实现过程,以及国民经济的平稳发展诸方面得到体现。从社会分工来看,农业是人类最先从事的经济活动。只有当农业生产力水平得到提高,能够提供剩余农产品时,一部分人才有可能脱离农业,从事其他产业和社会活动。只要人还是以动植物为食品,农业作为人类社会这个庞大的社会经济大厦的基础,就不会改变。如果从工业化的角度看,发达的农业同样是保证工业化实现的基础;工业化的实现,不可能脱离来自农业的要素贡献,也不可能脱离对传统农业的改造。因此,从这个意义上说,农业的发展是工业化实现的基础和保障。

农业不仅在国民经济中处于基础性的地位,它同样也是国民经济平稳发展的基础。首先,从经济平衡发展的角度看,消除地区和部门发展的不平衡,是经济发展的主题之一。当现代部门和发达地区的市场化水平已经很高时,如果农业依然处于一种封闭、落后并带有很大自给成分的状态,农业和农村的贡献就会大打折扣;如果对农业采取榨取式方式吸收其资源,更会造成农业的停滞和衰退。从经济发展的历史看,虽然非农产业的发展可以以其他国家的农业为基础,并建立起以国际市场为依托的外向型经济结构,但这样做的风险是很大的,而且对一个发展中的人口大国而言,更是不可想象的。对于一个农业和农村在经济中占有绝大部分比重的发展中大国而言,如果仅仅促进现代部门的畸形发展和结构升级,其结果必然会导致生产的相对过剩,就业形势日益恶化,农业和农村出现衰败。只有改造传统农业,促进农业生产力水平的提高和生产组织方式的改变,才能使国民经济整体协调发展,实现真正意义上的现代化。同样,农业也是影响市场波动的重要因素之一,发达的和有制度保障的农业有利于消除市场的动荡。随着农业现代化水平的提高,农业和农村也将成为国内和国际两个市场的一个重要组成部分。农产品的供应水平,会通过价格的涨落,影响国民经济中其他部门的生产成本;农业和农村对非农产品的需求,也会直接影响相关部门的产品价格和利益。同样,农用生产资料供应部门的技术水平和管理方式,以及宏观政策的导向等,则会影响农业的发展,并进而反馈到非农产业中去。由此可见,农业也是宏观经济的一个组成部分,是经济平稳发展的基础,而不是一个孤立的部门。

2. 农业的重要性不会因其相对比重的下降而下降

农业在国民经济中的相对比重,会随着工业化的进展逐步下降,但这并不表明农业的重要性也因此下降。首先,由于技术进步和生产工具的改善,农业产出的绝对量将增加而在国民经济中的相对量则会下降。这种变化趋势是和经济发展程度正相关的,经济发展程度越低的国家,其农业部门的比重越大。

同时，随着工业化对农业改造的逐步深入，以及随着城市化水平的提高，农业剩余劳动力的数量会进一步增加，并逐步被非农产业吸收。农业劳动力的绝对量和相对量都会下降，但农业劳动力在全部劳动力中的相对份额，却大于农业在国民生产总值中的份额，这说明农业劳动生产率要低于全国的平均水平。

专栏 13-1

农业的比重为何不断下降

农业是人类历史上最先诞生的一个生产行业。但进入现代社会以来，农业占整个国家经济的比重呈世界性下降的趋势。例如，英国在 200 年内农业产值和就业比重下降了 30%，日本在 100 年内产值比重下降了 60%，就业比重下降了 80%。下降的原因可以归纳为以下三点：第一是农业劳动生产率和土地生产率的提高。因此，过去几个人生产的农产品才能养活一个人，现在一个人就可以养活几个人，农业自然没有必要保持原来的相对规模。第二是由于农产品具有收入的需求弹性小的特点。随着收入水平的提高，社会对农产品的总需求增长幅度下降。第三是由于农业比较优势的下降。由于农业生产需要土地的投入，而土地的禀赋是固定的；当土地随着资本的积累而变得越来越稀缺时，农业的比较优势就会丧失。一般来说，一个国家在经济发展初期，出口总以初级产品（农产品和矿产品）为主；当经济发展水平提高后，农产品在出口中的比重也下降，由此导致农业在国民经济中的相对比重发生变化。

二、农业在经济发展中的作用与贡献

农业对经济发展的具体作用和贡献，可以划分为四个方面，这也就是经济学界通常所说的"农业四大贡献"。主要体现为农业的产品贡献、市场贡献、资本贡献和外汇贡献。①

---

① 最早是由张培刚先生在 20 世纪 40 年代中叶提出的。后来的许多学者基本上也是围绕这四个方面来展开论述的。参阅张培刚：《农业与工业化》，华中工学院出版社 1984 年版，第 24—69 页。

1. 产品贡献

农业对经济发展的贡献,首先体现在为非农产业提供粮食和原料上,这被称为产品贡献。不论是传统农业,还是现代农业,都具有这种贡献。首先,农业是人类粮食的重要来源。在产业革命以前,粮食的丰歉会直接影响城市的繁荣程度和区域分布,并决定人类定居和从事经济活动的区位。产业革命以后,随着非农业人口的增加和收入水平的相对提高,农产品的需求总量将逐步增加,农产品的需求结构也会不断升级,由对粮食的需求为主,转向对肉、蛋、奶以及蔬菜等的更多需求。农业生产必须根据这种需求结构进行调整,以提供日益丰富的食品。

其次,农业也是许多非农产业的重要原料来源。作为生产原料的供应者,农业对工业布局和后续部门的生产成本和价格,有很大的影响力。如果自然灾害使得某种重要的农产品严重歉收,就会造成一种供应冲击,造成传递性的连续价格上涨。此外,如果后续的加工业遭遇市场需求萎缩,也会殃及农业,造成对农产品需求的减少,农业就会出现生产相对过剩。由于这种产业联系效应,以及农业具有较高的市场风险和自然风险,农业的稳步发展,就必然与国民经济的平稳增长联系起来。

◇◆◇

专栏 13-2

中国人怎样养活自己

美国世界观察研究所所长莱斯特·布朗(Lester Brown)预测,中国到 2030 年人口将增加到 16 亿,随着经济增长和人均收入增长迅速,食物结构的改变也不断加快,粮食需求将大幅度提高。但随着耕地的减少,供给潜力却不容乐观。由此他预言,中国粮食产量以每年 0.5% 的速度下降,到 2030 年,粮食缺口将为 2.16 亿吨至 3.78 亿吨。届时全世界都无力养活中国。

尽管许多中国人并不赞同布朗的预言,但他对中国粮食生产存在危机的质疑引人深思。的确,中国农业在人均耕地等资源禀赋方面没有优势,因此,在技术选择和农业生产结构布局上,应该根据自己的特点,选择充分利用丰富生产要素的技术,偏重于种植那些劳动密集程度高的作物。粮食生产具有土地集约的特征,经济作物则具有劳动集约的特征。根据调查,中国经济作物平均每亩投入的劳动量,大约是粮食作物的 2 倍到 5 倍,这说明经济作物所需投入的土地量相对较小。因此,中国充分利用地域辽阔和地区差异特点,实行地区农业生产的专业化和产业上的分工,使各种要素的边际生产率最大;同时可以利用国际贸易,规避资源的比较劣势,生产经济作物,换取粮食。不过,从许多国家的经验看,食品安全问题是导致实行农业保护政策的重要因素。对于中国,必须在食品安全的前提下开展农业的国际贸易。

资料来源:蔡昉、林毅夫,《中国人怎样养活自己》,载《粮食问题》,2004年第2期。

2. 要素贡献

农业的要素贡献主要体现在土地、劳动和资本这三方面。

就土地贡献而言,城市的发展必须依靠从农业中流出的土地。农业在为非农产业发展提供土地时,必须以提高农业土地生产率为前提,使农业在土地面积减少的情况下,也能生产出同样多甚至是更多的农产品。提高土地生产率可以借助集约生产的方式,通过向农业投入更多技术、资本或劳动来实现。但由于农业具有高风险、长周期的特点,以及由于历史和人为原因造成的农产品价格歧视的广泛存在,它在与非农产业竞争资源时,常常处于不利地位。因此,如果完全由市场来调节土地流向,农业用地就会出现严重的过量流失;要解决这个问题,往往需要借助法律手段。

农业对经济发展的另一项重要的要素贡献,是为非农产业的发展提供大量的劳动力。一方面,传统农业中存在大量剩余劳动力,工业化开展以后,这些剩余劳动力在比较利益和现代生活方式的吸引下,将会大量涌向工业和城市,并带有一定的盲目性;另一方面,随着农业现代化水平的提高,农业也会释放出新的剩余劳动力。通过劳动力和人口从农业向工业、从农村向城市的转移,农业就会为经济的发展作出重要的劳动力贡献。

农业还为工业化的起步作出了巨大的资本积累贡献。严格地说,传统农业的生产率水平是很低的,不可能提供工业化所需要的大量剩余,仅能维持本部门人口的生存。但是,在战后发展中国家的工业化过程中,农业作为国民经济中比重最大的部门,的确为工业化的起步提供了大量的资本积累。农业的资本贡献,一般是通过两种方式实现的:一种是市场机制下的自动转移,另一种是政府操纵的强制性转移。

3. 市场贡献

农业的市场贡献,通常是指农业作为非农产品的需求者,为非农产业的发展作出了市场贡献。但如果从农业对市场贸易形成和扩展所起的作用看,农业的市场贡献,可以从它作为市场供应者和市场需求者这两方面来考虑。因此,农业的市场贡献包括：满足城市和非农产业市场对食品和原料的需求，满足农村市场的日常生活用品和农用生产资料的需求，以及进行农业内部不同专业组织间的市场交易。农业对经济发展的市场贡献，将会随着工业化程度的加深和农业现代化水平的提高而增大。从供应者的角度看，农业不仅仅是原始产品的供应者，当农民的文化水平有所提高以后，农业也可以通过供应结构的调整，引发潜在的需求和创造新的需求。例如，从提供食品和原料扩大到提供各种生态产品、艺术性农产品和旅游产品。从需求者的角度看，农民不仅是各种加工食品、家用化学产品、塑料制品和家用电器等消费品的需求者，而且还是各种农用机械、化肥、农药等农用生产资料的需求者。只是这种市场贡献，在传统农业自给自足的发展模式下，没有能力发挥出来；但这种贡献必将随着农民收入水平和农业现代化水平的提高而日益扩大。农业的第三种市场贡献，体现为现代农业中庞大而细密的专业性农业企业间的市场交易。传统农业不仅表现为生产目的的自给性质，而且还表现为缺少分工和专业化。而现代农业，则是一种建立在高度分工基础上的专业化和企业化的农业，这种分工，不仅存在于农业内部不同品种的生产之间，而且也存在于同一品种的不同生产环节之间。农业生产就是通过这些专业公司，以市场交易的形式，来共同完成全部的生产和销售过程的。这种市场交易，不仅扩大了经济中的市场容量，而且增加了就业。从经济发展的长远角度看，农业市场贡献的绝对量将增加，而其在国民经济中的相对量则会下降。

4. 外汇贡献

农业的外汇贡献，是通过两种途径实现的：一方面，表现为农产品出口创汇；另一方面，表现为通过增加农业产出，来减少农产品的进口，以节省外汇。

对于发展中国家而言，农业是一个重要的创汇来源。由于技术水平和规模效益的限制，发展中国家大面积生产的农作物在国际市场上处于价格劣势，没有竞争力，它们主要通过出口具有本国地理和气候特色的农产品，例如橡胶、水果、茶叶、椰子、可可、糖、咖啡等，来换取经济发展所需的各种技术产品和资本品。发展中国家工业化初期的农产品出口，具有以下特征：第一，农产品出口在国民生产总值中占较高比重；第二，农产品出口往往集中于少数甚至是单一的产品。这种生产和出口高度依赖少数或单一农产品生产和出口的贸易和经济格局，无疑会对发展中国家不利。一方面，由于农产品为初级产品，需求弹性小，其需求不会随着进口国收入水平的提高而成比例地增加，也难以通过降价而同比例地扩大销售；另一方面，农产品出口也面临来自供应方的约束，这种约束来自技术、规模、管理等多方面。因此，传统农业的创汇能力是非常有限的。

三、农业与工业化进程的动态关系

有人认为,一国即使没有农业,通过国际贸易仍然能够推进工业化和经济发展。但事实上,没有哪一个国家能够如此。而且,从世界范围看,只要人类仍以动植物为主要食物,农业提供食物的功能就不会丧失。农业是唯一的生态产业,如果没有农业,人类的生存是不可想象的。总之,农业的重要性具有永久性。

根据上一章广义工业化的定义,农业本身应包含在工业化过程之中,成为工业化内在的不可分割的组成部分。发展中国家的工业化过程中,农业一方面为推进工业化作出重要贡献,另一方面农业和农村本身又是工业化和经济发展的重要内容,具有内在的发展意义。因此,工业化过程需要农业与工业相互协调发展,换言之,工业的发展需要农业的促进和推动,农业的进步需要工业的支持和扶持。从历史上工业化国家的经验看,农业革命为工业化创造了极其好的前提条件,工业化的第一阶段在某种程度上是一次农业革命的副产品,工业的发展需要有相应的农业发展来促进和推进。另一方面,只有工业的发展才能为(现代)农业的进步创造必要的条件。例如,工业的发展不仅对农业生产提出了增加产量和改进品种结构的要求,也为农业改进技术提供了物质装备和技术基础,还为农业劳动转移创造了供给条件和需求条件。当然,工业发展只是农业进步的必要条件而非充分条件。从短期看,并不是所有的工业发展都必然带来农业进步,因此,我们强调工业发展必须有利于农业进步;就长期而言,不能使农业得到相应进步的工业发展是难以持久的,所以,我们强调工业和农业必须相互支持发展。

专栏 13-3

不同阶段农业的贡献

农业对国民经济的贡献可大致分三个时期:① 绝对贡献期。农业是国民经济的主导部门,是经济的重心,农业部门对国民经济的绝对贡献大于非农部门。② 相对贡献期。随着经济的发展,非农产业占国民收入的比重逐渐增大,农业部门与非农业部门彼此相互支持、相互促进、共同增长,对经济发展的贡献均具有相对的重要性。③ 贡献回转期。当非农业占国民收入的比重大大超过农业部门而成为经济的主导部门时,农业的发展有赖于非农产业的支持,非农产业理应回转于农业,对农业作出更多的贡献。

农业对发展作出了卓越的贡献:首先,农业是一项重要的经济活动,既是国民生产总值的第一产业部门,也是国民经济的增长源泉;其次,农业是农村人口特别是贫困人口的一种谋生手段,是他们的维生之本,在扶贫减贫方面发挥着特殊的作用;最后,农业作为环境功能的提供者,也会成为其破坏者,农业温室气体排放占全球总排放量的近30%,通过固炭(指分离、存储或再利用二氧化碳)、流域治理和保持生物多样性等一系列手段,农业提供了多样化的生态功能。

资料来源:世界银行,《2008年世界发展报告:以农业促发展》,清华大学出版社2008年版。

第二节 传统农业的改造与农业现代化

既然农业在发展中国家具有如此重要的地位和作用,那么,发展中国家如何才能有效地推进农业进步,使农业的发展与工业化过程相互促进和协调呢?为此,我们必须首先弄清发展中国家农业的特点和农业进步的内在规律。

一、传统农业的基本特征

发展中国家的农业状况大致可用"传统农业"来概括。传统农业是相对于现代农业而言的,它是指工业化之前的农业发展形态。传统农业是一种特殊类型的经济均衡,只要农业的生产要素没有发生质的改变,经过一段时间后,农业就会逐渐达到这种均衡。传统农业具有以下一些特征:

(1) 农业技术长期停滞,生产率低下。农民使用的农业要素,是自己及其祖辈长期以来使用的,没有一种要素由于经验的积累而发生明显的改变,也没有引入任何新的农业要素,农业技术进步缓慢;农民的文化水平较低,存在很大比例的文盲和半文盲;农业以土地和劳动作为主要生产要素,劳动生产率水平很低,产出仅够维持生存。传统农业也被称为"生存农业"。

(2) 以土地和劳动为主要生产要素,市场化程度低。农民没有增加要素积累和投入的激励,农民更偏好于休闲,缺乏工作积极性,并存在普遍的储蓄、投资不足。农业生产要素的边际收益率极低。由于农业所能提供的剩余非常有限,而且不稳定,传统农业表现为一种自给自足的自然经济,农业所能提供的市场狭小而零碎,农业生产的分工和专业化无法展开,农业生产处于一种小而全的状态。

(3) 农民有很强的回避风险倾向。农业生产受自然条件的影响很大,农业仅处于生存水平,造成了农民形成回避风险的本能,以风险最小化作为其经营目标,不具有承担由创新和使用新要素而带来的新风险的能力。

传统农业是贫穷而有效率的。所谓有效率不是指生产率高,而是指在现有的自然、经济、政治、文化、制度条件下,传统要素的配置是有效率的,只不过这种效率是传统要素所能达到和实现的极限效率,也是一种贫穷状态下的效率。

二、农业现代化:由生存农业转向现代专业化农业

传统农业占主体的社会,大部分社会劳动力都不得不被固定在土地上,为了维持自身和社会的生存而从事最简单的劳动。虽然他们作出了巨大的牺牲,但农业所能提供的剩余却非常有限。然而,在传统农业社会和工业化刚起步的社会,对农产品的需求则呈不断上升的趋势。这一方面是由于这些社会的人口增长迅速,食品结构仍停留在以淀粉类食品为主的阶段,因而对粮食的需求数量大而又缺乏更低层次的替代品;另一方面是由于工业化已引起人口从农村向城市的流动,收入水平的提高带来了对食品需求量的增加和质的提高的要求。但传统农业却无法满足这种日益增加的对食品在数量和质量方面的要求,在其现有的技术水平下,它只能依靠扩大耕地面积和投入更多劳动力,来进行粗放式的外延型扩大再生产。这样一来,农业不仅减少了对工业化的要素贡献,而且还和其他产业的发展争夺资源。当工业化起步之后,传统农业进行这种外延型扩大再生产,往往是在政府的干预和推动下进行的,如果完全由市场机制调节,农业中的资源会自发地流向非农产业部门,经济的二元结构将被强化。因此,为了完成工业化的历史使命、实现经济的全面现代化,必须改造传统农业,使之向现代农业转变。

我们把传统农业转变为现代农业的过程称为农业现代化。具体来说,就是用现代科学技术和现代工业来为农业提供生产的技术手段和物质手段,用现代经济管理方法提供农业生产的组织管理手段,把封闭的、自给自足的、停滞的农业转变为开放的、市场化的、不断增长的农业。这一转变过程分为三个阶段:第一,生存农业阶段,即自给自足的传统农业阶段;第二,多样化混合农业阶段,即作物种植多样化的混合家庭农业,部分为家庭自给生产,部分为商业交换生产;第三,现代农业阶段,即专业化的商业化农业。农业商业化所带来的一个变化就是农业生产组织方式的变化,农业将改变传统农业小而全的生产模式,逐步向规模化和专业化方向发展,专业化的结果将使得农业生产更加社会化,出现

一系列的农业产前、产中和产后的服务组织。

实现传统农业向现代农业的转型,首先必须实现生产目的的转型,由自给自足的生产转向市场化的生产。由生存农业转向多样化混合农业,再进一步转向专业化的商业农业,不仅取决于农民提高生产率的技术和能力,更取决于社会、商业和制度条件。其中,传统农业的改造是农业发展的关键。

传统农业在世界上维持了几千年,现在除了少数边远地区和极端贫穷的国家的农业还处于传统农业阶段以外,其余国家的农业,或者处于现代农业阶段,或者处于传统农业向现代农业转变的阶段。

农业发展的四阶段论

蒂默(Timmer)提出农业转变呈四阶段:第一阶段为农业起步的阶段。第二阶段为农业成为总增长过程的主要贡献者的阶段。第三阶段为农业部门与宏观经济逐渐结合起来的阶段。当农业被结合进宏观经济时,它就更加容易受到宏观经济波动和贸易水平的影响,这种脆弱性和复杂性产生了农业转变中的第四阶段,即在工业化经济中如何对待农业。当劳动力在农业中的份额降到大约20%以下、食品支出份额在城市家庭预算中降到30%左右时,低成本的食物对于整个经济而言,就不是那么重要了,它相对于其他商品的价格上涨来说,也不是那么昂贵。这时,对农业的过度保护,就会造成资源的不合理配置,阻碍低效使用的资源从农业流出。

资料来源:C. Peter Timmer, "The Agricultural Transformation", in Hollis Chenery and T. N. Srinivasan eds., *Handbook of Development Economics*, Vol. 1, North-Holland: Elsevier Publishers, 1989, pp.279—291。

三、传统农业的改造

农业现代化是一个漫长而艰难的过程。要实现农业现代化,首先必须对传统农业进行改造。张培刚是从农业与工业化关系的角度,舒尔茨提出从促进农业技术进步和人力资本投资的角度,梅勒则着重于资源的互相替代性和互补性来谈论农业的改造。综合起来我们可以得出，改造传统农业所必须具备的几个基本要素，包括技术、资本、制度、教育和工农相互促进。

第一，提供刺激性体制，包括建立适合传统农业改造的土地制度、生产组织制度和激励制度。例如，土地制度的改革，常常可以为无地或少地农民提供增加农业生产的刺激，也会影响新要素的使用；向农业引入成本更低的新要素，就是降低生产成本，因此，改造传统农业时应该让市场机制发挥作用，以要素和产品的价格变动来刺激农民，以促进农民更新和投资新要素。

第二，建立非营利性农业研究机构，包括地方实验站、农业推广站、学校、慈善基金会、宗教团体、联合国粮农组织推广站等。农业生产的持续发展要求有连续不断的农业技术发明和创造，而技术的创新源泉则来自农业科学研究。由于地区之间的农业自然条件存在着重大差异，因此需要建立分散的研究体系，从而需要大量的研究资源的投入。

第三，改造传统农业，不能停留在原有技术水平的生产要素的累加和组合上，而必须向农业投入新的生产要素。就农业的改造而言，也存在一个资本化的过程，在这个过程中，农业中资本相对于土地和劳动的比例，将大幅度提高。

第四，建立农业生产服务体制。这些服务包括新投入品的销售、农产品的加工和销售、信贷的扩张和其他调动农业资本资源的手段、交通运输工具、道路建设、水利设施等，还包括乡村基层组织建设。

第五，要实现对传统农业的改造，必须提高农民的素质，提高其人力资本的水平。农业发展所需的一切投入品，都需要人来生产、使用和管理，劳动者素质的提高会大大改善这些投入品的生产和使用效率，而人力素质的提高却是教育的结果。人力资本投资的形式包括教育、在职培训以及保健设施和服务等。

此外，必须高度重视工业化对农业的改造与转型的作用。因为引导传统农业改造的长期诱因，是工业化和城市化所引起的对农产品需求的增加，以及由此而导致的价格上升，这种变化，是引导农业生产者改变自给自足的生产目的，而转向为市场生产的关键诱因；工业化将增加农产品的需求数量和改变对农产品的需求结构，农业生产将会逐步由生产粮食为主，转变为多生产肉、蛋、奶、蔬菜和水果；饲料作物在农业生产中的比重将逐步提高；工业原料性作物在农业中的比重将上升。并且，随着农业生产率水平的提高和生产要素的转移，农业在国民经济中的比重将大幅度下降，而其绝对产量则迅速增长。工业化可以减轻农业劳动力的工作负担，提高其收入水平，但农业劳动力的绝对量和相对量则都会大幅度下降。

第三节　农业发展与乡村社会转型

发展农业不仅是为了支持和促进工业化,更重要的是促进乡村社会的转型。在农业与乡村转型发展中,重要的问题有:土地制度改革、生产技术的进步、农业的生产组织方式和乡村产业结构的改变,以及政府在乡村发展中的作用。

一、土地制度改革

土地是农民安身立命之本。土地制度是决定农业和乡村发展最根本的因素。不同的土地制度安排,决定着农户不同的经济行为,也决定着乡村不同的经济结构,它们最终都将影响或制约农业经济和乡村社会发展的进程。土地制度有广义和狭义之分。广义的土地制度包括有关土地问题的一切制度,诸如土地利用方面的土地开发制度、土地所有和使用方面的土地分配制度、土地价值方面的地租制度,以及国家的土地征用制度等。狭义的土地制度是指规范人对土地所有、占有关系和土地使用的制度,即土地所有、占有和租佃制度。土地制度改革也有广义和狭义之分。狭义的土地制度改革即通常意义上的土地改革,是指土地所有权的再分配,即把一部人(地主)占有的土地分配给另一部分人(以前的佃农和无地劳动者)所有。广义的土地改革包括土地占有制度和土地租佃制度的改变。从广义的角度来说,土地改革一般有四种形式,其中第三、第四种形式属于狭义的土地改革范畴。[①]

(1) 地租契约的改革。这种改革只涉及租佃契约的法律规定,而不涉及土地所有权的再分配,如在租佃制农业中,地主可以凭借对土地的垄断,随意抬高地租或驱逐佃农。国家为了保护佃农的利益,可以通过制定法律,规定租佃契约签订的最短期限,譬如说不能少于20年。在契约年限内,地主不得擅自毁约。如果这些法律能得到有效执行,地主就不敢随意驱赶佃农和抬高地租,佃农的利益就可以得到保护,还可以提高他们采用新技术的积极性。

(2) 降低地租。在租佃制农业中,地主有可能索取很高的地租。国家通过颁布减租法令,或规定地租上限,就可以使佃农的福利和用于投资的剩余增加,进而促进农业发展。

(3) 土地有偿转让。这种形式的土地改革涉及土地所有权的再分配。但

[①] 参阅谭崇台:《发展经济学》,上海人民出版社1989年版,第269—271页。

是,失去土地的地主可以得到全部或部分的补偿。政府可以通过一项改革法令,规定每人能够拥有土地面积的最高限额,迫使地主以政府规定的价格,出卖超过这个限额的所有土地;或者规定只有耕者有其田,其他人必须全部出售他们所有的耕地。显然,这种所有权的改变,比前两种改革措施更能激发农民的生产积极性,因为土地归他们自己所有,从农业中获得的利益也不与地主分成。

(4) 土地无偿转让。这是土地改革措施中最激进的形式。他们把大土地所有者(地主、庄园主、种植园主)的全部地产,转移给以前的佃农和工资劳动者,但不给他们以物质和货币的补偿。这是小农对大农的剥夺、小私有制对大私有制的替代。显然,如果没有强大的政治和军事力量的支持,这种剥夺式的改革一般不可能实现。

专栏 13-5

东亚的土地制度改革

第二次世界大战以后,东亚一些国家和地区进行了土地制度改革。如日本,从 1945 年 12 月日本国会通过的第一个土地改革法案算起,到 1950 年改革基本完成为止,历时四年半。被征购出佃耕地的地主约为 100 万户,廉价买进耕地的无地和少地的佃农和自耕农约达 400 万户。使得自耕农占全部农业单位的比例从 1941 年的 31.2% 上升到 1960 年的 61.85%,同时,部分租佃部分自耕的农民从 20.7% 下降到 6.7%,租佃户从 27.7% 下降到 5%。在韩国,几乎同时也进行了相应的改革,使自耕农从 1945 年的 13.8% 上升到 1965 年的 69.5%,同时,租佃户从 48.9% 下降到 7%,人均农业产出在 20 世纪 60 年代和 70 年代均增长 1.46%。中国台湾地区于 1949 年到 1953 年分三阶段实施了土地改革:强行减租,把公田出售给实际耕种者,以及强制把私田出售给实际耕种者。1952 年颁布了"耕者有其田法"。据此,地主超过一定限额的耕地,由当局强制收购并转卖给佃农。从 1953 年 5 月至 12 月,总计大约有 144 000 公顷土地转了手。佃农耕种的土地占耕地总面积的比例由 1948 年的 44% 下降到 1953 年的 17%。约 50% 的中国台湾地区的农户或 75% 的佃户或半佃户在土地改革中买进了土地。佃户在总农户中的比例在 1947 年为 41%,到 1953 年下降到 21%,到 1970 年更下降到 10%。此外,自耕农在 1947 年占总农户的 32%,到 1953 年上升到55%，1970年更上升到78%。总之，通过土地改革，他们都成功地实现了"土地归于耕者"或"耕者有其田"的目标。

资料来源：张培刚，《土地改革与经济发展》，载《经济评论》，1991年第2期；约翰·P.鲍威尔逊，《国家和农民：试验中的农业政策》，载〔美〕詹姆斯·A.道恩、史迪尔·H.汉科、阿兰·A.瓦尔特斯，《发展经济学的革命》，黄祖辉、蒋文华主译，上海三联书店、上海人民出版社2000年版，第294—295页。

土地改革并不意味着单纯对土地私有权进行改变和重新分配，它是一个综合的农业改革和租佃制度改革。如果不进行配套的服务、加强减少农业风险的制度建设，那么，农业仍然会处于传统农业下的自给自足状态，甚至还会带来负面的影响。因为即使是封建地主，通常也会为其佃户提供生产上的帮助，例如为农户提供信贷和帮助销售农产品。如果仅仅只是将地主的土地平分给农民，而农民却并不具备独立经营的能力，他们仍将难以走进市场。农民成为土地所有者和经营者后，必须面对增加的不确定性和风险；但他们却缺乏应有的知识以及习惯性地害怕变革，这些缺点就使得获得土地的农民并不一定将土地看做是提高收入的手段，而是把单纯的土地占有看做是最终目标。如果土地改革以后，农业产量的增加只是主要用于农民增加自己的消费，而并没有为经济发展提供更多的剩余，甚至农业剩余的数量下降，那么，土地改革除了政治上的积极意义以外，就必须付出额外的经济成本：食品价格上涨、制造业成本提高、用于食物进口的外汇开支增加等。因此，如果没有政府提供相应的服务和制度保障，例如信贷、销售、技术推广、基础设施建设、信息服务和农民教育等，则土地改革并不一定能够获得成功。

二、生产技术的进步

农业技术进步通常表现为两种形式：一种是以代替劳动为主的机械技术进步，另一种是以代替土地为主的生物化学技术进步。技术进步具有一种"诱导型创新"(Induced Technical Innovation)的特征。技术开发和传播的方向，取决于生产要素禀赋状态和要素相对价格水平。劳动力稀缺和相对昂贵的经济环境会引导科学家开发机械技术去提高劳动生产率，正如在美洲新大陆所发生的那样；土地稀缺和相对昂贵的经济环境会引导科学家去开发生物-化学技术以提高土地生产率，正如在亚洲各国所发生的那样。但价格环境只是农业技术变革的必要条件，而不是充分条件。如果国民经济形成对外国农业的依赖，农业的技术改造依然难以实现。在传统农业实现改造的初期，农民并不具有能力和知识来承受风险,如果没有辅助性的措施,新技术将根本无法得到推广和应用。

"绿色革命"是20世纪60年代中后期在一些发展中国家发生的一次重大的生物技术变革。通过大面积推广和种植新型高产小麦、水稻品种,实现了粮食产量的大幅度提高。它是由国际国内的研究机构和各国政府决策者发动并实施的,基本反映出那些人多地少的国家,特别是亚洲国家的资源禀赋状况。"绿色革命"的产生,并不是生产要素相对价格变化的结果,而是在发展中国家面临人口膨胀和农业停滞的巨大压力下发生的。

"绿色革命"给发展中国家的经济和民众生活带来了许多积极的影响。首先,它缓解了发展中国家农村的隐蔽失业问题。"绿色革命"中所使用的新型高产良种,都是一些需要大量劳动投入相配合的品种,只有在精耕细作的情况下,其优良性状才能发挥出来。而且这些新品种的生长周期较传统产品短,农产品由一年一熟变为一年多熟,农业对劳动力的吸收能力得到增强。由于高产良种对化肥、农药和水的需求量大,新良种的广泛采用产生了很大的联动效应,并带动了相关产业的就业增长。其次,"绿色革命"大大缓解了其发生地区的饥荒程度。由于高产良种的大面积推广,粮食产量得到大幅度提高。"绿色革命"增进了发展中国家穷人的福利,使之可以获得更多和更廉价的食品。最后,"绿色革命"带来的粮食供应增长,对于缓解粮食的供不应求和通货膨胀,起了一定的积极作用。

"绿色革命"也产生了很多负面影响。由于很多国家没有进行土地改革,"绿色革命"所带来的利益,大部分都被地主阶级获得了,广大佃农和小农的相对收入水平下降。而且,由于大农场主在资金、外汇、市场、税收和公共服务方面都比小农场占有绝对优势,因而它们从"绿色革命"中得到了比小农场更多的利益。另一个负面影响是导致了土地肥力的下降和环境污染,这是由大量化学用品投入农业自然环境而带来的。

三、乡村产业结构的改变

乡村产业结构的改变包括农业内部生产结构的变化,也包括非农产业的发展。农业内部生产结构包括大农业内部的结构,即种植业、林业、牧业、渔业和农业服务业的比重,也包括种植业内部结构,即粮食作物和各种经济作物之间的比重。乡村的非农产业包括乡村工业、乡村金融和乡村贸易等。

1. 农业生产结构的改变

随着工业化带来的对农产品需求数量和结构的改变,以及农业本身商品化程度的不断提高,农业的生产结构会发生重大改变,总的趋势是:林、牧、渔业在农业中的比重将上升,而种植业的比重将会下降;经济作物的比重将上升,而粮食作物的比重将下降;直接生产部门的比重将下降,间接服务部门的比重将上升。

农业生产结构的改变,也会带来生产要素在农业中的重新配置。虽然劳动力流向非农业部门是总的趋势,但农业内部的劳动力也存在由粮食生产部门向经济作物生产部门,以及向畜牧业、渔业、林业和服务业流动的趋势,特别是存在由直接生产部门向产前和产后服务部门流动的趋势。

农业结构调整的过程,也是农业逐步商品化和产业化的过程,在这个过程中,农民的收入水平将得到不断提高。工业化的中后期,如果没有制度性障碍,农业的国内贸易条件将会改善,在农业生产要素流出农业的同时,非农产业的技术、信息、资本和人才也会大量流向农业,这些资源都是依托农业企业的形式进入农业的,它们在推动农业商品化和农业经济效益进一步提高的同时,也将带来传统农业模式下农业生产组织方式的深刻变革。

决定每个国家农业生产结构的最终特色的关键因素是市场竞争,每个国家在国际农产品市场的激烈竞争中,都会充分利用其农业资源和生产要素的不同禀赋,来发挥自身的竞争优势。发展中国家的劳动力资源丰富、土地贫乏,农业生产受土地规模局限,在需要发挥土地规模优势的产业中,是难以取得竞争优势的,往往是利用本地特有的品种和气候资源,发展劳动密集型的特色农业、生态农业。

2. 乡村的非农产业发展

(1) 发展乡村工业。20世纪中后期,许多发展中国家,尤其是东亚国家,乡村工业得到了飞速发展,成为乡村经济中的一支重要力量。决定一个国家或一个地区乡村工业发展的基本因素包括:农业劳动剩余、乡村工业区位、资本供给来源、民间创新能力、乡村社区结构。乡村工业的兴起和发展,不仅有利于乡村剩余劳动力的转移和增加农民收入,而且对乡村经济结构转型和乡村社会发展,都具有重要作用。主要体现在:第一,乡村工业加大了对传统农业的改造力度,成为农业发展的重要推动力量。第二,开辟了乡村就业门路,成为吸纳农村剩余劳动力的主渠道和农民收入增长的主要来源。同时,乡镇企业还推动了乡村福利、教育、卫生和养老保险等事业的发展。第三,乡村工业促进了乡村的城市化和现代化。乡村工业通过其集聚功能推动了小城镇建设,并且改善了农民的生活环境,提高了农民素质,为乡村城市化、现代化铺平了道路。

发展经济学

专栏 13-6

乡村工业化进程中的工业与农业

乡村工业的发展呈现阶段性变化的特征。在发展的初期,乡村工业数量不多,层次不高,各方面很不成熟,农业作为社区内先行的成熟产业为新兴的乡村工业提供劳动力、土地、食物及原材料等,多方面给以"哺育"。

随着乡村工业的起飞,工农关系处于一系列急剧的调整之中。由于工厂增多、规模扩大、结构也发生转变,必然对农业提出新的要求,如对食品、原材料、资本、土地、劳动力等方面的需求,日益增多。由此使乡村工业与农业的关系,出现一种矛盾的两极倾向:一方面需要更深更广地依赖农业部门,而另一方面又从许多方面损害农业部门。这种"依赖"与"损害"的矛盾,不仅制约着乡村工业的进一步发展,而且也深深地影响了农业的发展。

发展到较高阶段时,乡村工业需要解决上一阶段来不及解决的遗留问题,即对传统农业进行根本的改造,使之迅速转化为现代农业。这一阶段的乡村工业,对农业转型起着直接和间接的"反哺"作用,如为农业提供资金、基础设施等。

(2) 发展乡村金融。农业部门比其他产业部门更加需要金融和信贷的支持,这是由农业生产的特殊性决定的。首先,农业生产具有很强的季节性。以种植业为例,在农作物种植季节,农民需要大量的资金购买投入品和消费品,而农民收入的实现须等到收获季节,这期间需要大量的资金周转。由于农产品附加值低,农民所获得的剩余较少,一般没有足够的积蓄用于购买投入品。其次,农业生产的风险很高。由于农产品价格的波动和自然灾害的影响,农民很可能遭遇收不抵支的年景,这时,农民的生活和农业生产就特别需要从外部借入资金,以补不足。否则,农民的生活将无法维持,农业生产亦将难以为继。最后,以科技进步为基础的农业发展,需要大量的固定资本的投资,如兴修水利设施、购买机器设备等。这些投资属于中长期投资,而且一次性投资数额巨大;如果仅仅依靠农民自己的储蓄,那是永远不够的,必须依靠金融机构的中长期贷款。因此,乡村金融对于农业生产和乡村经济发展,具有极其重要的作用。

(3) 发展乡村贸易。随着以城市化、生活水平的提高和对各种需求的增长为特征的经济的增长和发展,乡村贸易的作用就显得越来越重要。这主要表现在:① 乡村贸易是联系农民生产和消费的纽带。农民生产的农产品需要在市场上出售,以换回生产所必需的投入品和日常生活所必需的消费品。一个发达的乡村贸易市场,有利于农产品价值的实现和农民的生产效率及生活水平的提高。② 乡村贸易能提高农民的生产专业化水平。健全而发达的商品市场,能把资源配置到最有效率的地方,使产出达到最大。如果乡村贸易市场能有效运行,农民就可以根据自己的比较优势来安排生产,从而提高生产的专业化程度,进而提高技术水平和生产效率。③ 乡村贸易有利于实现乡村现代化。农民通过在市场上与交易各方的交往,可以开阔视野,提高综合素质,从而适应现代化的生活方式。同时,乡村贸易的发展也有利于小城镇的建设,这些都有助于乡村现代化的实现。然而,发展中国家的乡村贸易远不发达,其作用远远没有得到充分发挥。

四、政府在乡村发展中的作用

由于乡村缺乏基础设施,信息闭塞,劳动、信贷和商品市场不健全等,严重影响了其发展。市场失灵往往与政府失灵相互对应。市场有问题,并不意味着需要政府干预;政府的作用在于制定适宜政策、转变职能以推动乡村发展。

1. 制定乡村信贷政策和价格政策

大多数发展中国家采取的乡村信贷政策是低息信贷政策。所谓低息信贷,是指政府规定国家银行或商业银行对农业生产的贷款利率必须低于非农业贷款利率,并且规定贷款的最高限额和贷款比例。有些国家成立了政策性农业银行,专门负责对农业的优惠贷款,其贷款资金主要来自于政府拨款和国际援助机构的无息或低息贷款。低息贷款政策在一些发展中国家中获得了成功,但在大部分发展中国家成效不大,甚至失败了。因此,有人主张:第一,放弃低息贷款政策,减少补贴性农业信贷,让贷款利率变得较为灵活,根据通货膨胀进行相应调整,使之保持在正的水平上,使金融机构的经营变得更有效率和活力。第二,提高存款利率以吸引更多的存款,使之成为乡村金融机构的主要资金来源,逐渐减少对外部资金的依赖。第三,准许非正规金融市场的发展,与正规市场进行竞争,以提高金融市场的效率。

影响农产品相对于其他商品和服务的价格,包括消费品和农业投入。粮食平价主要由两组政策决定:汇率、利率、工资率政策,产品的国际价格和国内价格之间差价的补贴和贸易政策。这些政策主要有四个目标:提高经济效率、促进收入增长、公平收入分配和提供粮食供给安全。任何价格政策都会用补贴或贸易限制来造成国内与国际价格的差别;消费者补贴使生产者和消费者都面临低于国际市场的价格;特定的生产价格补贴能使农户获得高于国际市场的价格,而同时消费者价格保持在国际市场水平。如果没有价格补贴,生产者和消费者都面临着同样的国际与国内价格。

在发展中国家,如果国内市场供不应求,则通常对进口品实行消费者价格补贴。比如,对稻米实行进口补贴,使生产者和消费者面临的国内稻米价格低于国际市场。其结果是国内生产下降,进口增加。政府必须用预算收入来补贴稻米差价,使消费者的境况好转。然而,当消费者获益时,由于稻米价格下降,生产者因产量、消费量和利润减少而遭受损失。事实上,这等于是生产者被迫将收入转移给消费者。对进口稻米进行补贴也会因国内米价降低而导致粮食价格下降。尽管消费者明显得益于补贴政策,但他们的全部获益少于政府的预算支付和农户的收入转移。其差额源于因价格扭曲而引起的效率损失。

2. 转变政府职能

转变政府职能,就是政府要从私人性的、竞争性的领域退出,政府通过为乡村发展营造良好的发展环境、提供必要的公共服务、实施宏观管理以及制定发展战略等,推动乡村发展。

(1) 营造发展环境。① 制定法律和维护治安。发展中国家乡村的发展环境远不如发达国家,更需要从法律上予以保障。② 消除贫困,保障农民的基本营养,维护乡村地区的社会安定。

(2) 提供公共服务。主要包括:农业公共工程和交通、通信设施,教育和卫生保健,农业科技和市场信息。

(3) 利用财政、货币政策来管理宏观经济。最常用的手段是用调节性储备(Buffer-Stocks)和调节性基金(Buffer-Funds)来稳定市场价格。调节性储备是政府通过储备一定数量的农产品,当市场上供不应求时抛售出去以降低价格;当供过于求时再收购农产品以抬高价格,使农产品保持在一定的价格水平上。但这种手段需要较高的储藏和管理费用。调节性基金的方法避免了储备的各项费用。通过建立专门的调节性基金,当市场价格较低时支出资金以补贴生产者;而在价格较高时则对生产者"征税"来积累资金,以此来稳定市场价格。另外,政府也常用税收和预算支出的手段来调节收入分配。

(4) 制定发展战略。发展中国家的政府在制定或选择乡村发展战略时,必须同时考虑四个目标:① 对整个经济发展的贡献和结构转换,如新农村建设工程;② 增加农户的生产力和产出;③ 乡村人口福利的普遍改善;④ 促进乡村人口观念和行为方式的普遍转变,推动社会现代化进程。经济和技术变革在乡村人口中的传播,无疑对乡村社会现代化进程具有重要影响。选择适当的战略,有利于传播经济管理知识和农业技术知识,转变人们的生育观念,加强子女的教育投入,提高劳动生产率,最终推动乡村社会现代化。

专栏 13-7

中国社会主义新农村建设

中国共产党十六届五中全会对建设社会主义新农村的总体要求是:生产发展、生活宽裕、乡风文明、村容整洁、管理民主。中国曾在20世纪50年代提出过社会主义新农村,此次则是在新的历史背景中,在全新理念指导下的一次农村综合变革的新起点。其最终目标是:要把农村建设成为经济繁荣、设施完善、环境优美、文明和谐的社会主义新农村。

新农村建设是一项惠及亿万农民的世纪工程,重点要解决的不是政府给农民什么,而是要弄清楚农民需要什么。由于中国新农村建设范围广、内容庞大、建设时期长,一定要有重点和阶段目标。现阶段新农村建设的重点内容应该是为农民提供最基本的公共产品和公共服务,满足他们生存和发展的需要。主要包括:一是为农民提供最基本的基础设施,不断改善农民的生存条件。二是为农民提供最基本的公共服务,初步解决农民的后顾之忧。加强义务教育、公共卫生、贫困救助、基本社会保障等方面的制度建设,解决农民家庭上学难、看病难、养老难等问题。三是改善农业、农村生产条件,培育新的支撑产业,帮助农民增加收入。四是深化农村体制、机制改革,为新农村建设提供制度保障。新农村建设不仅仅是硬件建设,也不仅仅是建房、架桥、修路、通电、通水,而且还有软件建设。在推进社会主义新农村建设的过程中,要注重深化农村改革,完善乡村治理结构,健全农村自治机制,加强农村法制建设,积极开展法律援助,大力推进合作经济组织、专业协会等农民自治组织的建设,为建设社会主义新农村提供制度保障。

资料来源:中国新农村建设信息网,http://www.xinnongcun.gov.cn。

本章小结

农业是国民经济的基础,农业在国民经济中的相对比重,会随着经济发展程度的提高而逐步下降,但农业的重要性并不会因此而下降。农业为国民经济的发展作出了重要的贡献,其主要贡献包括:食品贡献、原料贡献、要素贡献、市场贡献和外汇贡献。

传统农业是指工业化之前的农业发展形态。传统农业的生产技术来自世代的经验积累,农业生产要素的边际生产率极低,农民缺乏积累和投资的激励。农业生产处于自给自足状态,属于一种小而全的生产方式。

农业现代化就是把传统农业转变为现代农业的过程,就是用现代科学技术和现代工业来为农业提供生产的技术手段和物质手段,用现代经济管理方法提供农业生产的组织管理手段,把封闭的、自给自足的、停滞的农业转变为开放的、市场化的、不断增长的农业。

要实现农业现代化,必须对传统农业进行改造。改造传统农业所必须具备的几个基本要素,包括技术、资本、制度、教育和工农相互促进。

土地制度是规范人对土地所有、占有关系和土地使用的制度。土地改革是对土地所有权的再分配,即把一部分土地以不同的方式分配给另一部分人所有。成功的土地改革,对经济发展具有极其重要的意义。

农业生产技术的变革,主要是指农业生产将主要依靠现代的机械技术和生物、化学技术,而不是传统的经验。根据各国资源禀赋状况的不同,技术变革采取了一种"诱导型创新"的方式,劳动力短缺的国家,技术变革的方向主要是发展机械技术;土地资源短缺的国家,则主要是发展生物和化学技术。

农业生产结构的转变,是指农业内部的产业结构将逐步由以种植业为主转向以林、牧、渔业为主;种植业内部也将由以粮食作物为主转向以经济作物为主的这样一个变化过程。在这种结构转变的过程中,各国应结合自身的资源禀赋状态和竞争优势。

乡村工业的发展有利于乡村劳动力的转移和增加农民收入,对乡村经济转型和社会发展也具有重要作用。农业的特殊性,决定了农业部门比其他部门更需要金融支持。乡村贸易对乡村发展具有重要作用。乡村市场不发达并不意味着政府应该干预市场;政府的乡村金融政策和价格政策没有达到预期的效果,就是因为干预了市场运行。政府的作用在于:营造发展环境,提供公共服务,实施宏观管理和制定发展战略。

关键概念

传统农业　传统农业转型　绿色革命　规模经营　诱导型技术创新　土地制度　土地改革　农业现代化

思考题

（1）农业在经济发展中的地位如何？农业对发展中国家经济发展的作用体现在哪几个方面？

（2）传统农业的特征是什么？

（3）对传统农业的改造包括哪几个方面？我国农业实现由传统农业向现代农业转型将会遇到哪些主要障碍？如何解决这些问题？

（4）什么是土地制度改革？土地制度改革的类型有哪些？土地改革对经济发展有什么作用？

（5）如何评价发展中国家的乡村金融政策和价格政策？

（6）政府在乡村发展中应该怎样发挥作用？

（7）讨论中国社会主义新农村建设的内容、重点和成效。

（8）讨论东亚地区土地制度改革的经验教训及其对中国的启示。

进一步阅读导引

关于农业在经济发展中的地位和作用问题，可参阅张培刚：《农业与工业化》，华中工学院出版社1984年版，第二章；[印]苏布拉塔·加塔克等：《农业与经济发展》，吴伟东译，华夏出版社1987年版，第三章；世界银行：《世界发展报告2008：以农业促发展》，清华大学出版社2008年版。

关于传统农业和改造，可参阅[美]西奥多·W. 舒尔茨：《改造传统农业》，梁小民译，商务印书馆1999年版；张培刚：《农业与工业化》，华中工学院出版社1984年版；《新发展经济学》，河南人民出版社1992年版，第五章；石川滋：《发展经济学的基本问题》，经济科学出版社1992年版，第六章。

关于土地制度与乡村发展，可参阅张五常：《佃农理论》，易宪容译，商务印书馆2000年版；何保山：《台湾的经济发展，1860—1970》，上海译文出版社1981年版，第181—186页。

关于经济组织和制度变迁，可参阅[美]R. 科斯等：《财产权利与制度变迁：产权学派与新制度学派译文集》，刘守英等译，上海三联书店、上海人民出版社1994年版；[日]速水佑次郎、[美]拉坦：《农业发展的国际分析》，郭熙保、张进铭译，中国社会科学出版社2000年版；[美]思拉恩·埃格特森：《新制度经济学》，吴经邦译，商务印书馆1996年版；[美]道格拉斯·诺思：《经济史中的结构与变迁》，陈郁等译，上海人民出版社1994年版；关于政府作用，可参阅Gerald

M. Meier, *Leading Issues in Economic Development*, 6th edition, Oxford University Press, 1995;〔美〕苏布拉塔·加塔克、肯·英格森特:《农业与经济发展》,吴伟东译,华夏出版社1987年版等;〔日〕速水佑次郎:《发展经济学——从贫困到富裕(2001)》,李周译,社会科学文献出版社2003年版。

第十四章 乡-城人口流动与城市化

本章概要

在发展中国家的工业化和城市化过程中,原来居住在农村中的大量人口的就业领域会转移到工业部门,其居住地点也会转移到城市。所以,人口流动对一国的工业化和城市化有着重要影响。基于这一认识,本章将介绍城市化的基本理论,分析乡-城人口的流动机制与影响,并在此基础上探讨发展中国家的城市化问题以及相应的解决对策。

学习目标

1. 掌握城市化的基本动因与机制;
2. 理解二元结构的基本概念与内涵;
3. 掌握刘易斯模型与拉尼斯-费景汉模型;
4. 掌握托达罗模型与发展中国家的城市失业现象;
5. 理解发展中国家的过度城市化与纠治对策。

引 言

经济发展不仅意味着工业化的发生,而且也伴随着城市化的演进。近两百年来,城市自身的快速扩张与迅猛发展,已极大地改变了人类社会的基本经济形态,城市一跃而成为经济的主导和中心。作为现代社会人们生活和生产的基本载体,城市的发展不仅为工业化和乡-城人口转移提供了基础平台;同时,也极大地提高了人民的生活质量,因此,城市化水平的高低已被当做衡量一国经济发展程度的重要参考指标。

战后以来,几乎所有的发展中国家都在致力于加快本国的城市化进程。城市化表现为人口和经济重心从农村转向城市,由农业转向工业。在这一结构转换过程中,发展中国家的经济结构会呈现出怎样的特征呢?其中,当劳动力大量从乡村向城市转移时,经济发展能否顺利进行?这种结构转换背后的作用机

理是什么?许多经济学家对此进行了卓越的探索。例如,1954年刘易斯提出了二元经济理论(劳动无限供给条件下的经济发展),提供了一个简明的"标准"答案。这一理论在经济学界产生了极大的影响,许多学者在此基础上进行修正或引申得到一些理论成果。刘易斯本人因此荣获1979年诺贝尔经济学奖。

然而,现实的发展并没有完全遵循刘易斯的思路。从乡村向城市转移大量过剩人口,这一方面确实使落后地区的城市化水平得到了较大的提高,在一定程度上促进了工业化进程和整体经济的发展;但在另一方面,从20世纪70年代开始,伴随着城市化逐渐凸显出一系列棘手难题:城市人口过多、交通拥挤、环境恶化等,同时乡-城差距非但没有缩小,反而进一步扩大,二元经济结构甚至得到强化。这些迫使人们进一步反思:如此种种问题是城市发展中与生俱来的吗?我们有能力解决它们吗?发展中国家的城市化应该如何走?这些问题既是理论界所讨论的热点,也是本章所要介绍的重点。

在本章中,第一节将具体介绍有关城市发展的一般理论;第二节主要讨论城市化进程中的乡-城人口流动问题;第三节讨论发展中国家的城市化实践,特别是其发展中存在的种种问题;针对第三节所提出的问题,第四节主要探讨现阶段人们解决城市化问题的若干思路。

第一节 城市发展的动因与城市化

现代经济增长的重要影响之一,便是城市化(Urbanization)的兴起。联合国《世界城市状况报告(2005)》指出:今天世界上已有一半以上的人口生活在城市中,城市居民人数达到30亿。到2030年,世界城市人口接近50亿,约占世界总人口的60%。而美国世界观察研究所公布的《2007年世界状况报告:我们城市的未来》也指出:在1950年,只有纽约和东京的人口超过了1 000万。如今,这样的大城市已达到20个,而且主要是在亚洲和拉丁美洲。在今后数十年内,发展中国家将成为城市化快速推进的主要地区:到2015年,拥有200万—500万人口的城市在非洲将有59个,在拉丁美洲和加勒比将有65个,在亚洲将有253个。到2030年,世界城市居民的4/5将居住在我们今天所说的"发展中国家"。① 面对城市的这种迅猛发展之势,人们不禁要问:是什么力量造就了今日城市的快速发展?

---

① 耕香:《关注城市:美国世界观察研究所公布〈2007年世界状况报告:我们城市的未来〉》,载《国外社会科学》,2007年第3期。

一、农业与城市发展

由于城市人口不从事农业生产(我们称之为非农业人口),他们都要仰仗农业部门来提供各种食物。只有当农业部门生产出满足本部门需要(包括农业生产和农民生活需要)的粮食后还有剩余,才能保证城市中生活的人们有足够的食物供给。所以,一个强大的农业部门是城市化得以顺利推行的基础。从现实来看,凡是农业水平高的国家,其城市化水平也高。以农业抚养能力来衡量(即1个农民可以为多少个人提供食物支持),法国的1个农民可以为36个人提供食物支持;而在英国,这一比例则上升至1:62;美国的农业抚养能力指数最高,为1:70。[1] 这些国家发达的农业部门为本国城市化提供了充分的保证。

不仅如此,在一定时期内,一国内部可供使用的劳动力是既定的,如果农业部门使用的劳动者多了,那么,工业部门所能使用的劳动力就会减少。而发达的农业往往意味着可以将更多的劳动者配置到工业部门和城市中从事非农产业,而这将有助于缓解劳动力供给能力对工业和城市部门发展的制约,从而有利于工业和城市部门的发展。因此,发达的农业是一国城市发展的前提条件,缺乏农业支撑的城市发展是难以为继的。

二、工业与城市发展

工业革命以来,城市的发展与工业的快速兴起关系密切。英国的曼彻斯特、纽卡斯尔、利物浦,美国的底特律、匹兹堡等新兴城市的早期发展,都紧密地依附于城市中的主导工业而得以发展。耶兹在1970年对加拿大南安大略省佐治亚湾地区工业刺激城市发展过程的研究也证明了这一点。[2] 但工业为何要布局于城市?工业化的深入为何能够推动城市的发展?其中的原因是多方面的:

(1)聚集经济效应。所谓聚集经济效应,是指企业适当集中后,在市场、成本、交易、创新等诸多方面给企业所带来的正的外部性。它有以下几种表现形式:① 大规模的本地市场有利于生产专业化和分工,可以减少企业的生产成本及销售费用;② 同类企业在地理上的集中可以使资本、劳动力和管理者趋于集中,从而为企业有效地进行资源配置提供便利;③ 在大城市中成熟和发达的金融和商业机构,更好地适应产业发展的特殊要求;④ 城市的集中所带来的更广泛的娱乐、社交和教育设施可以吸引素质优良的管理人士;⑤ 企业的集中可以

---

[1] 转引自饶会林:《城市经济学》,东北财经大学出版社1999年版,第101页。
[2] 转引自中国社会科学院研究生院城乡建设经济系:《城市经济学》,经济科学出版社1999年版,第79页。

更好地满足工商业者面对面打交道,这样可以使管理过程更有效,还能促进信任,并使思想自由交流;⑥ 企业的集中可以使竞争更充分,从而会大大加强企业的创新动机,这是一种动态的聚集效益,此外,城市公共服务设施的最低人口限度标准也被视为一种聚集经济。按此推知,工业企业为追求聚集经济而选择布局于城市,而企业在城市中的扎堆又会进一步凸显聚集经济效应,从而推动城市的发展。

(2) 城市发展的乘数效应。脱胎于凯恩斯乘数原理的城市发展的乘数理论认为,一旦城市中新增一个工厂,其职工在领取工资后,收入中的一部分必然会用于消费(购买商品和劳务),这将促进当地服务部门的成长。而这又会使城市中另一部分人的收入增长,从而导致消费再次增长。这样,最初的投资支出将带来一系列的消费再支出,其最终后果便会促使城市的经济进一步繁荣。城市发展的乘数理论,现已被广泛用以分析城市产业扩张对城市总体经济的拉动作用。

(3) 城市发展的循环累积效应。我们可以设想一下,一个城市中建立了一种新工业,它需要在当地雇用员工,这会带动当地就业水平的提高;这些人又主要在本地消费,所以又会带来消费需求的上升;同时,这一产业的发展会为它的上游企业提供新的需求,会为它的下游企业提供新的供给,这又会带动相关产业的增长,如果这类企业向其他地区输出产品,它又可以使得城市对外贸易加强,当地人们收入的增加和企业的发展还会带来市政收入的增加,这又会使得市政当局有更强的能力来投资建设更好的基础设施……这样,充满活力的工业布局、劳动力市场和更好的基础设施又能吸引新的工业到此布局。这样一来,一种发展将带来另一种发展,并形成一系列的发展循环。更重要的是,在城市的发展过程中,发展的动力在循环过程中往往互为因果,工业城市规模也就在这种循环和累积过程中不断扩大。这就是 G. 缪尔达尔(G. Myrdal,1957) 提出的城市发展循环累积因果理论的大要①。

这一理论的实质在于认为城市中的各产业部门是有着密切关联的,一旦某种力量触发了城市中某一产业的发展,就将带动和引发产业部门的全面成长,从而促进城市的进一步发展。这一理论还指出,城市的循环发展不仅具有累积效应,而且还具有加速度,它可以导致城市发展的速度不断加快。因为如果城市在其前期的发展中能形成一种繁荣的主导产业,那么,这一产业又将会派生出新的产业,而新的产业又能形成一种繁荣的主导产业,城市就是通过不断的产业派生,在这种累积和循环的过程中逐渐成长起来的。

---

① Myrdal, G., *Economic Theory and Underdeveloped Regions*, Gerald Duckworth, London 1957.

三、增长极与区域发展

日常经验告诉我们:一个家庭中,有一个家庭成员发展得非常出色,那么,他将会带动整个家庭的发展。同样,对于一个给定区域而言,其区内如果有一到两个发展得非常出色的城市,它也会有效地带动区域经济的发展。这些能够拉动区域发展的先进的城市被称为增长极。

作为区域发展增长极的城市,一般具有两种功能:一方面可以吸引该地区资金、技术和劳动力向"极"流动,提高区内生产要素的配置效率,此谓极化效应;另一方面,这些城市又能将自身的商品、技术、资金向周边地区释放,提升周围的经济发展能力,此谓扩散效应。

从理论上讲,由于经济发展过程本身的非均衡性,区域内的增长极通过极化效应获得充裕的资金、技术和劳动力来实现率先发展是必经之途。但如果增长极发展起来以后,其与区内其他地区的生产联系少,增长极的扩散效应就不明显,这将会导致"飞地"经济的出现,这种只有极化而无扩散(或者扩散效应很小)的后果,往往会造成区内其他地区的经济发展条件恶化。

为了防止这一点,就需要注意在促进增长极成长的同时,努力加强周边地区与增长极之间的经济和贸易联系。所以,通过运用政府干预的手段,集中投资、重点建设、聚集发展,选择若干条件较好的区域和产业重点推进,以此来带动整个经济的发展,是增长极理论现实应用的基本思路。

从空间经济学的角度来看,一个区域内的城市发展中,由于城市-城市以及多个城市之间的要素和商品流动是相互交织在一起的,大小不同的城市竞相发展,区域发展的图景便会由点-轴(地带)开发,进而发展到若干增长极带动整个地区内大中小各类城市发展的局面,并促进更多城市的产生和发展。这便形成了我们所称的城市群(Metropolitan Coordinating Region,Metropolitan Area),城市群发展到成熟阶段的最高空间组织形式是城市带。

专栏 14-1

世界六大城市带

城市带指在特定地域范围内具有相当数量的不同性质、类型和等级规模的城市,依托一定的自然环境条件,以一个或两个超大或特大城市作为地区经济的核心,借助高度发达的交通及信息网络,发展城市之间的联系,共同构成的一个相对完整的城市"集合体"。

20世纪50年代,法国地理学家简·戈特曼(Jean Gottmann)在对美国东北沿海城市密集地区进行研究时,提出了城市带的概念,认为城市带应以2500万人口规模和每平方公里250人的人口密度为下限。按照简·戈特曼的标准,世界上有六大城市群达到城市带的规模:

(1)美国东北部大西洋沿岸城市群。该城市群从波士顿到华盛顿,包括波士顿、纽约、费城、巴尔的摩、华盛顿,该城市带的面积占美国面积的1.5%,人口占美国总人口的20%,城市化水平达到90%以上。是美国最大的生产基地和商贸中心、世界最大的国际金融中心。

(2)北美五大湖城市群。该城市群分布于五大湖沿岸,从芝加哥向东到底特律、克利夫兰、匹兹堡,并一直延伸到加拿大的多伦多和蒙特利尔。集中了20多个人口达100多万的大都市。是美国、加拿大工业化程度最高、城市化水平最高的地区。

(3)日本太平洋沿岸城市群,也称为东海道城市群。一般指从千叶向西,经过东京、横滨、静冈、名古屋,到京都、大阪、神户的范围。该城市群一般分为东京、大阪、名古屋三个城市圈。这个区域的面积为3.5万平方公里,占日本全国的6%。人口将近7000万,占全国总人口的61%,是日本最核心的经济生产区域。

(4)欧洲西北部城市群。这一超级城市带包括大巴黎地区城市群、莱茵-鲁尔城市群、荷兰-比利时城市群。主要城市有巴黎、阿姆斯特丹、鹿特丹、海牙、安特卫普、布鲁塞尔、科隆等。这个城市带10万人口以上的城市有40座,总面积14.5万平方公里,总人口4600万。

(5)英国以伦敦为核心的城市群。该城市带以伦敦-利物浦为轴线,包括大伦敦地区、伯明翰、谢菲尔德、利物浦、曼彻斯特等大城市,以及众多小城镇。这是产业革命后英国主要的生产基地。该城市带的面积为4.5万平方公里,人口为3650万,是英国产业密集带和经济核心区。

(6)中国长江三角洲城市群。这个城市群以上海为中心,由上海、苏州、无锡、常州、扬州、南京、南通、镇江、杭州、嘉兴、宁波、绍兴、舟山、湖州等16个城市组成。土地面积占全国的2%,人口数量占全国的10%,2007年长三角地区16个城市的生产总值为46 672.07亿元,占全国的比重达到18.7%。

资料来源:http://www.shuigong.com/papers/jianzhu/20060208/paper16519.shtml;长江三角洲2007年GDP的数据来自于http://www.zstj.net/info/ShowArticle.aspx?ArticleID=3011。

第二节 乡-城人口流动

一、城市化与乡-城人口流动

城市之所以不同于农村,其关键在于在城市中拥有现代的制造业和服务业;而在农村,农业是其主要的产业支柱。一般认为,在城市中的现代产业部门的劳动报酬要高于农村,出于对更高收入的追求,农村中的劳动者就会自发地涌入城市,寻求在现代产业部门中就业,这构成了吸引劳动力进城的拉力。同时,由于农业的基本载体是土地,在土地面积给定的情况下,劳动者的密度越大,劳动的边际效率就越低,人多地少的矛盾也将迫使一部分农村劳动力必须选择向外迁移,这是驱动劳动者迁移的推力。两者结合,便形成了乡-城人口流动。

随着越来越多的人离开农村进入城市,转化为非农业劳动者,城市的人口规模会不断扩张。这样,对于一个给定的人口总量的国家和地区,城市中生活和居住的人口越多,农村中的人口就相应越少。从人口分布的角度来看,将城市人口占总人口的比重作为衡量一国的城市化水平的指标是适宜的。

当乡村人口向城市流动时,往往也意味着他们的职业转换:由农民转为非农民(产业工人或者服务业从业人员)。所以,乡-城人口流动,从空间角度来看,是居住地域的变换;从产业角度来看,是现代产业吸纳了越来越多来自于农业部门的劳动者。所以,发展经济学认为,所谓城市化,尽管包含多种层次,但它主要是指乡村人口向城市流动这一过程。这是城市化最基本的内涵,也是发展经济学家们研究城市化问题的主线。

为什么城市的报酬水平会高于农村

在讨论人口流动中,城市中更高的工资水平被认为是吸引人口流动的关键因素,但为什么同样是一个劳动者,他在城市获得的报酬会高于他在农村的收入呢?最根本的原因还在于城市中的非农产业部门中要素的生产效率更高,所以,更高的工资是对劳动者更高的边际生产率的回报。

导致城市中非农产业部门生产效率高的原因很多,比如说城市的工业部门往往比农村的农业生产使用更多的资本品,同时,城市不少产业的生产过程衔接紧密,分工更为具体和细致,斯密谈到的分工所带来的种种好处便在紧凑和科学的生产过程中得以体现。此外,城市产业所产生的聚集效应可以使得身处其中的相关行业享受到程度不同的外部经济,这也有助于提高企业生产要素的生产效率。

不仅如此,从另一个角度去观察这一问题,我们还会发现:城市中的就业人员在获得高于农村的工资水平的同时,也往往需要承担比农村更为高昂的生活费用。设想一下,如果一个农村劳动力流入城市后,雇主根据其边际生产力所给出的工资报酬尚不能够支付他在城市中的生活费用,他会选择进城吗?从理论上讲,不考虑其他因素,这个劳动者显然不会选择进城。从这个角度来看,能够进城务工的农村劳动力本身就是更高素质的劳动力。所以,正是因为城市中使用的生产要素都更为优质,"优质"就应当"优价",更高的报酬水平正是更好的生产要素的标志。

二、二元结构与农业剩余劳动力转移

判断一国的现代化程度我们通常使用两个指标:一是现代产业部门的产值在 GDP 中所占的比重大小,二是劳动力中非农业劳动者占总劳动力比重的大小。一般而言,越是发达的国家,这两个指标就越高。以美国为例[①],2007 年,非农业部门的产值占 GDP 的比重高达 99.1%;非农业劳动者占总劳动力(以实际就业人口计算)的比重为 99.4%。也就是说,美国的农业部门通过使用总人口的 0.6%,创造了总 GDP 的 0.9%。如果我们用农业部门和非农业的产值比除以各自的人口比来获得相对生产效率指数进行比较,可以看到,美国的农业劳动者的人均产值创造能力与非农业劳动者人均产值的创造能力相仿,使用其他发达国家的数据,结果也大致相当(有兴趣的读者还可以利用这一方法来检验一下其他发达国家农业与非农业的相对生产效率)。正是从这层意义上讲,发达国家工农业部门的生产差距不明显,工业与农业部门处于同一水平之上。

但对于发展中国家进行以上分析,结果就会大相径庭。如埃及,其农业劳动者占总劳动力的比重为 32%,创造的产值只占 GDP 的 13.8%;非农业部门的人口比重为 68%,创造的产值比为 86.2%,非农业部门的相对生产效率指数要

---

① http://www.intute.ac.uk/sciences/worldguide/html/1054_economic.html。

远高于农业部门。墨西哥,其农业劳动者占总人口的比重为 18%,所创造的产值只占 GDP 的 3.9%;非农业部门的人口比重为 82%,创造的产值比为 96.1%,非农业部门的相对生产效率指数同样要远高于农业部门。至于中国,同样存在这样的情况:2006 年,我们的农业部门使用了总劳动者的 43%,生产的产值只占 GDP 的 11.8%;非农部门使用了 57% 的劳动力则创造了 88.2% 的 GDP。① 由此我们也可以发现,发展中国家的农业部门的生产效率是低于非农业部门的,更高效率的现代产业部门与落后的农业部门的并立,是发展中国家的一个基本特征,这一特征,也被称为二元结构。由于现代产业部门多集中于城市,而落后的农业生产模式则遍布整个乡村,因此,从地理概念来理解,为数不多的先进城市与广大的滞后农村的并立,也就构成了二元结构的空间特征。

发展中国家的农业部门之所以仍然吸纳了大量的劳动力,其原因有两个:第一,发展中国家的工业化水平仍然不够,对劳动力的吸纳能力有限,所以,大量的劳动者仍然只能呆在农业部门;第二,发展中国家农业部门自身的生产方式仍然落后,需要使用大量的劳动投入来解决农业生产过程中的资本品不足的问题。特别是当工业对劳动力的吸纳能力不足时,由于农业土地是有限的,劳动者过度拥挤在农业部门带来的后果,是劳动的边际生产率下降得很快,甚至有一部分农业劳动力,即使将他们从农业部门排除(即不从事任何农业生产),也不会导致农业部门的产出水平下降,这些人便成为剩余劳动力(Surplus Labor)。

因此,对于发展中国家而言,通过大力发展工业化和城市化吸引农村剩余劳动力转移便成为经济发展的基本任务。从 20 世纪 50 年代开始,发展经济学家对此进行了深入的研究,并相继提出了刘易斯模型、拉尼斯-费景汉模型、托达罗模型等代表性的分析框架。

剩余劳动力与生存工资

农业剩余劳动力的存在,在发展中国家是一个普遍的事实,剩余劳动力的

---

① 除中国 2006 年的 GDP 数据来自于 2006 年的国家统计公报外,其他数据都来自于 intute 数据库:http://www.intute.ac.uk/。

存在,使得农村劳动力的平均工资水平被锁定在生存工资水平(Basic Survival Wage)上。所谓生存工资,简单来讲,是指劳动者获得的只能维持日常开支所需而无结余的报酬。

如果在农业生产中,哪个劳动者要求雇主提供给他高于生存工资水平的报酬,雇主将马上会雇用那些只要求生存工资的劳动者;但如果雇主提供给劳动者的工资低于这一水平,则劳动者自我的简单再生产也无法维持,劳动力的健康和素质都会下降,农业生产本身也将无法得到有效的维持。

即使我们以自耕农家庭为单位来考虑剩余劳动力的问题,也可以发现:由于自耕农家庭所拥有的土地是有限的,并且我们假设现有家庭成员以及新增家庭成员都从事农业的话,那么,随着土地利用达到极限,劳动力的再投入将不会带来产出的增长,这时候将出现劳动力利用不足的情况,此谓隐蔽性失业(Disguised Unemployment),虽然一个家庭无法解雇其成员,但保障每个成员获得生存是家庭存在的基本目标,所以,这时候的自耕农家庭中,所有的家庭劳动者获得的报酬水平也将维持生存工资的标准。

三、刘易斯模型

1954年,刘易斯在其经典论文《无限劳动供给下的经济发展》中,从经济发展的角度,通过部门分析的方法来分析和解释现代经济增长过程中的人口流动规律,以及这种流动对于经济发展的重要性,并提出了著名的二元经济结构下的人口流动模型,开创了人口流动的部门分析的先河。[①]

刘易斯模型有两个基本特征:

第一,从部门分析的角度来分析人口流动。在刘易斯看来,一国经济是由代表先进生产力的现代工业部门构成的。经济发展的要义旨在通过加快工业部门的发展,以吸纳和转移农业部门中的剩余劳动力,并最终实现整体经济的成长。在刘易斯的分析中,工业部门始终在经济发展中占主导地位。传统农业部门在经济中的重要性,则主要体现为替不断发展的工业部门提供丰富而廉价的劳动力。

第二,劳动力的供给是无限的。刘易斯的无限劳动供给的概念,并非指劳动力在总量上是无穷无尽的,而是指在一个既定的固定工资水平之上,工业部

---

① Lewis, W. A., "Economic Development with Unlimited Supply of Labour", *The Manchester School of Economic and Social Studies* 47(3), pp.139—191.

门面对的劳动力的供给弹性是无穷的,工业部门可以在这一工资水平上获得它所需要的全部劳动力。刘易斯认为,在许多发展中国家的农村中,农民的边际生产率其实很低,农民仅能赚得其生存收入,广大农村中存在大量的剩余劳动力。工业部门只要能提供高于农业中的生存收入的工资水平,就能驱动农村中的剩余劳动力源源不断地涌入现代工业部门。

正是从这两点出发,刘易斯认为,既然工业部门是经济发展的主导,农业部门又可以为工业部门提供足够而廉价的劳动力,那么,对经济发展而言,决定经济成长的关键,在于工业部门自身的扩张,而这种扩张的前提和物质基础便是资本积累。通过资本积累,工业部门可以发展得更快,同时也能带动和吸纳更多农村劳动力的转移,这样,资本积累被视为经济发展和劳动力转移的唯一动力。对于刘易斯的这一思想我们还可以通过图示来进一步加以说明。

在图 14-1 中,OD 轴表示劳动的边际产品和工资,OA 轴表示传统农业部门的生存收入,OW 表示工业部门的现行工资水平,WS 表示劳动力无限供给的供给曲线,$D_1(k_1)$、$D_2(k_2)$、$D_3(k_3)$ 表示不同资本水平下的劳动边际生产率曲线。其中,$k_1 > k_2 > k_3$,边际生产率曲线的外移,反映随着资本积累的增加劳动的边际生产率也不断提高这一事实。

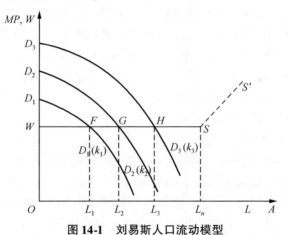

图 14-1 刘易斯人口流动模型

当资本为 k_1 时,边际生产率曲线为 D_1,资本家将雇用 OL_1 数量的劳动。在这一状态下,资本家和工人分享工业部门的总产量 OL_1FD_1,其中工资为 OL_1FW,而 WFD_1 则成为资本家所获的利润。现假设资本家将全部利润都用于投资,则资本总量上升至 k_2,此时的劳动的边际生产率曲线为 D_2,资本家雇用工人的总量上升至 OL_2,此时,$OL_2 > OL_1$,这意味着资本积累已开始发挥了转移劳动力的作用。同时,随着资本积累和雇佣劳动的增加,资本家的利润进一步得到提高。现假设利润再次被用于积累,则我们又可以看到随着资本积累的提高,劳动力进一步得到转移。这一过程,从理论上讲可以一直进行,直至把农业中的全部剩余劳动力转移完为止。而到了那一阶段,资本家所面临的劳动供给曲线将不再是水平状态,而是向右上方倾斜。这意味着劳动力已成为经济中的稀缺要素,乡村人口单纯向城市流动的过程从此得以结束。

刘易斯的模型提出以后,人们在肯定该模型合理性的同时,也指出了刘易斯模型所存在的缺陷。其中最为人们所诟病的是刘易斯对劳动力无限供给的假定以及模型中对农业部门发展重要性的忽视。为此,拉尼斯和费景汉在 20 世纪 60 年代初对刘易斯模型进行了修正,将农业部门的发展也纳入了分析的范畴,提出了拉尼斯-费景汉模型(Ranis-Fei Model)。[1]

四、拉尼斯-费景汉模型

拉尼斯和费景汉认为,农业部门除了能够为工业部门的扩张提供丰富而廉价的劳动力之外,还可为工业部门提供农产品的支持。这种农产品支持被拉尼斯和费景汉定义为农业剩余。它是指农产品总量在满足农民消费之后所剩余的部分。决定农业剩余大小的因素有两个:一是农业部门的农业生产率,二是农业部门的劳动力总量。当农业部门中的劳动力总量在随工业部门扩张而渐渐减少时,保持和提高农业剩余的关键就必须依靠农业部门劳动生产率的提高,也即农业部门自身的发展。所以,农业部门的发展天然就与工业部门的发展紧密地联系在一起。正是基于以上认识,拉尼斯和费景汉建立了一个包含工、农两部门共同发展的人口流动模型。

在图 14-2 中,(a)是大家所熟悉的刘易斯模型,它表示的是工业部门,而(b)、(c)则代表农业部门。

在图(a)中,OW 代表工业劳动,OP 代表工人的边际生产率和工资;dPf 代表边际生产率曲线,它与劳动供给曲线 SP' 交于 P 点,决定工业部门的就业量为 OG。当资本积累增加时,会导致 dPf 线向外移动。同时,技术进步也将对 dPf 线产生影响。在此图中,资本积累和技术进步共同决定着 dPf 线的移动。由于考虑到了技术因素,图(a)中的 dPf 线的移动与标准刘易斯模型中的 dPf 线的移动存在着差别,这表现为 dPf 线在随资本积累和技术进步移动时,其偏转程度发生了变化。这种变化被拉尼斯和费景汉视为技术因素影响的结果。

图(b)为农业部门的总产出图。OA 轴代表农业部门投入的劳动力,OB 轴

---

[1] Gustav Ranis and John C. H. Fei, "A Theory of Economic Development", *American Economic Review*, 1961, Vol.51(4), pp.533—558.

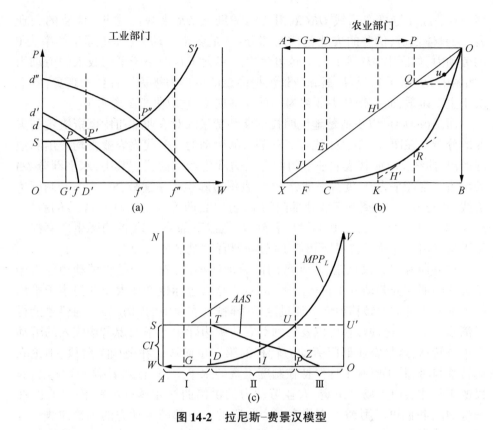

图 14-2 拉尼斯-费景汉模型

表示农业总产出,曲线 ORCX 是农业部门的总产出曲线。其中,ORC 段上凹,这表示随着农业劳动力投入的增加,农业的边际生产率递减,水平 CX 段则表示当农业部门的劳动力增加到一定程度后,其边际生产率为零。这意味着,如果我们将 C 点以后的农业劳动力(这在图中表示为 AD)全部撤出,农业总产出不会受任何影响。这种边际生产率为 0 的劳动力称为"多余劳动力"。拉尼斯和费景汉认为,农业部门劳动力的工资应等于农业部门的人均产出水平,即使存在剩余劳动,他们也同样应当获取这种收入。原因在于,如果一个劳动力的收入低于平均水平,那么他的生存将出现问题。他们称之为"不变制度工资"。该工资不是由市场而是由道德和习惯等因素决定的,且在剩余劳动完全被转移之前将始终不变。图(b)中的平均产品线 OX 就代表农业部门的工资。

在此基础上,拉尼斯和费景汉指出,在农业部门中,凡是边际生产率小于平均收入水平的劳动力,都可以算是一种剩余劳动力。他们称之为"伪装的失业者"(Disguised Unemployment)。在图(b)中,我们可以通过作出与平均产品曲

线 QX 平行且与总产品线 $ORCX$ 相切的辅助线 HR 来找出这些"伪装的失业者"。具体地讲，伪装的失业包括两部分：一是多余劳动力（即边际生产率为 0 的劳动力，如图中 AD 所示）；二是边际生产率大于 0 但小于平均收入的劳动力（如图中 DP 所示）。拉尼斯和费景汉把多余的劳动力视为一种技术现象，它取决于生产函数，而把伪装失业视为一种经济现象，它取决于工资水平。

而图(c)则可以更清楚地说明拉尼斯和费景汉对农业部门中工资决定与失业的分析。在图(c)中，OA 代表劳动部门的劳动力，OV 代表农业平均产出和边际产出，曲线 $VUDA$ 代表农业部门的劳动边际生产率曲线。其中，水平部分 DA 表示边际生产率为 0，负斜率部分 VUD 表示边际生产率递减，SU 为不变制度工资线，它与 OA 的距离等于农业部门的平均产出，即等于图(b)中 OX 线的斜率。SU 与 $VUDA$ 交于 U 点。我们可以看到，U 点以下部分 UDA 的边际生产率都小于平均产出。这就是拉尼斯和费景汉所分析的"伪装的失业"。

拉尼斯和费景汉认为，农业部门的劳动转移，首先应当是将劳动边际生产率为 0 的那部分劳动者先转移出来，而后才是将边际生产率大于 0 但小于平均收入部分的劳动力转移出来。通过这两个阶段，农业中的"伪装的失业"才能得以消除。最后，这种转移可以发展到对农业中边际生产率大于平均收入的劳动力进行转移，这是农业部门劳动力转移的第三个阶段。在前两个阶段，不论农民转移与否，其工资水平均保持在制度工资的水平上，只有到了第三个阶段，农民的工资才会由市场来决定，农业劳动力的供给曲线才具有正斜率。因此，在图(c)中，我们可以用 SUV 来代表三个阶段的农业部门劳动力的供给曲线。其中，水平部分 SU 代表第一、第二阶段的劳动力供给曲线，UV 代表第三阶段的供给曲线。

而从图(b)来考察劳动力的这种转移，我们会发现农业部门劳动力变化对农业总产出的影响。在图(b)中，我们可以看到，当把多余的劳动力转移到工业部门时，农业总产出并不会减少，但作为农民的劳动者对农产品的消费却减少了，出现了一部分剩余，这些剩余有意义吗？答案是肯定的。这些剩余可以用来满足已转移到工业部门的那一部分多余劳动力对食物等农产品的需求，在这里，农业部门对工业部门的物质支持的重要性可谓一览无余。

如果不考虑农业生产率的变化，通过图(b)我们还可以观察到当劳动力转移进入第二、第三阶段时，农业的总产出水平会随劳动力的减少而下降，从而会导致农业剩余的下降，而这又将直接制约工业部门的发展。拉尼斯和费景汉由此总结出了农业剩余对工业部门的扩张和对劳动力转移所具有的决定性影响。

那么，我们应该如何准确地度量农业剩余对劳动力转移和对工业部门发展的影响呢？拉尼斯和费景汉使用了人均农业剩余与不变制度工资的比较来描述这种影响。人均农业剩余被定义为农业剩余与转移出来的劳动力数量之比,在第一阶段,人均农业剩余等于不变制度工资水平,人口转移对工业和农业均无影响。而第二阶段,由于将农业中具有边际生产率的劳动者转移了出来,农业总产出将下降,与之相对应,人均农业剩余也将减少,而且它将会低于不变制度工资。此时,工业部门的劳动力对粮食的消费,将比其在农村中务农的粮食消费低,从而使粮食出现短缺,第二阶段的起始点由此被拉尼斯和费景汉称为"短缺点"(Shortage Point)。到第三阶段,当农业中的伪装失业全部被转移后,工业部门和农业部门所面临的劳动供给曲线均为正斜率,这表示此时两部门的工资均由供求的市场法则来确定,农业已经资本主义化了。为此,他们将第三阶段的起始点 R 点称为"产业化点"(Commercialization Point)。拉尼斯和费景汉认为,如果排斥农业部门的发展,则工业部门也难以获得真正的发展,因为粮食的短缺将阻碍这种进程。所以,对工业部门而言,农业部门的发展是其发展的重要前提条件。只有通过不断地提高农业生产率,才能弥补第二阶段和第三阶段劳动力减少对农业总产出的影响,从而为工业部门的发展提供保障。

拉尼斯和费景汉进一步认为,农业生产率的增长虽然是保证工业部门扩张和劳动转移的必要条件,但是仅仅有农业部门生产率的增加还是不够的。要使这一过程不受阻碍,还必须强调工业部门与农业部门的平衡增长。两个部门之间的贸易条件不能恶化,这就需要农业部门的农业剩余刚好能满足工业部门对农产品的需求。如果前者大于后者,则农业的贸易条件就会恶化,粮食将出现过剩,这将伤害农业部门。若后者大于前者,则粮食会出现短缺,这又将不利于工业部门的发展。只有保持这种均衡的贸易条件,才能使劳动力的转移得以持续进行,并最终消除农业中的剩余劳动。

由于该模型直接脱胎于刘易斯模型,因此人们又将其称为"刘易斯-拉尼斯-费景汉模型",但拉尼斯和费景汉的贡献是显而易见的:他们给予了农业部门在经济发展中的合理地位,并比较透彻地分析了农业部门是如何决定和影响工业部门的扩张和劳动力的转移的。这是对刘易斯模型的重大发展。但这一模型也存在一些缺陷,如模型中有关不变制度工资水平的假设难以得到现实案例的支持;此外,该模型也未考虑到城市失业现象。这些缺陷的存在,表明对拉尼斯-费景汉模型需要作进一步改进。

五、托达罗模型

在20世纪60年代末、70年代初,随着经济的发展,许多发展中国家开始遇到了始料未及的严重的城市失业现象:大批劳动力在城市中找不到工作,而同时又有越来越多的农民正在试图离开农村而进入城市。人口流动不仅未能带来经济发展,反而成为经济发展的障碍和拖累。这一现象是传统人口流动模型所难以解释的。对此,美国经济学家托达罗(Todaro,1969,Todaro and Harris, 1970)[①]提出了一个预期收入的模型,来解释城市失业与乡村人口向城市涌入两者并存的现象。

托达罗通过引入就业概率和预期收入的概念,改进了传统模型对于人口流动驱动机制的假设。在传统的人口流动模型中,往往假设工业部门可以实现完全就业,因此,决定人们迁移的都是实际收入的差异。但现实中,城市工业部门的失业现象却时有发生。这表明,劳动力流入城市后,能否找到工作实际上是有不确定性的。考虑到这种不确定性,理性的劳动者通常会用实际收入乘以就业概率所得到的预期收入作为自己在城市中获得收入的评价尺度。因此,托达罗认为,只有当预期收入大于劳动力在农村中的平均收入水平时,才意味着劳动力的迁移是有利可图的。

托达罗对传统的人口流动模型的另一贡献,还在于他引入了非正规部门就业这一概念。传统的人口流动模型通常假设:人们要么在先进的现代工业部门就业,要么在传统的农业部门就业。但托达罗指出,在城市中,与少数先进的现代工业部门(这被称为正规部门)并存的,还有广大的小商店和路边小厂(这被称为非正规部门)。作为对被现代工业部门认为是无利可图的市场空缺的填补,非正规部门吸纳了大量的就业人口,构成了现实经济中的一种重要的就业形式。由于非正规部门运作和组织形式具有很大的灵活度和易变性,因此,它们通常可以为那些从农村迁徙到城市,试图在城市中的正规部门谋得一份工作而未果的人提供工作岗位。非正规部门就业的概念在托达罗模型中非常重要,它反映了更真实的人口流动:人们在由农村进入城市的过程中,往往难以一步到位、进入正规部门就业,而是更多的先被非正规部门吸纳。这样,托达罗人口流动模型实际上是讨论了三个部门的就业(农业部门、城市正规部门、城市非正规部门),所以该模型又被称为"三部门模型"。

图14-3描述的就是托达罗人口流动模型。在该图中,托达罗采用的是两部门法,即农业部门与工业部门。图形左侧的纵轴表示农业的工资率,右侧的纵轴表示工业的工资率。横轴 $O_A O_M$ 代表总劳动力,曲线 AA' 是农业部门的边际产出线,同时也是农业部门的劳动需求线。

---

① Todaro, M. P., "A Model of Labor Migration and Urban Unemployment in Less Developed Countries", *American Economic Review*, March 1969, 59(1), pp.138—148; Harris, J. and M. P. Todaro, 1970, "Migration, Unemployment and Development: A Two-Sector Analysis", *American Economic Review*, March 1970; 60(1), pp. 126—142.

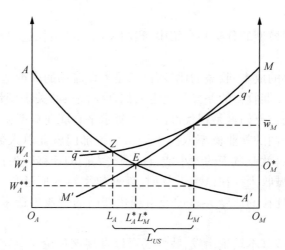

图 14-3　托达罗人口流动模型

曲线 MM' 表示工业部门的劳动需求线。托达罗假设市场为新古典市场，灵活工资且充分就业。在此条件下，均衡工资水平为 $\overline{W}_A^* = \overline{W}_M^*$。这时，农业部门的劳动力为 $O_A L_A^*$，工业部门的劳动力为 $O_M L_M^*$（L_A^* 与 L_M^* 重合），劳动力得到充分利用。

现假设城市工资水平为 $\overline{W}_M$，$\overline{W}_M > W_A^*$，则城市部门可吸纳的就业人数为 $O_M L_M$，如果不存在失业，则 $O_A L_M$ 数量的劳动力会留在农业部门。此时，农业部门的工资为 W_A^{**}，$W_A^{**} < W_A^*$。由于 $\overline{W}_M = W_A^*$，$W_A^* > W_A^{**}$，所以 $\overline{W}_A > W_A^{**}$，乡-城存在收入差异。如果劳动力可以自由流动，则在收入差异的引诱下，将会出现乡-城人口流动。但由于就业的人数有限，因此不是每一个涌入城市的劳动力都会被雇用。这样，对农民流动来讲，存在不确定性。如果就业概率可以用工业部门就业量 L_M 与城市总劳动力 L_{US} 之比来表示，则有

$$W_A = \frac{L_M}{L_{US}}(\overline{W}_M)$$

这是农民迁移决策的边际条件，W_A 表示农民的农业工资收入，而 $\frac{L_M}{L_{US}}=(\overline{W}_M)$ 表示农民预期的城市部门工作的收入。当 $\frac{L_M}{L_{US}}(\overline{W}_M) > W_A$ 时，农民才会迁移。当 $\frac{L_M}{L_{US}}(\overline{W}_M) = W_A$ 时，则农民的选择无差异。qq' 表示了这种无差异关系，此时，新的失业均衡点为 E 点，在这一点，乡-城实际收入差异为 $\overline{W}_M - W_A$。$O_M L_M$ 在农业部门就业，$O_M L_M$ 在工业部门就业，其余的劳动力 $L_A L_{MD}$ 则要么失业，要么在城

市传统部门就业。

从对托达罗模型的分析和介绍中,我们可以总结出托达罗模型的几个基本结论:

(1) 对迁移的成本-收益的比较分析,是人口流动的决策基础;

(2) 乡-城预期收益的差异是决定人们迁移决策的关键变量,而影响乡-城预期收益差异的主要因素是现代部门的工资水平和就业概率;

(3) 现代部门的就业概率取决于城市传统部门就业总人数与城市现代部门的新创职位数,就业概率的大小能自动调整人们的迁移行为;

(4) 当乡-城收入存在巨大差异时,就业概率对人们迁移决策行为的影响会减弱,人口净迁移的速度会超过城市现代部门的就业创造率,而出现严重的城市失业现象。

同时,从这些基本结论出发,我们还可以发现该理论对制定有关乡-城收入战略、农村发展战略以及工业化战略具有重要的政策意义:

(1) 应当减轻因发展战略偏向城市而引起的乡-城就业机会不均衡的现象。这其中,特别是要控制乡-城收入差异,如果听任乡-城收入差异扩大,则城市失业问题会不断加剧。人口大量涌入城市,不仅会引起城市的许多社会经济问题,而且最终还会造成农村劳动力短缺的局面。

(2) 通过创造城市就业机会难以解决城市失业问题。较高的城市就业率会扩大乡-城预期收入差异,从而会引发更多的农村人口涌入城市。据托达罗估算,城市每新增1个就业机会,就会引发2—3名农村居民涌入城市,即劳动需求与劳动供给之比为1:2或1:3。由于城市最终只能使其中一部分人获得工作,因此多出的部分就成为城市中的失业者。由此可以断定,旨在减少城市失业的政策,不仅可能会导致高水平的城市失业,还会因诱发迁移而造成更低的农业产出水平。

(3) 不加区别地发展教育事业,会进一步加剧人口流动和失业。由于在城市部门的就业中,雇主往往喜欢雇用那些受教育水平比较高的劳动力,因此,教育信号成为劳动力市场决定劳动者能否被雇用的一个主要因素。这样一来,对农村居民而言,如果所受的教育水平比较高,则意味着他们在城市的就业概率大,而就业概率的增加又会使其预期收益上升,从而他们迁移的可能性也就更大。因此,如果在农村不加选择地普及和提高教育水平,会使乡-城人口的流动速度进一步加快,这同样会加剧城市的失业问题。

(4) 在城市部门中,通过工资补贴和对稀缺要素的传统定价方式不能有效地扩大城市就业。因为这会扩大乡-城的收入差异,导致人口流动的进一步加剧。

（5）要想控制和消除城市失业，就必须鼓励和支持农村的发展。通过制定和实施有效的农村发展战略，可以提高农民在农村中的收入水平，改善其经济状况，这同样起到防止由于农村收入水平低下而使农民过度迁往城市的作用。

中国的民工荒现象

中国廉价而充足的劳动力曾被视为是改革以来工业发展的一个关键因素，而且农民工大量向城市和沿海地区流动也是很长一段时间内每年春节过后的一大盛景。但从2003年年底开始，沿海各地区的企业发现雇用劳动力似乎没有以前方便了：等待雇用的农村流出劳动力似乎在减少。而到了2004年，各种劳动密集型企业已经明显感觉劳动用工不足，由于这种劳动用工的对象主要是农民工，所以，这一现象被称为"民工荒"。

英国的《经济学人》曾在2004年10月报道：广东的珠江三角洲地区已有1900万农民工，但仍面临着200万劳动力短缺。2005年，农民工短缺现象进一步加剧，从珠江三角洲蔓延到长江三角洲和华北沿海地区。2006年和2007年，民工荒现象仍进一步加剧。特别是到了2007年，有报道指出：基层劳动力短缺已经由东南沿海蔓延到北方内陆，从东部扩展到中部乃至全国，从暂时的缺工变成了长期的趋势。① 为什么会出现这种局面呢？是中国现在对劳动力的需求远大于其供给所致还是另有原因？

农民之所以愿意出外打工，原因就在于工农业比较收入的差异。但自2004年以来，国家对农业的补贴和扶持力度逐年加大，农民的农业收入有了明显的提高，与之相对应，沿海的用工企业农民工的收入在2004年以前的十几年中几乎没有明显提高，这样，相对收入的变化使得农民出现了一部分回流。这是一些学者的观点，但却是解释中国民工荒非常浅层次的解释。因为最近几年中农民流出农业部门的数量仍然远高于回流的劳动力数量。

民工荒出现的另一个关键因素在于，我国过去的经济发展是一种非均衡发展，沿海地区的发展水平和速度在很长一段时间内都远胜于全国其他地区，因

---

① 《危险的刘易斯转折——中国民工荒现状调查》，载《中国新闻周刊》，2007年6月25日，总第328期。

此吸引了大量的劳动力进入；但随着各地的发展速度不断加快和新的经济发展地区的出现，各地区在劳动力的需求方面形成了较为激烈的竞争局面，南下广东打工已不再是许多农民的唯一选择，在此情形下，哪个地区的平均薪酬水平和机会较多，农民工就会愿意向哪一地区流动，因此民工荒实际上也是一种劳动力地区性配置失衡的体现。这实际上是托达罗模型在劳动力区域性流动上的一个应用。

同时，有的研究还指出，目前的民工荒是一种人口总体性的数量失衡的前兆：中国经济的总体发展对劳动力的巨大需求，正在不断地消耗着巨大的劳动力基数，而计划生育政策又使得每年的新增劳动力在不断下降，长此以往，中国人口终将有一天会面临整体性供给不足的局面，建立在廉价劳动力基础上的劳动密集型产业也会面临艰难的发展局面。可见，现在的民工荒本质上是一种建立在劳动密集型产业基础上的发展模式与有限的人口总量之间的必然冲突。

第三节　发展中国家的城市化实践与问题

作为现代工业部门地理集中和空间活动载体的城市，在战后发展中国家普遍推行的工业化浪潮中得到了迅速的发展。但发展中国家城市化的推进速度从一开始就超过了工业化的速度，城市发展与工业部门发展之间明显地表现出一种不协调的状态。这被称为"超城市化"现象。保罗·贝罗赫（Paul Bairoch，1975年）的研究表明：20世纪50年代发展中国家的超城市化率为70%，20世纪60年代为85%，而到了20世纪70年代，则上升为100%。[①] 城市化的超前发展成为发展中国家城市化的最显著特征。这种超前发展的城市化进程，给发展中国家带来了一系列问题：

（1）急剧膨胀的城市人口。在发展中国家的城市化进程中，人口问题始终是最突出的问题。发展中国家在其城市化的早期实践中，乡－城收益差异十分明显，劳动力因此大量涌入城市。在过去很长一段时间内，发展中国家的城市人口每年都在以5%以上的速度递增，而乡－城净流入在城市人口增长率中占35%—60%，考虑到并不那么快的经济增长率，城市人口的增长率显然过高了。所以，发展中国家过快的城市化速度和大型城市扩张成为学者们非常担心的问

---

① 〔瑞士〕保罗·贝罗赫：《1900年以来第三世界的经济发展》，复旦大学经济系世界经济教研组译，上海译文出版社1979年版，第212页。

题。尽管最新的资料显示,发展中国家的城市化正在不断地减速,巨型城市扩张态势也在出现调整,不再追求规模的扩张(出现这种转变的原因是多方面的,如政策的调整、经济发展的结果、全球化的影响等),但是,我们不要忘记:这些数据都是总体而言的,具体到国家,不少发展中国家的城市化仍然没有摆脱过度城市化的影响,这些国家,在非洲、拉美乃至东南亚都有比较典型的样本。

(2) 严重的失业与贫困问题。超城市化使农村劳动力在大量涌入城市后,却并不能为城市工业部门所充分吸收,其中很大一部分仍滞留在城市的传统部门中,或干脆体现为失业人口。这一问题在60年代后期已初现端倪,但在唯工业化的思路下,许多发展中国家企图通过加速工业部门的扩张和对雇主进行补贴以扩大其雇佣人数等方法,来解决城市失业问题。可是由于这类方法直接导致了城市部门就业概率的增加和城市工业部门实际工资的提高,因此,在农村经济迟迟未得到发展的情况下,城市工业部门就业概率的上升和实际工资仍在攀升的现象,就进一步强化了农民对进城后将获得更高收入的预期,这就使得乡-城人口流动呈现出一种加速的状态,城市中的失业现象也日益严重。据统计,到了70年代,许多发展中国家的城市失业率都超过了20%。而且更令人忧虑的是,居高不下的城市失业率并不能阻止农民进城的决心,农民还在不断地追求"城市梦"。这种高失业率正困扰着发展中国家的执政者们。与城市失业相伴随的城市贫困问题,也成为城市化过程中的棘手问题。在发展中国家的城市中,城市传统部门的就业者和城市失业者共同组成了城市贫困大军。在拉美和印度,城市中的贫民窟和棚户区还比比皆是,而且每年还在不断增加。联合国曾作过估计,发展中国家贫民区的人口以每年15%的速度增长,比城市人口的增长快3—4倍。而托达罗也指出,在一些发展中国家的城市居民中,贫民的比例超过了60%。

(3) 日益对立的乡-城关系。由于倾向工业化的发展战略是以牺牲农业部门的发展为代价的,因而发展中国家的城市化战略也是忽略了农村发展的。许多发展中国家的过度城市化甚至是在脱离本国农业支持的基础上发展起来的。第二次世界大战之后,发展中国家相继都掀起了一股城市化浪潮,但与此同时,发展中国家的粮食自给水平却在不断下降。1948—1952年,发展中国家整体(不包括阿根廷)的世界粮食贸易差额为-600万吨;1958—1962年,这一差额上升为-1 500万吨;1968—1972年,又进一步上升为-2 400万吨;1978—1982年,发展到了-6 600万吨。城市化的过度发展与农业发展滞后两者所带来的后果,不仅使国内两部门的贸易联系萎缩,而且还使乡-城二元经济结构在这种畸形的发展中得到了进一步的强化。少数发达的大城市与广大乡村在空间上的并立,以及城市与农村经济联系的疏远,成为许多发展中国家经济结构中的常态。

（4）过度城市化还带来了严重的"城市病"。发展中国家在城市化过程中，由于城市体系扩展进程中的混乱与无序，不仅浪费了大量的资源，而且也造成了严重的环境污染问题，如大气污染、水污染、垃圾污染和城市景观污染等。同时，发展中国家还面临人口过多带来的住房与交通问题。

专栏 14-5

人口流动控制与中国城市化滞后问题

1978 年以来，我国经济体制改革的进行带动了工业与农业的快速发展，也为城市的发展提供了更大的支持。因此，城市化的速度也大大加快。城市化水平由 1979 年的 12.6% 上升到 1994 年的 28.6%。目前，这一指标已上升到 31%。据估计，这一指标还有望在 20 年内达到 60% 以上。

但与世界发达国家相比，中国的城市化水平仍然十分落后。根据世界银行统计，2002 年世界高收入国家的城市化率平均为 75%，中等收入国家为 62%，低收入国家为 30%，而中国的城市化率尚未达到 40%。至 2000 年年底，中国的城市化率比世界平均低 12 个百分点，比世界发达国家平均低 40 个百分点。

中国的城市化水平，一方面落后于世界平均水平，另一方面还严重落后于本国的工业化进程。一般认为，城市化的发展应与工业化水平同步，若城市化水平落后于工业化水平，则被称为城市化发展滞后。而中国的城市化正是落后于工业化进程的典型代表。在 1952—1995 年的 43 年间，第二、第三产业产值占 GDP 的比重上升了 37.4%，第二、第三产业部门的劳动力人数占整个劳动力人数的比重也增加了 30.5%，但同期的城市人口比重只提高了 16.5%。这意味着非农产业部门中的许多劳动力并未被城市吸纳。这表明，中国的城市化已远落后于工业化进程。

中国的城市化滞后的直接原因，应归结于我国长期以来所推行的乡-城分离的城市化政策。它包括严格的户籍管理制度、粮油供给制度、住房分配制度、劳动就业制度等一整套制度体系。这一套制度自 20 世纪 50 年代末开始实行，国家试图通过对农村劳动力流动进行严格的控制，来维护乡-城的政治稳定、社会稳定和生活稳定。但其实质却是在当时农业发展乏力而乡-城人口剧增、无法安置的背景下，不得已而为之的一种权宜之计。但长期实施这样一种严格的人口管制政策,却是在无视劳动力作为一种生产要素有其自由流动的天然合理性。其后果是直接阻碍了城市化的进程。

长期严格的人口流动控制对中国经济的影响是显著的:① 人口代价。人口政策规定,农村可以生两胎,而城市严格执行一胎生育。这意味着,当一个青年男/女在进入城市或留在农村时,将会形成一胎的生育人口差异。长此以往,将使农业人口基数远大于城市人口基数,中国城市化的后继任务将会越来越繁重。② 经济代价。限制农村人口流动意味着广大农村中的经济资源将只能享受部分的城市聚集效益,而无法充分自由流动,从而使经济资源难以实现最优配置。③ 社会代价。由于农民身份始终无法顺畅转移成城市居民身份,更多的农村人口难以享受城市文明,加剧了农村的贫困和落后。据统计,中国的城市化滞后,至少使1亿多本可进入城市的人不得不滞留于农村。这1亿多人和他们的后代,使农村人均资源进一步下降,乡-城收入差距也由此拉大。④ 生态代价。农村剩余劳动力大量滞留于农村,使得过度开垦、过度放牧、过度捕捞、过度狩猎的行为,成为经济上的一种常态,农业资源遭受破坏的程度惊人。此外,广为分散的乡镇企业也对自然环境造成了严重的破坏。

资料来源:杨立勋,《城市化与城市发展战略》,广东高等教育出版社1999年版,第103页;中国科学院可持续发展战略研究组,《2005中国可持续发展战略报告》,科学出版社2005年版;郭熙保,《经济发展、理论与政策》,中国社会科学出版社2000年版,第108页。

第四节 城市化的反思与展望

传统的城市化战略推行过程中所引发的种种问题,使得自20世纪80年代以来许多国家开始进行反思,并重新规划和设计城市化战略。其中一个重大的转变,就是从过度倾向城市化的战略复归到重视乡-城共同发展的战略,以此来控制城市人口过度膨胀问题和促进整体经济全面发展。

在发展中国家对城市化的发展思路总体进行调整的同时,对于城市化中最突出的城市人口与失业问题,人们也进行了充分的研究,提出了解决城市人口膨胀和失业的人口合理流动与就业战略。这一战略,旨在控制乡-城人口的过度流动以及在一国范围内最大限度地实现就业。具体而言,有以下几个方面:

(1)重视乡-城共同发展,防止城市人口过度膨胀。国家在促进城市发展的同时,应当关注和重视农村经济的发展。通过改善农业的生产条件和农村的生活环境,可以提高农业劳动力的收入水平和福利水平。这将直接有助于减少乡-城预期收入差异,使农民的流动倾向减弱,降低乡-城人口流动速度。同时,通过加快农村的发展,还可以解决发展中国家普遍存在的农业部门中的失业问题。

(2)消除在城市中实行的一切扩大乡-城收入差异的人为措施,控制人口流速。乡-城收入差异的存在,是导致人口流动的一个基本因素。城市部门由于采取了许多扭曲价格的措施和政策,使得城市部门的实际收入水平远比农村高,因而吸引了愈来愈多的农村人口涌入城市。通过取消这些措施和政策,则可降低城市部门的工资水平,从而可使乡-城预期收入差异变小,这同样可以起到减缓人口流动的目的。而且,取消扭曲价格的措施和政策后(如取消最低工资法),也可以提高城市中的就业机会,降低城市中的失业水平。

(3)在扩大就业方面,对于发展中国家来讲,应当选择劳动密集型产业,使用更多的劳动力。同时,在技术选择上,也应采用劳动密集型技术。通过建立劳动密集型产业和选择劳动密集型技术,不仅可以最大限度地动用劳动力,而且也符合发展中国家的特征和比较利益。

(4)在扩大就业方面,还应注意适度教育的问题。托达罗指出,过分地将教育水平与就业机会挂钩,使得发展中国家普遍存在"过度教育"的问题。教育体制中的高等教育畸形发展,而更能满足经济发展所需的专业教育、职业教育和中等教育却被忽视。这种教育倒挂所形成的就业人口的知识结构倒挂,是不能满足发展中国家发展的需要的。因此,应当放弃将教育指标和就业单一挂钩的方式,而采用其他的标准(如能力、素质、技能等)和教育水平结合的混合指标,与就业挂钩,来改变这种教育结构。同时还可通过在农村中创造有吸引力的经济机会,来诱导教育方式的转变。这种优化就业人口中的教育水平的主张,也是广义的就业战略的一部分。

(5)对于许多发展中国家而言,尤其要控制过快的人口增长。在解决城市人口膨胀和就业问题的长期对策中,发展中国家还必须控制人口增长率,以降低人口总量过大所带来的就业压力。对于这一点,一些人口大国已有充分的认识,并正在积极采取行动。如中国和印度通过实行计划生育政策,已经取得或正在取得良好的社会经济效果。

同时,在20世纪80年代,特别是在90年代中,围绕着城市的自身发展,人们提出了一种可持续的发展思路。要求城市发展应当从可持续的角度出发,来构造一种能够代表全体市民利益的行政体制,来建立一种能实现私营部门发展和兼顾公众利益的商业体制,来创立一种透明的合约责任明确的政府采购程序,来确立一种从社会利益最大化角度出发的社会、经济、环境问题综合考虑的总体性思路。同时,还要求社会成员对城市未来的关注不仅要考虑商业利益,还应对公共事务保持必要的公共关注意识(即指市民要有参与意识)。只有具备以上条件,城市的可持续发展才有保障。这一思路提出后,在中国、越南、智利等国的一些城市进行了试验,取得了良好的效果。这种可持续的思路,正在影响着21世纪的城市发展。

本章小结

所谓城市化,有多种层次的含义:① 乡村人口向城市流动的过程;② 城市数目与城市规模不断扩大的过程;③ 城市文化与城市生活方式不断向农村地区扩展并对其产生影响,并最终使农村地区实现城市生活方式的过程。其中,乡村人口向城市流动这一过程是城市化最基本的内涵。

城市化的兴起有两大前提条件:农业部门生产力的提高与工业化的推行。分析工业化刺激城市发展的理论有多种,如聚集经济理论、城市发展的乘数原理、城市发展的循环累积因果机制理论、发展极理论等。其中,前三种理论可以较好地说明单个城市自身成长的规律,而发展极理论则可以解释区域内城市化水平提高的机制。

人口流动模型是城市化理论中的核心内容。刘易斯模型是人口流动模型的基础,开创了人口流动的部门分析方法。刘易斯模型认为通过资本积累,劳动力可以顺利地从农业部门转移到城市工业部门。而拉尼斯-费景汉模型是刘易斯模型的发展。与刘易斯模型不同的是,它们将农业部门的发展结合进来,构成了包含工业部门与农业部门发展在内的二元经济结构下的人口流动模型。

托达罗模型旨在分析城市失业与乡村人口向城市涌入并存的现象。该模型认为,决定一个劳动力流动的并不是实际的收入水平,而是预期收入。当一个劳动力估计他在城市部门预期的收益高于其在农村的收入时,迁移就会发生。但现实中城市工业部门并不能实现充分就业,失业便不可避免。该模型的目的在于找到控制乡-城人口流动的方法。

发展中国家的城市化实践尽管有积极的一面,但战后以来的城市化战略却被证明是不够成功的。它造成了"超城市化"现象,并带来了诸如急剧膨胀的城市人口、城市贫困、环境污染、日益对立的乡-城关系等诸多问题。

传统的城市化战略存在的种种问题,使许多国家开始进行反思。对于城市化中最突出的城市失业问题,人们提出了解决城市人口膨胀和失业的人口合理流动与就业战略,目前已经出现从过度倾向城市化复归到重视乡-城共同发展的趋势,城市的可持续发展思路正是这一趋势的集中体现。

关键概念

城市化　聚集经济效应　二元结构　剩余劳动力　生存工资　隐蔽失业　刘易斯拐点

思考题

(1) 城市化的前提条件是什么？怎样理解工业发展对城市化的推进作用？

(2) 刘易斯模型的基本思想是什么？如何评价这一模型？

(3) 为什么说拉尼斯-费景汉模型是对刘易斯思想的发展？

(4) 中国城市中的城市失业现象是否是由乡-城人口流动所带来的？为什么？

(5) 怎样理解政府创造更多的就业机会反而会带来更多的失业这一奇怪的现象？

(6) 请分析托达罗模型中的人口流动机制。

(7) 请分析和评价托达罗模型的政策含义。它对我国的人口流动和就业战略的制定有何启示？

(8) 如何看待发展中国家过度城市化所带来的负面效应？

(9) 如何看待中国的新市民工程现象？

进一步阅读导引

关于城市化的动因与机制，可参阅中国社会科学院研究生院乡-城建设经济系：《城市经济学》，经济科学出版社1998年版；林玲：《城市化与经济发展》，湖北人民出版社1995年版，第一章；李其荣：《对立与统一——城市发展历史逻辑新论》，东南大学出版社2000年版。

关于人口流动模型，可参阅谭崇台：《发展经济学》，上海人民出版社1989年版，第七章；辜胜阻：《非农化与城镇化》，浙江人民出版社1991年版，第四章；Jeffery G. Williamson, "Migration and Urbanization", edited by H. Chenery and T. N. Srinivasan, *Handbook of Development Economics*, Vol. 1, Amersterdam：Elsevier, 1988。

关于发展中国家城市化的实践，可参阅〔美〕迈克尔·P. 托达罗：《经济发展》(第6版)，黄卫平等译，中国经济出版社1999年版，第八章；成德宁：《城市化与经济发展：理论、模式与政策》，科学出版社2006年版，第二章、第三章。

关于发展中国家的城市化反思与展望，可参阅成德宁：《城市化与经济发展：理论、模式与政策》，科学出版社2006年版，第八章、第九章；Nicholas You, Bildad Kagai and Charles Wambua, "Towards Sustainable City Development Strategies for 21st Century", downloaded from www. bestpractices. org. ; UNFPA, State of World Population：Unleashing the Potential of Urban Growth 2007；http://www. worldbank. org. cn/chinese/Content/9. pdf。

第十五章 区域经济发展

本章概要

许多发展中的大国多是地域辽阔、人口众多的国家。发展中大国经济发展水平的落后,不仅表现为人均收入水平低,而且还表现为地区间经济发展水平差异悬殊,区域经济发展极不平衡。影响区域经济发展水平的原因很多,区位条件是其中较为重要的因素。发展中国家实施区域经济政策的目标,就是减少并最终消除地区之间的经济差距。因此,探讨区域经济发展不平衡的根源并制定适宜的区域发展战略和政策,就成为发展中国家实现结构转换的一个重要问题。本章主要讨论影响区域经济发展的区位因素、区域经济发展理论、多元经济与大国区域经济发展。

学习目标

1. 了解区位因素、空间经济分析的重要性;
2. 理解农业区位论和工业区位论;
3. 掌握各种区域经济发展理论;
4. 了解发展中大国的多元经济特征;
5. 掌握大国区域经济发展的规律。

引 言

区域就是一定的地理空间,任何经济活动与发展都离不开某一特定空间,都要在一定区域内完成和实现。区域内的自然资源状况、人口分布状况、交通状况、教育水平、技术水平、工农业发展水平、消费水平、政治制度等,对于该区域的社会经济活动的影响极大。区域经济活动离不开经济学所关注的最基本的三个问题:生产什么?为谁生产?怎样生产?除此之外,还要涉及一个重要问题——在哪里生产?也就是生产活动的空间配置问题。换言之,要研究一定的经济活动为什么会在一定的地域范围内进行,以及一定的经济设施为什么会建立于一定的地域之内,并如何使一个区域的经济发展达到整体最优效果。这就是区域经济学(Regional Economics),又称为区位经济学(Location Economics)或空间经济学(Spatial Economics)。

空间经济学涉及两个重要的基本现象:一是经济活动为什么出现空间集聚(Agglogation),何时出现集聚?二是不存在空间集聚的情况下,均衡何时变得不稳定?对于这两个问题,早在19世纪初期,德国经济学家杜能(Johanna Heinrich von Thunen)就已从农业区位角度开始关注,其后发展到韦伯的工业区位论(Weber, 1909)、克里斯塔勒的中心地理论(Christaller, 1933)和廖什的市场区位论(Losch, 1940)。其中,农业区位论和工业区位论立足于单个厂商的区位选择,中心地理论和市场区位论立足于一定的区域或市场,着眼于市场的扩大和优化。然而,这些区位理论均采用新古典经济学的静态局部均衡分析方法,以完全竞争市场结构下的价格理论为基础来研究单个厂商的最优区位决策,受完全信息、完全竞争、规模报酬不变和生产要素同质等严格假设条件的限制,其对区位选择影响因素的研究仅限于经济因素范围,因而对现实经济活动的解释能力也相当有限。

针对这些局限,现代区位理论围绕更加广阔的区位因素范围和更加宽松的理论假设条件,对区位理论进行了深化和发展,并且由于融合了发展经济学等相关理论,从纯粹的单一经济主体区位选择理论演变成集区位选择、区域经济增长和发展等内容为一体的综合区域经济理论。比较有代表性的理论有:发展极理论、地理上的二元经济理论、中心外围理论、区域增长传播理论等。

然而,区域问题直到20世纪70年代后期才受到主流经济学的关注。反过来,为什么传统的空间经济理论长期以来没有能够融入主流经济学呢?因为传统的空间经济理论有致命的缺陷:没有明确说明市场结构,所有模型都是在规模报酬不变和完全竞争这些便利条件下的分析,没有找到某种方式来处理规模经济和寡头垄断问题,这使得经济的空间问题成为主流经济学的盲点。1977年,迪克西特和斯蒂格利茨将垄断竞争理论模式化,为很多经济领域的研究提供了崭新的工具,扫除了前进道路上的技术障碍,从此引发了经济学研究中报酬递增和不完全竞争的革命。区域经济学领域代表性的最新理论进展是新经济地理理论,此外产业集群和新产业区理论也值得关注。

借助于区域经济理论,我们可以考虑发展中大国特别是中国的区域收敛和非均衡发展问题。譬如在20世纪80年代至90年代初,中国已有珠三角这个制造业中心,其他地区是否还可以建成珠三角似的制造业中心呢?中心-外围理论告诉我们有时多中心和单中心的地理都是稳定的——如果过去已有制造业中心,自然它会得到维持;如果起初没有,则未必会形成中心。事实上也是如此:长三角的制造业中心地位得以维持,而东北或中西部至今也没有形成新的制造业中心。当然,东北和中部地区一些省份也有很好的工业基础,强化这些基础也有望成为次级中心。在中国广袤的大地上,多中心地理应是一种稳定均衡结构。中国实施开发西部、振兴东北老工业基地等战略,有助于这种多中心地理稳定均衡的实现。同样,我们还可以考虑在中国为什么是在这个地方而不是在那个地方形成了某一经济体?为什么上海周边还会有诸如杭州、南京之类的次级城市?在中国应有多少个类似于珠三角或长三角的城市层级体系?随着人口的增长和变迁,经济如何从单中心地理演化成多中心地理?未来的趋势可否预测?

本章着重介绍一些基本理论和方法,以便我们了解区域经济发展变化的一般规律:懂得如何结合区域的自然资源、自然条件和区域的经济、社会因素进行综合评价分析,探讨区域经济增长与发展、区域产业布局与结构、区域合作与区际关系、区域城市化、区域经济规划与政策以及区域经济发展战略等问题。

第一节 地理集聚:区位因素与区位理论

现实中很多经济活动的发生都具有明显的地理集聚特征,即呈现空间集中的经济现象。例如,人口向大城市地区集中,很多行业(制造业、服务业等)也呈现区域集中的现象。当然,所有的人口和产业并不是集中在同一个区域。是什么因素推动了经济活动的地理集聚,又是什么因素阻碍了在同一个地区形成集聚?在主流理论关注这一问题以前,人们已开始从区位的视角作过探讨。

区位因素是影响地区经济发展水平和速度的重要初始因素,不同地区的不同区位条件导致了地区间经济发展水平的显著差异。例如,自然资源优势、交通运输等因素起了很重要的作用。

因此,三个问题在空间和区域经济分析中应首先得到强调:① 自然资源优势;② 集中经济;③ 交通运输成本。使用经济学语言,这些问题又可以分别表述为:① 生产要素的不完全流动性;② 生产要素的不完全可分性,意味着规模经济的重要性;③ 产品与服务的不完全流动性。产品和服务的流动,不是免费的或者省时的,如交通运输既费力又费时,这些成本限制了自然天赋优势或空间集中经济得以实现的程度。

本节简要介绍几个早期的区位理论及其区域发展思想。

一、影响区域经济发展的基本区位因素

概括而言,影响区域经济发展的基本区位因素,有地理位置、交通运输条

件、自然资源、人口及劳动力等。

地理位置,尤其是体现被研究对象与周围具有经济意义的事物的空间关系的经济地理位置,是影响区域经济发展的最重要的因子之一。地理位置与交通运输条件是密切相关的。沿海地区的地理位置比较优越,交通运输便利,尤其是适应对外开放与国际贸易发展需要的海运条件非常便利,这是沿海地区经济发展速度较快的重要原因之一;中部和西部地区在地理位置和交通运输条件等方面普遍不及东部沿海地区,是这些地区的经济发展速度比较缓慢的原因之一。

自然资源是指在一定时间、技术条件下能产生经济价值并提高人类当前和未来福利的自然环境因素和条件。自然资源包括矿产资源、水资源、森林资源等。自然资源的禀赋状况是富有还是贫乏,对经济发展速度和水平起着重要的作用。人口的数量、质量、分布、构成等,都对区域经济发展有巨大影响。

除此以外,地形、气候等也会影响地区经济的发展。气候温和、降雨适中、地势平坦的地区,一般比气候恶劣、地形崎岖的地区经济发展水平要高。

应该看到,各种区位因子对区域经济发展的影响不是绝对的,其发挥的作用也不是一成不变的。在不同的社会发展阶段,受技术进步等因素的影响,不同区位因子的相对重要性也会发生变化。在农业经济时代,土地的自然条件(如降雨、气温等)是影响区域经济发展水平与速度的最重要的因素,土壤肥沃、风调雨顺的地区的经济发展水平要高于土地贫瘠、干旱少雨的地区。我国古代中原地区一直是农耕文明的中心及最富庶的地区,就是因为中原地区拥有农业文明所需的最重要的区位优势——地势平坦、降雨适中、土地肥沃。在工业经济时代,拥有丰富的矿产资源的地区容易成为经济较发达的区域。在信息时代,信息沟通条件至关重要,决定地区经济发展水平的已不再是土壤,甚至不再是矿产,而是信息是否灵通。

总之,地理位置、交通运输条件、自然资源各区位因素共同作用所构成的总体区位条件,影响和制约着地区经济的发展,不同的地区区位条件的不同是地区经济发展不平衡的基本原因。但区位的优劣状况可以改变,区位因素的作用也是相对的。它一般只在区域经济发展的初期影响较大,随着地区经济的发展,区域经济政策对地区经济发展的影响和作用会更大。当然,区域经济政策本身又会影响并形成新的区位优势。

二、区位理论的基本观点

区位理论包括农业区位论、工业区位论、城市区位论等。区位理论产生于19世纪初,由德国农业经济学家冯·屠能(Von Thunen)首创;第二次世界大战前,又由阿尔弗雷德·韦伯(Alfred Weber)和奥古斯特·廖什(August Losch)等人进行了重大的拓展。区位论不仅探讨了一定区域内农业、工业等经济活动的最佳布局地点的选择问题,还蕴涵着丰富的区域经济发展思想。

1. 农业区位论:地理位置和市场距离的影响

按照古典经济学的生产要素(即土地、劳动、资本)学说,屠能把具体的地理条件抽象化,用区位地租来解释一定区域内农业各部门应有的布局特征。他根据在德国北部麦克伦堡平原长期经营农场的经验,首次正式提出了农业区位模式。屠能认为,合理的农业布局应尽可能地节约农产品运费,以最大限度地增加利润。为研究的简化,屠能假想了一个大平原,平原为未能开垦的荒野所包围并与外界完全隔绝,被称为"孤立国"。在这个孤立国内,农业生产的基本条件如土壤、气候条件、农业经营者的能力和技术条件等处处相同。孤立国中唯一的巨大城市位于平原的中央,城市周围为农业腹地,城市是腹地多余农产品的唯一市场。由于运输费用的存在,以及不同的农产品对运输距离和运输时间的承受能力不同,以城市为中心,距城市不同距离的地区的农业发展方向就应不同。屠能认为,理想的农业分布,应该以城市为中心,由内向外依次为自由农作带、林业带、轮作农业带、谷草农业带、三圃农作带、畜牧带。总之,地理位置和市场距离对农业生产集约程度和土地利用类型具有较大影响。

屠能的农业区位论论述了某一地域的地理位置(在孤立国中指的是相对于城市的地理位置,即距离城市的远近)对该地的农业经济发展方向的决定性作用,这其实就是因地制宜的区域经济发展思想。而且,农业区位论还隐含着区域经济发展不平衡的思想,即在距离城市较近的地方,商品经济最发达,而孤立国的外围地带则不宜从事商品经济活动,其经济发展水平较低。可见,地理位置的不同,以及距离市场的远近,是导致地区经济发展不平衡的重要原因。

2. 工业区位论:区位因素(如运费、工资、市场与集聚)对工业布局的影响

工业区位论的最重要的代表人物之一是阿尔弗雷德·韦伯。韦伯认为,理想的工业区位和企业厂址,应选择在生产费用最低的地方,而影响生产费用的主要区位因素是运费、工资和集聚作用三项。韦伯认为,运费对工业布局起着决定性的作用,工业布局应尽可能地靠近原料地、燃料地以节省运费并布局在运费最低点。但如果运费最低点不是工资水平最低点,则工资的变动可引起由运费定位的企业区位产生"第一次偏离",即从运费最低点转移到工资成本最低点,而工业集聚作用又可使由运费和工资定位的企业产生"第二次偏离",即转向集聚经济效益最明显的地点。由于若干个工厂集中于一个地点,一般都能给各个工厂带来成本的节约及收益的增加。总之,工业布局的原则应是考虑运费、工资、集聚这三项主要因素而寻求最佳区位。

廖什认为,韦伯理论中所追求的最小生产成本地点不一定能保证达到垄断资本主义阶段工业企业所希望达到的最大市场及最大利润的要求,所以韦伯的理论是有缺陷的。廖什理论的特点是把生产区位和市场结合起来,认为企业应尽可能地接近市场区,市场和利润的最大化是企业布局的原则和目标。

第二次世界大战后,美国学者埃德加·M.胡佛(Edgar Malone Hoover)、W.艾萨德(W. Isard)、A.普雷特(A. Pred)以及英国学者 E. I.汉密尔顿(E. I. Hamilton)等人,或从历史的角度叙述了不同经济发展阶段的区位结构,或将计量经济学方法、比较成本分析与投入产出分析方法引入区位论,或从社会和行为角度研究工业区位,都极大地丰富和深化了传统区位论的内容,对区位论的研究作出了重要贡献。

工业区位论不仅提出了区位因素(如原料与燃料、工资、集聚、市场等)对工业布局的影响,还隐含着区域经济发展不平衡的思想:工业企业布局于某地就会使该地及周边地区的经济得以发展,该地区的经济发展水平也就相应地高于其他地区。一般来说,原料与燃料、工资、集聚、市场等因素,是导致地区经济发展水平差异的重要原因。而且,由于一般条件下工业集中能使企业更多地节约成本,更多地享有集聚经济效益,所以有一定经济基础而工业又比较集中的地区,更容易吸引优良工业布局,使经济得以进一步发展。相反,经济基础较差、缺乏集聚经济效益的地区,就较难吸引工业良性布局,因此其经济发展速度较慢,从而与基础较好的地区间的经济差距会进一步拉大。所以,集聚因素一般会倾向于加剧地区经济发展的不平衡。

第二节 传统区域经济发展理论

本节将主要介绍传统区域发展理论:发展极理论、地理上的二元经济结构理论、核心-外围发展理论、区域增长传播理论。

一、发展极理论

发展极理论是由法国经济学家弗朗索瓦·佩鲁(Francois Perroux)于1955年提出的。这一理论的核心思想是:在经济增长中,由于某些主导部门或有创新能力的企业或行业在某些地方或大城市聚集,形成资本与技术高度集中、具有规模经济效益、自身增长迅速并能对邻近地区产生强大辐射作用的发展极,通过具有发展极的地区的优先增长,带动相邻地区的共同发展。而发展极正是由主导部门和有创新能力的企业在某些地区或大城市的集聚发展而形成的经济活动中心。这些中心具有生产中心、贸易中心、金融中心、信息中心、服务中心、决策中心等多种职能,就像一个"磁场极",能够产生吸引和辐射作用,也正是这种作用使发展极能促进自身并带动周边地区的发展。

1. 发展极的形成条件

佩鲁认为,一国经济是由各种"经济空间"构成的,这种"经济空间"不是"几何空间"或"地理空间",而是社会经济中各种分子之间的经济关系,它的表现形式之一是作为"势力范围"的"经济空间",即某些经济单位具有向心力与离心力,形成各种经济中心,每一中心都能发挥吸引力与扩散力,并形成特定的作用范围,从而构成其特定的经济空间。每个中心的作用范围互相交叉,不受地区和国界限制。

由于经济增长不是在每个部门、行业或地区按同一速度平衡增长,而是在不同部门、行业或地区按不同速度不平衡增长,所以,一些主导部门和有创新能力的行业集中于一些地区或大城市,以较快的速度优先得到发展,从而形成发展极。

发展极的形成必须具备三方面的条件:

第一,产业群的形成。具体来说,必须按这样的规律:一是推进型产业(Propellant Industry)先于其他产业发展起来;二是创新型企业迅速扩张;三是推进型产业和创新型企业在空间上的集聚作用。推进型产业具有现代大工业的形式:生产要素相互分离,资本集中在单一控制之下,工作的技术分离和机械化。在给定的期间内,它们的产出增长率高于平均的工业产出增长率和国民产出增长率。

第二,有创新能力的企业和企业家群体的集中。因为企业家是经济增长的主体动力,他们具有创新精神,敢于冒险,能够进行技术和制度的创新。由于他们的作用,不仅努力创新的企业能够不断发展壮大,而且能够通过其影响产生一批追随、模仿创新企业的新企业,即增长企业。这些增长企业可形成一种增长中心。在一定时期内企业家的创新能力被充分调动、发挥并相互激励,通过其总效应的不断扩散推动经济迅速增长。

第三,必须具有规模经济效益和适当的周围环境。推进型企业和创新型企业所在的地区,不仅要集聚大量的企业、部门,而且要集中相当规模的资本、技术、人才等,以形成规模经济。

2. 发展极的作用

发展极是一个地域集中的产业综合体,产业综合体中包括推进型产业、被推进型产业、关键产业。推进型产业能增加它的销售,使得固定资本得到充分利用,即在成本曲线越来越低的点上经营。一旦它达到了最优产出,只要它不是一个垄断者(维持价格不变),就会降低价格,诱使被推进型产业的销售进一步增加。这样,在整个国民经济中,关键产业诱致的销售总量增加额,要远远大于它自己销售量的增加额。

发展极的作用在于,它能形成一定的势力范围——"经济空间",对周围地区产生支配作用,即通过不断的技术创新和制度创新,对其他经济单位施加影响,迫使其产生相应的变化。它的作用具体表现在四个方面:

(1) 技术的创新与扩散。有创新能力的企业不断进行技术创新,推出新技术、新产品、新组织与新生产方法,将自己的新技术扩散出去,对其他地区产生技术影响。

(2) 形成规模经济。创新型企业和推进型产业由于生产规模庞大,不仅能够产生内在的经济效益,而且基于基础设施的建设,贸易、金融、信息和服务部门的建立,人才的相互利用等,能使各个部门、地区共同受益,从而降低社会生产成本,产生外在的经济效益。

(3) 产生凝集效果。人口、资本、生产、技术、贸易等高度集聚会产生城市化趋向或形成经济区域,而这些大城市或经济区域往往又是生产、贸易、金融、信息、交通运输中心,所以它们可以产生中心城市的作用并形成经济、技术网络,从而起到吸引或扩散作用,并推动整个地区甚至整个国家的经济发展。

(4) 资本的集中与输出。发展极可以吸引、集中大量的资本,进行大规模的投资,同时也可以向其他地区和部门输出大量的资本,满足自己发展的需要,并支持这些地区和部门的发展。

3. 政策含义

发展极理论的政策含义是:发展中国家要实现经济发展,必须建立发展极,通过发展极自身的发展以及对其他地区或部门的影响,带动整个经济的发展。发展极的形成有两种途径:一是通过市场机制的自发调节,引导企业和行业在某些大城市或地区聚集发展而自动产生发展极;二是由政府通过经济计划和重点投资,鼓励和补贴创新型企业和推进型产业的发展,主动建立发展极。

二、地理上的二元经济理论

瑞典经济学家 G. 缪尔达尔(G. Myrdal)在其 1957 年出版的《经济理论和不发达地区》一书中,提出了地理上的二元经济(Geographical Dual Economy)理论,强调扩散效应和回波效应的作用,说明了发达地区优先发展对其他落后地区的促进作用和不利影响,提出既要充分发挥发达地区的促进作用,又要采取适当的政策刺激落后地区的发展,以消除发达地区与落后地区并存的二元经济结构。

1. 地理上的二元经济

缪尔达尔提出,不发达国家的经济中存在着一种地理上的二元经济,即经济发达地区和不发达地区并存的二元结构。这种二元结构与刘易斯的二元经济存在区别,刘易斯把经济分为现代工业部门和传统农业部门,而且假定农村剩余劳动力的边际生产率为零,缪尔达尔则是根据地区间经济发展的差别即不平衡来划分的。

2. 地理上的二元经济产生的原因

地理上的二元经济产生的原因在于各地区经济发展的差别性,主要是地区之间人均收入和工资水平差距的存在。在经济发展初期,各地区人均收入、工资水平和利润率都是大致相等的,而且生产要素可以自由流动。但如果某些地区受到外部因素的作用,经济增长速度快于其他地区,经济发展就会出现不平衡。这种不平衡发展到一定程度,就会使地区间的经济发展、人均收入、工资水平和利润率等产生差距,这种差距进而会引起累积性因果循环,使发展快的地区发展更快、发展慢的地区发展更慢,从而逐渐扩大地区间的经济差距,形成地区性的二元经济结构。

3. 回波效应与扩散效应

缪尔达尔认为,新古典主义经济发展理论所采取的传统的静态均衡分析方法是不正确的。按照新古典主义的分析方法,只要生产要素可以自由流动,工资就由劳动、资本的供求关系决定并自动趋向相等,因而市场机制的自发调节可以使资源得到合理配置,使各个地区的经济得到平衡发展。但这与发展中国家的实际并不相符。以劳动力的流动为例:在经济发展过程中,发达地区对其他地区劳动力的吸收是有选择性的,所需要的只是技术和管理人才、熟练劳动力、企业家等质量较高的劳动力;在不发达地区,也只有受过教育的人和熟练劳动力才能支付得起向其他地区迁移的费用。这样,高质量劳动力的注入促进了发达地区的发展,并刺激了对资本等其他发展要素的需求,这又反过来刺激了该地区对劳动力需求的增加。循环重复,发达地区会得到更快的发展。另外,较落后的地区因劳动力工资水平低而导致人力资源外流、劳动力减少,而其经济增长较慢又使它对劳动力和资本等要素的需求不断降低,于是工资水平仍然低于发达地区,这又进一步使落后地区的劳动力转移到发达地区。这种累积性因果循环的作用,使地区间人均收入和经济发展水平的差距越来越大。同理,地区间资本的流动、技术的流动以及贸易亦即商品的流动,也有类似之处。这种劳动力、资金、技术、资源等要素,因收益率差异吸引而发生的由落后地区向发达地区流动的现象,被缪尔达尔称为回波效应(Backward Effect)。此外,一些非经济因素也会产生回波效应。例如,有些地区无法承受维护良好的道路系统的负担,其他公共服务设施也相当差,从而增大了它们的竞争劣势。较贫困地区不可能负担得起医疗保障,因而劳动力身体素质差、生产效率低、学校较少、教育质量较低。所有这些贫困效应,在因果循环中一个接一个地联系在一起,都具有拉大地区差距的倾向。

但是,回波效应的作用并不是无节制的,地区间发展差距的扩大也是有限度的。在二元空间结构中,当发达地区发展到一定程度后,由于人口稠密、交通拥挤、污染严重、资本过剩、自然资源相对不足等原因,该地区的生产成本将逐渐上升,外部经济效益逐渐变小,经济增长势头逐渐减弱。在这种情况下,发达地区如果再扩大生产规模,就会变得相对不经济,因而资本、技术、劳动力等要素将向其他地区扩散。而且,发达地区增长的减速会使社会对不发达地区的农产品、资源等的需求增加,从而刺激落后地区的发展。这种倾向于缩小地区经济发展差距的效应,就是扩散效应(Spread Effect)。总之,回波效应倾向于扩大地区经济差距,而扩散效应倾向于使落后地区的经济得到较快发展,并缩小地区经济差距,直至最后达到平衡。

4. 政策建议

根据地理上的二元经济结构理论,缪尔达尔提出了他对地区经济发展的看法:第一,当某些地区已累积起发展优势时,应当采取不平衡发展战略,优先发展先进地区,以求得较好的投资效率和较快的增长速度,并通过这些地区的发展及其扩散效应来带动其他地区的发展。第二,各个地区的经济差距不宜拉得过大。当发达地区发展起来以后,为了防止累积性因果循环造成的贫富差距无限扩大,政府不应消极等待发达地区的扩散效应来消除差别,而应采取一些必要的措施来激励不发达地区经济的发展。至于不发达地区,则更应制定相应的政策措施,以振兴经济,缩小这种差别。

刘易斯在1954年提出的二元经济结构,在一定程度上反映了发展中国家工业化过程中必然会出现的最基本的结构特征。但是,刘易斯的分析仅局限于部门间的产业结构差异,而缪尔达尔的二元空间结构理论,则突破了刘易斯分析的若干局限,并把二元经济分析地域化了,从经济发达地区与不发达地区之间的结构差异以及相互关联的角度,揭示出发展中国家工业化过程中的又一特征。

三、新古典主义的区域核心-外围发展理论

对于发展中国家来说,现代工业总是先集中在一个或少数几个地区,而余下的空间则成为区位上不发育的边缘。这样在空间组织上必然表现为二元结构或核心-外围结构,即由先进的、相对发达的核心区与落后的、不发达的边缘

地区共同组成空间系统。哈维·S.珀洛夫（Harrey S. Perloff）和洛顿·温戈（Lowdon Vingo）认为，美国经济发展中就存在这种二元结构：大西洋沿岸和五大湖地区由于接近市场中心且拥有丰富的资源，从而发展成为工业中心，它的出现给其他地区的经济增长创造了基础条件，成为边缘地区发展的杠杆。美国经济的高速增长就是在这种工业核心作用的过程中获得的。①

新古典主义经济学家认为，区域核心-外围结构的形成是由市场的结构不完善或结构性瓶颈所造成的，它们阻碍了要素和资源的流动，使得资源不能达到有效配置。当经济实现起飞、要素市场出现巨大统一时，区域核心-外围结构就会通过要素移动而在经济发展过程中自动消失，从而出现区域均衡和空间一体化。

约翰·希克斯（John Hicks）就认为，这一均衡过程可以通过三种方式进行：首先，核心区所产生的产品和劳动需求，会使外围地区富裕起来，从而缩小核心区与外围区的人均收入差距。其次，由核心区提供新的就业机会，将导致劳动力向核心区移动，从而导致外围地区劳动力短缺、工资收入水平上升。最后，外围地区资源开发所导致的资本从核心区向外围区的流入，会缩小核心区与外围区之间的经济差距。

1965年，美国经济学家 J.G. 威廉姆森（J. G. Williamson）教授利用24个国家的有关统计资料，计算了7个国家人均收入水平的区际不平等程度。其结果表明，随着经济增长和收入水平的提高，区际不平等程度大体上呈现出先扩大后缩小的倒 U 形变化②，即在经济发展的初期，地区收入水平差距会逐步扩大，然后将保持稳定；当经济进入成熟阶段后，地区差距趋于缩小。也就是说，从长期看，区域经济增长和人均收入水平倾向于均衡和趋同。这就是著名的威廉姆森区域收入趋同假设。

总之，新古典主义认为经济发展过程是和谐、无冲突的，前景是乐观的，经济发展产生的利益会通过横向的扩散效应（Spread Effect）和纵向的涓滴效应（Trickling-down Effect）自动地、逐步地分配到社会全体，因此，这一社会经济会自然而然地达到帕累托最优状态，地区差异会随着经济发展的深入而自动消失。但是，威廉姆森的结论并不可靠，各个国家区域差异变化的历史图式，并没

---

① Perloff, H. S. and Lowdon Vingo, "Endowment of Natural Resources and Regional Economic Growth", in J. J. Spengler (ed.), *Natural Resources and Economic Growth*, Washington: Resources for the Future Inc., 1961.

② J. G. Williamson, "Regional Inequality and the Process of National Development: A Description of the Patterns", *Economic Development and Culture Change*, Vol. 13(1965), No. 4, Part 2, pp. 3—45.

有表现出这种趋势。①

四、赫希曼和卡尔多的区际增长传播理论

A. O. 赫希曼(A. O. Hirschman)在其《经济发展战略》一书中倡导不平衡增长战略,他认为,增长在国家间或区域间的不平等是增长本身不可避免的伴生物和前提条件。核心区或增长点的增长动力主要来源于"核心"内所出现的集聚经济效益和动态增长气氛,但是,核心区增长的累积性集中并不会无限地进行。核心区对外围区有两种经济反应,即涓滴效应和极化效应(Polarized Effect)。从长期看,地理上的涓滴效应将足以缩小区域差距,但是涓滴效应的出现需要周密的政府干预。

1970 年,N. 卡尔多(N. Kaldor)进一步发展了赫希曼模式,提出了相对有效工资概念。所谓相对有效工资,是指相对于生产率增长的某一比例的货币工资,它决定了市场中区域份额的上升或下降。一般说来,相对有效工资越低,产出增长率越高。由于各种社会关系的存在,货币工资及其增长率在所有区域可能一样,但由于报酬递增,较高的货币工资增长率将发生在产出增长较快的区域里,这些区域就出现了较低的有效工资。因此,相对快速增长的区域比相对低速增长的区域具有累积性优势:产出增长率的上升导致了较高的生产率,高生产率降低了有效工资,有效工资的下降又导致了较高的产出增长率。如此循环往复,导致区域经济之间的相互促进和不断发展。

第三节 新型区域发展理论

一、产业集群与新产业区理论

产业集群(Industrial Cluster),有时简称集群,指在某一特定领域(通常以一个主导产业为主)中,大量产业联系密切的企业以及相关支撑机构在空间上集聚,并形成强劲、持续竞争优势的现象。产业集群理论强调发挥区域内各种资源的整合功能,主要利用自组织力量或市场力量"自下而上"地构建区域专业化分工,充分发挥区域分工的外部性,形成聚集经济效应。产业集群最突出的特点是,众多产业关联密切、地理空间集中、以相互信任和承诺为交易协作基础的中小企业之间形成一种比纯市场结构稳定同时又比科层组织灵活的特殊的组织结构。在这种组织结构下,企业之间建立以互信互利为基础的竞争与合作关

---

① 李仁贵:《区域核心-外围发展理论评介》,载《经济学动态》,1991 年第 9 期。

系,企业不仅可以获得交易成本、生产成本等下降带来的内部经济,而且还可以享有技术外溢等资源共享带来的外部经济,从而集群企业比区外企业拥有更强的市场竞争力。

作为新型区域发展理论,产业集群理论吸收了过去区域发展理论的积极因素,增加了更适合当前市场经济环境下的合理因素。产业集群能够形成具备区域产业特色、细化产业分工、优化产业结构、减少产业组织内损耗、降低交易成本等竞争优势。

区域发展理论都强调集聚经济效应,实际上,追求集聚规模经济是空间经济的基本原则。运用集聚经济将那些在生产上或分配上有着密切联系或是在产业布局上有着共同指向的产业,按一定比例布局在某个拥有特定优势的区域,形成一个地区生产系统。在系统中,每个企业都因与其他关联企业接近而改善自身发展的外部环境,并从中受益,结果系统的总体功能大于各个组成部分功能之和。

产业集群理论不仅包含大量产业联系密切企业的集聚,而且还强调相关支撑机构在空间上的集聚,获得集聚经济带来的外部规模经济与外部范围经济。

产业集群理论强调经济全球化和信息技术发展的背景下,不同区域在全球生产网络中所处的地位是不同的,一些地区成为某个产业的创新中心,集聚了大量相关技术的教育研究机构和企业的研发部门,掌握核心技术与产品创新,把握产业的发展趋势与走向;另一区域则成为产业中介等相关联企业以及基础设施供应商等。集群还具有地理集聚的特征,产业关联及其支撑企业、相应支撑机构,如地方政府、行业协会、金融部门与教育培训机构在空间上集聚,是一种柔性生产综合体,往往代表着区域核心竞争力。

产业集群的空间集聚优势可以从三个不同角度加以分析:首先从纯经济学角度,主要着力于外部规模经济和外部范围经济,认为不同企业分享公共基础设施并伴随垂直一体化与水平一体化利润,大大降低了生产成本,形成产业集群价格竞争的基础;其次从社会学角度,主要从降低交易费用角度,认为建立在共同产业文化背景下的人与人之间信任基础上的经济网络关系,可以维持老顾客,吸引新顾客和生产者前来;最后从技术经济学角度,研究集群如何促进知识和技术的创新和扩散,实现产业和产品创新等。在世界经济地图上,产业集群区域都显现出异乎寻常的竞争力,其竞争优势来源于生产成本、基于质量基础的产品差异化、区域营销以及市场竞争优势等方面。

专栏 15-1

意大利国际竞争优势产业和浙江特色产业的地区分布

意大利	中国浙江
比耶拉:毛纺织	温州:鞋、服、眼镜
普拉托:毛纺织	义乌:小商品
都灵:自动化设备	绍兴:轻纺、化纤
皮亚琴察:自动化设备	永康:五金
帕尔玛:食品	海宁:皮革、服装
蒙特别鲁那:滑雪靴	余姚:轻工模具
卡斯泰尔戈弗列多:照明设备	鄞县:服装
卡尔皮:木工机械、针织品	奉化:服饰
摩德那:针织品	慈溪:鱼钩、长毛绒
萨斯索罗:瓷砖	永嘉:纽扣、泵阀
卡拉拉:石制品	路桥:日用小商品
阿雷佐:珠宝	嵊州:领带
瓦伦扎:珠宝	金乡:标牌、包装
博罗尼亚:包装机械	大唐:袜业
布赖恩扎:家具	瓯海:阀门
	柳市:低压电器
	台州:精细化工、摩托车

资料来源:王缉慈等,《创新的空间——企业集群与区域发展》,北京大学出版社 2001 年版,第 269 页。

二、新经济地理学条件下的区域经济增长理论

在新古典经济理论模型中,要素流动是瞬间、无成本的,生产要素、商品和劳务不完全流动性、经济活动不完全可分性的存在,使规模经济和完全竞争假设的矛盾无法解决。从 1990 年开始,以克鲁格曼、藤田为代表的新经济地理学派(New Economic Geography)经济学家利用迪克西特与斯蒂格利茨建立的垄断竞争模型,并借助萨缪尔森的"冰山"原理以及后来的博弈论和计算机技术等分析工具,把区位因素纳入西方主流经济学的分析框架,使区位理论在不完全竞争和规模报酬递增的框架下获得新发展。这时,区位理论实际上是朝着两个

方向发展的：一是继续对区位论的传统问题进行研究，二是从单个经济个体区位选择研究发展到区域区位综合优势利用及区域经济增长发展问题研究。

（一）新经济地理学产生的理论背景和理论基础

1. 新经济地理学产生的理论背景

按照传统的新古典经济理论，在一个规模报酬不变的世界，比较利益决定国际贸易模式，而人口增长等外部因素则决定经济的增长水平。然而，在第二次世界大战之后，国际贸易和长期经济增长的现实表现展示出一个与新古典理论所预测的相当不同的经济图景。以不完全竞争和报酬递增理念为基础的新的方法开始表现出强劲的发展势头，特别是在迪克西特和斯蒂格利茨将张伯伦垄断竞争形式化之后。20 世纪 80 年代兴起的新贸易和新增长理论在解释行业内贸易、专业化和无限增长方面获得长足进展，对传统贸易与增长理论作出了具有重大意义的补充。新贸易理论所揭示的专业化与贸易机制及新增长理论所阐明的无限增长原理与传统经济地理研究中的集聚现象的相似性，一下子拉近了这三方面理论之间的距离。

新贸易和新增长理论所采用的报酬递增假设及赖以建立的分析框架为解释经济活动的集聚现象提供了新的可能途径。但是，新贸易和新增长理论中依然存在着一些在各自的框架内不能完全解释的问题。比如，新增长理论虽然对投资促进长期增长的时间动态机制——循环累积因果关系的时间版本——作出了一定的解释，但它却缺少空间维度，并不涉及要素流动，不能对集聚现象——循环累积因果关系的空间版本——提供解释，亦不能预测经济发展的空间演化规律。新贸易理论虽然聚焦于市场结构，但它与传统理论有一个相似之处，即通过基本特征方面的差异来说明生产结构上的差异——它一开始就假定有市场大小不同的国家存在，但并没有说明为什么会出现这一大小差异，特别是为什么原本非常相似的国家会发展出非常不同的生产结构；它也并没有说明为什么一个部门的厂商趋向于群集在一起，导致区域专业化。此外，它将工业发展描述成是在所有发展中国家逐渐且同时发生的，而事实上工业化常常采取快速的波浪形式，在工业化的波浪中产业从一个国家依次向另一个国家扩散。

上述问题的研究往往涉及报酬递增、运输费用、要素流动性以及这三者之间通过市场而传导的错综复杂的相互作用，这与传统经济地理学的研究范围有许多重合的地方。这类复杂而棘手的问题对新增长与新贸易理论构成相当的挑战。

经济全球化的迅猛发展及由此引发的一些投资、贸易、要素流动和区域政策问题也对经济地理学的研究提出了新的要求。在这样的背景下，自 20 世纪 90 年代以来，新经济地理学借助迪克西特-斯蒂格利茨垄断竞争模型（简称

D-S 模型)和新贸易、新增长理论研究的三次波涛的强大推动,作为经济学领域报酬递增理论革命的第四波迅速成长。如果说赫尔普曼与克鲁格曼(1985)关于不完全竞争和国际贸易的著作《市场结构和对外贸易》及格罗斯曼与赫尔普曼(1991)关于内生增长的著作《世界经济中的创新和增长》促成了这一新的研究领域的形成并为其发展指明了方向,那么,克鲁格曼(1991)在《政治经济学杂志》上发表的《报酬递增和经济地理》和藤田(Fujita,1988)在《区域科学和城市经济学》上发表的《空间集聚的垄断竞争模型:细分产品方法》,则完成了对 D-S 模型空间意义的解释,可被视为新经济地理学研究的开山之作。

2. 新经济地理学的理论基础

与采用报酬不变和完全竞争假设的传统经济理论及经济地理研究不同,新经济地理学研究以报酬递增和不完全竞争理论假设为基础。按照规模报酬不变和完全竞争的假设,传统经济地理学理论预测,在区域之间不存在基本差异的情况下,经济活动最终将沿空间均匀分布。产品和市场的竞争为厂商舍近求远的区位抉择提供了解释。但是,不同层次的经济活动在空间上的高度集聚,在现实世界却屡见不鲜,甚至连 20 世纪初的马歇尔也不曾回避这种现象。由于规模报酬不变是马歇尔新古典经济学说的基本假设之一,他只好用"外部经济"一词来笼统地解释各种生产活动的集聚。这种外部经济表现为公司水平的规模报酬不变,而社会性的报酬递增。在规模报酬不变的假设下,用外部经济虽然可以在一定程度上解释产业集聚,但是人们却仍不清楚这种外部经济来源于何方。而且,问题并不仅仅在于用外部经济解释产业集聚本身,越来越多的经济学家感到,对规模报酬不变和完全竞争假设的有效性其实大有进行一番反思的必要。

然而,在相当长的一段时期,报酬递增和不完全竞争对经济学家们来说都是难以驾驭的。直到 1977 年迪克西特和斯蒂格利茨将张伯伦的垄断竞争概念用数学模型形式化之后,关于报酬递增的研究才真正在经济学界掀起一场实质性的革命。按照 D-S 模型的假设,消费种类和生产分工程度内生于市场规模。一方面,一个经济中的消费者喜好多样化消费,因而,消费品种类越多,效用水平越高;另一方面,消费品的生产具有厂商层次上的规模经济,而资源的有限性导致规模经济和多样化消费之间的两难冲突。如果人口规模或可用资源增加,则有更大的市场空间来平衡上述冲突,厂商为满足消费需求实行进一步分工既能实现规模经济,消费者又能有更多的品种选择,效用亦随之上升。D-S 模型也为解决复杂的经济地理问题提供了一个不可多得的分析框架。在一个引入了报酬递增和不完全竞争的世界,经济活动的演化不再是线性的,而是由非线性动态所支配的。经济活动的空间集聚所呈现出的循环累积因果关系,不就是一幅活生生的非线性的蛛网图吗？假定存在足够强的规模经济,任何厂商都会选择一个单个的区位来为一国的市场提供服务。为使运输成本最小,他无疑会选择一个有大的当地需求的区位。然而,恰恰只有大多数厂商都在那儿选址经营的某个区位才会有大的当地需求。因此,一个产业带一旦建立,在没有外部扰动的情况下,这一循环将会长期持续下去,这就是布赖恩·亚瑟所谓的集聚的路径依赖(Path-dependent)特性。从某种意义上来说,产业集聚很可能始于一种历史偶然。如果专业化生产和贸易由报酬递增而非比较利益所驱动,则什么样的产业在什么样的区位形成集聚一般来说是不确定的,而是历史依赖(History-dependent)的。但是,不管属于什么样的原因,某种专业化生产与贸易格局一旦建立,从贸易获得的好处将累积循环,从而使得这一格局因进一步强化而被锁定(Locked-in)。因此,在新经济地理学研究中采用报酬递增和不完全竞争假设乃是最自然不过的事情。

（二）主要的新经济地理学动态模型及其理论含义

1. 两区域模型:核心-周边模型

新经济地理学理论中最有代表性的核心-周边模型最先见于克鲁格曼(1991)的研究。该模型展示外部条件原本相同的两个区域是如何在报酬递增、人口流动与运输成本交互作用的情况下最终演变出完全不同的生产结构的。模型假设世界经济中仅存在两个区域和两个部门——报酬不变的农业部门和报酬递增的制造业部门。农业工人在这两个区域均匀分布,农业工资处处相同;制造业工资的名义值和实际值则存在地区差异,因而制造业工人视实际工资的高低从低工资区域向高工资区域流动。它通过将报酬递增条件下的制造业份额与流动工人的份额加以内生,得出区域生产结构随运输成本变化而呈现出非线性关系的规律。模型显示,在中等水平的运输成本下前向与后向联系的效应最强:一个区域的制造业份额越大,价格指数越低,厂商能够支付的工资越高,越能吸引更多的制造业工人。在这种情况下,经济的对称结构变得不可持续,从制造业原本均匀分布的经济中将逐渐演化出一种核心-周边结构。核心占世界产业的份额大于其占世界要素禀赋的份额,由于制造业报酬递增的缘故,它将成为制成品的净出口者。由于在这里区域（或国家）的大小及其演变都是内生的,由这一模型得出的结论比一开始就假定国家大小是外生给定的新贸易模型大大前进了一步,也更加具有说服力。

2. 国际专业化模型

由于国界以及语言和文化等方面的差异对人口流动构成相当大的障碍,上述以要素流动性假设为基础的人口集中意义上的集聚模型一般只适用于国内范围的空间集聚研究。为研究国际层次的经济活动的分布,维纳布斯(1996)凭借产业间直接的投入-产出联系假设建立起国际专业化模型。按照他的假设,在由国家组成的世界中,国家之间虽然不存在劳动力的流动,但是可以进行贸易。假设各个国家具有相同的禀赋和生产技术,拥有农业和制造业两个生产部门,劳动力可以在国内部门间流动。农业部门为完全竞争型,农业产出为单一投入-劳动的增凹函数。制造业部门为不完全竞争型,使用劳动和中间产品的组合作为投入,厂商之间存在直接的投入-产出联系,每一个厂商的产出既作为提供给消费者的最终产品,又作为所有其他厂商所需要的中间投入品。制造业作为中间商品的生产者和消费者的双重身份使得与传统集聚有相近逻辑的国际专业化过程得以发生。

拥有较大制造业部门的区域通常能够提供较多种类的中间产品,而中间产品种类较多的区域有较低的价格指数,使得使用中间产品的厂商可以以较低的成本生产,这就构成一种前向联系——既有的产业集聚构成对外部厂商的吸引,中间产品投入较大的厂商将倾向于在拥有较大制造业部门的区域选址生产;反过来,厂商生产成本中的中间投入品采购部分构成厂商之间后向联系的来源:在一个区域生产的厂商越多,对中间产品的需求越大;在其他条件相同的情况下,该区域在制成品上的总支出也越大,这就为中间产品提供了一个巨大的当地市场。由于国与国之间不存在劳动力的流动,前、后向联系的结果不可能是人口在特定的国家的集中,但是,它们却能够导致制造业(或特定产业)在有限几个国家集聚的专业化过程。此外,正是由于劳动力不能在国家间流动,特定国家的制造业集聚也会因劳动供给的趋紧而使得该国制造业与农业工资同时上升,在农业生产函数为严格凹的假设下,农业边际产出上升,制造业对农业劳动力的吸引减弱。

国际专业化模型所表明的一体化与集聚之间非线性的倒 U 形关系揭示了厂商对经济一体化可能作出的区位响应。在较高的贸易成本下,厂商将分布于禀赋相同的区域以满足最终需求。在居中的贸易成本下,随着某些区域比其他区域吸引更多的产业,区域差异将开始形成,但并不会达到完全专业化的程度。在低贸易成本下,集聚随着低工资区域的产业份额逐渐上升而溃散。相对于更为工业化的区域来说,早期进入低工资区域厂商的动机是出于对非流动要素的较低的价格的考虑;然后,随着在某些部门建立起临界厂商群落,更多的厂商将搬迁过来以充分利用前向和后向联系。这一模型表明,全球化背景下的经济增长需要实行高度的对外开放,不仅需要商品领域的自由贸易,而且需要各国在投资和服务(尤其是生产者服务)贸易领域表现出更大的灵活性和自由度。

3. 全球化和产业扩散模型

全球性的产业扩散及其规律对于新贸易和新增长理论来说一直是一个难

以把握的问题。以上述国际专业化模型为基础,蒲格和维纳布斯(1996)在模型中进一步引入技术进步作为外生变量,用 L 表示由技术所决定的效率水平,假设技术进步使所有基本要素稳定地递增,并用效率单位测度各基本要素,建立起全球化和产业扩散模型:假设存在这样一个世界,其中某个区域因为偶然的技术进步在制造业率先建立起一种自我强化的优势,这一优势允许它支付比其他国家更高的工资。随着时间的推移,世界对制成品的需求上升。这将使得制造业区域的生产水平上升,强化制造业在该区域的集聚,并使得该区域的工资上升。随着这一过程的进一步发展,区域间的工资差异将越来越大并最终不可持续,制造业厂商将寻求迁入第二个区域,在那里他们更为有利可图。这样,第二个区域又开始了建立制造业自我强化优势、提升区域工资的新的轮回,并最终引发第三个区域的制造业成长,如此循环往复。在运输成本很高或很低的情况下,位于核心国家的产业感受到的前向与后向联系(向心力)都相对较低,劳动效率的小幅度上升导致的工资成本的上升(离心力)都足以压倒产业联系(向心力)的影响,从而引发投资和生产向周边国家的转移以满足最终需求。倒是在运输成本的中间区段,位于核心国家的产业感受到的前向与后向联系(向心力)最强,有更大的余地平衡由劳动效率的上升所导致的工资成本(离心力)的增加,因此,在运输成本的中间区段,产业集聚更容易维持。

然而,这一模型给人们的启发更多地在于揭示产业扩散相对于劳动效率(而非运输成本)变化的敏感性。藤田、克鲁格曼与维纳布斯(1999)用一个包含 3 个国家和 7 个劳动密集度各不相同的产业的例子更好地说明了这一产业扩散过程。在阶段 I,所有产业均位于国家 1,在国家 1 与国家 2 和国家 3 之间存在工资差异。随着劳动效率水平的增加,工资差异的幅度不断增加——直到某个产业的厂商开始重新进行区位选择并因此而有利可图,阶段 II 即从此开始。在阶段 II,产业是向所有国家均匀地扩散,还是一个国家一个国家地扩散呢?考察一下阶段 II 的最初阶段,其间国家 2 和国家 3 都在开始工业化。在阶段 II 起初的一个很小的区间内,两国的工资水平是一致的,但是,随着国家 2 和国家 3 内部的产业联系变得不断增强,两个国家有相同产业结构的均衡将会变得不稳定。只要有一个国家略微领先,其优势就会被放大,另一个国家将因此而落后。因此,产业扩散并不是所有国家齐头并进的,各国的工业化有先有后。

这一模型很好地表明,经济发展不是多个国家齐头并进地追赶富裕国家的平稳的过程,而是一个富国与穷国集团共存的过程,存在导致穷国加入富国俱乐部的可能的机制。世界范围的工业化将以一系列波的形式从一个国家传到另一个国家。在工业化进程中,一个国家的产业体系的建立一般要遵循从低级开始向高级攀升的过程。

4. 区域专业化模型

为了进一步考察全球化对已实现工业化的国家和地区的产业结构的影响,克鲁格曼和维纳布斯(1996)从分析一些厂商与某类厂商存在比与其他厂商更强的买方/供方关系这一重要的投入-产出联系特征入手,建立起区域专业化模型。这一模型与上述模型的演化动态原理基本相似,但在基本假设方面却存在一个主要差别:在区域产业专业化模型中,假设存在两个国家(本国与外国)和两个生产部门(产业 1 和产业 2),这两个国家和两个部门所面临的需求与所采用的技术完全对称,劳动投入为唯一的生产要素;由于所考察的经济已完全实现工业化,规模报酬不变的农业部门已从其中退出,因此,假设各生产部门均为不完全竞争型的制造业。

假定产业 1 在本国的集聚(相应地,产业 2 在外国的集聚)为一均衡,当产业间联系强于产业内联系时,在任何贸易成本下,这一产业集聚都不是可持续的,这是因为,对于各个厂商来说,最为重要的区位利益来自于与他国厂商的联系,因此,各个国家将发展多样化的产业组合。相反,如果产业内联系强于产业间联系,则当贸易成本值较高时,产业不可能形成地理集聚,两个产业在两个国家内均有分布;只有当贸易成本足够低时,产业的地理集聚才是可能的和可持续的。产业内联系与产业间联系的差距越大,使产业集聚为可持续的贸易成本的取值范围越宽。由这一模型所预测的基本倾向即使在对模型引入更多区域和产业部门的情况下也会保持不变。但在多个产业的情况下,分布并不是一半对一半的。一个区域可能比另一个区域有更多的产业,这将导致区域之间真实收入的差距。

(三) 新经济地理学的理论含义

通过对报酬递增的 D-S 模型赋予空间解释,新经济地理学对报酬递增、外部经济、运输成本、要素流动和投入产出联系的性质及其相互作用进行了深入的探讨,所发展出的一系列模型揭示出一些重要的理论含义,对于理解全球化条件下的生产、贸易和经济发展的特点具有重要意义。

新经济地理学研究表明,运输成本的变化对经济活动空间分布的影响是非线性和非单调的。贸易成本的下降使得世界经济一体化程度稳步加深。一般而论,出于对报酬递增、贸易成本和市场外部性的考虑,厂商倾向于选择靠近市场的区位安排生产,而靠近市场的区位正好是其他厂商比较集中的区位;反过来,选择在其他厂商比较集中的区位生产的厂商又会面对在当地产品和要素市场上的更为强大的竞争,高强度的竞争倾向于使从事生产活动的厂商沿空间发散。存在于厂商之间的吸引力(向心力或正反馈)与排斥力(离心力或负反馈)对抗的结果将最终决定生产活动是在特定空间集聚还是沿整个空间发散。

在贸易成本的高端,市场被分割成规模有限的条块,由空间距离所决定的不完全竞争的性质和就地供应市场的要求决定了厂商之间的排斥大于吸引,厂商只能向规模有限的本地市场提供服务,而有限的市场规模抑制了专业化分工和产品细分,市场外部性难以体现,整个经济空间将为众多分布于不同区域的厂商和分散的规模有限的市场所覆盖。随着贸易成本向中间段趋近,分立于不同市场的厂商之间的相互吸引上升、排斥下降,各自对对方市场的渗透力加强,当吸引压倒排斥时,分立的小规模市场趋向于融合(即区域一体化),厂商和劳动力在更大规模的市场区形成集聚。市场规模的扩大促进生产的专业化分工和产品细分,扩大的市场支持更多新的厂商以更低的成本规模生产和开发细分产品,显著提升的市场外部性对更多的厂商形成吸引,从而激活市场扩张—生产专业化/产品细分—外部经济加强—厂商集聚—市场扩张的累积循环过程,这一过程乃是对经济全球化过程的一个基本写照。

由于集聚所特有的路径依赖性(或累积循环因果关系),一体化市场的产业集聚程度将越来越高,本地要素和商品的价格将趋于上升。如果要素和商品可以从其他区域大量进口,外部移民的诱至将促成更大程度的集聚;如果某些对于生产特别重要的要素(如劳动力)不能流动,或者某些对于消费特别重要的商品(如住房)为不可贸易品,则进一步的一体化将减轻市场外部性的重要程度,不流动商品和要素的价格差异将驱使厂商转移投资及驱使劳动者转向别的区域就业,从而启动产业从核心发达地区向周边不发达地区扩散的全球性的工业化进程。而以产业扩散为主要特征的工业化过程并非采取从核心向周边等量辐射的形式,工业化将以一系列波的形式从一个国家向另一个国家扩散。这里不难看出,通过影响发散和集聚力量之间的平衡,经济全球化反过来可以决定性地影响经济活动的空间区位。国际劳动分工将通过一个非平衡发展的过程自发地出现,世界经济将在相当长的时间内维持一个核心-外围结构模式。不平衡发展可能是经济全球化可预见的后果。新经济地理学理论表明,在报酬递增的条件下,产业集聚和长期增长依运输成本而呈非线性变化,演化的轨迹表现为典型的倒 U 形构造,在全球化过程的中间段,产业结构表现为高度集聚,国家间的经济差异最为显著,产业结构和人均收入的不平衡发展乃是经济发展的常态。

第四节 多元经济与大国区域经济发展

一、大国区域经济发展的特点[①]

对包括中国在内的发展中大国来说,地理因素对经济发展的影响往往具有非常显著和更加特殊的表现形式。大国内部的各区域之间,由于地理位置、地貌形态的差异和资源分布的不均匀,使得同一国家的不同地区具有各种天然不同的经济发展前提条件和潜在优势,进而影响到区域社会经济发展的水平和发育程度。当现代文明浪潮自海上汹涌而来的时候,海外贸易和对外联系的有利条件,使得发展中国家的沿海地区有可能最先出现一批近现代工商业,并且在此基础上形成具有现代特征的社会经济结构和文化意识形态。在中国,甲午战争以来帝国主义列强瓜分和蚕食的魔爪,最先而且主要伸向中国东北、华北、华东、中南等沿海地区和长江流域,中部和西部的传统生产方式虽然也遭到一定程度的破坏,但基本上得到了较为完整的保留。这种半殖民地半封建社会经济形态,不仅加剧了中国区域间因自然条件差异而出现的经济发展不平衡的状况,而且使各区域社会经济形态的发育程度也大不一样。结果,在中国出现了不同历史发展阶段的社会生产方式同时并存的特殊现象。这种特征,也就是本应该依时间顺序相继替代、依次演进的各种社会经济形态,却依据某种秩序在不同的区域内同时并存的状况,可以称之为时间上的继起性表现为空间上的并存性。

除中国外,世界上许多发展中的大国都具有这一特征。比如,墨西哥的巴尔萨斯河谷以北、东马德雷山脉与太平洋沿岸的 10 个州,占全国面积的 1/7,人口却占 1/2,是全国的"心脏"和"粮仓",现代轻工业和现代大城市也都集中于此;北部灌溉区主要是以资本主义现代化方式经营的大农场,农场中甚至使用飞机播种、施肥、洒农药;中部高原、南部山区和尤卡坦半岛则以小农经济为主,甚至还存在原始的印第安公社和刀耕火种的游牧农业生产方式。实际上,在整个拉丁美洲,各种不同水平与形式的生产方式在空间平面上依次并存的特征,都表现得非常明显。

[①] 参阅张培刚:《发展经济学往何处去——建立新型发展经济学争议》,载《经济研究》,1989 年第 6 期。论文作为附录,收入《新发展经济学》,河南人民出版社 1999 年版。

专栏 15-2

中国内地经济区域的划分

按照行政区划，目前中国内地有 31 个省一级的地区，包括北京、天津、上海、重庆 4 个直辖市，广西壮族自治区、西藏自治区、宁夏回族自治区、新疆维吾尔自治区和内蒙古自治区 5 个少数民族自治区，以及 22 个省。由于幅员辽阔，各地区之间在地理条件、资源禀赋、经济和社会发展水平上存在着巨大的差别。

为了把条件相近的省份归类，以便更好地把握它们的共同特征，习惯上把中国内地 31 个省、自治区和直辖市分为三大经济地带，即东部地区、中部地区和西部地区。东部地区为沿海的 12 个省、自治区和直辖市，包括北京、天津、河北、辽宁、上海、江苏、浙江、福建、山东、广东、广西、海南。西部地区为西北和西南 10 个省、自治区和直辖市，包括四川、重庆、贵州、云南、西藏、陕西、甘肃、青海、宁夏、新疆。中部地区为上述地区以外的 9 个省和自治区，包括山西、内蒙古、吉林、黑龙江、安徽、江西、河南、湖北、湖南。在 21 世纪开始实施的西部开发战略中，中央政府决定将广西和内蒙古归入西部地区。

为了制定有针对性的区域政策，国务院发展研究中心于 2005 年提出了"四大板块八大经济区"方案：将全国内地划分为东部、中部、西部、东北四大板块，并将这四大板块划分为八大综合经济区，即东部板块划分为北部沿海、东部沿海、南部沿海三个综合经济区；中部板块划分为黄河中游、长江中游两个综合经济区；西部板块划分为大西南、大西北两个综合经济区；东北板块即东北综合经济区。其中北部沿海经济区包括北京、天津、河北、山东，东部沿海经济区包括上海、江苏、浙江，南部沿海经济区包括福建、广东、海南，黄河中游经济区包括陕西、山西、河南、内蒙古，长江中游经济区包括湖北、湖南、江西、安徽，大西南经济区包括云南、贵州、四川、重庆、广西，大西北经济区包括甘肃、青海、宁夏、西藏、新疆。

资料来源：根据县域农博网有关资料整理而成，http://county.aweb.com.cn/2007/3/12/9285035.htm。

二、多元经济论

区域经济发展的二元经济结构理论,与刘易斯的二元经济发展模式一样,只是一种高度的理论抽象和概括。如果仅以二元来反映发展中国家的区域结构差异和区域发展不平衡状况,那就过于简单化了,而宜称之为多元经济。首先,在发展中国家(尤其是在发展中大国),介于发达地区与不发达地区之间还存在着一系列过渡性的地区,它们可能兼有两者的特征;其次,无论是现代工业集中的发达地区,还是传统产业占主导地位的不发达地区,都可以根据发展程度的差异再进一步作出细分;最后,随着工业化和现代化的发展,不发达地区内部也会逐步出现一些现代工业小区。这样,不仅不发达地区内部会出现发展水平和经济结构上的新的梯度差异,而且原有的发达地区和不发达地区之间的界限也会变得模糊起来。

不仅如此,对于发展中国家的二元经济结构特征,也要从更深的层次进行多角度的分析。比如,按生产工具的使用状况,二元经济可解释为既有传统的手工劳动,又有现代的机械化和电气化劳动;按商品经济发展的程度,二元经济可解释为既有自然经济或自给自足经济,又有简单商品经济乃至现代商品经济;按生产发展的规模和性质,二元经济可解释为既有传统的小农经济生活,又有现代的社会化大生产;按生产力与生产关系的结合方式即生产方式,二元经济还可解释为既有奴隶制或封建制生产,又有现代资本主义生产。如果把以上各条综合起来,考虑我国双重转型(经济转型和体制转型)时期的经济社会结构,则我国的这种过渡型经济,按照张培刚先生的说法,就不能单单称之为二元经济了,而不妨称之为过渡型的"多元经济形态"。①

中国过渡型的多元经济的最大特点,就是从横断面来看,西部最为落后,中部较为先进,东部或东南部沿海地区最为先进。中国从西部到中部,以及到东部或东南部,近百年来长期呈现着奴隶制、封建制、殖民地半殖民地经济形态下的民族资本主义和官僚买办资本主义等多种生产方式共存的状况。新中国成立后,由于出现了社会主义性质的国营企业,上述情况又有所改变。但由于这些国营企业的大部分仍设在东部(包括东北和东南),西部的经济仍然处于落后状态,个别地方仍然使用着刀耕火种的生产方法。可以说,中国在横断面上自西向东的这种社会经济形态上的悬殊差别,正好部分地反映了纵的历史线索上自奴隶制、封建制、资本主义(包括殖民地经济类型)至社会主义等不同发展阶段上的特征。这也正是中国多元经济的最大特点和复杂所在。中国形成这种

---

① 详见张培刚:《新发展经济学》,河南人民出版社1999年版,第二十三章及该书附录。

多元经济的重要原因,不仅在于社会经济发展的历史背景差异,而且也在于地理环境等区位条件的差异。只有认识到这些,才能对多元经济进行深入的分析,也才能找到改造这种多元经济结构、促进经济发展的正确战略和措施。在这项长期工作中,要注意:第一,无论研究并制定何种社会经济发展战略和政策措施,绝不能"一刀切",而要因地制宜,充分考虑各地的社会经济背景和条件的差异。第二,不能使先进的东部(包括部分偏南部)地区和落后的西部(包括部分中部)地区之间的差别过于悬殊,甚至使先进地区的经济发展损害落后地区的利益,或阻碍落后地区的起飞进程。第三,中国强调先发展东南沿海地区有其必要性,但如果中部不能相应地及时崛起,大西北和大西南不能同时着手开发,则全国经济的起飞和持续协调发展仍然不可能实现。

三、发展中国家区域经济发展的战略选择

(一)必须根据区位特征确立地区发展战略

地区经济发展战略的制定与确立,要充分考虑地区地理位置、劳动力、资本、技术等区位条件,以及区域生产要素流动状况和区间贸易状况。以上区位因素,与劳动力迁移、资本流动、技术知识扩散、区域间贸易等因素,都将影响到区域经济发展的速度。因此,区域经济发展战略的制定,要扬长避短、因地制宜。而且,区域空间经济结构的改善、区间贸易障碍的消除,以及交易成本的降低,都会有助于区域经济的发展。中国正在运用一种新思想——主体功能区制定各个地区的发展战略(参见专栏15-3)。

四类主体功能区

按照国家"十一五"规划纲要,我国960多万平方公里的国土被划分为:优化开发区域、重点开发区域、限制开发区域和禁止开发区域这四类主体功能区。这是根据资源环境承载能力、现有开发密度和发展潜力,统筹考虑未来我国人口分布、经济布局、国土利用和城镇化格局而作出的决定。过去只是粗略地划分为东部、中部、西部、东北,东部加快发展、中部崛起、西部大开发、振兴东北,更侧重于一种要求和理念,而四大主体功能区的划分,把理念变成了能够有效操作和运行的模式。

按照这种分类,优化开发区域是指国土开发密度已经较高、资源环境承载能力开始减弱的区域;重点开发区域是指资源环境承载能力较强、经济和人口集聚条件较好的区域;限制开发区域是指资源环境承载能力较弱、大规模集聚经济和人口条件不够好并关系全国或较大区域范围生态安全的区域;禁止开发区域是指依法设立的各类自然保护区。按照这种分类,243个国家级自然保护区、31处世界文化和自然遗产、187个国家重点风景名胜区、565个国家森林公园、138个国家地质公园被列为禁止开发区域。这些区域将会受到相关强制性保护,控制人为因素对自然生态的干扰。

这四类主体功能区,将实施不同的区域政策,按照主体功能定位调整完善区域政策和绩效评价,规范空间开发秩序,形成合理的空间开发结构。

资料来源:中国区域发展网,http://www.cre.org.cn。

(二) 均衡发展与非均衡发展必须兼顾,地区差距不宜过大

关于地区发展的优先顺序,有的学者提出了梯度推移理论,即基于世界或一国范围内客观存在着的经济技术梯度。该理论认为,随着经济的发展,技术会从发达地区向落后地区转移,从而逐渐缩小地区间的差异,实现一国经济分布的相对均衡。梯度推移理论的发展战略是:首先要让有条件的高梯度地区引进和掌握先进技术,先发展一步,然后逐步依次向处于二级梯度、三级梯度的地区推移。简言之,发展中国家区域经济发展的政策,应是优先发展已经有一定优势的发达地区,然后再带动不发达地区的经济发展。

梯度推移理论及其倾斜发展战略,对发展中国家的区域经济发展有较大的启发作用,许多国家采取这样的政策取得了一定的成就。应该说,在经济发展的一定阶段,采取梯度开发战略是必要的,也是可取的。但是必须注意的是,长期采取倾斜政策,会导致地区间差距过大。而且,发达地区对落后地区的带动作用,也不是自动实现的,必须有明确的政策措施的引导。地区间差距过大,不仅使发达地区及整个国民经济的发展受到影响,还会导致严重的社会问题(参见专栏15-4)。

发展经济学

> **专栏 15-4**
>
> ## 中国的区域协调发展战略
>
> 中国正在实施一项统揽全局的重大决策：坚持推进西部大开发，振兴东北地区等老工业基地，促进中部地区崛起，鼓励东部地区加快发展，形成东中西互动、优势互补、相互促进、共同发展的新格局。具体包括：
>
> （1）进一步推进西部大开发。着力支持重点地带、重点城市和重点产业加快发展。确保青藏铁路、三峡三期工程等一批重点工程建成投产，新开工一批重大建设项目。巩固和发展退耕还林、退牧还草成果，抓紧研究制定后续相关政策。继续实施天然林保护、风沙源和石漠化治理等生态工程。加大政策扶持和财政转移支付力度，逐步建立长期稳定的西部开发资金渠道。
>
> （2）继续实施东北地区等老工业基地振兴战略。重点加强大型粮食基地建设，推进重点行业改革重组和技术改造。搞好资源枯竭型城市经济转型和采煤沉陷区治理、棚户区改造，做好部分城市和国有企业厂办大集体改革试点工作。
>
> （3）积极促进中部地区崛起。重点加强现代农业特别是粮食主产区商品粮基地建设，加强能源和重要原材料基地建设，加强现代综合交通运输体系、现代流通体系和现代市场体系建设。支持老工业基地振兴和资源型城市转型，建设现代装备制造基地和高技术产业基地。
>
> （4）鼓励东部地区率先发展。着力增强自主创新能力，推进产业结构优化升级，增强国际竞争力和可持续发展能力，更加注重节约利用土地、水、能源等资源和环境保护，实现既快又好发展，在科学发展道路上走在全国前面。继续发挥经济特区、上海浦东新区的作用，推进天津滨海新区开发开放。
>
> 此外，国家战略也提出要进一步支持革命老区、少数民族地区、边疆地区和贫困地区加快经济社会发展，发达地区要采取多种方式帮助和带动欠发达地区。
>
> 资料来源：《中华人民共和国国民经济和社会发展十一五规划纲要》。

（三）发展中国家必须消除封建割据和地区封锁，建立统一完善的大市场

在发展中大国，由于经济发展水平及社会政治、文化、历史传统等方面的差

异,特别是在商品经济不发达、市场尚未发育成熟的条件下,往往会产生地区经济割据现象。地区割据,是指由于地区发展不平衡、市场体系不完善所形成的经济贸易保护现象。具体表现为:各个地区凭借自己拥有的某些权力,为了保护本地区的经济利益而不惜阻碍商品的正常流通渠道,阻止外来商品交换,最终阻碍资源和要素的合理配置。

地区割据对经济发展有着极大的阻碍作用。地区经济割据割裂了商品生产和交换的正常渠道,阻碍了生产要素的正常流动,违背了比较利益原则,否定了专业化分工的优越性和规模经济,使资源不能合理有效地使用,进而降低了经济效率。地区间的经济割据还使得地区的生产结构趋同化,产生严重的重复生产和重复建设行为,引起资源严重浪费,也不利于产业结构的升级。它还会强化行政对经济的干预,不利于市场经济的深化和发展,并加剧地区间发展的不平衡。所以,发展中大国必须彻底消除地区间的经济割据,建立和完善全国统一的大市场,促进生产要素的合理流动和优化配置,最终提高经济效率,促进经济发展。

(四) 必须充分发挥市场机制的作用,并正确认识政府的作用

很多学者根据威廉姆森区域收入趋同假说,认为在经济发展过程中,地区差距扩大是正常的,市场力量的作用将自动缩小区域差距,政府没有必要进行干预。应该说,市场机制具有一定的促进地区间协调发展、缩小区域经济差距的作用。因此,在经济发展过程中,一定要充分发挥市场机制的作用。但是,市场机制不会自动缩小地区差距,市场竞争会加剧两极分化,使得发达地区的发展更加迅速,而落后地区则更加落后。由于回波效应会大大超过扩散效应,扩散效应的发挥则取决于不发达地区的自身条件,因此政府必须在缩小地区差距方面作出努力,扶持落后地区的产业发展,并采取相应的政策措施,避免地区间的收入差距过大。

中国少数民族地区经济发展

中国少数民族地区经济,是指我国境内少数民族聚居地区的经济,在统计上,常用"民族自治地方"和"民族八省区"的统计数字来代表少数民族地区。民族自治地方包括5个自治区、30个自治州、123个自治县(旗),行政区域面积

610万平方公里，占国土总面积的64%；民族八省区，包括新疆维吾尔自治区、内蒙古自治区、宁夏回族自治区、广西壮族自治区、西藏自治区，以及民族人口众多的云南、贵州、青海三省。

少数民族地区的经济社会在取得快速发展、令人瞩目成就的同时，还面临一些突出的困难和问题，主要有：一是和东部发展差距拉大问题。二是经济贫困问题。少数民族地区现在还有2 000万左右的贫困人口没有解决温饱，其中大约80%是少数民族人口。三是牧区经济落后，沿袭原来原始落后的游牧生产方式，基础设施建设严重不足，地方经济极其薄弱，城镇化发展严重滞后。四是有30多个少数民族聚居在边境地区，20多个民族跨境而居。边境地区的发展目前仍然面临着许多困难。五是民族地区财政困难，造血功能差。

少数民族地区要迅速缩小与发达地区的发展差距，以追求整体经济的全面发展和经济起飞。主要措施包括：第一，加大对少数民族地区的投入力度，加强基础设施建设，尽快改变少数民族地区基础设施落后的状况。第二，加快产业结构调整，充分发挥多种生物资源的优势，发展生态型的高产、优质、高效农业，因地制宜发展多种经济作物，发展少数民族地区的特色经济；建成一批国家重要的能源基地、有色金属基地、稀土基地和石油化工基地；大力发展民族地区旅游业。第三，要采取"退耕还林（草）、封山绿化、以粮代赈、个人承包"的措施，恢复林草植被，通过国家补偿和补助的办法，以粮食换森林、换草地，恢复生态，实现少数民族地区的可持续发展。第四，实施"兴边富民行动"，实现富民、兴边、强国、睦邻目的。第五，加大扶贫攻坚力度，改变少数民族地区的生产生活条件，还要采取特殊的政策和措施，加大科教扶贫力度。第六，实施科教兴国战略，走出一条高起点的发展新路。此外，要积极发展对外贸易和边境贸易，落实国家鼓励外商和国内企业到中西部地区投资的政策，引导和吸引国内外资金、技术、人才等投入民族地区的开发，促进中西部经济发展。

资料来源：张培刚，《发展经济学教程》（修订版），经济科学出版社2007年版，第19章第4节。

本章小结

区位论探讨了人类农业、工业等经济活动的空间布局规律，并说明了导致地区经济发展水平差异的基本原因。地理位置、交通运输及信息条件、自然资源、人口及劳动力、市场条件等区位因素，对区域经济发展具有重要的影响，是导致地区经济发展不平衡的重要原因。

发展极能产生吸引和辐射作用，促进自身并推动其他部门和地区的经济增长。发展极的形成需要一定的条件。为促进区域经济的发展，国家可以考虑采取一定的措施，积极主动地建立发展极。

循环累积因果效应的存在会拉大地区经济发展的差距，并产生地理上的二元经济。为促进地区经济的发展并缩小地区经济发展水平的差距，在地区经济发展的不同阶段，应采取不同的区域经济发展政策。

作为新型区域发展理论，产业集群理论吸收了过去区域发展理论的积极因素，增加了更适合当前市场经济环境下的合理因素。不仅包含大量产业联系密切企业的集聚，而且还强调相关支撑机构在空间上的集聚，获得集聚经济带来的外部规模经济与外部范围经济。产业集群能够形成具备区域产业特色、细化产业分工、优化产业结构、减少产业组织内损耗、降低交易成本等竞争优势。

通过对报酬递增的 D-S 模型赋予空间解释，新经济地理学对报酬递增、外部经济、运输成本、要素流动和投入产出联系的性质及其相互作用进行了深入的探讨，所发展出的一系列模型揭示出一些重要的理论含义，对于理解全球化条件下的生产、贸易和经济发展的特点具有重要意义。

由于地理及社会历史、文化等原因，发展中国家普遍存在多元经济现象，时间上的继起性表现为空间上的并存性是较普遍的现象。为促进区域经济的共同增长，必须制定合理的区域发展战略。制定正确的区域发展战略，必须考虑各地区的区位特征，并正确认识及处理政府与市场在区域经济发展中的地位及关系。

关键概念

农业区位论　工业区位论　回波效应　扩散效应　发展极　产业集聚　涓滴效应　主体功能区

思考题

（1）简述农业区位论和工业区位论的基本内容及其区域发展思想。
（2）简述各种基本的影响区域经济发展的区位因素。
（3）搜集 1—2 个利用发展极理论发展经济的例证，并作出评价。
（4）简述产业集群理论的基本思想。

（5）简述新经济地理理论的基本思想。

（6）简要概括大国区域经济的特征及其形成原因，并以2—3个国家为例说明。

（7）概括我们少数民族地区经济发展的主要问题和发展方向。

（8）结合中国国情，探讨中国的区域协调发展战略。

进一步阅读导引

关于区位理论，可参阅张文忠：《经济区位论》，科学出版社2000年版；陈振汉、厉以宁：《工业区位理论》，人民出版社1982年版；〔美〕埃德加·M.胡佛、杰莱塔尼：《区域经济学导论》，王翼龙译，商务印书馆1990年版；Porter, M. E., Clusters and New Economics of Competition, *Harvard Business Review*, 1998(11)。

关于新经济地理，可参阅Savoie, *Regional Development Theories and Their Application*, Benjam in Higgins, 1997; Paul Krugman, "Increasing Returns and Economic Geography", *Journal of Political Economy*, 1991, 99(3); Masahisa Fujita, Paul Krugman and Anthony J. Venables, *The Satial Economy*: *Cities, Regions and International Trade*, MIT Press, 1999; Paul Krugman, *Geography and Trade*, Cambridge, MA: MIT Press, 1991; M. Fujita and J. Thisse, *Economics of Agglomeration*: *Cities, Industrisl Location, and Regional Growth*, Cambridge University Press, 1999。

关于区域理论和多元经济论，可参阅张培刚：《新发展经济学》，河南人民出版社1999年版；谭崇台：《发展经济学》，上海人民出版社1989年版；G. Myrdal, *Economic Theory and Underdeveloped Regions*, London: Duckworth, 1957。

附录 《世界发展报告》与《人类发展报告》

《世界发展报告》,1978—2008

年份	报告主题	
2008	Agriculture for Development	以农业促进发展
2007	Development and the Next Generation	发展与下一代
2006	Equity and Development	平等与发展
2005	A Better Investment Environment for Everyone	为大家创造更好的投资环境
2004	Making Services Work for Poor People	为穷人提供服务
2003	Sustainable Development in a Dynamic World	急剧变化的世界中的可持续发展
2002	Building Institutions for Markets	为市场建立制度
2000/2001	Attacking Poverty	与贫困作斗争
1999/2000	Entering the 21st Century	进入21世纪
1998/1999	Knowledge and Information for Development	知识与发展
1997	The State in a Changing World	变化世界中的国家
1996	From Plan to Market	从计划到市场
1995	Workers in an Integrating World	一体化世界中的劳动者
1994	Infrastructure for Development	为发展提供基础设施
1993	Investing in Health	投资于健康
1992	Development and the Environment	发展与环境
1991	The Challenge of Development	发展面临的挑战
1990	Poverty	贫困
1989	Financial Systems and Development	金融体系与发展
1988	Public Finance in Development	公共财政与发展
1987	Industrialization and Foreign Trade	工业化与对外贸易
1986	Trade and Pricing Policies in World Agriculture	世界农业的贸易与价格政策
1985	International Capital and Economic Development	国际资本与经济发展
1984	Population Change and Development	人口变化与发展
1983	Management in Development	管理与发展
1982	Agriculture and Economic Development	农业与经济发展
1981	National and International Adjustment	国内与国际调整
1980	Poverty and Human Development	贫困与人类发展
1979	Structural Change and Development Policy	结构变迁与发展政策
1978	Prospects for Growth and Alleviation of Poverty	经济增长与减轻贫困的前景

资料来源:世界银行网站,http://www.worldbank.org/。

《人类发展报告》,1990—2008

年份	报告主题	
2007/2008	Fighting Climate Change: Human Solidarity in a Divided World	应对气候变化:分化世界中的人类团结
2006	Beyond Scarcity: Power, Poverty and the Global Water Crisis	克服短缺:权力、贫穷与全球水危机
2005	International Cooperation at a Crossroads: Aid, Trade and Security in an Unequal World	不平等世界中的三个重要国际合作领域:援助、贸易与安全
2004	Cultural Liberty in Today's Diverse World	当今多样化世界中的文化自由
2003	Millennium Development Goals: A Compact Among Nations to End Human Poverty	千年发展目标——消除人类贫穷的国际合作
2002	Deepening Democracy in a Fragmented World	分裂中的世界的民主进程
2001	Make New Technologies Work for Human Development	让新技术为人类发展服务
2000	Human Development and Human Rights	人类发展与人权
1999	Globalization with a Human Face	与人相关的全球化
1998	Changing Today's Consumption Patterns for Tomorrow's Human Development	为了明天的人类发展而改变今天的消费模式
1997	Human Development to Eradicate Poverty	人类发展,消除贫困
1996	Economic Growth and Human Development	经济增长和人类发展
1995	Gender and Human Development	女性与人类发展
1994	New Dimensions of Human Security	人类安全新的方面
1993	People's Participation	人们的参与
1992	Global Dimensions of Human Development	全球的人类发展
1991	Financing Human Development	资助人类发展
1990	Concept and Measurement of Human Development	人类发展的概念与衡量

资料来源:联合国开发计划署网站,http://www.undp.org/。

教辅申请说明

　　北京大学出版社本着"教材优先、学术为本"的出版宗旨，竭诚为广大高等院校师生服务。为更有针对性地提供服务，请您按照以下步骤通过**微信**提交教辅申请，我们会在 1~2 个工作日内将配套教辅资料发送到您的邮箱。

◎扫描下方二维码，或直接微信搜索公众号"北京大学经管书苑"，进行关注；

◎点击菜单栏"在线申请"—"教辅申请"，出现如右下界面：

◎将表格上的信息填写准确、完整后，点击提交；

◎信息核对无误后，教辅资源会及时发送给您；
如果填写有问题，工作人员会同您联系。

温馨提示： 如果您不使用微信，则可以通过以下联系方式（任选其一），将您的姓名、院校、邮箱及教材使用信息反馈给我们，工作人员会同您进一步联系。

联系方式：

北京大学出版社经济与管理图书事业部
通信地址：北京市海淀区成府路 205 号，100871
电子邮箱：em@pup.cn
电　　话：010-62767312 /62757146
微　　信：北京大学经管书苑（pupembook）
网　　址：www.pup.cn